KB088582

임계질량 • 슈퍼 사고 • 역발상 • 자책 • 안티프래질 • 기본 원칙부터
결합 오류 • 과다 적합 • 기준계 • 틀 짜기 • 넛징 • 앵커링 • 가용성
의 면도날 • 기본적 귀인 오류 • 자기 고양적 편향 • 무지의 베일 •
전환 • 제멜바이스의 반사 • 확증 편향 • 역화 효과 • 불확증 편향
본 원인 • 검시 • 왜라고 다섯 번 묻기 • 낙관적 가능성 편향 • 공유
부성 • 파급효과 • 코스 정리 • 배출권 거래제 • 도덕적 해이 • 주인
실패 • 굿하트의 법칙 • 왜곡된 유인 • 코브라 효과 • 스트라이샌드
는 물속의 개구리 • 단기 성과주의 • 기술 부채 • 경로 의존성 • 선택
역적 결정 • 비가역적 결정 • 힉의 법칙 • 선택의 역설 • 결정 피로 •
젠하워 결정 매트릭스 • 세이어의 법칙 • 바이크 쉐딩 • 기회비용 • 지
레버리지 활동 • 파레토 원칙 • 거듭제곱 분포 • 수확 체감의 법칙
할인법 • 순 현재 가치 • 과도한 가치 폄하 • 입장 정립 • 초깃값 효
패턴 • 안티 패턴 • 마구잡이 • 알고리즘 • 규모의 경제 • 병렬처리 •
략 세금 • 셔키 원칙 • 린디 효과 • 정점 • 가속도 • 플라이휠 • 항상성
연쇄반응 • 티핑 포인트 • 기술 수용 주기 • S곡선 • 네트워크 효과
극성 • 2X2 매트릭스 • 흑백논리 • 내집단 편애 • 외집단 편향 • 제
작위 통제 실험 • A/B 테스팅 • 관찰자-기대 편향 • 플라시보 효
박사의 오류 • 클러스터 착각 • 평균으로의 회귀 • 정규분포 • 확
오류 • 베이즈 정리 • 빈도주의 • 베이지안 • 거짓인 양성 • 거짓인
체계적 문헌 고찰 • 메타 분석 • 장단점 리스트 • 매슬로의 망치 •
용 가치 • 검은 백조 사건 • 굵은 꼬리 분포 • 시스템 사고 • 르샤
최적 • 모르는 모름 • 시나리오 분석 • 사고실험 • 반사실적 사고

• 리스크 회피 • 성급한 최적화 • 최소 기능 제품 • 오컴의 면도날 •
필터 버블 • 메아리 방 • 제3자의 이야기 • 가장 점잖은 해석 • 핸런
권 • 공정한 세상 가설 • 피해자 비난 • 학습된 무기력 • 패러다임
부조화 • 회색 사고 • 악마의 변호인 입장 • 직관 • 근접 원인 • 근
• 사소한 결정의 횡포 • 무임승차자 문제 • 공공재 • 집단면역 • 외
문제 • 정보의 비대칭성 • 역선택 • 시장 실패 • 정부 실패 • 정치
히드라 효과 • 관찰자 효과 • 냉각 효과 • 부수적 피해 • 역풍 • 끓
사전 예방 원칙 • 정보 과부하 • 분석 마비 • 완벽은 좋음의 적 • 가
칙 • 북극성 • 이면 전쟁 • 머릿속 최고의 아이디어 • 딥 워크 • 아이
비용 • 협상 결렬 시에 선택할 수 있는 최고의 대안 • 레버리지 • 고
감의 법칙 • 부의 수확 • 번아웃 • 현재 편향 • 할인율 • 현금 흐름
슨의 법칙 • 호프스태터의 법칙 • 손실 회피 • 매몰비용 오류 • 설계
• 문제를 재구성 • 사회공학 • 자연선택 • 과학적 방법 • 관성 • 전
에너지 • 무게 중심 • 활성화 에너지 • 촉매 • 강제 의식 • 임계질량 •
프의 법칙 • 연속 실패 • 나비 효과 • 행운의 표면적 • 엔트로피 •
원 • 일화적 증거 • 교란 변수 • 가설 • 텍사스 명사수의 오류 • 무
편향 • 비응답 편향 • 생존자 편향 • 반응 편향 • 대수의 법칙 • 도
중심극한정리 • 신뢰 구간 • 오차 막대 • 조건부 확률 • 기저율의
무 가설 • 통계적 유의성 • 반복 위기 • 데이터 준설 • 출판 편향 •
분석 • 인플레이션 • 민감도 분석 • 의사결정 나무 • 기댓값 • 효
리 • 히스테리시스 • 몬테카를로 시뮬레이션 • 국소 최적 • 전체
사고 • 집단 사고 • 밴드왜건 효과 • 확산적 사고 • 수렴적 사고

슈퍼 씽킹
모든 결정의 공식

슈퍼 씽킹
모든 결정의 공식

가브리엘 와인버그, 로런 매캔

김효정 옮김

까치

SUPER THINKING : The Big Book of Mental Models

by Gabriel Weinberg and Lauren McCann

Copyright © 2019 by Gabriel Weinberg and Lauren McCann

All rights reserved including the right of reproduction in whole or in part in any form.

This edition published by arrangement with Portfolio, an imprint of Penguin Publishing Group, a division of Penguin Random House LLC.

This Korean translation published by arrangement with Gabriel Weinberg and Lauren McCann in care of Penguin Random House LLC through Milkwood Agency.

Korean translation copyright © 2020 by Kachi Publishing Co., Ltd.

역자 김효정(金孝貞)

글밥 아카데미 수료 후 현재 바른번역 소속 번역가로 활동하고 있다. 옮긴 책으로는 『어떻게 변화를 끌어낼 것인가?』, 『마음을 빼앗는 글쓰기 전략』, 『내가 하늘에서 떨어졌을 때』, 『채식 대 육식』, 『어른으로 살아갈 용기』, 『당신의 감정이 당신에게 말하는 것』, 『상황의 심리학』 등이 있고 계간지 「우먼카인드」와 「한국 스켑틱」의 번역에 참여하고 있다.

편집 교정_ 이예은(李叡銀)

슈퍼 씽킹 모든 결정의 공식

저자/가브리엘 와인버그, 로런 매캔

역자/김효정

발행처/까치글방

발행인/박후영

주소/서울시 용산구 서빙고로 67, 파크타워 103동 1003호

전화/02 · 735 · 8998, 736 · 7768

팩시밀리/02 · 723 · 4591

홈페이지/www.kachibooks.co.kr

전자우편/kachibooks@gmail.com

등록번호/1-528

등록일/1977. 8. 5

초판 1쇄 발행일/2020. 2. 25
   3쇄 발행일/2020. 9. 15

값/뒤표지에 쓰여 있음

ISBN 978-89-7291-705-2 03320

이 도서의 국립중앙도서관 출판예정도서목록(CIP)은 서지정보유통지원시스템 홈페이지(http://seoji.nl.go.kr)와 국가자료공동목록시스템(http://www.nl.go.kr/kolisnet)에서 이용하실 수 있습니다. (CIP제어번호 : CIP2020005679)

차례

●

서론
슈퍼 사고를 향한 여정

매일 아침 아이들이 학교나 특별활동에 가고 나면 우리 두 사람은 산책을 하며 우리의 생활과 일, 시사 문제에 대해서 이야기를 나눈다. (우리는 부부이다.) 폭넓은 주제로 대화를 나누어도 결국에는 공통된 논점으로 이어질 때가 많다. 겉보기에는 판이하게 다른 주제들을 설명하고 예측하고 접근하는 데에 적용할 수 있는 개념들이 반복하여 등장하곤 하는 것이다. 기회비용이나 관성처럼 익숙한 개념에서부터 굿하트의 법칙이나 규제 포획 같은 비교적 생소한 개념에 이르기까지 그 예는 다양하다. (이런 중요한 개념들은 앞으로 차차 설명할 예정이다.)

되풀이해서 사용되는 이런 개념들을 정신 모델(mental model)이라고 부른다. 일단 정신 모델을 숙지하면 그것을 이용해서 특정 상황을 머릿속에 금방 그릴 수 있다. 정신 그림은 나중에 비슷한 상황이 발생할 때 적용할 수 있는 **모델**이 된다. (이 책에서는 중요한 정신 모델을 소개할 때 파란색 글자로 표시하고, 모델의 이름에서 일부 단어를 강조하거나 그와 관련된 개념과 구절을 강조할 때는 고딕체를 사용한다.)

이렇듯 유용함을 가지고 있음에도 불구하고, 이 개념들은 대부분 대학 수준의 과정에서도 널리 교육되지 않는다. 우리는 그 가운데 일부를 정규 교육(우리는 둘 다 MIT에서 학부와 대학원 학위를 받았다)에서 배웠지만 나머지는 주로 독서, 대화, 경험을 통해서 몸소 깨달았다.

이런 개념들을 훨씬 더 일찍 배웠더라면 얼마나 좋았을까 싶다. 주위에서 일어나는 일들을 더 깊이 이해하고 인생의 모든 영역에서 훌륭한 판단을 하는 데에 도움이 되었을 테니까. 과거로 돌아가서 어린 우리 자신에게 이 개념들을 알려주는 것은 할 수 없겠지만, 다른 사람들과 우리 아이들에게 가르쳐주는 일은 할 수 있다. 이 책을 쓰게 된 주된 동기는 바로 그것이다.

물리학에서 따온 유용한 정신 모델의 예로 **임계질량**(critical mass)을 들수 있다. 이는 핵 연쇄반응이 가능한 **임계** 상태를 만들기 위해서 필요한 핵 물질의 **질량**을 말한다. 임계질량은 원자폭탄 개발에서 핵심적인 정신 모델이었다.

물리학을 비롯한 모든 학문에는 그 분야의 사람들이 교과 과정, 멘토십, 직접적인 경험을 통해서 익히는 정신 모델이 있다. 일상적인 의사결정, 문제해결, 진리 탐구에 유용하게 쓰이는 정신 모델도 있다. 그것들도 대개 특정 학문(물리학, 경제학 등)에서 비롯되었지만 원래 속한 학문 밖에서도 은유적인 의미를 가진다.

임계질량도 이처럼 폭넓게 적용할 수 있는 정신 모델 가운데 하나이다. 아이디어도 임계질량에 도달할 수 있다. 파티도 임계질량에 이를 수 있다. 제품도 임계질량을 달성할 수 있다. 물리학에서 나온 수많은 다른 개념들과 달리 임계질량은 물리학 밖에서도 널리 쓰인다. (임계질량에 대해서는 제4장에서 자세히 살펴보겠다.)

이와 같이 폭넓게 적용할 수 있는 정신 모델을 우리는 **슈퍼 모델**이라고 부른다. 그것들을 꾸준히 적용하면 **슈퍼** 파워를 얻을 수 있기 때문이다. 세상에 관해서 더욱 높은 수준의 **사고**를 하는 능력인 **슈퍼 사고**(super thinking)를 이용하면 우리는 개인 생활에서든 직장 생활에서든 더 훌륭한 결정을 할 수 있다.

우리는 유명한 투자자 워런 버핏의 동반자인 찰리 멍거를 통해서 여러 해 전에 슈퍼 모델의 개념을 접하게 되었다. 1994년 서던 캘리포니아 대학교의 마셜 경영대학원에서 진행된 "투자 관리와 비즈니스에 적용되는 단순한 세상의 지혜"라는 제목의 연설에서 멍거는 이렇게 설명했다.

단순한 세상의 지혜를 알려줄까요? 첫 번째 규칙은 여러분이 단편적인 사실들만 기억해서 각각 적용하려고 한다면 그것들은 별 쓸모가 없다는 점입니다. 그 사실들을 이론으로 엮지 않는다면 쓸 만한 형태의 지식을 만들 수 없습니다.

여러분의 머릿속에는 모델이 담겨 있어야 합니다. 그리고 그 모델의 틀 속에 간접경험과 직접경험을 배치해야 합니다.

"역사는 똑같이 반복되지 않는다. 비슷하게 반복될 뿐"이라는 말이 있다. 당신이 눈앞에 닥친 상황에 적용할 정신 모델을 찾을 수만 있다면 이미 그 상황에 대해서 많이 아는 셈이다. 이를 테면 당신이 가정집 차고에서 잠자고 있을 값비싼 전동공구를 활용한 임대 사업을 구상하고 있다고 가정해보자. 이 사업에 임계질량의 개념이 적용된다는 사실을 깨닫는다면, 당신은 사업이 기반을 잡기까지 넘어야 할 일종의 문턱이 있음을 알게 될 것이다. 첫 번째 고객을 만족시키기 위해서 당신은 공동체 내에서 대여할 수 있는 공구를 충분히 갖추고 있어야 한다. 마찬가지로 차량 공유 서비스를 시작하려면 도시 내에서 충분한 인원의 차량 운전자들을 확보해두어야 한다.

이것이 바로 슈퍼 사고이다. 일단 이 비즈니스 모델을 임계질량의 관점으로 일부나마 설명할 수 있다고 판단되면 당신은 다음 질문의 답을 찾으면서 그 사업에 대하여 높은 차원에서 생각해볼 수 있다. 해당 지역에서 임계질량에 도달하려면 공구가 얼마나 필요할까? 그 지역에서 두 공구가 같은 임계질량에 포함되려면 거리가 얼마나 떨어져 있어야 할까? 그 지역 내에서 임계질량에 도달하는 것은 가능할까? 도달할 수 있거나 도달할 수 없는 이유는 무엇일까? 비즈니스 모델을 수정하면(이를 테면 회사에서 직접 공구를 배정하는 등) 임계질량에 좀더 쉽게 도달할 수 있을까?

이렇게 슈퍼 모델은 고차원적 사고를 하는 지름길이다. 어떤 상황에 적합한 모델을 찾는다면 낮은 수준의 사고를 뛰어넘어 곧장 고차원적 사고로 도약할 수 있다. 반면에 이런 모델을 모르는 사람들은 금방 고차원적 사고에 이를 수 없다.

처음으로 곱셈을 배웠던 시절을 떠올려보자. 기억나겠지만 곱셈은 덧셈의 반복일 뿐이다. 사실 산수에 바탕을 둔 모든 연산은 덧셈으로 바꿀 수 있다. 뺄셈은 음수의 덧셈일 뿐이고 나눗셈은 반복된 뺄셈이다. 그러나 덧셈만으로 복잡한 연산을 하려면 속도가 너무 느려진다. 처음부터 곱셈을 이용하는 이유는 그 때문이다.

당신 앞에 계산기나 스프레드시트가 있다고 가정해보자. 7이 158개 있고 그 총합을 알고 싶다면 도구를 이용해 7을 158번 더하거나(느림) 그냥 7×158(빠름)을 할 수 있다. 신속하고 효과적으로 계산할 수 있는 고차원적 개념인 곱셈을 알면서도 덧셈만 이용하면 시간을 지긋지긋할 정도로 잡아먹게 된다.

정신 모델을 사용하지 않는 전략적 사고는 곱셈이 가능한 상황에서 덧셈을 이용하는 것과 같다. 문제를 고차원적으로 추론하는 데에 꼭 필요한 요소를 이용하지 않으면 매번 맨땅에 헤딩을 해야 한다. 뺄셈, 곱셈, 나눗셈이 복잡한 수학 문제를 해결할 능력을 주는 것처럼, 적절한 정신 모델을 알면 사고의 수준이 크게 도약되는 이유가 바로 이것이다.

일단 곱셈과 같은 정신 모델을 체득하면 그것이 없는 세상을 상상하기 어렵다. 그러나 정신 모델을 타고나는 경우는 극소수이다. 대부분의 사람들이 덧셈조차 할 줄 모르는데도 사회 전체가 그럭저럭 굴러가던 시절도 있었다. 예를 들면 브라질의 아마존 열대우림에 사는 피라항족은 구체적인 숫자의 개념은 없고 "적은 양"과 "많은 양"의 개념만 가지고 있다. 그 결과 그들은 덧셈은커녕 3을 초과하는 수는 제대로 세지도 못한다. 인지심리학자 브라이언 버터워스는 2004년 10월 20일 「가디언(*The Guardian*)」의 기사 "4 이상의 수를 셀 줄 모를 때 어떤 일이 생길까?"에서 이렇게 설명했다.

수를 가리키는 단어와 1, 2, 3 같은 숫자가 없는 탓에, 영국에서 다섯 살배기를 대상으로 하는 시험으로도 그들의 산수능력을 측정할 수 없었다. 그래서 언어학자 피터 고든은 짝짓기 과제를 이용했다. 그가 테이블에 8개의 물체를 늘어놓으면 피라항족 피험자들이 테이블에 같은 수의 물체를 놓는 방식이었다. 물체가 한 줄로 나란히 놓여 있을 때도 3개를 넘으면 정확도가 크게 떨어졌다.

짐작컨대 당신은 여러 학문들에 관한 기초적인 지식을 가지고 있을 것이다. 물리학도 그 가운데 하나일 테고. 물리학의 개념은 대부분 난해하지만 이 책에서 제시하는 물리학의 정신 모델은 당신의 일상에서 반복해서 유용하게 사용될 것이다. 그러니 물리학 지식이 기초 수준에 불과하더라도 이런 개념들을 물리학 이외의 상황에 적용할 수 있도록 숙지할 필요가 있다.

당신이 물리학자가 아니라면 코리올리의 힘, 렌즈의 법칙, 회절(回折) 등을 비롯한 수많은 개념들을 날마다 활용하지 않겠지만, 임계질량만큼은 틀림없이 당신에게 유용할 것이다. 보통의 정신 모델과 슈퍼 모델 사이의 차이가 바로 그것이다. 이런 패턴은 모든 주요 학문들에서 찾아볼 수 있다. 멍거는 이렇게 말했다.

그리고 이런 모델은 다양한 학문들에서 나옵니다. 세상의 모든 지혜를 하나의 좁은 학문 분야에서 찾을 수는 없으니까요.……여러분은 폭넓은 분야에서 모델을 취해야 합니다.

어쩌면 여러분은 이렇게 말할지도 모르겠네요. "세상에, 벌써부터 골치 아프기 시작하네." 그러나 다행히도 그렇게 어렵지는 않습니다. 80-90개의 중요한 모델만 알면 여러분이 지혜로운 사람이 되는 데에 필요한 조건의 90퍼센트는 갖추는 셈이니까요. 게다가 그중에 정말로 중요한 모델은 몇 가지로 압축됩니다.

멍거는 1996년 4월 19일 스탠퍼드 대학교 로스쿨에서 "단순한 세상의 지혜가 가져온 결과"와 비슷한 제목으로 강연하면서 이 내용을 좀더 자세히 설명했다.

내 비밀을 알려줄까요?

내 비밀은 항상 정신 모델을 사용한다는 것입니다

내가 다학문적인 접근방식을 권할 때는……정말로 학제 간의 경계를 무시하라는 뜻입니다. 훌륭한 사고를 하고 싶다면 이런 경계를 뛰어넘는 사고방식을 갖추어야 합니다. 전부를 알 필요는 없습니다. 그냥 모든 학문 분야에서 굵직한 개념만 받아들이면 되죠. 그렇게 어려운 일은 아닙니다.

폭넓은 정신 모델을 갖추지 못하면 주어진 상황에 최선이 아닌 모델을 적용할 위험이 있다. "가진 게 망치밖에 없으면 전부 못처럼 보인다"라는 표현도 있다. (이 말은 제6장에서 다룰 슈퍼 모델인 매슬로의 망치와 관련이 있다.) 상황에 따라서 가장 적절한 도구를 사용하려면 슈퍼 모델로 가득 채운 도구상자 전체가 필요하다.

이 책은 그런 도구상자이다. 주요 학문 분야를 아우르는 중요한 정신 모델을 전부 소개하고 분류하고 설명하는 책이다. 우리는 독자들이 재미있게 읽고 쉽게 이해하도록, 슈퍼 모델들을 모두 설명하는 형식으로 엮었다. 각 장마다 하나의 공통된 주제를 정해서 나중에 다시 찾아보기 편리하게 구성했다.

슈퍼 모델을 전부 익히면 평생에 걸쳐서 상황을 이해하고, 아이디어를 내고, 의사결정을 하는 데에 요긴하게 활용할 수 있다. 그러나 이 정신 모델들은 적절한 시점, 적절한 맥락에 적용하는 것이 가장 유용하다. 그렇게 하려면 어떤 상황에 당면했을 때, 그와 딱 맞는 모델을 연결할 수 있을 만큼 그것들을 숙지하고 있어야 한다. 하나의 정신 모델을 깊이 이해하면 곱셈처럼 그것이 저절로 머릿속에 떠오르게 된다.

이런 식으로 슈퍼 정신 모델을 적용하는 요령을 단 하루 만에 익힐 수는 없다. 스파이더맨이나 헐크가 그랬듯이 파워를 금방 자유자재로 활용할 수도 없다. 정신 모델을 알게 되면서 얻은 슈퍼 파워는 반드시 개발이 필요하다. 이 책을 처음 읽는 것은 스파이더맨이 거미에 물리거나 헐크가 방사선을 쪼이는 것에 비유할 수 있다. 첫 변신 이후에는 꾸준한 연습을 통해서 힘을 길러야 한다.

파워를 연마하면 당신은 13쪽에 실린, 영화 「어벤저스」의 상징이 되는 장면 속 헐크처럼 될 수 있다. 브루스 배너(헐크의 다른 자아)를 헐크로 바꾸고 싶었던 캡틴 아메리카는 그에게 이렇게 말한다. "지금은 당신이 화를 내기에 딱 좋은 순간인 것 같군." 배너가 대답한다. "내 비밀을 알려줄까, 캡틴?……나는 늘 화가 나 있어."

이 책은 오래 전에 누군가가 우리에게 선물해주었더라면 좋았을 만한 책이다. 그러나 인생의 어느 지점을 지나고 있든지 이 책은 슈퍼 사고를 향한 여정을 시작하는 데에 도움을 줄 것이다. 그러고 보니 생각나는 격언이 또 있다. "나무를 심기에 가장 좋은 때는 20년 전이었다. 두 번째로 좋은 때는 바로 지금이다."

●

제1장

실수 줄이기

의식하지 못할지라도 당신은 날마다 수십 가지 결정을 내린다. 개인적인 결정이든 업무상의 결정이든 당신은 그 결정들이 틀릴 때보다 옳을 때가 훨씬 더 많기를 바랄 것이다. 그러나 한결같이 옳은 결정을 내리기는 쉽지 않다. 당신은 쉴 새 없이 변화하는 복잡한 세상에서 살기 때문이다. 다양한 선택을 해야 하는 낯선 상황은 끊임없이 찾아온다. 옳은 답이 무엇인지는 지나고 나서야 알 수 있지만 끝내 알 수 없는 경우도 있다.

19세기 독일의 수학자 카를 야코비는 "뒤집어라, 항상 뒤집어라"라는 말을 즐겨 했다. 어떤 문제를 반대의 관점에서 **생각하면** 새로운 해결책과 전략을 발견할 수 있다는 뜻이다. 예를 들면 대부분의 사람들은 돈을 더 많이 벌 요량으로 투자를 시작한다. 반대 접근법은 돈을 잃지 않겠다는 입장에서 투자하는 것이다.

또는 건강한 식생활을 생각해보자. 직접 접근법은 가정에서 영양 성분을 따져 건강한 식단을 짜기 위해서 노력하는 것이다. 반대 접근법은 몸에 해로운 식품을 피하는 것이다. 똑같은 음식점에 가서 음식을 먹더라도 좀더 건강한 메뉴를 선택하면 된다는 것이다.

역발상(inverse thinking)의 개념은 훌륭한 결정을 하는 데에 도움이 된다. 옳은 판단을 늘리는 것의 반대는 실수를 줄이는 것이다. 정신 모델은 실수를 덜 하도록 도와주는 도구이다. 복잡한 세상을 능숙하게 헤쳐나가는 데에 보탬이 될 개념들의 집합이다.

"서론"에서 설명했듯이, 다양한 학문들에서 비롯된 정신 모델은 원래 속한 분야 밖에서도 의미가 있다. 우리 앞에 펼쳐지는 사건에 대해서 정신 모델의 힘을 빌려 의사결정을 한다면 실수를 줄일 수 있다.

스포츠의 세계에서 예를 찾아보자. 테니스에서 **자책**(unforced error)이란 상대 선수가 굉장한 공을 쳤을 때가 아니라 선수 본인의 잘못된 판단이나 행동으로 범하게 되는 실수를 말한다. 쉬운 공을 네트를 향해서 치는 것은 일종의 자책이다. 테니스에서 실수를 덜 하려면 코트에서의 자책을 줄여야 한다. 그리고 의사결정에서 실수를 적게 하려면 인생에서의 자책을 꾸준히 줄여야 한다.

이 정도면 감을 잡았을 것이다. 자책은 테니스에서 가져온 개념이지만 막을 수 있었던 실수가 발생한 상황이라면 어디에든 쓸 수 있는 은유이다. 자책은 빵을 구울 때도(티스푼 대신 테이블스푼으로 계량한 경우), 데이트에서도(나쁜 첫인상을 남긴 경우), 의사결정에서도(모든 대안을 고려하지 않은 경우) 나타난다. 주위에서도 자책의 예는 얼마든지 찾을 수 있다.

그러나 자책이 잘못된 결정의 유일한 원인은 아니다. 손에 넣을 수 있는 모든 정보를 바탕으로 내린 최고의 결정인 줄 알았는데, 지나고 보니 잘못된 결정이었음이 드러나는 경우도 허다하다. 불확실성을 다룰 때면 어쩔 수 없이 일어나는 일이다. 아무리 주의를 기울여도 불확실성 때문에 우리는 생각보다 자주 잘못된 결정을 내리게 된다. 그러나 최선의 결정을 하기 위해서 현명한 판단을 하고 기법들을 적용하여 자책을 차츰 줄이려는 노력을 하는 것은 필요하다.

사고 능력 향상에 도움이 될 다른 정신 모델로 안티프래질(antifragile)이 있다. 금융 분석가 나심 니콜라스 탈레브가 동명의 책에서 분석한 개념으로, 그 내용은 다음과 같다.

충격으로부터 득을 얻는 것들도 있다. 그것들은 변동성, 무작위성, 무질서, 스트레스 인자에 노출될 때 발전하고 성장하며, 모험, 위험, 불확실성을 사랑한다. 이런 현상은 어디서나 찾아볼 수 있지만 프래질에 정확히 반대되는 단어는 없다. 그래서 그것을 안티프래질이라고 부르기로 한다.

안티프래질은 회복탄력성이나 강인성을 뛰어넘는다. 회복탄력성은 충격에 저항하여 원상태로 회복되지만 안티프래질은 충격을 받으면 더 나아지는 것이다.

경제적 충격에 대비해서 당신의 금융 포트폴리오를 안티프래질하게 구성하는 것처럼, 새로운 결정 앞에서도 안티프래질한 사고를 해야 한다. 안티프래질한 사고방식은 실수에서 교훈을 얻고 주위 환경과 상호작용함으로써 세월이 흐를수록 더욱 발전한다. 마치 체육관에서 운동을 하는 것과 같다. 계속 자극을 주다 보면 근육과 뼈는 시간이 흐를수록 튼튼해진다. 우리는 당신이 날마다 하는 생각에 정신 모델을 적용하고, 주어진 상황에 적합한 모델을 정확히 찾아서 사고 과정을 개선하도록 돕고자 한다.

이 책을 다 읽을 무렵에는 수십 개의 학문 분야에서 차용한 300개 이상의 정신 모델이 당신의 머릿속에서 필요한 순간에 튀어나가려고 벼르고 있을 것이다. 테니스나 금융 분석 분야의 전문가가 되어야만 이런 개념을 유용하게 쓸 수 있는 것은 아니다. 개념의 폭넓은 의미를 이해하고 필요할 때 적용할 수 있는 정도면 충분하다. 이런 정신 모델을 꾸준히 올바르게 적용하면 **잘못된** 결정을 내리는 일이 **줄어든다.** 바꿔 말하면 **옳은** 결정을 내리는 일이 훨씬 더 늘어난다. 그것이 바로 슈퍼 사고이다.

이번 장에서 우리는 편견 없이 문제를 해결하는 방법을 알아본다. 유감스럽지만 진화의 결과로 인해서 우리는 애당초 몇 가지 정신의 함정에 쉽게 빠지도록 만들어졌다. 그런 사실을 모르면 그릇된 결정을 하게 된다. 그러나 함정을 미리 이해하고 효과가 증명된 기법을 적용해서 요령 있게 피한다면 슈퍼 사고로 가는 탄탄대로에 들어서는 셈이다.

단순하게 해, 멍청아!

현명한 과학 교사나 수학 교사는 학생들에게 공식을 사용할 때는 그것을 어떻게 이끌어내는지도 알아야 한다고 강조한다. 그래야만 정말로 안다고 할 수 있기 때문이다. 백지 한 장만 있으면 수학 문제에 달려들 수 있는 학생과 공식이 주어져야 문제에 손을 댈 수 있는 학생의 차이가 그것이다. 셰프(재료만 있으면 요리책을 참고하지 않고도 맛깔난 요리를 뚝딱 만들어내는 사람)와 요리사(레시피만 따라할 줄 아는 사람)의 차이도 그것이다.

로런은 MIT에 재학하면서 몇몇 통계 수업에서 조교로 일했다. 한 수업에서는 컴퓨터 디스크가 딸린 교과서를 사용했다. 디스크에는 그 책에 소개된 통계 공식을 이용하여 계산을 할 수 있는 단순한 프로그램이 들어 있었다. 한번은 한 학생의 통계 시험지에 이런 답이 적혀 있었다. "그냥 디스크에 들어 있는 프로그램에 숫자를 입력해서 답을 구하면 되잖아요." 그 학생은 셰프가 아니었던 것이다.

당신이 생각을 다루는 셰프가 될 수 있게 해주는 가장 중요한 정신 모델은 **기본 원칙부터 따지기**(arguing from first principles)이다. 이 모델은 실수를 줄이기 위한 현실적인 시작점이며, 타당한 (그리고 때로는 새로운) 결론을 내리는 데에 기여할 기본 구성 요소들을 사용해서 사고를 기초부터 쌓아올리는 것을 뜻한다. **기본 원칙**이란 우리가 내릴 결론의 토대를 구성할 명백한 추정들로, 레시피에 포함된 재료나 수학적인 원리를 뒷받침하는 공식에 해당한다.

요리 리얼리티 프로그램 「찹트(Chopped)」에서처럼 셰프는 주어진 몇 가지 재료를 이용해 새 조리법을 만들 수 있다. 기본 원칙부터 따지는 방법을 알면 우리도 어려운 문제를 풀 참신한 해결책을 떠올려서 훌륭한 결정을 내릴 수 있다. 「맥가이버」나 「아폴로 13」(아직 보지 않았다면 강력 추천!)에 묘사된 실제 이야기를 떠올려보자. 기체 고장으로 우주선이 조기에 지구로 귀환하게 되자 비행사들은 집으로 돌아갈 때까지 필요한 산소를 확보하기 위해서 즉석에서 장비를 제작한다.

NASA 엔지니어들은 우주선 내부의 "재료"만을 이용해서 해결책을 찾아냈다. 영화에서 한 엔지니어는 우주선 안에서 구할 수 있는 부속품들을 몽땅 테이블에 올려놓고 이렇게 말한다. "(테이블에 놓인 부품을 가리키며) 저것만 이용해서 (사각형 모양의 통을 들어올리며) 이것을 (둥근 통을 들어올리며) 이것의 구멍에 끼워넣을 방법을 찾아야 해요."

기본 원칙부터 따지는 방법을 알면 익숙하지 못한 상황에 좀더 쉽게 접근하거나 익숙한 상황에 창의적으로 접근할 수 있다. 공식을 이끌어내는

기본 원칙부터 따지기

방법을 이해하면 새 공식을 이끌어내는 방법을 이해하는 데에도 도움이
된다. 분자가 어떻게 결합되는지 알면 분자를 결합하여 새로운 분자를
만들 수 있다. 테슬라의 설립자인 일론 머스크는 팟캐스트 "파운데이션"
과의 인터뷰에서 이 과정이 실제로 어떻게 일어나는지 설명한다.

기본 원칙은 물리학에서 세상을 보는 방식의 일종입니다.……문제를 가
장 근본적인 진실로 압축한 다음 이런 질문을 던져보는 거죠. "우리가 진
실이라고 확신하는 것은 무엇인가?"……거기서부터 추론을 시작하는 거
예요.……

　이렇게 말하는 사람도 있을 겁니다.……"배터리 팩은 상당히 비싸고 앞으
로도 늘 그럴 거예요.……여태까지 1킬로와트시당 600달러였으니 앞으로도
크게 나아지지 않을 겁니다."……

　그러나 기본 원칙의 개념을 알면 이렇게 따지겠죠. "배터리의 구성 물질
은 무엇인가? 구성 물질의 주식시장 가치는 어떠한가?"……배터리에는 코

발트, 니켈, 알루미늄, 탄소가 사용되고, 물질 분리를 위한 중합체와 밀폐용 재료도 필요합니다. 배터리를 구성 물질로 나눠서 이렇게 따져봅시다. "런던 금속거래소에서 구매하면 각 물질의 가격은 얼마나 될까?"……

그러면 1킬로와트시당 80달러 정도입니다. 그러니까 그런 물질들을 구해서 배터리 셀의 형태로 결합할 영리한 방법을 고민해볼 가치는 충분합니다. 사람들의 생각보다 훨씬, 훨씬 더 저렴한 배터리를 만들 수 있다는 뜻이죠.

기본 원칙부터 따지기를 할 때 우리는 일부러 처음부터 다시 시작한다. 나중에 틀린 것으로 밝혀질 수 있는 사회 통념의 함정을 확실히 피하는 것이다. 기본 원칙 접근법을 시도했지만 결국 통념과 일치하는 결론을 얻게 되더라도, 해당 주제에 대해서 한층 더 깊이 이해할 수 있을 것이다.

기본 원칙 접근법은 어떤 문제에든지 적용할 수 있다. 당신이 이직을 계획하고 있다고 생각해보자. 직장을 구하는 사람들은 대부분 아주 많은 회사들에 지원했다가 자신에게 맨 처음 자리를 제안한 회사를 선택하는 경향이 있는데, 그것은 최적의 선택이 아닐 가능성이 높다. 기본 원칙 접근법을 이용하면 일단 직장에서 당신이 가장 중요하게 생각하는 조건(예: 자율성, 지위, 업무 등), 당신이 원하는 기준(수입, 직장의 위치, 직함 등), 이전의 경험을 생각해볼 수 있다. 그런 원칙들을 종합하면 다음에 이직할 때, 어떤 직장이 당신에게 가장 좋을지 수월하게 판단하여 적극적으로 찾아 나설 수 있다.

그러나 아무리 기본 원칙부터 시작하더라도 생각만으로는 한계가 있다. 기본 원칙들은 옳을 수도, 그를 수도, 그 사이 어디인가일 수도 있는 추정일 뿐이다. 당신은 정말로 직장에서 자율성에 큰 가치를 둘까, 아니면 그냥 그렇다고 생각하는 것일까? 직업을 바꾸려면 정말 학교로 돌아가서 다시 공부를 해야 할까, 아니면 그럴 필요까지는 없을까?

결국 실수를 줄이기 위해서는 실제 세계에서 당신의 추정을 검증할 필요가 있다. 이 과정을 **리스크 회피**(de-risking)라고 한다. 당신의 추정 가운데 하나 이상이 옳지 않다면 당신이 도달할 결론도 옳지 않을 **위험**이 있다.

예를 들면 모든 창업 아이디어는 다음과 같은 원칙적인 추정을 바탕으로 삼는다.

- 우리 팀은 제품을 개발할 수 있다.
- 사람들은 우리 제품을 원할 것이다.
- 우리 제품은 이윤을 창출할 것이다.
- 우리는 경쟁자를 물리칠 수 있을 것이다.
- 시장은 충분히 크기 때문에 장기적인 사업 기회를 고려할 수 있다.

이런 일반적인 추정은 좀더 구체적인 추정으로 나눌 수 있다.

- 우리 팀은 제품을 개발할 수 있다. 우리에게는 적절한 인원과 적절한 분야의 엔지니어들이 있다. 우리 엔지니어들은 적절한 전문 지식을 갖추고 있다. 우리 제품은 적절한 기간 안에 생산될 수 있다 등등
- 사람들은 우리 제품을 원할 것이다. 우리 제품은 우리가 당초에 의도한 대로 문제를 해결한다. 우리 제품은 사용 방법이 충분히 단순하다. 우리 제품은 성공에 필요한 중요한 특성을 갖추었다 등등
- 우리 제품은 이윤을 창출할 것이다. 우리는 제품의 가격을 생산과 광고에 드는 비용보다 더 높게 매길 수 있다. 우리는 제품 광고에 훌륭한 메시지

를 담을 수 있다. 우리는 고정비를 충분히 책임질 수 있을 만큼의 제품을 판매할 수 있다 등등

- 우리는 경쟁자를 물리칠 수 있을 것이다. 우리는 우리의 지적 재산권을 보호할 수 있다. 우리는 사람들이 따라하기 어려운 일을 하고 있다. 우리는 신뢰받는 브랜드를 만들 수 있다 등등

- 시장은 충분히 크기 때문에 장기적인 사업 기회를 고려할 수 있다. 세상에는 우리 제품을 사려는 사람들이 충분히 많다. 우리 제품을 위한 시장은 급속히 성장하고 있다. 규모가 커질수록 우리는 더 많은 수익을 올릴 수 있다 등등

구체적으로 추정을 한 다음에는 그것들을 시험할(리스크를 회피할) 계획을 마련할 수 있다. 리스크를 회피하기 위해서는, 우선 성공을 위해서 꼭 필요하지만 가장 확신할 수 없는 추정이 무엇인지 생각해보아야 한다. 예를 들면 창업을 할 때에는, 당신의 해결책이 당초에 해결하고자 했던 문제를 충분히 해결할 것이라는 추정이 필요하다. 이 추정이 사실이 아니라면 당신은 일을 더 진행하기 전에 지금 하고 있는 것을 바꿔야 한다. 그러지 않으면 모든 노력이 수포로 돌아갈 수 있다.

리스크 회피가 필요한 중요한 추정을 확인하고 나면 다음 단계는 실제로 밖으로 나가서 이런 추정들을 시험하여 그것이 옳은지 그른지를 밝힌 다음, 그에 따라서 전략을 적절히 수정하는 것이다.

기본 원칙과 마찬가지로 리스크 회피도 널리 적용할 수 있는 개념이다. 정책 아이디어, 휴가 계획, 운동 방법 등 리스크 회피의 대상은 무한하다. 리스크 회피를 하면 추정을 빠르고 손쉽게 시험해볼 수 있다. 휴가 계획을 예로 들어보자. 당신은 비용("나는 이 휴가를 떠날 형편이 된다"), 만

족("나는 이 휴가를 즐겁게 보낼 것이다"), 구상("이번 휴가 때는 친척들을 초대한다") 등의 측면에서 추정을 할 수 있다. 여기에서 리스크 회피는 잠시 짬을 내어 인터넷에서 조사를 하고, 리뷰를 확인하고, 친척들에게 이메일을 보내는 등의 간단한 노력만으로도 가능하다.

안타깝게도 사람들은 실제 세계에서 추정을 시험하기도 전에 너무 많은 일들을 추진하는 실수를 종종 저지른다. 컴퓨터 공학에서는 이 함정을 **성급한 최적화**(premature optimization)라고 부른다. 완벽한 코드나 알고리즘을 너무 일찍(성급하게) 바꾸거나 완성하는 것(최적화)이다. 당신의 추정이 틀렸다고 밝혀지면 그때까지 한 일은 전부 시간 낭비가 된다.

휴가를 가족과 함께 보낼 것이라고 추정하고 전체 일정을 짰지만 결국 가족에게 물어보았더니 휴가를 가지 못한다는 대답만 돌아온 상황이 그 예이다. 그렇게 되면 시간을 거슬러올라가서 일정을 싹 바꿔야 하지만, 사전에 간단한 의사소통을 했더라면 전부 피할 수 있었을 수고이다.

창업의 세계로 다시 돌아가면 당신의 추정을 시험하는 데에 도움이 될 **최소 기능 제품**(minimum viable product)이라는 정신 모델이 있다. 최소 기능 제품은 딱 필요한 특성만 **최소한**으로 담은 **제품**으로, 그것을 사람들이 실제로 이용하게 하여 그 **기능**을 시험하는 것이다.

최소 기능 제품은 혼자서 너무 오래 일하는 상황을 방지한다. 링크드인의 공동설립자 리트 호프먼은 이렇게 표현했다. "당신이 내놓은 첫 번째 제품이 창피하지 않다면 너무 늦게 출시한 것이다."

유용한 정신 모델이 대개 그렇듯이 최소 기능 제품의 개념은 일단 익숙해지면 자주 사용하게 된다. "적과 맞닥뜨리면 어떤 전투 계획도 소용없다"라는 흔히 인용되는 군대 격언이 있다. 권투선수 마이크 타이슨은 (1996년 에반더 홀리필드와의 타이틀전에서) 이런 말을 남겼다. "주먹으로 입

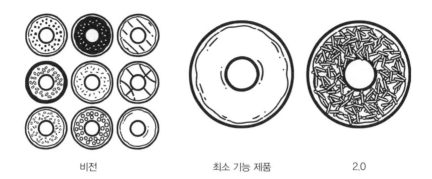

비전   최소 기능 제품   2.0

최소 기능 제품

을 한 방 맞기 전까지는 누구에게나 계획이 있다." 문맥과 관계없이 두 문장에는 첫 계획은 틀릴 가능성이 높다는 뜻이 담겨 있다. 최선의 출발점에서 시작하더라도 실제 피드백을 바탕으로 계획을 변경해야 할 상황은 발생한다. 그리고 실제 피드백을 받기 전에는 가급적 일을 적게 벌이는 편이 좋다.

리스크 회피가 그렇듯이 최소 기능 제품 모델도 다양한 상황에 응용할 수 있다. 최소 기능 조직, 최소 기능 통신, 최소 기능 전략, 최소 기능 실험 등이 그것이다. 우리도 앞으로 다룰 정신 모델이 너무 많아서 최소 기능 설명만을 하고 있다!

최소 기능 제품으로 추정을 신속히 평가할 수도 있다. 추정이 틀릴 수 있는 한 가지 이유는 단순한 추정으로 시작할 수 있는데도 일찍부터 너무 많거나 복잡한 추정을 내놓기 때문이다. 이때 **오컴의 면도날**(Ockham's razor)이 도움이 된다. 단순한 설명일수록 옳을 가능성이 크다는 원칙이다. 어떤 대상을 똑같이 잘 설명하는 몇 가지 해석이 있다면 가장 단순한 해석부터 검토해야 한다.

이 모델 이름에 **면도날**이 들어가는 이유는 불필요한 추정을 "깎아내기" 때문이다. 그 이면에 담긴 개념에는 더 오래된 뿌리가 있지만 그 이름은 14세기 영국의 철학자 윌리엄 오컴의 이름에서 따왔다. 그리스 로마 시대의 천문학자 프톨레마이오스(90-168년경)는 이런 말을 남겼다. "우리는 어떤 현상을 최대한 단순한 가설로 설명하는 것이 훌륭한 원칙이라고 본다." 최근에 작곡가 로저 세션스는 알베르트 아인슈타인의 말을 빌려서 이렇게 말했다. "무엇이든 최대한 단순하게 만들어야 하지만 지나치게 단순해서는 곤란하다!" 의학계에는 이런 표현이 있다. "말발굽 소리를 들으면 얼룩말이 아닌 말을 떠올려라."

요령은 상황에 대한 당신의 해석을 추정의 구성 요소별로 쪼갠 다음에 각 요소에 대해서 자신에게 질문을 던지는 것이다. 이런 추정이 정말 필요할까? 추정을 남겨야 할 근거라도 있을까? 잘못된 근거는 아닐까?

오컴의 면도날은 평생을 함께할 배우자를 찾을 때도 쓸모가 있다. 온라인 데이트 사이트와 앱에는 미래의 배우자에 대해서 아주 길고 구체적인 조건 목록을 제시하는 사람들이 있다. "핫요가와 라즈베리 아이스크림을 좋아하고 어벤저스 캐릭터 중에서는 토르를 가장 좋아하는 파란 눈의 브라질 남자와 데이트를 하고 싶어요."

그러나 이런 식으로 접근하면 데이트 상대의 범위가 터무니없이 좁아진다. 이렇게 하는 대신 과거에 사귄 사람들의 어떤 성향 때문에 그들과의 관계가 끝났는지를 곰곰이 생각해보면 훨씬 더 단순한 기준이 정해진다. 상대와 문화적 배경, 외모, 좋아하는 어벤저스 캐릭터가 다르다는 사실은 대체로 큰 문제가 아니지만, 적어도 서로 생각할거리와 웃음거리를 주고 매력을 느낄 수는 있어야 할 것이다.

따라서 지나치게 시시콜콜한 기준으로 데이트 후보자를 불필요하게 줄이지는 말아야 한다. 만약 실제로 슈퍼히어로의 취향이 같지 않다는 이유로 관계가 끝난다면 다음번에는 그 조건을 기준에 다시 추가하면 그만이다.

오컴의 면도날이 늘 옳은 "법칙"인 것은 아니다. 이것은 단지 기준을 제시할 뿐이다. 때로는 맞는 설명이 꽤 복잡할 수도 있다. 그러나 먼저 살펴볼 단순한 대안이 있는데 복잡한 설명으로 넘어갈 필요는 없다.

추정을 단순화하지 못하면 다음에 설명할 정신 모델에 해당하는 몇 가지 함정에 빠질 수 있다. 우선 대부분의 사람들은 안타깝게도 불필요한 추정, 곧 **결합 오류**(conjunction fallacy)에 집착하는 경향이 있다. 이를 연구한 아모스 트버스키와 대니얼 카너먼은 「사이콜로지컬 리뷰(*Psychological Review*)」 1983년 10월 호에서 다음과 같은 예를 제시했다.

31세의 린다는 시원시원하고 활달한 성격의 싱글이다. 그녀는 철학을 전공했다. 학생 때는 차별과 사회 정의에 관한 문제에 관심이 많았고 반핵 시위에 참가하기도 했다.
　다음 중 가능성이 더 높은 것은 무엇일까?
　1. 린다는 은행원이다.
　2. 린다는 은행원이고 여성운동에 적극적이다.

그들의 연구에서 대부분의 사람들이 2번이 더 개연성이 높다고 답했지만 **모든** 은행원이 여성운동에 적극적이지 않은 한 절대 그럴 수는 없다. 두 사건이 **결합될** 가능성이 둘 중 하나의 사건만 일어날 가능성보다 항상 낮기 때문에 발생하는 **오류**이다. 이 개념은 28쪽의 그림에 표현되어 있다.

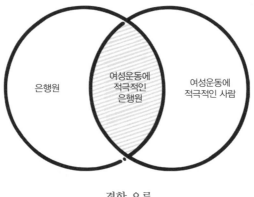

결합 오류

당신은 일반적인 것보다 구체적인 것이 더 그럴듯하다고 생각하는 경향이 있다. 또 어떤 데이터를 설명하는 데에 너무 많은 추정을 동원하는 오류에도 쉽게 빠진다. 이 두 번째 오류를 설명하는 정신 모델은 통계학에서 가져온 **과다 적합**(overfitting)이라는 개념이다. 데이트 상대의 조건을 지나치게 세세하게 정하는 것은 연애에 대한 과다 적합이다. 마찬가지로 감기에 걸렸는데 암에 걸렸다고 믿는 것은 증상에 대한 과다 적합이다.

과다 적합은 단순한 설명으로 충분한 상황에서 지나치게 복잡한 설명을 덧붙일 때 나타난다. 이는 오컴의 면도날에 주의하지 않을 때, 결합 오류에 빠지거나 그와 유사한 자책을 할 때 나타나는 현상이다. 설명이 불필요한 추정을 낳는 상황이라면 어디서든 일어날 수 있다.

29쪽에 표현된 데이터는 직선으로 쉽게 설명할 수 있지만 구불구불한 선으로 모든 점을 이어 데이터를 **과다 적합**하게 설명할 수도 있다.

이 두 가지 함정과 싸우는 방법은 자신에게 질문을 던지는 것이다. 나의 데이터는 실제로 나의 결론을 뒷받침하는가, 아니면 다른 결론을 뒷받침하는가? 이런 증상은 정말 암 환자에게 나타나는가, 아니면 흔한 감기

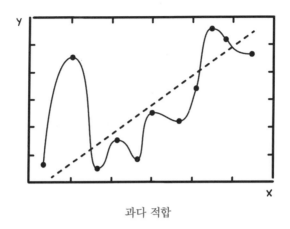

과다 적합

등 다른 질환에서도 나타날 수 있는가? 그 데이터를 설명하려면 정말 구불구불한 선이 필요한가, 아니면 단순한 직선만으로도 웬만큼 설명할 수 있는가?

이 조언을 비롯한 이 절의 내용은 단순하게 해, 멍청아!(Keep It Simple, Stupid!)의 약자인 KISS로 압축할 수 있다. 어떤 문제에 대한 해결책을 마련할 때, 결정을 내릴 때, 데이터를 해석할 때는 생각할 수 있는 가장 단순한 추정으로 시작해서 최대한 단순한 방법으로 리스크를 회피하자.

제 눈에 안경

사람은 누구나 자신의 관점에서 세상을 바라보면서 인생을 살아간다. 그 관점이라는 것은 각자의 인생 경험과 현재의 처지에 따라서 크게 달라진다.

물리학에서는 그 관점을 기준계(frame of reference)라고 부른다. 기준계는 아인슈타인의 상대성 이론에서 핵심이 되는 개념이다. 일상 속의 예를 한 가지 소개한다. 만약 당신이 기차를 타고 움직이고 있다면 당신의 기준계는 기차 안에 있다. 기차 안의 물체들은 각각에 대해서, 또는 당신에 대해서 상대적인 위치가 변하지 않으므로 움직이지 않는 듯이 보인다. 그러나 외부에서 정지된 다른 기준계로 기차 안을 들여다보는 사람의 위치에서는 당신과 기차 안의 모든 물체가 엄청난 속도로 움직이고 있는 것이다. 사실 빛의 속도를 제외한 모든 것, 심지어 시간까지도 다른 기준계로 보면 다르게 여겨진다.

결정을 내리거나 문제를 해결할 때 최대한 객관적인 태도를 견지하려고 노력하는 사람은 늘 자신의 기준계를 확인한다. 물론 누구나 자신의 관점에 영향을 받을 수밖에 없겠지만, 자신도 모르는 사이에 그것에 휘둘리고 싶지는 않을 것이다. 만약 상황을 완전히 이해하지 못했다고 느낀다면 반드시 다양한 기준계를 적용하기 위해서 적극적으로 노력해야 한다.

기준계라는 정신의 함정(당신의 관점에 따라서 유용한 트릭이 될 수도 있다)은 일종의 **틀 짜기**(framing)이다. 틀 짜기란 우리가 상황을 제시하거나 해석하는 방법을 일컫는다. 동료나 가족에게 중요한 주제를 제시할 때는 당신의 관점을 가장 잘 이해시킬 수 있는 방식으로 틀을 만들어서 서로에게 유익한 대화의 장을 마련할 수 있다. 가령 당신이 속한 조직이 혁신적이지만 비용이 많이 드는 프로젝트에 착수해야 한다면, 당신은 그 프로젝트가 과도한 자원을 퍼부어야 할 고생거리가 아니라 경쟁력을 높이기 위한 좋은 기회라는 식으로 틀을 짜서 동료들을 설득할 것이다. 틀을 잘못 짰다가는 단박에 거부당할 위험이 있다.

가족과 동료들도 당신을 대할 때 끊임없이 틀을 만든다는 사실에 주의해야 한다. 그들이 틀을 어떻게 짜느냐에 따라서 그들의 아이디어에 대한

인식과 현실의 달곰씁쓸한 만남

당신의 인식도 크게 달라질 수 있다. 누군가가 당신에게 새 아이디어나 결정 사항을 제시하면 한 걸음 물러나서 그것의 틀을 다른 식으로 짤 수는 없는지 생각해보자. 만약 한 동료가 더 나은 기회를 찾아서 다른 직장으로 가겠다고 하는 경우, 그 말은 사실일 수도 있지만 조직에서 소외되었다고 느끼고 다른 곳으로 옮기려는 것일지도 모른다. 여러 개의 틀을 짜다 보면 폭넓은 관점들을 파악할 수 있다.

인터넷 뉴스 사이트를 보면 틀 짜기의 모든 것을 알 수 있다. 헤드라인 자체에 틀 짜기 효과가 반영되어 사람들이 그 기사에서 얻는 의미에 영향을 준다. 2015년 8월 31일, 세 명의 경찰관이 강도 사건이 발생했다는 911 신고 전화를 받았다. 불행히도 발신자가 정확한 주소를 밝히지 않아서 경찰들은 엉뚱한 집으로 출동했다. 뒷문이 잠기지 않은 것을 발견하고 그들은 집 안에 들어갔다가 개 한 마리와 마주쳤다. 뒤이어 발사된 총에 그 개와 집주인, 경찰관 한 명이 맞았다. 모두 다른 경찰관이 쏜 총이

틀 짜기 효과

었다. 집주인과 총에 맞은 경찰은 살아남았다. 이 사건에 대해서 두 뉴스 사이트의 헤드라인은 판이하게 다른 틀을 짰다.

「실험심리학 저널(*Journal of Experimental Psychology*)」 2014년 12월 호에는 울리치 에커 등이 연구한 "뉴스 헤드라인에 담긴 사소한 오보의 효과"가 소개되었다. 이 연구에서 학생들은 강도 사건이 작년에 미미하게(0.2 퍼센트) 증가했다는 기사를 읽었다. 지난 10년에 걸쳐서 크게(10퍼센트) 감소한 것을 감안하면 이례적인 현상이었다. 이 기사에는 두 가지 헤드라인이 붙어 있었다. 하나는 "강도 사건이 증가하고 있다"였고, 하나는 "강도 범죄율의 하향 추세"였다. 헤드라인은 학생들이 이 기사에서 어떤 사실을 기억했는지에 큰 영향을 주었다.

이 패턴은 명백했다. 오해의 소지가 있는 헤드라인은 기사에 대한 기억을 훼손했다.……잘못된 헤드라인은 기사를 정확히 이해하려고 진지하게 노력하는 사람에게도 나쁜 영향을 줄 수 있다.……이 연구의 시사점은 명확하다. 뉴스의 소비자는 편집자가 헤드라인을 이용해서 전략적으로 대중의 의견을 뒤흔들고 개인의 행동에 영향을 줄 수 있음을 반드시 인식해야 한다.

이와 관련된 함정 또는 트릭으로 **넛징**(nudging)을 들 수 있다. 알데르트 브리지는 『거짓말과 속임수를 감지하는 법(*Detecting Lies and Deceit*)』에서 재미있는 예를 제시한다.

참가자들은 교통사고 영상을 본 다음에 "서로 접촉했을 때 자동차들의 속도는 어느 정도였을까?"라는 질문에 대답했다. 다른 참가자들도 같은 질문을 받았지만 '접촉하다'라는 단어 대신에 부딪치다, 충돌하다, 치다, 박살내다 등의 단어가 사용되었다. 모든 참가자들이 같은 영상을 보았지만, 그들의 대답은 질문에 쓰인 단어에 영향을 받았다. 그들이 추정한 속도(시속 킬로미터)는 각각 50, 55, 61, 63, 66이었다.

미묘한 단어 선택이나 주변 단서는 당신을 특정 방향으로 **넛징**할 수 있다. 레스토랑에서는 종업원이 특별 메뉴라고 소개하거나 요리 이름에 테두리를 쳐놓는 방식으로 메뉴판의 특정 요리를 강조해서 당신을 넛징한다. 상점과 웹사이트에서는 특정 상품을 잘 보이는 위치에 배치하여 구매를 넛징한다.

앵커링(anchoring)은 구매 결정을 할 때 유용한 개념으로, 첫인상에 따라서 의사결정이 크게 좌우되는 경향을 뜻한다. 우리는 처음으로 틀 짜기를 한 정보에 **앵커링된다**. 이 경향은 비즈니스의 세계에서 제안을 할 때 흔히 이용된다.

『상식 밖의 경제학(*Predictably Irrational*)』을 쓴 행동경제학자 댄 애리얼리는 「이코노미스트(*The Economist*)」의 구독 광고를 예로 들어 앵커링을

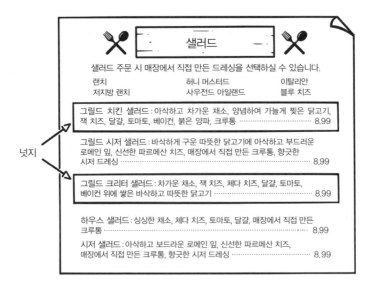

넛징

생생하게 설명한다. 독자는 온라인(59달러), 인쇄물(125달러), 인쇄물과 온라인(125달러)의 세 가지 구독 유형 중에서 하나를 선택할 수 있다.

　당신이 제대로 읽은 것이 맞다. "인쇄물" 버전은 "인쇄물과 온라인" 버전과 가격이 같다. 그런데도 그것을 선택하는 사람이 있을까? 아무도 선택하지 않을 것 같다. 100명의 MIT 학생들에게 물어본 결과는 다음과 같았다.

온라인(59달러) : 16퍼센트

인쇄물(125달러) : 0퍼센트

인쇄물과 온라인(125달러) : 84퍼센트

결과가 이런데도 애당초 선택지에 그것을 포함시키는 이유는 무엇일까?

선택 항목에서 인쇄물 버전이 빠지면 결과가 이렇게 달라지기 때문이다.

온라인(59달러) : 68퍼센트
인쇄물과 온라인(125달러) : 32퍼센트

아무도 선택하지 않더라도 인쇄물을 선택지에 포함시키면 독자는 인쇄물과 온라인 버전을 함께 제공하는 유형에 더 높은 가치를 두게 된다. 온라인 버전의 인쇄물을 공짜로 구독하는 듯한 기분에 많은 사람들이 그 대안을 선택하므로, 아무도 선택하지 않는 선택지를 추가하는 것만으로도 잡지사는 43퍼센트나 더 높은 수익을 올릴 수 있다!

인테리어 용품점 마이클스나 백화점 체인 콜스에서 물건을 사는 사람들은 그곳에서 세일 광고를 얼마나 자주 하는지 안다. 할인 행사 때 사면 정해진 품목이나 제품군을 사는 데에 드는 비용을 40퍼센트 이상 절약할 수 있다. 하지만 그렇게 할인된 가격이 정말 저렴할까? 보통은 그렇지 않다. 처음부터 매우 높게 책정된 권장 소비자가격에서 낮춰진 금액이기 때문이다. 권장 소비자가격을 알고 있는 소비자는 40퍼센트나 할인된 금액으로 제품을 구매해서 엄청난 이득을 보았다고 느낀다. 그러나 그 정도는 깎아주어야 비로소 합리적인 가격 수준이 될 뿐이다.

앵커링은 숫자에만 한정되지 않는다. 도널드 트럼프는 이 정신 모델을 써서 사람들을 자신의 극단적인 입장으로 앵커링한다. 따라서 절충안으로 보이는 것도 알고 보면 그에게 유리한 합의로 드러나고는 한다. 그는 1987년에 『거래의 기술(*Trump : The Art of the Deal*)』에서 그 방법을 밝혔다.

내가 거래를 성사시키는 기법은 매우 단순하고 뻔하다. 목표를 아주 높게

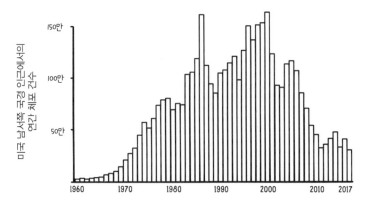

50년 만에 최저 수준으로 떨어진
미국 남쪽 국경에서의 불법 이민자 체포 건수

잡고 원하는 결과를 얻기 위해서 끊임없이 밀어붙이는 것이 전부이다. 간혹 기대에 못 미치는 목표를 받아들이게 될 때도 있지만 대개는 원하는 것을 손에 넣는다.

넓게 보면 앞에서 소개한 몇 가지 정신 모델은 전부 포괄적인 모델인 **가용성 편향**(availability bias)의 예이다. 최근에 **이용 가능해진** 정보 때문에 현실을 바라보는 객관적 시각에 **편향**이나 왜곡이 생길 때 나타나는 현상이다. 미국에서는 최근 보수 평론가와 정치인들 사이에서 불법 이민 문제가 뜨거운 관심사가 되면서, 불법 이민자가 과거 어느 때보다 많다고 믿는 사람들이 늘었다. 그러나 통계에 따르면 남쪽 국경을 통해서 들어오는 불법 이민자의 수는 지난 50년을 통틀어 매우 낮은 수준이다. 이는 특정 주제가 널리 다루어지면 많은 사람들이 가용성 편향을 가지게 된다는 사실을 잘 보여준다.

가용성 편향은 어떤 주제에 대해서 언론에서 집중적으로 다룰 때에 흔

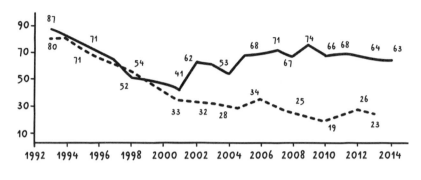

미국의 범죄율 : 실제 대 인식

히 나타난다. 옳은 말인지 그른 말인지는 모르겠지만 언론계에는 "과격
해야 주목받는다"라는 악명 높은 금언이 있다. 그 결과 폭력 범죄를 집중
적으로 다루면 사람들은 그런 사건이 실제보다 더 자주 일어난다고 인식
하게 된다. 여론조사 업체 갤럽은 매년 폭력 사건의 변화에 대한 미국인
의 인식을 조사하는데, 2014년에는 "연방 정부의 범죄 통계는 대중의 최
근 범죄 인식과 별로 관계가 없다"는 결론을 내렸다.

「실험심리학 저널」에 실린 1978년의 유명한 연구 "사망 사건의 빈도 판
단"에서 새라 릭턴스타인 등은 사람들에게 41가지 주요 사망 원인에 대
해서 질문했다. 그 결과 사람들은 토네이도처럼 선정적으로 과잉 보도되
는 죽음의 위험을 실제보다 50배나 높게 과장해서 설명했고 심장마비 등
일반적인 죽음의 위험은 100분의 1로 축소해서 말했다.

가용성 편향은 큰 그림을 보지 못하고 자신의 기준계 안에서 최근의 경
험에만 지나치게 의존할 때 생긴다. 관리자인 당신이 부하 직원에 대한
연간 평가서를 쓴다고 해보자. 이때는 한 해 동안 그 직원이 낸 성과를 비

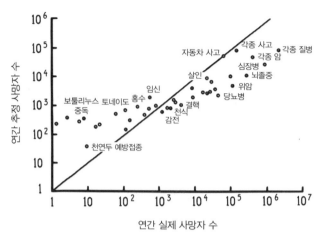

원인별 사망률 : 실제 대 인식

판적이고 객관적으로 따져보아야 한다. 그러나 당신은 그가 지난 몇 주일 사이에 아주 못했거나 아주 잘한 일에 흔들리기 쉽다. 또는 다른 기준계를 지닌 동료들과의 관계를 바탕으로 평가 대상을 종합적으로 파악하기보다는 당신과 그의 개인적인 관계만을 따질 수도 있다.

개인화 마케팅과 인터넷 뉴스 피드가 등장하면서 가용성 편향은 점점 심각한 문제가 되고 있다. 온라인에서는 이 모델을 필터 버블(filter bubble)이라고 부른다. 같은 제목으로 그 현상에 대한 책을 쓴 작가 엘리 패리저가 만든 용어이다.

가용성 편향 때문에 당신은 이미 친숙한 대상을 클릭할 가능성이 높으므로 구글, 페이스북 등의 기업은 당신이 벌써 알고 있고 좋아할 것이라고 **짐작되는** 대상을 화면에 더 많이 노출시킨다. 그들이 보여줄 수 있는 항목은 수없이 많지만 검색 결과의 첫 페이지에 나오는 링크 수는 한정되어 있으므로 그들은 반대되는 견해 등 당신이 클릭할 가능성이 낮은 링크는 **걸러내어** 당신을 효과적으로 버블 속에 가둔다.

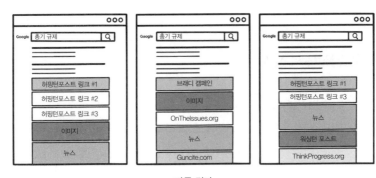

필터 버블

2012년 미국 대통령 선거 운동 기간과 2018년에, (가브리엘이 설립한) 검색 엔진 덕덕고는 개인들이 총기 규제나 기후변화 같은 정치적인 주제를 구글에서 검색했을 때의 결과를 연구했다. 여러 사람이 같은 주제를 동시에 검색해도 각자 상당히 다른, 개인에게 맞춰진 결과가 나왔다. 로그아웃하여 익명 상태일 때도 같은 현상이 나타났다. 순위에 따른 객관적인 결과가 아니라, 클릭 수를 높이기 위해서 수학적 알고리즘을 기반으로 짜 맞춰진 검색 결과를 얻는다는 사실을 아는 사람은 많지 않다.

유사한 필터 버블 여러 개를 결합하면 **메아리 방**(echo chamber)이 된다. 같은 집단에 속한 사람들 주위로 같은 아이디어가 떠돌면서 결합된 필터 버블**의 방**에 **메아리가 치는** 현상이다. 메아리 방은 사람들이 다른 견해에 노출될 기회를 점점 줄여서 당파심을 강화한다. 더구나 가용성 편향 때문에 그들은 같은 의견을 가진 사람들의 비율을 끊임없이 과대 추정한다.

눈앞에 놓인 정보에만 집중하기는 쉽다. 객관적인 기준계를 찾기는 훨씬 어렵지만 실수를 줄이려면 반드시 찾아야 한다.

타인의 입장에서 생각하기

세상에서 일어나는 심각한 문제의 대부분은 사람과 관련이 있으므로 그 인물을 깊이 이해하려고 노력해야 문제를 해결할 수 있다. 예를 들면 지구에서는 세상 모든 이들이 먹고도 남을 양의 식량이 생산되지만, 효과적으로 분배되지 않는 탓에 기아는 사라지지 않는다. 정부의 부패처럼 사람과 관련된 문제가 이 분배 실패의 이면에 숨어 있는 주된 원인이다.

그러나 우리는 다른 사람들의 동기를 쉽게 오해한다. 그들도 우리와 같은 관점이나 사정을 공통적으로 가지고 있고, 우리처럼 생각하고, 우리와 유사한 환경에 처해 있다고 지레짐작하기 쉽다. 그런 짐작을 바탕으로 그들 역시 우리처럼 행동하거나 우리와 같은 믿음을 가질 것이라고 결론 내린다. 불행히도 이런 짐작은 틀릴 때가 많다.

결국 사람들에 대한 생각에서 실수를 줄이려면 우리의 공감 능력을 높여서 다른 사람들이 정말로 어떤 생각을 하는지 충분히 이해해야 한다. 이번 절에서는 그렇게 하는 데에 도움이 될 만한 다양한 정신 모델들을 살펴본다.

두 사람 사이에 갈등이 생기면 양면성을 지닌 이야기가 탄생한다. 그리고 **제3자의 이야기**(third story), 곧 공정한 관찰자인 제3자가 하는 이야기도 따라온다. 공정한 관찰자의 입장에서 생각하려는 노력은 까다로운 사업상의 협상이나 개인 간의 의견 충돌 등 어떤 갈등 상황에서도 도움이 된다.

제3자의 이야기는 상황을 있는 그대로 보게 한다. 그러나 어떻게 해야 그 이야기를 당신이 받아들일 수 있을까? 어떤 상황을 처음부터 끝까지 녹화한 다음 외부 관객에게 보여주었을 때, 그들이 그 상황에 관해서 어떻게 생각할지 상상해보자. 그들은 어떤 이야기를 들려줄까? 그들은 당신의 이야기에 얼마나 동의할까? 더글러스 스톤, 브루스 패튼, 실라 힌은 『어려운 대화(*Difficult Conversations*)』에서 이 모델을 설명했다. "당신의 이야기와 상대방의 이야기 사이에 존재하는 간격 또는 차이를 설명하는 방법을 배우는 것이 핵심이다. 당신의 생각과 느낌이 얼마나 다르든 적어도 당신과 상대방이 사물을 다르게 본다는 사실은 인정해야 한다."

한 걸음 더 나아가 당신이 당신과 정반대되는 관점을 논리적으로 설명할 수 있다면 편향되거나 부정확한 판단을 내릴 가능성은 크게 줄어든다. 그 견해에 동의하지 않더라도 당신의 공감 능력과 타인의 기준계에 대한 이해도를 극적으로 높일 수 있다. 그리고 협상이 순조롭지 못할 때, 제3자의 이야기를 인정하면 무장해제되는 효과가 생겨서 상대방의 방어적인 태도도 누그러뜨릴 수 있다. 그것은 당신이 객관적인 관점을 고려할 의사와 능력을 갖추었다는 신호이기 때문에 상대방도 똑같이 할 가능성이 크다.

공감 능력에 도움이 될 또 하나의 전략 모델로 **가장 점잖은 해석**(most respectful interpretation)을 들 수 있다. 한 사람의 행동은 대개 여러 가지 방식으로 설명할 수 있다. 가장 점잖은 해석은 상대방의 행동을 **가장 점잖은** 방식으로 **해석하는** 원칙이다. 그것은 상대방에게 **가장 유리한 판단**을 하는 것이다.

아이의 학교에 다음 학기의 과학 교육 과정을 문의하는 이메일을 보냈지만 며칠 동안 답장을 받지 못했다고 해보자. 처음에는 학교 측에서 요청을 무시하고 있다는 생각이 들기 마련이다. 그러나 좀더 점잖은 해석을 하면 그들이 답변에 신경을 쓰고 있지만 아직 마무리하지 못했다고 볼 수 있다. 어쩌면 그들은 인사 발령 등 중요한 결정을 기다리느라 답장을 보류하고 있는지도 모른다.

아직 진짜 이유를 모르더라도 그 상황에서 가장 점잖은 해석으로 접근하면 관계자들과의 신뢰를 무너뜨리기보다는 쌓게 된다는 것이 핵심이다. 가장 점잖은 해석을 따르면 당신의 이메일이나 전화의 어조는 비난보다는 문의하는 어조가 될 가능성이 높다. 신뢰는 쌓일수록 점점 더 큰 결실로 돌아온다. 특히 갈등 상황에서는 신뢰가 원만한 해결로 이어지는 다리가 될 수 있다. 다음번에는 상대방을 나무라기 전에 한 발짝 물러서서 당신이 정말로 옳은 추정을 하고 있는지 생각해보자.

가장 점잖은 해석이 너무 고지식해 보일 수도 있지만 제3자의 이야기가 그렇듯이 이 모델도 당신의 관점을 포기하라고 요구하는 것이 아니다. 대신에 상대방을 존중하는 관점에서 상황에 접근하라는 뜻이다. 다른 해석도 열려 있지만 필요할 때까지 판단을 유보하는 것이다.

타인의 행동을 선의로 해석하는 또다른 방법으로 **핸런의 면도날(Hanlon's razor)**이 있다. **부주의로 설명할 수 있는 상황을 악의로 돌리지 말라는 내용**이다. 오컴의 면도날처럼 핸런의 면도날도 가장 단순한 해석을 추구한다. 당신에게 해를 끼치는 사람들의 행동을 가장 단순하게 해석하면, 그들이 가장 편한 길을 택했다고 생각할 수 있다. 그 말은 그들이 **무심코** 부정적인 결과를 야기했을 뿐 악의는 없었다는 뜻이다.

핸런의 면도날은 가상 세계의 인간관계에 특히 유용하다. 우리는 온라인에서 종종 상황을 오해한다. 몸짓 언어와 목소리 억양이라는 신호가 배제되기 때문에 상대방의 악의 없는 글이 부정적으로 해석되고는 한다. 핸런의 면도날에 따르면 상대방은 충분한 시간과 정성을 쏟지 않고 메시지를 작성했을 가능성이 있다. 그러므로 다음번에 메시지를 보냈는데 응이라는 반응만 돌아온다면, 상대가 원래 무성의한 사람이라고 단정하지 말고 바쁘거나 다른 일에 몰두하고 있다(더 그럴듯한 해석)고 생각하자.

제3자의 이야기, 가장 점잖은 해석, 핸런의 면도날은 전부 심리학자들이 기본적 귀인 오류(fundamental attribution error)라고 부르는 경향을 극복하기 위한 노력이다. 당신은 타인의 행동을 외적인 요소보다 그들의 내면, 또는 본질, 동기 탓으로 돌리는 실수를 자주 범한다. 누군가가 까칠하게 굴 때 그의 일진이 사나워서라기보다는 원래 까칠한 사람이라서 그런다고 생각한다면 당신은 기본적 귀인 오류를 범하는 것이다.

물론 당신은 자신의 행동에 대해서는 그와 반대의 태도를 취한다. 이를 자기 고양적 편향(self-serving bias)이라고 부른다. 당신이 행위자일 때는 자신의 행동에 흔히 자기 고양적 이유를 붙이지만 관찰자일 때는 타인의 본바탕을 탓하는 경향이 있다. (그래서 이 모델을 행위자-관찰자 편향이라고도 한다.)

예를 들면 타인의 차가 빨간 신호등을 무시하고 지나가면 당신은 그가 본래 부주의한 사람일 것이라고 추정한다. 응급 상황이 생겨서 병원으로 달려가고 있을지도 모른다는 생각은 하지 못한다. 반면에 당신 자신은 난폭 운전을 일삼으면서도 그 행동을 곧잘 합리화한다("지금은 엄청 급하니까").

공감 능력을 가지는 데에 도움이 될 만한 전략 모델은 또 있다. 철학자 존 롤스가 제시한 개념인 무지의 베일(veil of ignorance)이다. 사회를 어떻게 구성할 것인지 생각할 때 우리는 마치 베일에 둘러싸인 것처럼 자신이 세상에서 어떤 위치에 있는지 모른다고 상상해야 한다는 것이다. 롤스는 그것을 "원초적 입장(original position)"이라고 일컫는다.

예를 들면 노예제가 인정되는 세상을 그릴 때는 당신의 현재 지위를 자유민으로 가정해서는 안 된다. 자신이 노예로 태어났을 가능성을 고려해서 노예의 삶이 어떠할지를 생각해야 한다. 난민 정책을 검토할 때는 자신이 난민일 가능성을 염두에 두어야 한다. 무지의 베일은 다양한 상황에 처한 사람들의 입장에 당신이 현명한 도덕적 판단을 내릴 수 있게 해준다.

최근 기업들의 추세에 따라서 당신은 직원들의 재택 근무를 허락하는 정책을 폐지할 것인지를 고민하고 있다고 해보자. 당신은 얼굴을 맞대고 일할 때 팀의 성과가 더 높아진다고 믿기 때문이다. 관리자로서의 관점에서 정책 변경을 상상하기는 쉽다. 특히 개인적으로 재택 근무를 좋게 생각하지 않는다면 더욱 그렇다. 그러나 무지의 베일에 따르면 당신은 어떤 직원도 될 수 있는 원초적 입장에서 변화를 상상해야 한다. 당신이 연로한 가족을 돌보는 가장이라면 어떨까? 또는 편부모라면? 그렇게 하면 전체적인 영향을 고려한 다음 새로운 정책을 시행해야 한다는 사실을 깨닫게 된다. 또한 무지의 베일을 쓰면 이 정책으로 인해서 직원들이 직면하게 될 어려움을 이해하고 창의적인 대안을 떠올리는 데에도 도움이 된다.

특권 이야기가 나와서 말인데 우리(가브리엘과 로런)는 운 좋게도 **출생 복권**(birth lottery)에 당첨되었다는 이야기를 자주 한다. 우리는 노예로 태어나지 않았을 뿐만 아니라 어떤 취약 집단에도 속하지 않는다. 태어날 때, 가난하거나 장애가 있거나 그밖의 불리한 조건을 가진 집단에서 태어난 아이보다 인생을 편하게 살 자격이 우리에게 주어지는 것은 아니다. 그런데도 우리는 그런 약점을 가지고 태어나지 않았기 때문에 이 복권의 당첨자가 되었다.

우리의 성공이 대부분 운에서 나온다는 사실을 인정하기는 쉽지 않다.

오히려 세상이 완전히 공명정대하고 질서정연하고 예측 가능하다고 믿는 사람들이 많다. 이런 입장을 **공정한 세상 가설**(just world hypothesis)이라고 부른다. 이런 세상에서 사람들은 운이나 무작위성을 고려하지 않은 채 자신의 행동만으로 좋든 나쁘든 마땅한 보상을 얻는다고 믿는다. 이런 견해는 **뿌린 대로 거둔다**는 말로 요약된다.

얄궂게도 공정한 세상에 대한 믿음은 **피해자 비난**(victim-blame)으로 이어져서 실제로는 **정의**에 걸림돌이 될 수 있다. 성폭행 피해자에게 "옷을 그따위로 입고 다니니까"라고 한다거나 복지 수급자를 "단지 게으른 사람"으로 치부하는 식이다. 출생 복권 같은 무작위성 요인은 고려하지 않더라도 환경의 **피해자들**은 실제로 자신의 불행을 환경 **탓으로 돌릴** 수 있다.

공정한 세상 가설과 피해자 비난의 문제는 개인적인 차원에서 부당한 일을 겪은 사람들에 대해서 섣부른 판단을 내리게 하는 것이다. 또 **학습된 무기력**(learned helplessness) 모델에 따르면 누군가의 도움 없이 상황을 개선하기 위해서 노력하는 것이 어려운 사람들도 있다. 학습된 무기력은 시간이 흐를수록 힘든 처지에 이력이 나서 그런 상황에서 탈출하려는 시도를 그만두는 경향이다. 상황을 통제하는 데에 대한 **무기력을 학습한** 사람들이 그것을 바꾸려는 노력을 포기하는 것이다.

「의학 연간 논문집(*Annual Review of Medicine*)」의 1972년 2월 호 기사 "학습된 무기력"에 요약된 일련의 실험에서, 심리학자 마틴 셀리그먼은 상자 안에 개들을 가두고 임의의 간격으로 전기 충격을 주었다. 그런 다음 충격에서 쉽게 벗어날 수 있는 비슷한 상자로 개들을 옮겼다. 그러나 개들은 달아나려고 애쓰지 않고 제자리에 누워서 충격이 멈추기만을 기다렸다. 반면에 충격을 받은 적이 없는 개들은 재빨리 상자에서 뛰어나갔다.

학습된 무기력은 동물이나 사람이 자신의 행동으로 상황을 변화시킬 수 있다는 사실을 알게 될 때에 극복할 수 있다. 만성적인 노숙을 줄이기 위해서는 거리에서 오래 생활한 사람들이 학습된 무기력에 직접 맞서 싸우고 자신의 인생을 되찾게 해야 한다. '주거 우선'이라고 알려진 정책은 만성 노숙인들에게 아파트를 제공하고 사회복지사를 배정해, 자신의 아파트에서 생활하면서 일자리를 구해서 사회에 다시 편입할 수 있도록 지원한다. 이 정책에 앞장선 유타 주는 만성 노숙 인구를 72퍼센트나 줄였다. 또 이 정책은 노숙자 한 사람에게 들어가는 연간 경비를 평균 8,000달러나 절약하는 효과도 거두었다. 만성 노숙자는 병원, 감옥, 보호소 등 공공 자원을 많이 이용하는 경향이 있기 때문이다.

학습된 무기력이 비참한 환경에서만 나타나는 것은 아니다. 일상생활에서도 사람들은 학습된 무기력을 드러낸다. 자신이 청중 앞에서 연설을 하거나 새로운 기술을 사용하는 방법을 배울 수 없다고 믿는 것 등이 그 예이다. 하지만 그런 상황에서도 훌륭한 멘토의 지도를 받으면 취약점을 개선할 여지가 있는데 이 주제는 제8장에서 다룰 예정이다. 당신은 적절한 지도가 필요한 동료를 원래 무능한 사람이라고 추정하는 기본적 귀인 오류를 저질러서는 안 된다.

제3자의 이야기에서부터 학습된 무기력에 이르기까지 이 절의 모든 정신 모델은 공감 능력을 높이는 데에 도움이 된다. 이 모델들을 적용하여 사람들의 실제 처지와 동기를 깊이 이해하고 **그들의 입장에서 생각하려고** 노력하자.

차근차근 한 걸음씩 전진하기

당신이 가격에 앵커링될 수 있는 것처럼 어떤 대상에 대해서 생각하는 방

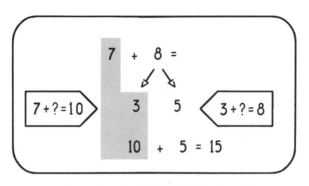

싱가포르 수학에서는 덧셈을 가르칠 때 숫자를 쪼개서
일단 10으로 만들게 하는 "숫자 묶음" 방식을 쓴다.

싱가포르 수학 : 덧셈

식 자체에도 앵커링될 수 있다. 다시 말하면 어떤 개념이 이미 머릿속에
박혀 있는 사람에게 그와 모순되는 개념을 납득시키기는 매우 어렵다.

　여느 미국 아이들처럼 우리 아들들도 "싱가포르 수학"을 배우고 있다.
이는 생각하는 순서를 그림으로 표시해 기본 개념을 깊이 이해하도록 하
는 산수 학습법이다. 수학에 소질이 있는 부모들도 오랜 세월 다른 방식
으로 사고한 탓에 이 대안적 산수법을 낯설게 느낀다.

　과학에서 이 현상은 토머스 쿤의 『과학혁명의 구조(*The Structure of
Scientific Revolutions*)』에 정리되어 있다. 이 책은 이미 널리 수용된 과학 이
론이 시간에 따라서 변화하는 과정을 설명하는 패러다임 전환(paradigm
shift) 모델을 많은 사람들에게 알렸다.

　단계적이고 점진적인 진보 대신, 쿤은 어떤 과학 이론에서 처음으로 드
러난 문제가 무시되거나 합리화되면서 시작되는 험난한 과정을 설명한
다. 결국 문제가 점점 더 쌓이고 해당 과학 분야가 위기에 빠지면, 새로
운 해석으로 패러다임이 전환되어 새로운 안정기로 들어간다.

아프리카

인도

리스트로사우루스

남아메리카

남극대륙

오스트레일리아

키노그나투스

메소사우루스

글로소프레리스

판게아 대륙 남쪽의 화석 분포

본래 기존 과학자들은 확실한 대안을 앞에 두고도 낡은 이론에 오랫동안 집착한다. 노벨상을 수상한 물리학자 막스 플랑크는 그의『과학적 자서전 그리고 다른 논문들(*Scientific Autobiography and Other Papers*)』에서 이렇게 설명했다. "새로운 과학적 진실은 상대편을 납득시키고 이해시켜서 승리하는 것이 아니라, 결국 상대편이 죽고 새로운 진실에 익숙한 새로운 세대가 성장해야만 승리하는 것이다." 간단히 말해서 "과학은 차근차근 한 걸음씩 전진한다."

1912년에 알프레트 베게너는 대륙이동설을 발표했다. 오늘날 우리가 옳다고 알고 있는 것처럼 대륙이 해양 위를 **이동한다**는 이론이다. 베게너는 각 대륙의 형태가 직소 퍼즐처럼 딱 들어맞는다는 점을 눈여겨보았다. 자세히 연구한 결과 그는 과거 어느 시기에 대륙들이 실제로 연결되어 있었던 것처럼 놀랄 만큼 비슷한 화석들이 여러 대륙에 걸쳐서 분포한다는 사실을 발견했다.

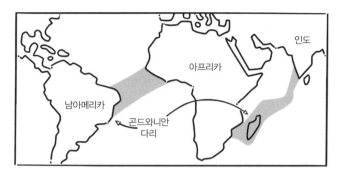

곤드와니안 다리

이제 우리는 과거에 모든 대륙들이 판게아라는 하나의 초대륙으로 뭉쳐져 있었다는 사실을 안다. 그러나 베게너는 지질학자가 아니라 기상학을 공부한 아웃사이더였기 때문에 그의 이론은 가혹한 비판을 받아야 했다. 더구나 그는 대륙이 이동한 메커니즘을 설명하지 못하고 그 가능성만을 제시했다. 주류 지리학자들은 그의 이론을 40년이나 방치하다가 결국 고지자기(paleomagnetism)라는 새로운 발견으로 대륙이동설을 지지하는 자료가 더 늘어나기 시작하면서 다시 관심을 가지기 시작했다.

그 무렵 학계를 주름잡던 이론은, 과거 어느 시점에는 대륙 사이에 동물들이 건너다닐 수 있는 좁은 다리(곤드와니안 다리라고 한다)가 존재했다는 것이다. 다만 확실한 증거는 전혀 없었다. (완벽하지는 않더라도 그럴듯한) 베게너의 가설을 연구하는 대신에 지리학자들은 대륙이동의 명백한 증거가 나타나서 패러다임의 전환이 일어날 때까지 터무니없는 육교설(land bridge theory)에 집착하는 쪽을 택했다.

19세기 헝가리의 의사 이그나즈 제멜바이스의 연구도 비슷한 운명을 맞았다. 그가 일하는 대학 병원에서는 의사들이 일상적으로 시신을 만지다가 산모의 출산을 돕기도 했는데 그들은 그 사이에 손을 제대로 씻지 않았다. 그런 의사들이 일하는 병동에서 출산한 산모의 사망률은 무려 10퍼센트에 달했다! 반면에 시신을 취급하지 않는 조산사들이 아기를 받는 병동에서는 산모 사망률이 4퍼센트였다.

이 비율의 차이에 집착한 제멜바이스는 고심하여 변수를 하나하나 제거했고 결국 의사 대 조산사라는 한 가지 차이만 남게 되었다. 의사들의 행동을 관찰한 끝에 제멜바이스는 시신을 만지는 것이 산모 사망률에 영향을 준다고 판단하고 염화칼슘액으로 손을 씻는 습관을 도입했다. 산모 사망률은 곧바로 병원의 다른 병동과 비슷한 수준으로 떨어졌다.

사망률은 확실히 감소했지만 그의 이론은 의학계에서 철저히 배척당했다. 환자들을 죽인 원인이 바로 의사들에게 있다는 주장을 의사들이 불쾌하게 여긴 것도 한몫을 했다. 의사들은 제멜바이스의 이론적 설명에서 발견된 결함을 물고 늘어지며 손씻기가 사망률을 줄인다는 경험적 증거를 무시했다. 자신의 생각을 알리려고 온갖 노력을 다하던 제멜바이스는 실성하여 정신병원에 들어갔다가 마흔일곱의 나이에 세상을 떠났다. 소독에 대한 그의 생각이 주목을 끌기 시작한 것은 그가 죽고 20년 후, 루이 파스퇴르가 세균 이론을 의문의 여지없이 증명한 다음부터였다.

베게너처럼 제멜바이스도 자신의 이론을 뒷받침할 과학적 메커니즘을 완전히 이해하지 못하고 처음에는 다소 부정확한 설명을 제시했다. 두 사람은 명백하고 중요한 실증적 진실을 발견했지만 다른 과학자들은 그 연구를 **반사적으로** 거부했다. 두 사람이 제안한 설명이 당시의 관습적 사고와 맞지 않았기 때문이다. 오늘날 이런 경향은 **제멜바이스의 반사**(Semmelweis reflex)라고 알려져 있다.

사람들은 빼도 박도 못할 증거 앞에서도 케케묵은 이론을 고집하는 경향이 있다. 과학에서는 물론이고 실생활에서도 늘 일어나는 현상이다. 인간이 기존의 믿음을 **확증하기** 위해서 새 정보를 **편향된** 방식으로 수집하고 해석하는 경향을 **확증 편향**(confirmation bias)이라고 한다.

안타깝지만 확증 편향에 굴복하기는 매우 쉽다. 반면에 자신의 핵심 추정에 의문을 품기는 어렵다. 업계를 뒤흔드는 스타트업 기업이 주로 업계 밖에 있는 인사에 의해서 설립되는 데에는 다 이유가 있다. 과학 분야의 획기적인 발견을 그 분야의 외부인이 주도하는 데에도 이유가 있다. "신선한 시각"과 "틀에서 벗어난 사고"가 상투적인 표현이 된 것도 무리가 아니다. 외부인은 기존의 패러다임에 뿌리를 두고 있지 않기 때문이다. 현 상태에 의문을 품어도 그들의 평판은 위태로워지지 않는다. 그런 제약 없이 **자유롭게 생각하기** 때문에 그들은 말 그대로 "자유 사상가"이다.

확증 편향을 극복하기가 매우 어렵다는 사실을 보여주는 **역화 효과** (backfire effect)라는 모델도 있다. 이는 어떤 입장이 틀렸음을 증명하는 명백한 증거를 마주하면 기존의 입장에 더 고집스럽게 집착하게 되는 경향을 말한다. 다시 말하면 다른 사람들이 정확하고 상세한 정보를 들이밀며 당신의 생각을 바꾸려고 하면, 의도한 것과 정반대의 효과인 **역효과**가 나타나서 당신은 당초의 틀린 입장을 더욱 완강하게 지키려고 하게 된다.

2008년 예일 대학교는 임신 중절에 찬성하는 민주당 지지자들을 대상으로 연구를 실시했다. 그들에게 당시 대법관으로 지명된 존 로버츠에 대한 의견을 물은 다음, 그가 "폭력적인 비주류 집단과 낙태 시술소 폭파로 유죄판결을 받은 범죄자"를 옹호한다는 광고를 들려주고 다시 로버츠에 대한 의견을 물었다. 당연하겠지만 그를 지지하지 않는다는 의견은 56퍼센트에서 80퍼센트로 올랐다. 그러나 그 광고를 제작한, 낙태권을 옹호하는 집단이 내용의 오류를 인정하여 광고를 철회했다는 말을 듣고 나서도 그를 지지하지 않는 비율은 72퍼센트를 유지했다.

"나는 이 사이트가 진실을 말하고 있다고 믿어."

믿고 싶지 않은 개념에 더 무거운 입증 책임을 부여하는 불확증 편향(dis-confirmation bias) 때문에 당신은 옳지 못한 믿음에 집착할 수 있다. 심리학자 대니얼 길버트는 2006년 4월 16일 자 「뉴욕 타임스(*The New York Times*)」의 기사 "나는 문제없어, 편파적인 건 당신이지"에서 이렇게 설명했다.

체중계가 나쁜 소식을 전하면 우리는 체중계에서 내려갔다가 다시 올라간다. 숫자를 잘못 읽었거나 한쪽 발에 무게가 너무 많이 실리지 않았는지 확인하려는 요량이다. 그러나 체중계가 좋은 소식을 전하면 우리는 미소를 지으며 샤워실로 향한다. 증거가 우리를 기쁘게 하면 비판 없이 받아들이고 그렇지 못하면 더 많은 증거들을 요구하면서 체중계를 입맛에 맞게 살짝 기울이는 것이다.

확증 편향과 관련 모델의 치명적인 영향은 두 가지 모순되는 주장, 즉 부조화와 믿음을 한꺼번에 지닐 때 생기는 스트레스를 일컫는 인지 부조

화(disconfirmation bias)로 설명할 수 있다. 과학자들은 인지 부조화가 실제로 고통스러운 결과를 피하게 하는 두뇌 영역과 관계가 있다고 밝혔다. 이런 스트레스의 근본 원인(우리가 실제로 틀렸을 수도 있다는 사실)을 해소하는 대신 우리는 모순되는 정보를 합리화하는 쉬운 길을 택한다. 그것은 생존본능이라고 할 수 있다!

확증 편향과 인지 부조화의 예를 찾으려고 마음만 먹으면 당신은 자신의 생각을 비롯해서 모든 곳에서 그것을 쉽게 발견할 수 있다. 실수를 줄이는 진짜 요령은 새 정보를 무시하려는 본능을 누르고 새로운 사고방식과 패러다임을 수용하는 것이다. 위의 그림은 인지 부조화가 어떻게 우리가 당연시하는 것들을 부조리하게 만드는지를 잘 보여준다.

일상생활에서 당신의 고질적인 확증 편향과 부족주의(tribalism)를 극복하는 데에 필요한 전략적 정신 모델을 몇 가지 소개하겠다. 우선 우리가 스티븐 샘플의 책 『창조적인 괴짜들의 리더십(*The Contrarian's Guide to Leadership*)』에서 배운 **회색 사고**(thinking gray)라는 개념을 생각해보자. 당신은 어떤 주제에 대해서 흑백 **사고**를 할 수 있지만 진실은 그 사이 어디쯤의 **회색** 영역에 있다. 샘플은 이렇게 설명한다.

대부분의 사람들은 이분법적이고 즉흥적인 판단을 한다. 그 말은 무엇이든 곧바로 선이나 악, 진실이나 거짓, 흑이나 백, 친구나 적으로 나눈다는 뜻이다. 그러나 진짜 유능한 지도자라면 앞으로 나아갈 방향에 대한 현명한 결정을 위해서 상황에 내재된 회색조를 볼 줄 알아야 한다.

회색 사고의 본질은 이렇다. 관련 사실과 주장을 전부 듣기 전에는, 또는 모든 사실을 따진 후에 의견을 정할 수 있는 상황이 도저히 아닐 때(종종 있는 일이지만 생각보다는 훨씬 드물게 일어난다)는 중요한 문제에 대해서 의견을 내세우지 마라. F. 스콧 피츠제럴드는 언젠가 "정신의 1급 시험은 상반되는 두 가지 생각을 동시에 가지고서도 제 기능을 하는 능력을 유지하는 것이다"라는 말로 회색 사고와 유사한 개념을 표현했다.

이 모델의 힘은 인내심을 가지게 하는 데에 있다. 의사결정을 연기하면 우리는 확증 편향을 피할 수 있다. 아직 확증할 결정을 하지 않았기 때문이다! 미묘하게 다른 관점들 전부가 인지 부조화를 유발할 수 있기 때문에 회색 사고는 쉽지 않다. 그러나 그 부조화와 싸우며 객관적인 진실에 다가갈 가치는 충분하다.

확증 편향에 대처하는 두 번째 정신 모델은 **악마의 변호인 입장**(Devil's advocate position)이다. 한때 성자를 시성(諡聖)하는 과정에서 가톨릭 교회가 공식적으로 취한 입장이다. 일단 누군가가 성자로 추대되면 그 결정은 영원히 바꿀 수 없기 때문에 애초에 제대로 해야 했다. 따라서 이 입장은 고인을 성자로 임명하는 데에 반대하는 **악마**의 관점을 **대변하기** 위해서 만들어졌다.

넓은 의미로 악마의 변호인 역할은 자신과 의견이 다를지라도 어떤 논쟁의 반대편에 서기를 자처하는 것을 의미한다. 한 가지 방법으로, 주어진 결정과 다른 사례들을 적어보거나 집단 내의 다른 구성원을 그 자리에 임명해서 임무를 맡기는 것이 있다. 반대 견해를 가졌다고 알려진 사람들을 의사결정에 적극 참여시키는 것 역시 효과적이다. 그렇게 하면 모든 관계자들이 당신과 다른 견해의 강점을 쉽게 찾을 수 있으므로 당신은 당신의 믿음을 뒷받침하는 한층 더 설득력 있는 논거를 찾아야 한다. 찰리 멍거는 이렇게 말했다. "나는 상대방의 주장에 대해서 그들보다 더 잘 알지 못하면 절대 의견을 가지지 않는다."

직감을 믿지 마라

우리는 날마다 **직관**(intuition)을 이용해서 대부분의 결정을 한다. 직관이란 우리의 잠재의식이 본능이나 부호화된 지식에 따라서 어떻게 행동할지를 자동으로 **판단하는** 작용을 말한다. 과거 경험이나 타고난 프로그래밍에 의지하는 상식, 육감이나 **직감**이 상황에 따라서 반응하는 것이다.

『생각에 관한 생각(*Thinking, Fast and Slow*)』에서 노벨 경제학상 수상자인 대니얼 카너먼은 직관적인 빠른 생각과, 직관적인 가정에 의문을 품고 찬찬히 진행하는 신중하고 논리적인 사고를 구분한다.

어떤 일을 자주 하다 보면 뇌에서 서서히 부호화되어 결국 어느 순간부터 빠른 사고를 통한 직관이 주로 작용하게 된다. 그러면 우리는 의식하지 않고 그 일을 할 수 있다. 고속도로에서 운전을 하거나 간단한 산수를 하거나 자기 이름을 말하는 것 등이 그 예이다. 그러나 부호화된 지식이 없는 불확실한 상황에서는 느린 사고를 해야 한다. 낯선 길에서 운전을 하고, 복잡한 수학 문제를 풀고, 과거에 알던 사람에 대한 기억을 더듬는 것 등은 무심결에 할 수 있는 일이 아니다.

빨리 생각해야 할지, 느리게 생각해야 할지 분명하지 않은 상황에서 덮어놓고 직감을 믿었다가는 곤경에 처할 수 있다. 그런 상황에서 직관만을 따르면 앵커링, 가용성 편향, 틀 짜기 등의 함정에 빠질 수 있다. 길을 잃는 상황은 우리가 어디로 가야 할지 직관적으로 안다는 생각에서 시작되어 직관에 속았다는 깨달음으로 끝난다.

마찬가지로 이 책 속의 정신 모델들이 유용하게 적용될 대부분의 상황에서 우리는 느린 사고를 통해서 어느 모델을 어떻게 적용하는 것이 최선일지 신중하게 고민해야 한다. 직관의 힘을 빌려서 어느 방향을 살펴볼지 판단할 수는 있지만, 직관에만 의존해서 결정을 내릴 수는 없다. 다음번 모퉁이를 돌기 전에 지도를 꺼내서 길을 꼼꼼히 살펴볼 필요도 있다.

우리는 인생이 던져주는 모든 과제를 직관에 따라서 해결할 만큼 충분한 경험을 갖추지 못했기 때문에 새롭거나 낯선 상황에서는 특히 직관에 주의해야 한다. 예를 들면 당신이 곰 마을에 가본 경험이 있는 도보 여행자라면 곰을 노려봐서는 안 된다는 사실을 알고 있을 것이다. 곰이 그런 행동을 공격 신호로 받아들여서 달려들 가능성이 있기 때문이다. 그렇다면 당신이 퓨마 마을을 지나다가 퓨마를 만났다면 어떻게 해야 할까? 직관에 따르면 노려보지 말아야 하겠지만 이때는 반드시 퓨마를 노려봐야 한다. 눈을 똑바로 노려보면 퓨마는 당신이 손쉬운 먹잇감이 아니라고 느끼고 공격을 주저할 것이다.

직관은 신속하게 정답을 찾도록 이끌어주기도 한다. 정신 모델을 더 많이 활용할수록 주어진 상황에서 발휘하는 직관은 옳을 가능성이 높으며, 더 나은 결정을 더욱 신속히 내릴 가능성도 커진다.

다시 말하면 이번 장 도입부에 설명했듯이 정신 모델을 꾸준히 적용하면, 새로운 상황에 대처하는 능력을 키울 수 있기 때문에 느리지만 착실히 안티프래질로 나아갈 수 있다. 물론 머릿속에 훌륭한 정보를 입력할수록 직관도 성장한다.

유용한 직관을 빨리 기르는 한 가지 방법은 기본 원칙부터 따지기를 꾸준히 시도하는 것이다. 가능한 수단을 모두 이용해서 어떤 상황을 실제로 유발하게 한 원인을 이해하는 것도 방법이다. 그럴 때 이번 장에 등장하는 나머지 정신 모델이 도움이 될 것이다.

1986년 1월 28일 미국 동부 표준시 오전 11시 39분, 우주선 챌린저 호가 비행을 시작한지 73초 만에 대서양 상공에서 폭발하여 승선한 우주인 일곱 명 전원이 사망했다. 그날의 가슴 아픈 기억이 우리 둘 다 아직도 생생하다. 그 사고를 조사하기 위해서 대통령 위원회가 조직되었고 결국 그 위원장인 윌리엄 로저스의 이름을 딴 로저스 위원회 보고서가 제출되었다.

어떤 사건을 발생시킨 직접적 원인을 근접 원인(proximate cause)이라고 한다. 로저스 위원회의 보고서에 따르면 챌린저 사고의 근접 원인은 외부 수소 탱크의 발화였다.

반면에 근본 원인(root cause)은 어떤 사건이 일어나게 된 진짜 원인을 말한다. 자신의 행동에 대한 사람들의 설명도 마찬가지이다. 누구든 자신이 어떤 행동을 한 이유를 제시할 수 있지만 그것은 진짜 이유가 아닐 수도 있다. 예를 들면 직장에서 자꾸만 신통치 못한 성과를 내는 사람들은 대개 매번 그럴듯한 구실을 대지만 진짜 이유는 능력이나 동기, 노력의 부족 등 훨씬 더 근본적인 것이다.

1986년 6월 6일에 로저스 위원회가 대통령에게 제출한 보고서에서는 챌린저 사고의 근본 원인을 구조적인 문제로 결론 내렸다.

의사소통의 실패가……불완전하거나 때로 그릇된 정보에 근거한 51-L의 발사 결정, 기술적 데이터와 관리상의 판단 사이의 충돌, 비행의 안전 문제를 우주선 관리자들에게 넘겨버린 NASA의 관리 구조라는 결과를 낳았다.

그 임무의 일환으로 위원회는 **검시**(postmortem)를 실시했다. 의학에서 검시는 사망의 근본 원인을 판단하기 위해서 실시하는 시신 검사를 말한다. 은유적으로 **검시**는 어떤 일이 발생했는지 이해하고 개선할 방법을 찾기 위해서 과거의 상황을 조사하는 활동을 가리킨다. 덕덕고에서는 프로젝트가 끝날 때마다 조직이 집단적으로 학습하고 한층 더 강력해지도록(안티프래질) 의무적으로 검시를 실시한다.

검시에서 흔히 사용되는 기법으로 **왜라고 다섯 번 묻기**(5 Whys)가 있다. 근본 원인을 찾을 때까지 "그런 일이 왜 일어났을까?"라는 질문을 던지는 방식이다.

1. 챌린저 호의 수소 탱크는 왜 점화되었을까? 고온의 기체가 고체 로켓 모터에서 새어나오고 있었다.
2. 고온의 기체는 왜 새어나왔을까? 모터의 패킹이 망가졌다.
3. 패킹은 왜 망가졌을까? 패킹을 보호하는 O링이 파손되었다.

4. O링은 왜 파손되었을까? O링이 견딜 수 있는 온도 범위를 벗어났다.

5. O링은 왜 견딜 수 있는 온도 범위를 벗어난 곳에서 사용되었을까? 발사 당일 기온이 영하 1.7도였기 때문이다. (과거에는 가장 낮은 기온에서 발사한 것이 12도였다.)

6. 그렇게 추운 날에 발사를 강행한 이유는 무엇일까? 발사 회의 때 안전에 대한 우려가 묵살되었다.

7. 안전에 대한 우려는 왜 묵살되었을까? NASA에 적절한 견제와 균형 장치가 없었다. 그것이 근본 원인이며, 챌린저 사고가 일어난 진짜 이유이다.

보다시피 다섯 번이라는 횟수는 임의적인 것일 뿐이고 근본 원인을 찾을 때까지 필요한 질문을 전부 던져볼 수 있다. 노벨상을 수상한 물리학자 리처드 파인먼은 로저 위원회의 일원이었고 당시 암 투병 중이었음에도 일부 임무에 참가했다. 그는 NASA 내부의 구조적 문제를 발견했고, 근본 원인에 대한 자신의 개인적인 견해를 로저스 보고서에 부록으로 포함하지 않으면 위원회에서 사퇴하겠다고 으름장을 놓았다. 그 내용의 일부는 다음과 같다.

우주선과 인명의 손실을 가져올 실패 가능성에 대해서는 저마다 의견이 크게 달랐다. 실패 확률은 대략 100분의 1에서 10만 분의 1 범위로 추정되었다. 현장 엔지니어들은 높은 수치를, 관리부서는 매우 낮은 수치를 제시했다.……

내부 소비가 목적이었든 외부 소비가 목적이었든 NASA의 관리자들은 그 제품의 신뢰도를 망상에 가까울 만큼 과장한 모양이다.……

어떤 기술이 성공하기 위해서는 반드시 홍보보다 현실이 우선시되어야 한다. 자연법칙은 속일 수 없기 때문이다.

때때로 우리는 무엇인가가 사실이기를 간절히 바란 나머지 그것이 정말
로 사실인 양 자신을 속인다. 이런 경향을 **낙관적 가능성 편향**(optimistic
probability bias)이라고 한다. 성공 **가능성**에 대해서 지나치게 낙관한다는
뜻이다. NASA 관리자들은 성공 가능성에 대해서 지나치게 낙관적이었던
반면, 분석 자료를 접한 엔지니어들은 현실을 훨씬 더 정확하게 판단했다.

왜라고 다섯 번 묻기 기법을 사용하든 다른 체제를 사용하든, 근본 원
인 분석은 우리가 낙관적 가능성 편향을 떨치고 사고의 속도를 늦춰서
직관에 휘둘리지 않고 신중하게 진실을 발견하도록 도와준다.

근본 원인이 중요한 이유는 그것을 짚고 넘어가면 미래에 같은 실수를
하는 것을 방지할 수 있기 때문이다. 몸에 어떤 증상이 나타났을 때 그
근본 원인을 조사해야, 증상을 제거하는 동시에 그것을 유발한 질병을
치료할 수 있는 것과 같다.

잘못을 덜 하려면 시간의 흐름에 따라서 지금보다 나아지려고 노력해
야 하고(안티프래질), 사고를 할 때는 피할 수 있는 실수(자책)는 가급적
줄여야 한다고 설명하면서 이번 장을 시작했다. 불행히도 최신 정보에 지
나치게 의존하거나(가용성 편향), 현재의 입장에 너무 얽매이거나(확증 편
향), 원하는 결과가 실현될 가능성을 과대평가하는 태도(낙관적 가능성
편향) 등 우리가 적극적으로 피해야 할 정신의 함정은 너무나 많다. 파인
먼은 1974년에 캘리포니아 공과대학 졸업생들에게 이렇게 경고했다. "자
신을 속이지 말아야 합니다. 하지만 자신은 속이기 가장 쉬운 사람입니다."

- 정신의 함정을 피하기 위해서는 좀더 객관적으로 생각해야 한다. 기본 원칙부터 따지고, 근본 원인을 밝히고, 제3자의 이야기를 찾아보자.
- 가용성 편향, 기본적 귀인 오류, 낙관적 가능성 편향, 사고에 흔히 나타나는 오류를 설명하는 다른 관련 정신 모델 때문에 세상에 대한 직관적 해석은 틀릴 수 있다.
- 오컴의 면도날과 핸런의 면도날을 이용해서 가장 단순한 객관적인 설명에서부터 따지기 시작하자. 그런 다음 당신의 추정에서 리스크를 제거하고 성급한 최적화를 피해서 이론을 검증하자.
- 확증 편향을 일관되게 피하기 위해서는 회색 사고를 해보자.
- 악마의 변호인 입장을 수용하고 필터 버블은 피하면서 적극적으로 다른 관점을 찾아보자. "당신이 먹는 것이 곧 당신이다"라는 금언에 유념하자. 건강한 사람이 되려면 음식을 골고루 섭취해야 한다. 마찬가지로 슈퍼 사고자가 되려면 다양한 관점을 받아들여야 한다.

제2장

잘못될 수 있는 일은
어김없이 잘못된다

모든 행동들에는 결과가 따르지만 어떤 결과는 예상 밖이다. 의도하지 않은 이런 결과들은 언뜻 보면 예측이 불가능할 것만 같다. 그러나 자세히 뜯어보면 의도하지 않은 결과라고 해도 예측 가능한 패턴을 따르기 때문에 사전에 피할 수 있는 경우가 많다는 사실을 알 수 있다. 우리는 그저 적절한 정신 모델에 따라서 어떤 패턴에 주의해야 할지만 알면 된다.

한 가지 예를 들어보겠다. 2016년에 영국 정부는 일반인을 대상으로 새로운 극지방 조사선의 명칭을 공모했다. 사람들이 제안한 여러 명칭들을 두고 온라인 투표를 실시하겠다는 계획이었다. 7,000개가 넘는 후보 가운데 12만4,109표라는 압도적인 지지를 얻은 이름은 '왕립 탐험선 보티 맥보트페이스'였다. (결국 이 배에는 '왕립 탐험선 데이비드 애튼버러 경'이라는 이름이 붙었다.)

정부는 이런 결과를 전혀 예상하지 못했을까? 아무래도 보티 맥보트페이스라는 이름이 선택되리라고는 꿈에도 생각하지 못했을 것이다. 그렇다고 해도 누군가가 이 공모전을 웃음거리로 바꿔버리고, 대중이 거기에 호응해서 터무니없는 이름이 뽑힐 수도 있다는 짐작은 할 수 있지 않았을까? 아무렴.

사람들이 이런 공모전을 우롱하는 일은 심심치 않게 일어난다. 2012년에 마운틴 듀는 새로 출시하는 탄산음료에 이름을 붙이기 위해서 비슷한 공모전을 열었다가 당뇨병을 뜻하는 "다이어비터스"와 "히틀러는 아무 잘못이 없다"가 상위권을 차지하자 부랴부랴 행사를 취소했다. 같은 해에 월마트는 시츠 에너지 스트립스와 공동으로, 페이스북 '좋아요'를 새로 가장 많이 획득하는 가맹점에서 세계적으로 유명한 래퍼 핏불의 콘서트를 열겠다고 밝혔다. 그런데 한 짓궂은 네티즌이 투표를 조작하는 바람에, 가장 벽지에 위치한 가맹점인 알래스카 주의 코디액 지점이 승리하는 사태가 벌어졌다. 그래도 월마트와 핏불은 콘서트를 감행했고 심지어 행사를 농락한 악동까지 핏불 공연에 초대했다!

불행히도 의도하지 않은 결과를 단순히 웃어넘길 수 없는 좀더 심각한 상황도 있다. 의사들이 만성 통증에 시달리는 환자들에게 습관적으로 처방하는 마약성 진통제 오피오이드를 예로 들어보자. 안타깝게도 이런 약물은 중독성이 강하다. 그 결과 처방받은 약을 남용하거나, 약효는 비슷하면서 저렴하고 더 위험한 헤로인 같은 약물을 뒷골목에서 구입하는 환자들이 생긴다. 미국 국립보건원에 따르면 헤로인을 투약하는 젊은이들 중에서 거의 절반이 처음에 처방받은 오피오이드를 남용하다가 약물에 빠지기 시작한다.

오피오이드의 중독과 남용에 취약해진 인구가 늘면서 미국 역사상 최악의 약물 위기가 찾아왔다. 2018년 11월 29일 자 「뉴욕 타임스」에 따르면, 2017년에 약물 남용으로 사망한 사람은 HIV/AIDS, 자동차 사고, 총기 사고로 인한 사망자 수가 각각 정점에 올랐을 때보다 더 많았다. 물론 환자가 죽기를 바라고 진통제를 처방하는 의사는 없을 테니 이런 죽음은 의도하지 않은 결과에 해당한다.

이번 장에서 우리는 이와 같이 의도하지 않은 결과를 피하는 방법을 제시한다. 이런 상황을 예측하고 해소하는 데에 도움이 될 적절한 정신 모델을 익힌다면 의도하지 않은 결과의 함정에 빠질 일도 크게 줄어들 것이다.

네 이웃에게 해를 끼쳐라, 의도하지 않게

여러 사람들이 저마다 본인에게는 최선이라고 생각해서 한 선택이 결국 모두에게 의도하지 않게 나쁜 결과를 가져오는 사례도 비일비재하다. 이런 상황이 어떻게 발생하는지를 이해하기 위해서 미국에서 가장 오래된 공원인 보스턴 코먼의 예를 눈여겨보자.

매사추세츠 주의 보스턴 시내에 자리잡은 2만 제곱미터 면적의 이 땅은, 공원으로 바뀌기 전인 1630년대에는 소를 방목하는 목초지였다. 인근의 여러 농가에서 그곳을 공동 용지로 이용했다. 영국에서는 이런 형태의 토지를 법률 용어로 **공유지**라고 한다.

공유 목초지는 문제가 생기기 마련이다. 특정 농부의 소가 한 마리씩 늘어날 때마다 그 가족에게는 이익이 되지만 농부들이 자꾸만 새롭게 소를 들여오면 공유지는 황폐화될 수밖에 없다. 지나친 방목이 소의 건강과 토지에 미치는 부정적인 영향은 모든 농부들이 고스란히 떠안아야 한다.

경제학자 윌리엄 로이드는 1833년에 『인구 통제에 관한 두 편의 강의 (*Two Lectures on the Checks to Population*)』에서 공유지의 비극(tragedy of the commons)이라는 이와 유사한 가상의 과다 방목 시나리오를 소개했다.

로이드는 몰랐겠지만 보스턴 코먼에서는 200년 전(그 전후로도 여러 차례)에 그가 가정한 상황이 실제로 발생했던 셈이다. 실제로 부유한 농가일수록 소를 점점 더 많이 풀어놓는 바람에 목초지는 차츰 파괴되었고, 결국 1646년에는 보스턴 코먼에 소를 70마리 이상 방목할 수 없다는 제한이 생겼다.

어떤 공유 자원, **공유지**라도 이 비극을 피해가기는 어렵다. 어류 남획, 삼림 벌채, 폐기물 투기 등도 과도한 방목과 비슷한 결과를 초래하지만 이 모델은 환경문제에만 한정되지 않는다. 스팸 메시지가 늘어날 때마다 발신자에게는 득이 될지 몰라도 이메일 시스템 전체의 질은 떨어진다. 의료와 농업 분야의 전반에서 항생물질을 남용하면 위험한 항생제 내성이 생긴다. 위키피디아의 지식을 너도나도 입맛대로 편집하다 보면 이 백과사전의 전체적인 신뢰도는 하락할 수밖에 없다.

이 모든 상황에서 개인은 합리적으로 보이는 결정을 한다(예 : 박테리아에 감염되었을 가능성이 있는 환자에게 항생제를 처방한다). 그들은 매우 적은 비용을 치르거나 무상으로(예: 치료를 받을 때마다 항생제 내성은 아주 조금 높아질 뿐이다) 자신의 이익을 위해서 공유 자원을 이용하는 것이다. 그러나 같은 결정을 하는 사람이 많아질수록 공유 자원은 전체적으로 고갈되어 사람들이 그 자원에서 혜택을 받을 가능성은 줄어든다(예: 항생제의 효과가 떨어진다).

넓게 보면 공유지의 비극은 **사소한 결정의 횡포**(tyranny of small decisions)라는 현상에서 생긴다. **사소한**, 개인의 입장에서는 합리적인 **결정들**이 모여서 결국 시스템 전체에 부정적인 결과, 즉 **횡포**를 일으키는 현상이다. **칼에 수천 번 베이면 목숨을 잃는 것과 같다.**

계산서에 청구된 금액을 똑같이 분담할 것이라고 예상하고 친구들과 함께 저녁을 먹으러 갔다고 생각해보자. 모인 사람들은 식사 자리에서 각자 비싼 음식을 시킬지 싼 음식을 시킬지 결정해야 한다. 혼자 먹을 때는 주로 싼 음식을 주문하던 사람도 참석자 전원이 식사 비용을 함께 분담한다는 사실을 알면 비싼 음식을 고르는 경향이 있다. 모두가 그렇게 행동한다면 결국 모두가 돈을 더 많이 내야 한다!

생태학자 윌리엄 E. 오덤은 1982년 「생물과학(*BioScience*)」에 발표한 논문에서 사소한 결정의 횡포와 환경 파괴의 상관관계를 설명했다. "환경 문제를 둘러싼 최근의 갈등과 고통은, 무의식적이지만 사소한 결정들에서 그 원인을 찾을 수 있다."

여기에 우물을 파고 저기에 있는 나무를 베고 저쪽에 공장을 세우는 것은 개인적인 결정이다. 그러나 시간이 흐르면서 이런 별개의 결정들은 돌이킬 수 없는 광범위한 문제들을 발생시킨다.

사소한 결정의 횡포는 일상생활에서도 발견할 수 있다. 소액을 신용카드로 계산하거나 소비하는 경우를 생각해보자. 쓸 때는 한 건 한 건이 적절한 소비처럼 보이지만 전부 모이면 만만치 않은 카드값이 되거나 그것으로 인한 곤란한 상황이 발생할 수 있다. 직장에서는 잠깐씩 딴짓을 하거나 가끔 늑장을 부린 것이 조금씩 쌓이다 보면 마감일을 맞추지 못하는 사태로 이어진다.

전체 시스템을 조망할 줄 아는 사람이 대략의 부정적인 영향을 예견하고 개인들의 결정을 거부하거나 제한한다면 사소한 결정의 횡포를 피할 수 있다. 오로지 당신 혼자 하는 결정이라면 그 역할을 직접 하면 된다. 예를 들면, 마구잡이식 소비를 멈추고, 스스로 정한 예산 범위를 초과하는 구매를 자제하고, 소비 계획을 지켰는지 점검하는 것이다. 시간관리에도 같은 방법을 적용해서 일정을 엄격하게 관리할 수 있다.

혼자서 할 수 있는 결정이 아니라면 대개 제3자가 이 역할을 해야 한다. 보스턴 시가 보스턴 커먼에 방목하는 소의 수를 제한한 일이 그것이다. 조직에서의 예로는 과도한 지출을 방지하기 위해서 회사 비용에 관한 정책을 마련하는 것이 있다.

공유지의 비극을 일으키는 다른 원인으로 무임승차자 문제(free rider problem)를 들 수 있다. 무임승차란 정당한 대가를 지불하지 않고 자원을 이용하는 행위를 말한다. 탈세를 하는 개인이나 회사는 공공 기반 시설과 사법제도 등 그들이 이용하는 정부 서비스에 대한 무임승차자이다. 팀 과제에 거의 기여하지 않은 사람은 나머지 팀원들에게 무임승차한 것이다. 흔한 예는 또 있다. 누가 당신의 와이파이나 넷플릭스 계정을 도용한 적은 없는가? 아니면 당신이 무임승차자였던 적은 없는가?

무임승차는 군대, TV 방송, 우리가 숨 쉬는 공기 등의 공공재(public goods)에 흔히 나타난다. 이런 예에서 알 수 있듯이 공공재는 널리 이용할 수 있기 때문에(공공) 특정인의 이용을 배제하기가 쉽지 않다. 한 사람의 이용이 나머지 사람들의 이용 가능성을 크게 줄이지 않으므로 언뜻 보았을 때 무임승차가 해롭지 않은 것처럼 보이기도 한다. 그러나 많은 사람들이 공공재에 무임승차하면 공공재의 비극을 초래하는 수준까지 그 품질이 떨어질 수 있다.

예방접종은 이 모델들(공유지의 비극, 무임승차자 문제, 사소한 결정의 횡포, 공공재 등)과 **집단면역**(herd immunity)이라는 모델을 설명하기에 좋은 예이다. 질병은 감염될 숙주가 있어야 퍼진다. 그러나 대부분의 사람들이 예방접종을 하면 새 숙주가 될 사람은 거의 남지 않는다. **집단** 내의 대다수가 접종을 받아서 **면역**이 생겼기 때문이다. 그 결과 대중 전반이 질병의 영향을 덜 받게 된다.

이 예에서 공공재는 집단면역으로 질병이 없어진 환경이고, 무임승차자는 접종을 하지 않고 이 공공재의 혜택을 누리는 사람들이다. 사소한 결정의 횡포는 다수의 개인이 예방접종을 받지 않겠다는 선택을 한 결과, 질병이 발생하여 공유지의 비극이 초래될 때 나타난다.

사실 특정 질병에 대한 집단면역을 얻기 위해서 예방접종을 해야 하는 인구의 비율은 그 질병의 전염성에 따라서 달라진다. 전염성이 매우 강한 홍역의 경우 역치(閾値)는 약 95퍼센트이다. 어떤 공동체의 접종률이 95퍼센트 이하로 떨어지면 홍역이 유행할 가능성이 있다는 뜻이다!

홍역 예방접종이 도입된 1963년 이전에는 미국에서 한 해에 50만 명 이상이 홍역에 감염되었고 그중 400명 이상이 사망했다. 예방접종이 보편화된 이후로 홍역 사망률은 사실상 0으로 떨어졌다.

최근에는 신빙성 없는 허위 연구를 근거로 예방접종이 자폐증을 일으킨다고 믿고, 자녀들의 홍역 예방접종을 거부하는 부모들이 생겼다. 접

집단면역

질병	접종 전	접종 후
	연평균 사망자 수	연간 사망자 수(2004)
디프테리아	1,822(1936-1945)	0
홍역	440(1953-1962)	0
이하선염(耳下腺炎)	39(1963-1968)	0
백일해(百日咳)	4,034(1934-1943)	27
소아마비	3,272(1941-1954)	0
풍진	317(1966-1968)	0
천연두	337(1900-1949)	0
파상풍	472(1947-1949)	4

종을 하지 않기로 선택한 이런 사람들은 예방접종을 하는 사람들의 집단면역에 무임승차하는 것이다.

지금까지는 각종 질병의 예방접종률이 집단면역의 역치보다 높아서 발병을 막을 수 있었고, 그렇기 때문에 무임승차자들은 자신과 타인들이 입을 수 있는 피해를 실감하지 못했다. 그러나 최근 들어 일부 지역에서는 접종률이 위험한 수준으로 뚝 떨어졌다. 2017년 미네소타에서는 대부분 접종을 하지 않은 75명 이상이 홍역에 감염되었다. 접종률이 집단면역의 역치를 밑도는 공동체가 존재하는 한 이런 질병은 계속 나타날 수밖에 없다.

안타깝게도 유아나 심한 알레르기가 있는 사람, 면역 체계가 억제된 사람들은 면역력을 가질 수 없다. 그들은 공유지의 비극인 예방접종 반대 운동 때문에 아무 잘못 없이 치명적인 피해를 볼 수 있다.

집단면역이라는 개념은 의학 이외의 분야에서도 유용하게 쓰인다. 사회, 문화, 사업, 산업의 규범 유지에도 직접 적용될 수 있다. 규범 위반을 제어하지 않고 내버려두면 그 영향력이 급속히 증가해서 되돌리기 어려운 부정적인 규범이 새로 생긴다. 예를 들면 이탈리아에는 세금 납부에 대한 현재의 문화적 규범을 의미하는 "바보만이 세금을 낸다"라는 상투어가 있다. 이탈리아는 과거 수십 년 동안 탈세와의 전쟁을 벌였음에도 오랫동안 만연한 세금 회피 문화를 뒤집기는 쉽지 않았다.

이런 상황에서 집단면역이 역치 수준 이하로 떨어지면 그 폐해는 한참 동안 지속된다. 램프의 요정을 다시 램프 속에 욱여넣기는 어려운 법이다. 한때 청결했던 장소가 지금은 쓰레기와 낙서로 엉망이 되었다고 생각해 보자. 일단 더럽혀지면 그 상태가 곧 새로운 평균이 되므로 앞으로도 쭉 지저분한 상태로 남을 가능성이 높다.

디트로이트의 공동화(空洞化)된 도심지나 뉴올리언스의 일부 지역처럼 재난이 휩쓸고 간 곳에서도 가까운 과거에 그런 상황이 전개되었다. 낙후되어가는 환경에서 살고 싶지는 않지만 도시 정화에 힘쓰기도 싫은 사람들은 그냥 그 지역을 떠나거나 찾는 횟수를 줄일 것이고, 그렇게 되면 유지 관리에 필요한 세금이 걷히지 않아서 동네는 더욱 불결해진다. 그런 지역을 되살리려면 처음부터 그 장소를 깨끗이 유지하는 데에 드는 노력보다 훨씬 더 큰 노력이 소요된다. 재생 사업을 위한 재원을 확보해야 하고, 살기 좋은 지역이 되어야 한다는 인식도 다시 자리잡아야 하며, 주민도 다시 돌아와야 한다.

지금까지 설명한 의도하지 않은 결과들을 경제학에서는 외부성(externalities)이라고 한다. 외부에서 어떤 주체의 동의 없이 부여한 효과가 그에게 좋거나 나쁜 결과를 가져오는 현상을 뜻한다. 예방접종을 할 수 없는 유아는 접종을 한 사람들로부터 긍정적인 외부성을 얻고(병에 걸릴 가능성이 줄어든다) 접종을 하지 않은 사람들로부터 부정적인 외부성을 얻는다(병에 걸릴 가능성이 높아진다). 유사한 예로, 어떤 공장이 대기를 오염시키면 인근 주민들에게 나쁜 대기 질이라는 부정적인 외부성을 준다. 만약 회사에서 전 직원에게 응급처치법을 교육했고, 그 직원들이 직장 밖에서 그 기술을 이용해 사람을 살린다면 주민들은 긍정적인 외부성을 얻게 된다.

파급효과(spillover effect)가 있는 곳에는 외부성이 발생하기 마련이다. 파급효과는 어떤 활동의 **효과**가 활동에 직접 참여한 주체들의 주변에까지 **파급될** 때 나타난다. 흡연의 효과는 간접흡연으로 주위 사람들에게 퍼지고, 넓게 보면 공공 의료비의 증가라는 결과를 가져온다. 감지하기 쉽지 않은 파급효과도 있다. 당신이 자동차를 구입하면 도로 정체가 더 심해지고 그 비용은 차를 몰고 같은 도로를 운전해서 다니는 모든 사람들이 떠안게 된다. 또 요란한 음악을 틀어서 이웃의 잠을 깨우면 수면 부족으로 그들의 생산성은 떨어지게 된다.

앞으로 며칠 동안 주위에서 외부성의 예를 찾아보자. 한 개인이나 조직이 행동을 취할 때, 그 행동과 직접적인 관련이 없는데도 거기서 득을 보거나 해를 입는 사람들을 생각해보자. 누가 쓰레기를 버리면 그 공간을 사용하는 나머지 사람들 전부에게 부정적인 외부성이 미친다. 너도나도 쓰레기를 투척하다 보면 집단면역의 역치가 깨져서 점점 더 난장판이 된다.

부정적인 외부성의 해결 방안으로 **내부화**를 들 수 있다. 내부화는 부정적인 외부성을 일으키는 주체에게 그 대가를 지불하게 하는 방식이다. 누구도 원하지 않는 행동에 붙는 가격은 그 행동에 따른 결과를 처리하는 비용까지 완전히 포함할 만큼 충분히 높은 금액으로 정하는 것이 이상적이다. 높은 금액은 피해가 발생하는 것을 처음부터 막을 수 있게 해준다. 쓰레기를 투기하면 벌금 500달러를 내야 한다는 경고문을 보면 쓰레기통을 찾을 수밖에 없다.

세금, 벌금, 규제, 소송 등 부정적인 외부성을 내부화하는 방법은 다양하다. 흡연의 외부성은 흡연자에게 담배세나 건강보험료를 더 부과하여 내부화할 수 있다. 교통 체증의 외부성은 통행료로 내부화할 수 있다. 시끄러운 음악을 주야장천 틀어대는 이웃에게는 항의를 할 수 있다.

시장을 통해서 외부성을 내부화하는 방법도 있다. 로널드 코스는 1991년에 **코스 정리**(Coase theorem)로 노벨상을 수상했다. 부정적인 외부성을 시장에서 본질적으로 내부화하는 방법을 설명한 이론이다. 코스는 다음 조건이 충족되면 개입이 없어도(즉 정부 등 외부성을 규제하는 기관이 나서지 않아도) 외부성이 효과적으로 내부화될 수 있음을 보여주었다.

1. 명확한 재산권
2. 합리적인 행위자들
3. 낮은 거래 비용

이런 조건들이 충족되면 외부성을 둘러싼 주체들은 추가 비용이 내부화될 때까지 서로 협상을 한다. 보스턴 커먼의 예에서 과다 방목의 외부성은 농부 한 명당 방목할 수 있는 소의 수를 제한(규제)하여 내부화되었다. 그러나 이 사례에서는 농부들에게 토지에 대한 재산권이 없었다.

코스 정리는 소의 수를 제한하는 대신 농부들끼리 공유 재산에 대한 방목 권리를 나누어 가지기만 해도 문제가 해결된다고 주장한다. 그러면 농부들은 서로 방목권을 거래해서 공유지를 효율적으로 이용하는 시장을 만들 수 있다.

오늘날 정부도 코스 정리를 응용한 **배출권 거래제**(cap-and-trade)를 도입해 화석연료의 부정적인 외부성(예 : 기후변화)을 해결하려고 노력한다.

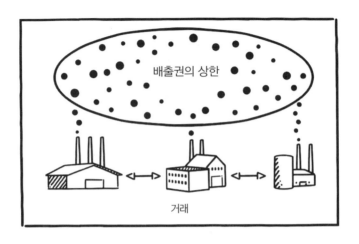

배출권의 상한

거래

이는 생산자들이 배출할 오염 물질의 양에 대해서 정부의 허가를 받게 하는 시스템이다. 보스컨 커먼이 풀을 뜯는 소의 수를 제한했듯이 시장에서는 정부가 정한 배출 상한까지만 배출이 가능하다. 그래서 기업들은 배출권을 공개적으로 거래할 수 있다. 허가 과정에서 재산권이 명확히 정의되어 있고, 기업은 이윤을 극대화하기 위해서 합리적으로 행동하며, 공개 시장에서 낮은 거래 비용으로 공급되기 때문에 이 제도는 코스 정리의 조건을 만족한다.

당신이 어떤 제도나 정책의 책임자라면, 발생할 가능성이 있는 부정적인 외부성을 사전에 검토해서 그것을 피할 방법을 생각해야 한다. 어떤 파급효과가 일어날 수 있으며 누가 그것에 영향을 받을까? 무임승차자가 남용할 수 있거나 공유지의 비극을 초래할 만한 공유 자원이 있을까? 부정적인 효과를 최소화할 정책이나 제도를 마련할 방법은 없을까?

위험한 사업

사람들이 같은 위험을 자신의 입장과 관점에 따라서 다르게 평가할 때도 의도하지 않은 결과가 나타날 수 있다. 이는 위험을 어떻게 평가하느냐에 따라서 재정적 결과가 크게 달라질 수 있는 보험에서 특히 문제가 된다. 이를 테면 렌터카 보험을 추가로 가입한 경우 당신은 렌터카로 사고를 내면 금전적인 보상을 더 받는다는 이유만으로 운전을 더욱 험하게 할까? 실제로 그렇게 하는 사람이 많다.

도덕적 해이(moral hazard)라는 이 현상은 자신이 더 보호받는다고 믿게 될 만한 정보가 있다면 해이에 빠져서 위험을 보다 많이 감수하는 경향을 말한다. 이는 17세기부터 보험 업계의 골칫거리였다! 도덕적 해이의 주체와 대상이 같은 사람일 수도 있다. 헬멧을 쓰면 거짓된 안전 의식을 느껴서 오토바이를 더 난폭하게 몰게 되는데, 사고가 나면 그 대가는 오롯이 당신 혼자 떠안아야 한다.

한 개인이나 회사(대리인)가 다른 개인이나 회사(주인) 대신에 의사결정을 하는 경우에도 도덕적 해이가 발생할 수 있다. 이런 문제는 단독으로 행동하는 주인보다 대리인이 더 많은 위험을 감수하게 될 때 생긴다. 대리인은 일이 틀어져도 타격을 덜 입기 때문이다. 재정 고문이 당신의 자금을 관리할 때, 그들은 당신이 원하는 리스크의 수준을 고수하려고 노력은 하겠지만 당신이 직접 돈을 관리할 때보다는 위험을 좀더 감수할 가능성이 높다. 자신의 돈이 아니므로 손실을 입어도 그들의 순자산에는 별 영향이 없기 때문이다.

대리 행위는 주인-대리인 문제(principal-agent problem)로 통칭되는 다른 문제를 낳기도 한다. 이는 다양한 상황에서 대리인이 자신의 사리사욕을 추구하여 주인에게 최적이 아닌 결과를 가져올 때 나타난다. 정치인들이 항상 유권자에게 가장 이익이 되는 방식으로 행동하는 것은 아니다. 부동산 중개인도 늘 판매자의 이익을 가장 우선시하지는 않는다. 금융 상품 중개인도 항상 고객의 이익을 최우선으로 삼지는 않는다. 기업 경영진도 주주에게 이로운 행동만 하는 것은 아니다. 이 정도면 감을 잡았을 것이다. 한마디로 대리인의 이익은 주인의 이익을 앞선다.

대리인이 남을 위해서 일할 때와 자신을 위해서 일할 때 그 행동이 어떻게 달라지는지를 비교한 몇 건의 흥미로운 연구가 있다. 부동산 중개인은 의뢰인의 집보다 자신의 집을 높은 가격에 파는 경향이 있었다. 대체로 시장에 매물로 내놓는 기간이 더 길기 때문이었다. 『괴짜 경제학(Freakonomics)』이라는 책에서 스티븐 레빗과 스티븐 더브너는 그 이유를 분석했다.

중개인의 주머니로 들어가는 돈은 구매 가격의 고작 1.5퍼센트이다. 그래서 당신의 집을 30만 달러에 판다면 1만8,000달러의 수수료에서 그의 몫은 4,500달러이다.……그 정도면 나쁘지 않다고 할 수도 있다. 그러나 그 집이 실제로 30만 달러 이상의 가치가 있다면? 만약에 약간의 노력과 인내심을 발휘해서 몇 건의 신문 광고를 내고 그 집을 31만 달러에 팔 수 있다면 어떨까? 수수료를 제하고 당신의 주머니에 추가로 들어오는 돈은 9,400달러이다. 그러나 중개인이 추가적으로 받는 몫, 즉 늘어난 1만 달러의 1.5퍼센트는 150달러에 불과하다.……

부동산 중개업자들이 자신의 집을 팔 때는 시장에 평균 열흘 정도를 더 오래 내놓고, 3퍼센트 더 높은 가격에, 즉 30만 달러짜리 집을 1만 달러를 더 받고 매도하는 것으로 드러났다. 중개인은 자신의 집을 팔 때는 최고가

"공시 규정에 따라서 제가 이 처방 약을 생산한 회사의
주식을 보유하고 있다고 밝혀야 해요."

를 받을 수 있을 때까지 버티지만, 당신의 집을 팔 때는 처음에 괜찮은 가격
이 제시되면 그냥 받아들이라고 권한다. 수수료에 목메는 증권 중개인과 마
찬가지로 거래를 신속히 성사시키지 못해서 안달한다. 당연하지 않을까? 더
좋은 가격으로 팔았을 때 얻게 되는 150달러라는 인센티브는 다른 행동을
기대하기에는 너무 보잘것없으니까.

도덕적 해이와 주인-대리인 문제는 **정보의 비대칭성**(asymmetric infor-
mation)에서 생긴다. 이는 거래의 한쪽 주체가 상대방과 다른 **정보**를 가
진 상태를 말한다. 즉 입수 가능한 정보가 **균형** 있게 분배되지 않았다는
뜻이다. 부동산 시장에 대해서 많은 정보를 보유한 부동산 중개인의 제
안에 매도인은 문제를 제기하기 어렵다. 마찬가지로 재정 고문도 대체로
고객보다 금융 시장에 관해서 많은 정보를 가지고 있다.

대리인이 어떻게 보상을 받는지 주인이 잘 모를 때와 주인이 전체적인

그림을 이해하고 있을 때는 전혀 다른 결정이 내려지기도 한다. 특정 금융 상품을 추천하는 대가로 재정 고문이 돈을 받는다는 사실을 안다면 당신이 그 상품에 투자할 가능성은 낮아질 것이다. 인터넷에 공개된 정보가 늘고 공시법이 생기면서 정보 비대칭성의 효과는 줄어들고 있다.

그러나 소비자가 정보 비대칭성에서 더 유리한 입장일 때도 있다. 보험 상품의 경우 보험을 신청하는 개인이나 기업이 대체로 자신의 리스크 특성을 보험회사보다 더 많이 안다.

당사자들이 부분적으로나마 자신이 가진 사적인 정보를 바탕으로 자신에게 유익하다고 생각하는 거래를 선택하는 경향을 역선택(adverse selection)이라고 한다. 앞으로 치과 치료가 필요하리라고 예상하는 사람들은 치과 보험에 들 가능성이 높다. 이렇게 되면 불행히도 모든 사람들의 비용 부담이 커진다. 보험 시장에서 역선택을 줄이는 두 가지 방법은, 이미 여러 지역에서 자동차 보험에 대해서 실시하는 것처럼 가입을 강제하거나, 생명보험사에서 흡연자들에게 하듯이 리스크 특성에 따라서 가입 대상자를 구분하는 것이다.

집단면역 수준이 낮을 때처럼 시장에 지속적인 정보 불균형이 만연하면 시장 붕괴가 초래될 수 있다. 파는 사람은 물건의 상태를 알지만 사는 사람은 레몬(나쁜 차)인지 복숭아(좋은 차)인지 구분할 수 없는 중고차 시장을 생각해보자.

그런 시장에서 구매자들은 레몬과 복숭아의 차이를 구분할 수 없기 때문에 시장에 나온 차들의 평균적인 품질을 기준으로 가격을 지불하려고 한다. 그러나 자신의 차가 복숭아라는 사실을 아는 판매자는 평균 가격 이상의 가치를 지닌 자신의 차를 이런 시장에서 판매하기를 꺼린다. 그들이 시장에 내놓은 복숭아를 회수하면 매물의 평균 품질은 떨어지고 그에 따라서 시장에 남아 있는 중고차의 가격도 계속 떨어진다. 레몬을 파는 판매자는 시장이 레몬만 파는 곳으로 전락할 때까지 계속해서 무임승차를 하는 셈이다.

역선택은 미국에서 부담적정보험법(Affordable Care Act : ACA)을 실시하던 초기에 주정부의 보험거래소가 맞닥뜨려야 했던 골칫거리였다. 비유하자면 레몬은 보험을 신청하는 환자들이고 복숭아는 건강한 사람들이다. 건강보험에 의무적으로 가입해야 한다는 규정이 있지만 준수하지 않을 때의 처벌은 크지 않아서 건강한 사람들은 보험에 가입하기보다는 차라리 처벌받는 쪽을 택할 수 있다는 우려가 생겼다. 그렇게 되면 보험이 필요한 환자들이 가입자의 다수를 차지하므로 건강보험 기관은 환자를 관리하는 데에 드는 비용을 확보하기 위해서 보험료를 인상해야 한다. 이렇게 되면 높은 보험료를 지불할 의향이 없는 건강한 가입자들은 시장을 떠나게 되고 결국 비용은 더 높아진다. 부담적정보험법의 성공에 투자한 사람들은 이 제도가 통제 불능의 상태가 되지 않도록 안간힘을 쓰고 있지만 이런 우려는 현실이 되고 있다.

이 악순환을 깨는 방법도 있다. 중고차 시장에서는 차량의 이력을 확인할 수 있는 서비스를 제공하여 정보 불균형을 회복하기 위해서 노력 중이다. 이런 식으로 구매자들이 레몬과 복숭아를 구분하게 되면 결국 레몬은 시장에서 퇴출된다. 그에 반해서 부담적정보험법의 목표 중 하나는 병력이 있는 사람들이 시장에서 밀려나지 않게 하는 것이다. 그러나 이 제도가 잘 시행될 수 있는 유일한 방법은 건강한 저위험자들을 시스템에 계속 참여시키기 위해서 보험사가 고위험자들에게 비용을 더 부담하게 하는 것이다. 그렇게 하면 보험료가 치솟는 것을 방지할 수 있어서 모든 사람들이 혜택을 누리게 된다. 부담적정보험법의 의무 가입 규정이

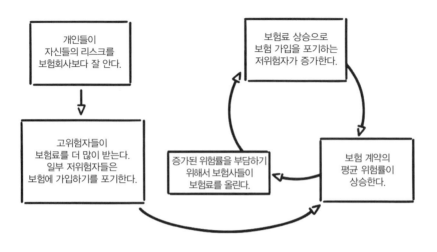

역선택의 "죽음의 소용돌이"

제도 전체의 성공에 중요한 이유는 그 때문이다.

　앞의 절(공유지의 비극, 외부성 등)과 이번 절에 소개된 정신 모델(도덕적 해이, 정보의 비대칭성 등)은 **시장 실패**(market failure)의 징후이다. 누군가가 개입하지 않으면 **공개시장**은 최적의 결과를 내지 못하거나 **실패하기** 마련이다. 시장 실패를 바로잡기 위해서는 어떻게든 외부 주체가 개입을 해야 한다. 불행히도 이런 개입 자체도 실패할 수 있는데 이런 현상을 **정부 실패**(government failure) 또는 **정치 실패**(political failure)라고 한다.

　항생제는 시장 실패와 정치 실패의 훌륭한 사례연구 대상이다. 앞에서 설명했듯이 항생제의 남용은 공유 자원으로서의 효과를 떨어뜨릴 수 있다. 항생제가 사용될 때마다 박테리아는 내성을 높이는 쪽으로 진화할 가능성이 있기 때문이다. 따라서 지나친 항생제 처방은 광범위한 항생제 내성이라는 부정적인 외부성을 가져온다.

　항생제가 등장하기 전에는 세균 감염이 사망의 주된 원인이었다. 연쇄

상구균 감염(주로 패혈성 인두염으로 나타난다)을 치료하지 않았을 때 생기는 합병증인 성홍열은 1900년대 초에 어린아이들의 목숨을 자주 앗아갔고, 폐결핵이 한창 유행할 때는 이 질병이 유럽의 전체 사망 원인의 25퍼센트를 차지했다. 수술이든 작은 상처든 감염을 일으킬 수 있는 것은 무엇이든 치명적일 수 있었다.

박테리아가 모든 항생제에 내성을 가지게 되면 대규모 박테리아성 질병의 발생이 다시 현실이 될 수 있다. 인류 멸망을 불러올 질병 발생 상황에 대비하기 위한, 아직 박테리아 내성이 생기지 않은 일부 항생제를 공중 보건 당국이 출시하지 않는 이유는 그 때문이다. 기존의 어떤 항생제로도 죽일 수 없는 "슈퍼 버그"를 막기 위해서는 새로운 항생제가 필요하다.

앞으로 닥칠지도 모르는 최악의 시나리오에서 이 새로운 항생제를 유용하게 쓰려면 반드시 필요한 상황에서만 아껴가며 사용해야 한다. 사용할 때마다 박테리아가 내성을 키울 위험도 높아지기 때문이다. 정부가 매우 심각한 상황에서만 사용을 허락한다면 항생제 남용에 대한 시장 실패를 해소할 수 있다.

이런 새 항생제의 개발은 분명 필요하지만 빈번히 판매되거나 사용되어서는 안 된다. 항생제 개발과 생산을 앞으로도 주로 민간 시장이 맡는다고 가정해보면, 이런 규제 환경에서는 정부 실패가 나타날 수밖에 없다. 그렇다면 현행 특허법하에서 제약 회사는 어떻게 투자 수익을 얻을 수 있을까? 의약 특허는 약이 소용되기 전에 만료되거나 만료에 임박해질 가능성이 높아서 제약 회사는 잠재 수익 대부분을 챙길 수 없다. 또 이 기간 내내 약이 필요할 경우에 대비해 일정량의 약품을 꾸준히 생산해야 하며, 그중 상당량은 팔리기 전에 유통 기간이 만료된다. (안타깝지만 수요가 높아지기를 기다리면서 대규모 제조 능력을 놀리는 것은 전혀 비용 효과가 좋지 않다.)

이런 불확실성은 새 항생제 개발에 대한 투자가 심각하게 부족해지는 2차 시장 실패로 이어져서 인류 전체가 장래에 발생할 질병에 취약해지는 결과를 낳는다. 사실 큰 제약 회사들 대부분은 이 분야의 연구 개발 투자를 아예 끊은 지 오래이다.

미국 보건복지부가 의뢰한 2014년 보고서에 따르면 새 항생제의 사회적 가치와 사적 시장의 가치 사이에는 큰 차이가 있다. 귀에 생긴 염증 치료제의 경우 사적 시장에서 기대되는 가치는 사실상 마이너스인 반면에, 사회적 가치는 약 5,000억 달러에 이를 것으로 기대된다!

이 미래의 항생제는 (대중의 건강을 지키므로) 공공재에 해당하기 때문에 이런 시장 실패를 바로잡으려면 정부는 특허권을 연장하거나 개발 비용을 일부 분담하는 등 큰 인센티브를 제공해야 한다. 그렇지 않으면 우리는 공유지의 비극에서 벗어날 수 없다. 그런 유인책 없이 모든 사람들이 이런 의약품 개발에 무임승차하면 곧바로 의약품의 과소생산으로 이어지게 된다.

이런 약물이 언제 필요하게 될지는 아무도 모르고 그 개발에 대체로 10년이 소요된다는 점을 감안하면 허비할 시간이 없다. 치명적인 세균성 질병은 당장에라도 발생할 수 있다. 이 경우처럼 위험과 보상이 별개의 주체에 배분되는 상황에서는 위험이 불러올 의도하지 않은 결과에 주의해야 한다.

당신이 소망하는 것을 조심하라

"생쥐와 인간이 아무리 정교한 계획을 세워도 그 계획은 어긋나기 일쑤이다." 1785년에 시인 로버트 번스가 쓴 시구이다. 이 문장은 다시 말하면 일은 계획한 대로 흘러가지 않는다는 뜻이다. 20세기 내내 소련의 중앙 계획 경제를 주도한 기관인 고스플란을 생각해보자. 그들의 계획에는 경제 전반에 걸쳐서 생필품(밀, 타이어 등)의 생산 목표를 정하는 것이 포함되었고, 그 목표는 특정 기관들의 생산 목표로 나뉘었다. 1990년에 경제학자 로버트 하일브로너는 「뉴요커(*The New Yorker*)」에 실린 "공산주의의 붕괴 이후"라는 기사에서 이 시스템의 병폐를 일부 소개했다.

오랫동안 목표는 물리적 용어(옷감 몇 미터, 못 몇 톤 등)로 제시되었지만 그런 방식은 명백한 문제를 일으켰다. 옷감을 미터에 따라서 보상하자 미터 수를 늘리기 위해서 같은 양의 실로 옷감을 헐겁게 짰다. 못의 생산량을 숫자로 결정하자 공장에서는 핀처럼 가는 못을 엄청난 수로 생산했다. 생산량을 무게로 정하면 아주 무거운 못을 소량 생산했다. 언젠가 풍자 잡지 「크로코딜(*Krokodil*)」에는 크레인에 매달린 거대한 못 하나를 보여주며 기록적인 생산량을 자랑하고 있는 공장장의 만화가 실린 적이 있다.

굿하트의 법칙(Goodhart's law)은 "척도가 목표가 되면 더 이상 좋은 척도가 아니다"라는 말로 요약할 수 있다. 널리 쓰이는 이 표현은 케임브리지의 인류학자 매릴린 스트래던이 1997년에 발표한 「평가의 개선' : 영국 대학 시스템의 회계 감사」라는 논문에서 나왔다. 그러나 "법칙" 자체는 영국 경제학자 찰스 굿하트의 이름에서 따왔다. 1975년 오스트레일리아 준비은행에 그가 제출한 회의 문서에는 원래 이런 표현으로 소개되었다. "인위적인 통제를 위해서 규제를 행사하면 기존의 통계적 질서가 무너지는 경향이 있다."

사회심리학자 도널드 T. 캠벨은 1979년에 발표한 연구에서 이와 유사한 "법칙"(캠벨의 법칙으로 알려졌다)을 만들었다. 그는 이 개념을 조금 더 정확하게 설명한다. "사회적 의사결정에 양적인 사회 지표가 많이 사용될수록 의사결정은 부패할 가능성이 크고, 그것이 감시하려던 사회 과정도 왜곡되고 타락한다."

두 가지 모두, 측정 가능한 목표에 따라서 사람들의 행동에 인센티브를 주려고 하면 그들은 당신이 의도하지 않은 방식으로 그 목표를 달성하는 데에 주력한다는 기본적인 현상을 설명하는 개념이다. 그들이 노력을 쏟는 척도가 당신이 장려하는 행동과 관계가 없을 수도 있다는 점이 가장 중요하다.

학교 시험이 되었든 취업 면접이 되었든 전문 자격시험이 되었든 고부담 검사 문화는 "시험을 위한 수업"이나 부정행위를 부추기는 왜곡된 유인(perverse incentive)을 낳는다. 2011년 애틀랜타 시에서는 178명의 교육자가 표준화된 시험에서 학생의 답을 고치는 대규모 불법 행위에 가담했고, 결국 11명이 유죄판결을 받아서 사기죄로 최장 20년을 선고받았다. 마찬가지로 병원과 대학은 치료나 교육의 품질 개선이라는 등급 평가 제도의 본래 취지는 외면한 채 갈수록 높은 등급을 받는 데에만 혈안이 되고 있다는 비판을 사고 있다.

『거의 모든 것의 역사(*A Short History of Nearly Everything*)』에서 빌 브라이슨은 고생물학자 구스타프 하인리히 랄프 폰 쾨니히스발트가 발굴에 대해서 뜻하지 않게 왜곡된 유인책을 조장하게 된 상황을 설명했다.

뒤늦게 밝혀진 전략상의 실수만 아니었으면 쾨니히스발트의 발견은 훨씬 더 특별할 뻔했다. 그는 지역 주민들에게 인류의 뼈를 한 조각씩 찾아올 때마다 10센트를 주겠다고 제안했다가 주민들이 돈을 더 챙기려고 경악스럽게도 큰 뼛조각을 공들여 잘게 쪼갠다는 사실을 깨달았다.

이런 결과를 보면, 당신이 말한 소원에서 허점을 찾아서 진짜 의도와 관계없이 문구에만 충실한 소원을 이루어주는 램프의 요정이 연상될 것이다. 상황은 당연히 처음보다 더 나빠진다. 이런 더욱 구체적인 상황을 가리키는 정신 모델인 **코브라 효과**(cobra effect)는 시도한 해결책이 문제를 더 악화시키는 경우를 뜻한다.

이 모델의 이름은 실제로 코브라와 관계가 있다. 영국이 인도를 지배하던 시절, 인도에 우글거리던 이 무시무시한 독사 때문에 불안을 느낀 영국인들은 뱀을 한 마리씩 잡아올 때마다 돈으로 보상하기 시작했다. 처음에는 이 정책이 순조롭게 시행되고 코브라도 감소하는 듯했다. 그러나 얼마 지나지 않아 지역의 장사꾼들이 오로지 포상금을 챙기기 위해서 코브라를 기르기 시작했다. 정부가 그 사실을 깨닫고 정책을 없애자, 번식에 이용되던 코브라가 전부 방사되어 개체 수는 이전보다 훨씬 더 늘어났다.

프랑스 지배하의 베트남에서도 비슷한 일이 일어났다. 하노이 지역 정부는 쥐를 잡으면 보상금을 주는 사업을 실시해서 쥐꼬리의 수에 따라서 돈을 지급했다. 그러나 장삿속이 밝은 쥐잡이꾼들이 쥐를 잡았다가 꼬리만 자르고 바로 풀어주는 바람에 쥐는 계속 번식했다. 유인 구조를 만들 때마다 굿하트의 법칙에 유념해서 왜곡된 인센티브를 경계해야만 코브라와 쥐가 들끓는 상황을 피할 수 있다!

스트라이샌드 효과(Streisand effect)는 훨씬 더 구체적인 상황에 적용된다. 즉 무엇인가를 숨기려고 하다가 의도하지 않게 사람들의 관심을 더

스트라이샌드 효과

끌게 되는 경우를 의미한다. 이 용어의 주인공인 바브라 스트라이샌드는 2003년 사적인 것으로 남기고 싶었던 자택의 항공사진이 공개되자, 그 사진작가와 웹사이트를 고소했다. 소송 전에 그 사진은 사이트에서 딱 6번 다운로드되었지만, 소송 소식이 널리 알려진 후에는 사이트의 방문 횟수가 수십만으로 늘었다. 이제 사진은 저작권의 적용을 받지 않고 위키피디아를 비롯한 곳곳에 돌아다닌다. 워터게이트 사건처럼 그것은 범죄가 아니라 은폐이다.

주의해야 할 관련 모델로, 머리가 잘린 자리에서 2개의 머리가 돋아난다는 그리스 신화 속 괴수 레르나의 히드라에서 이름을 딴 **히드라 효과** (hydra effect)가 있다. 마약 밀매범을 한 명 체포하면 그 자리는 마약의 수요를 맞추기 위해서 이 시장에 뛰어드는 다른 사람으로 금방 대체된다. 영화나 음악의 불법 공유 사이트를 폐쇄하면 그것을 대신해서 더 많은 사이트가 등장한다. 한 나라의 정권이 바뀌면 더 나쁜 정권이 출현할 수 있다.

"벌집을 발로 차지 마라"라는 속담도 있다. 더 큰 말썽을 일으킬 수 있는 것은 섣불리 건드리지 말라는 뜻이다. 만약 당신이 제도나 상황을 바꿀 생각이라면 이 모든 함정(굿하트의 법칙, 코브라 효과, 히드라 효과, 스트라이샌드 효과 등)을 검토하는 한편, 사람들이 어떤 약삭빠른 반응을 보일지를 예측하여 신속히 대응해야 한다. 제도를 악용하거나, 자신의 개인적인 이득이나 재미를 위해서 당신이 의도한 일을 뒤엎으려는 사람은 나타나게 마련이다.

이럴 때는 **관찰자 효과**(observer effect)라는 함정도 조심해야 한다. 어떻게 **관찰하는가**, 누가 관찰하는가에 따라서 어떤 현상의 **효과**가 달라지는 것을 말한다. 흔한 예로 타이어 압력 측정기의 사용을 들 수 있다. 압력을 측정하려면 타이어의 공기를 조금 **빼야** 하는데 그 과정에서 타이어의 압력이 줄어들게 된다. 또 마을에 높은 사람이 찾아오면 모두들 평소보다 점잖게 행동하고 단정하게 차려입는다.

사람들의 행동을 실제로 관찰할 때에는 관찰자 효과를 자각하고 있는 동시에 익명성이 줄어들수록 사람들의 행동이 은근히 바뀐다는 점도 고려해야 한다. 카메라가 돌아간다는 사실을 알 때 자연스럽게 행동하는 것이 얼마나 어려운지를 생각해보자. 동료의 성과에 피드백을 줄 때, 당신의 이름을 표기한 설문과 익명의 설문에서 당신의 반응이 어떻게 달라지는지도 생각해보자.

「냉각 효과: 온라인 감시와 위키피디아 사용」이라는 논문에서 옥스퍼드의 연구원 조너선 페니는 에드워드 스노든이 미국 국가안보국의 인터넷 감시 활동 전략을 폭로한 2013년 전후의 위키피디아 트래픽 패턴을 연구했다. 그 결과 알카에다, 탈레반, 차량 폭탄 등의 검색어가 포함된 테러 관련 기사의 확인 빈도가 20퍼센트 감소했다는 것을 발견했다. 그 말은 사람들이 정부로부터 감시당한다는 사실을 깨달으면 자신을 곤란하

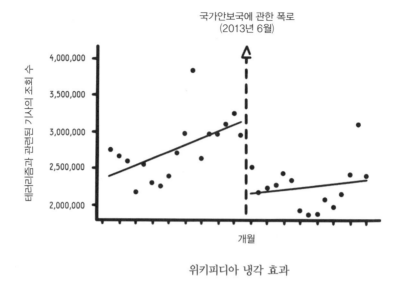

국가안보국에 관한 폭로
(2013년 6월)

테러리즘과 관련된 기사의 조회 수

개월

위키피디아 냉각 효과

게 할 수 있는 기사를 더 이상 읽지 않는다는 뜻이다. 이 개념을 **냉각 효과**(chilling effect)라고 부른다.

이 용어가 처음 유래된 법률적 의미에서의 **냉각 효과**는 사람들이 소송이나 기소를 당할까봐 두려워서, 자신의 권리를 마음껏 발휘하고자 하는 의욕을 잃거나 **사기가 저하되는** 상황을 가리킨다. 좀더 일반적으로 냉각 효과는 보복의 위협이 행동의 변화를 낳는 관찰자 효과의 한 유형이다.

나쁜 짓을 한 사람이 결국 어떤 일을 당하는지 사람들에게 알려서 본보기로 삼는 경우처럼, 냉각 효과는 의도적으로 유발되기도 한다. 한 기업이 그들과 경쟁을 생각하는 다른 기업들에 겁을 주려고 공격적으로 특허권 소송을 벌이는 사례를 생각할 수 있다.

그러나 냉각 효과는 주로 뜻하지 않게 나타난다. 괴롭힘 신고를 의무화하면 도움을 요청하려던 피해자들이 주춤하게 된다. 그들이 그런 수준의 철저한 조사에는 마음의 준비가 되지 않았을 수 있기 때문이다.

괴롭힘에 대한 두려움은 소셜미디어의 사용까지 억제할 수 있다. 2017년 6월 6일에 실시한 퓨 리서치의 조사에서는 온라인에서 타인이 괴롭힘을 당하는 것을 목격한 응답자의 13퍼센트가 온라인 서비스 이용을 그만두었고, 27퍼센트는 앞으로 온라인에 글을 올리지 않겠다고 대답했다.

만약 지인 중에 분노조절 문제를 지닌 사람이 있다면 당신은 그 사람을 대할 때마다 살얼음판을 걷는 느낌을 받게 될 것이다. 마찬가지로 상대방이 다른 마음을 품고 있다고 느끼면 연인들은 관계에 대한 불만을 솔직하게 털어놓지 않을 것이다.

위에서 언급한 위키피디아 연구처럼, "정부의 감시와 인터넷 검색 활동"이라는 MIT의 연구에서도 의도하지 않은 냉각 효과가 발견되었다. 그 결과에 따르면 스노든 사건 이후에 사람들은 구글에서 불법 행위와 직접적인 관계가 없는 건강 관련 용어의 검색도 중단했다. 기업과 정부의 트래킹을 의식하여 민감한 주제 전반에 대한 검색 자체를 자제하게 된 것이다. 연구자들은 이렇게 지적했다. "건강에 대한 정보 검색을 억제하면 검색 엔진 이용자의 건강에 위협이 될 수 있고, 수익 창출로 연결될 수 있는 주제에 대한 트래픽이 줄어들어 검색 엔진 자체의 이익에도 악영향을 미친다."

의도하지 않은 부정적인 결과는 **부수적인 피해**(collateral damage)에 해당한다. 군사 용어로 이 말은 의도하지 않은 목표물에 **부수적으로** 손상, **피해**, 고통을 주는 것을 뜻한다. 어떤 행동이 유발한 나쁜 부작용에도 이 모델을 적용할 수 있다. 미국 정부는 미국 내에서의 이동이나 국내외로의 상업적인 항공 여행이 금지된 '비행이 금지된 승객의 명단'을 관리한다. 명단에 있는 사람들과 이름이 같은 사람들이 비행기 탑승을 거부당하는 부수적인 피해는 빈번히 일어난다. 그중에는 이라크에서 군 복무를 끝내고 집으로 돌아오는 항공기의 탑승을 거부당한 미국의 해병대원도 있었다. 좋은 취지의 제도라고 해도 명단에 오른 사람들이 추방을 당하거나 감옥에 갇히면 그 가족도 부수적인 피해를 입을 수 있다. 이를 테면 수입이 끊겨 경제적인 타격을 받게 되거나, 한쪽 또는 양쪽 부모 없이 성장하는 트라우마를 겪다가 결국 위탁 부모의 손에 맡겨지는 어린이가 생길 수도 있다.

부수적인 피해가 처음에 피해를 초래한 주체에게 영향을 주는 것을 **역풍**(blowback)이라고 한다. 역풍은 처음 조치가 있고 나서 한참 후에 발생할 수도 있다. 미국은 1980년대에 소련에 대항해서 아프간 반란군을 지원했다. 그러나 한참 후에 아프간 반란군은 알카에다에 합류해서 미국이 수십 년 전에 지원한 무기를 그대로 들고 그들에게 맞섰다.

굿하트의 법칙과 관련 모델처럼 관찰자 효과와 냉각 효과는 정책이 되었든, 실험이 되었든, 캠페인이 되었든 당신이 의도적인 조치를 취한 다음에 일어날 수 있는 의도하지 않은 결과에 주목한다. 다시 한번 당신의 행동이 실제로 어떤 조치에 유인책을 제공하는지, 왜곡된 유인이 어떻게 작동하는지, 이런 왜곡된 유인이 어떤 부수적인 피해나 역풍을 일으킬 수 있는지 사전에 잘 따져보아야 한다.

최근의 예로 의료 서비스를 들 수 있다. 미국에서 널리 쓰이는 진료별 지불 방식은 의료 서비스를 얼마나 제공했느냐에 따라서 서비스 제공자에게 요금을 지불한다. 간단히 말하면 치료를 많이 할수록 돈을 많이 벌게 되므로 치료의 양에 따라서 효과적으로 인센티브를 줄 수 있다. 당신이 수술을 받았다면 필요한 추가 관리(후속 진료, 검사, 물리치료, 약물치료 등)와 수술 합병증에 따른 치료 비용은 수술을 실시한 제공자에 의해서 각각 청구된다. 제공자에게는 대체로 치료별 청구가 이득이다.

이와 대조적으로 가치 기반의 의료에서는 수술과 직접적인 관계가 있는 추가 관리의 상당 부분을 포함한 수술 관련 비용 일체를 한번에 지불한다. 따라서 이 지불 방식에서는 양보다 질에 인센티브를 준다. 간혹 다른 제공자가 관리할 때도 있지만 대체로 수술을 실시한 의료 서비스 제공자가 수술 후 추가 관리도 책임져야 하기 때문이다. 따라서 이 지불 방식에서 의료 서비스 제공자들은 치료의 적절한 양을 결정하는 데에 주력한다. 치료가 지나치거나 모자라면 금전적인 책임이 뒤따르기 때문이다.

의료 서비스의 비용 청구 방식이 이렇게 (한 명의 제공자가 일괄 청구하는 방식에서 여러 명의 제공자가 다수로 청구하는 방식으로) 명확하게 바뀌면서 건강 서비스 제공자에 대한 유인책도 크게 달라졌다. 미국의 의료 제도는 비용을 절감하고 치료 결과를 개선하기 위해서 지불 방식과 고품질의 서비스가 잘 조화된 유인책을 이용한 가치 기반의 의료비 상환 모델로 전환되고 있다.

다시 말하면 유인 구조에서는 사소해 보이는 변화가 매우 중요할 수 있다. 당신은 바라는 결과와 제공하는 유인책을 가급적 긴밀하게 연결시켜야 한다. 사람들은 대체로 자신에게 득이 되는 쪽으로 행동하기 때문에 그들의 자기 이익 추구가 당신의 목표를 직접 뒷받침하게 해야 한다.

점점 뜨거워지고 있어

이번 장의 첫 부분에서 우리는 사소한 결정의 횡포에 대해서 경고했다. 개별적으로는 바람직해 보이는 결정들도 많이 모이면 나쁜 결과를 만들 수 있다. 역시 조심해야 할 의도하지 않은 결과는 매우 다양하다. 대부분 단기적으로는 좋아 보이는 결정들이 장기적으로 나쁜 결과를 낳는 상황

과 관련이 있다. **끓는 물속의 개구리**(boiling frog)는 이런 유형의 의도하지 않은 결과를 설명하는 데에 흔히 사용되는 정신 모델이다. 찬물이 담겨 있는 냄비 속에 **개구리** 한 마리가 뛰어들었다고 생각해보자. 온도가 서서히 올라가면 개구리는 결국 삶아지면서 죽게 된다.

 진짜 개구리는 이런 상황에서 대개 뜨거운 물 밖으로 튀어나오겠지만 끓는 물속 개구리의 은유에는 변화가 서서히 일어나면 대응하기는커녕 변화를 감지하기도 어려울 수 있다는 의미가 담겨 있다. 끓는 물속의 개구리는 기후변화, 폭력적인 관계, 개인의 사생활 침해 등 다양한 상황에 경종을 울리기 위해서 사용된다. 때로 이 표현 대신 역시 과학적으로는 사실이 아니지만 위험의 징후를 무시하고 **모래 속에 머리를 묻는 타조**라는 은유가 쓰이기도 한다. 각 상황에 신속하게 대응하지 않을 때 나타나는 의도하지 않은 결과에는 지구온난화, 가정 폭력, 대중의 감시 등 벗어나기 힘든 고통스러운 상태가 있다.

이런 의도하지 않은 결과는 사람들이 장기 계획을 세우지 않을 때 쉽게 발생한다. 재정 분야에서 나온 **단기 성과주의**(short-termism)라는 용어는 향후 5년간의 이익 같은 장기적인 결과보다 분기별 수익 같은 **단기적인** 결과에만 신경을 쓰는 상황을 설명한다. 단기 재정 결과에만 신경을 쓰면 미래에 충분히 투자할 수 없다. 결국에는 멀리 내다보고 투자하는 경쟁자들에 뒤처지고 신생 업체들에 따라잡힌다(이에 대해서는 제9장에서 다룬다).

단기 성과주의의 폐해는 일상생활에서도 얼마든지 찾을 수 있다. 코앞에 놓인 일들 때문에 새 기술 배우기를 미룬다면 당신은 절대 한계를 넓힐 수 없다. 집 이곳저곳을 한 번에 한 군데씩 손댄다면 조화로운 인테리어를 기대하기 어렵다. 장기적인 간소화를 염두에 두지 않고 세법에 이 조항 저 조항을 추가하다 보면 세법은 결국 거대한 누더기가 된다.

소프트웨어 업계에는 단기 성과주의의 결과를 일컫는 **기술 부채**(technical debt)라는 말이 있다. 코드 작성에서 나온 개념으로, 만약 당신이 장기적으로 보고 코드와 프로세스를 정교하게 설계하기보다는, 단기적인 코드 수정, 즉 "핵(hack)"을 우선시하면 결국 미래에 코드를 재작성, 재구성함으로써 갚아야 할 **부채**가 쌓이게 된다. 프로젝트를 단기에 신속히 진행할 수 있으므로 기술 부채의 누적이 꼭 해로운 것은 아니다. 그렇다고 해도 끓는 물속의 태평한 개구리가 아니라 성실한 관찰자의 태도를 견지해야 한다.

가정에서 간단한 집수리를 하다 보면 이 모델이 피부에 와닿을 것이다. 작은 것이 파손되면 사람들은 오늘 당장 **DIY** 방식(일명 강력 테이프 방식)으로 수리를 하고 싶은 충동을 느낀다. 그것이 저렴하고 신속하기 때문이다. 그러나 건축 기준에 미치지 못하는 이런 "수리"는 장기적으로 더

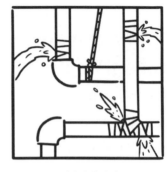

고객의 관점   개발자의 관점

기술 부채

많은 비용을 잡아먹는다. 특히 집을 팔 때가 되면 더 큰돈을 들여서 그 부분을 재수리해야 하는 사태가 벌어진다.

스타트업 문화는 이 개념을 다른 유형의 '부채'에까지 확대했다. **경영 부채**는 장기적으로 경영 팀의 구성원이나 절차를 제대로 정비하지 못하여 나중에 문제가 생기게 될 가능성을 뜻한다. **설계 부채**는 일관된 제품 설계 언어나 브랜드의 스타일 가이드를 갖추지 못하는 것을 의미한다. **다양성 부채**는 조직의 다양화를 위한 인력 채용을 등한시하는 것을 뜻한다. 이 모델 역시 관계 부채, 다이어트 부채, 청소 부채 등 다른 분야로 확장되어, 근시안적 사고의 의도하지 않은 결과를 설명할 수 있다.

이런 상황에서는 꾸준히 "상환하지" 않으면 빚이 걷잡을 수 없이 커진다. 손쓸 수 없을 만큼 엉망이 된 집, 점점 늘어나는 허리둘레, 갈수록 악화되는 관계 등이 그 예이다. 이렇게 미지급된 부채는 당신의 장기적인 유연성에 영향을 준다. 이런 영향을 설명하는 일반적인 모델은 경제학에서 나온 **경로 의존성**(path dependence)이라는 개념이다. 지금 내릴 수 있는 결정이나 선택할 수 있는 **경로**는 당신이 과거에 한 결정에 **의존한다**는 뜻이다.

처음에는 무해해 보이는 결정이나 사건이, 결국 장기적인 결과에 막대한 영향을 주거나 제한을 가하게 되는 경우가 있다. 작은 회사라면 별 고민 없이 특정 소프트웨어를 이용해서 프로젝트를 관리하는 선택을 할 수 있다. 그러나 회사가 성장하고 사용자가 늘면 결국 그 소프트웨어가 최적의 선택이 아니었다는 것이 드러난다. 그렇다고 해도 이제 모든 데이터가 그곳에 저장되어 있다 보니 제품을 바꾸려고 하면 큰 혼란이 생긴다.

개인적인 차원에서는 많은 사람들이 학교를 졸업한 후에도 출신 학교가 있는 곳 인근에 거주하는 경향이 있다. 이런 경향은 그들의 직업과 가족을 선택하는 데에 장기적으로 많은 영향을 준다.

같은 상황은 큰 규모에서 발생할 수도 있다. 보석 가게, 가구 매장, 자동차 판매 대리점 등 비슷한 업종은 가까운 곳에 모이는 경향이 있다. 이 경우 먼저 개점한 가게가, 뒤따르는 모든 가게들의 경로 의존성을 형성한다.

로즈 본과 앨런 밀스가 1952년에 쓴 "내가 아는 할머니"라는 노래에는 단기 성과주의와 경로 의존성을 방치할 경우에 나타날 수 있는 위험이 담겨 있다.

할머니가 파리를 삼켰네

어쩌다 파리를 삼켰나 몰라도 할머니는 곧 죽겠지!

할머니가 거미를 삼켰네

거미는 뱃속에서 꿈틀거리고 들썩거리고 꼼지락거렸네!

할머니는 파리를 잡으려고 거미를 삼켰다네

어쩌다 파리를 삼켰나 몰라도 할머니는 곧 죽겠지!

……할머니가 젖소를 삼켰네

어쩌다 젖소를 삼켰나 몰라!

할머니는 염소를 잡으려고 젖소를 삼켰네

할머니는 개를 잡으려고 염소를 삼켰네

할머니는 고양이를 잡으려고 개를 삼켰네

할머니는 새를 잡으려고 고양이를 삼켰네

할머니는 거미를 잡으려고 새를 삼켰네

거미는 뱃속에서 꿈틀거리고 들썩거리고 꼼지락거렸네!

할머니는 파리를 잡으려고 거미를 삼켰네

어쩌다 파리를 삼켰나 몰라도 할머니는 곧 죽겠지!

할머니가 말을 삼켰네

······당연히 할머니는 죽었다네!

할머니와 끓는 물속 개구리의 운명을 피하려면 단기적인 결정의 장기적인 결과를 생각해보아야 한다. 어떤 결정을 하든 이런 질문을 던져보자. 이렇게 하면 어떤 부채가 생길까? 오늘의 행동으로 나는 미래의 어떤 경로에서 멀어지게 될까?

역시 경제학에서 가져온 모델인 선택 유보(preserving optionality)는 경로 의존성의 제한을 유예해준다. 이 개념은 미래의 선택을 유보하는 결정을 의미한다. 당신이 사업가라면 비상시를 대비해서 초과 이윤의 일부를 저축할 것이고 당신이 고용인이라면 일정 시간을 투자해서 미래의 직업에 대한 선택권을 안겨줄 새 기술을 배울 것이다. 결정을 앞두고 있을 때는 그 결정을 아예 유예할 수도 있고(제1장 **회색 사고** 참고), 더 많은 정보를 얻을 때까지 기다리거나 어느 길로 들어서는 편이 더 나을지에 대한 확신이 생길 때까지 선택을 미루고 기다릴 수도 있다.

대학 신입생들은 무엇을 공부하고 싶은지 막연하게 생각만 하고 있을 뿐 당장 전공을 선택할 준비는 되어 있지 않은 경우가 많다. 대학에 진학할 때에는 그들이 선택하고 싶은 하나의 전공이 아니라 몇몇 관심 분야에 강점을 보이는 학교를 고르는 편이 낫다. 그러면 정말로 선택할 준비가 될 때까지 선택권을 유예할 수 있다.

그러나 세상일이 다 그렇듯이 선택권 유보는 적당히 해야 한다. 선택할 전공이 많은 대학에 들어갔다고 해도 제때 졸업을 하려면 어느 시점에는 반드시 하나를 선택해야 한다. 대학원에 진학할 때 로런은 선택권을 유보하는 방편으로, 생물통계학에만 한정된 과정이 아닌 오퍼레이션 리서치(operations research) 과정을 선택했다. 그러나 학위 논문의 연구 주제를 어느 분야로 정해야 할지 확신이 없었던 탓에 학교를 한 해 더 다녀야 했다.

선택을 보류할 때의 단점은 더 많은 자원이 요구되어 비용이 증가한다는 점이다. 전업으로 일을 하는 동시에 학교를 다니거나, 여러 개의 가정을 꾸리고 있거나, 하나의 모회사에서 몇 가지 신규 사업을 개척하고 있다고 생각해보자. 당신은 선택 유보와 경로 의존성 사이에서 적절한 균형을 찾아야 한다.

특정 상황에서 이 균형을 유지하는 데에 도움이 될 한 가지 모델은 **사전 예방 원칙**(precautionary principle)이다. 만약 어떤 조치가 얼마나 큰 피해를 일으킬지 알 수 없다면 정책을 시행하기 전에 엄청나게 **주의**를 해야 한다. 의료계의 원칙인 "첫째, 해를 가하지 않는다"와 일맥상통하는 개념이다.

예를 들면 어떤 물질이 암을 유발한다고 믿을 만한 이유가 있다면, 사전 예방 원칙에서는 그 물질을 통제하지 않아서 괜히 사람들을 암에 걸릴 위험에 빠뜨리느니 과학계가 유해성의 정도를 밝힐 때까지 엄격히 통제하는 편이 낫다고 본다. 2012년에 유럽연합은 "유럽연합 운영 조약"에서 공식적으로 사전 예방 원칙을 채택했다.

환경 정책은 유럽연합 각지의 다양한 실정을 고려해서 높은 수준으로 보호하는 것을 목표로 삼아야 한다. 그것은 사전 예방 원칙과 예방 활동이 취해야 할 원칙에 근거해야 하므로 환경 피해는 일단 원인을 바로잡아야 하고 그 비용은 오염자가 지불해야 한다.

개인 차원에서 사전 예방 원칙은 어떤 행동이 자신에게 심각한 해를 끼칠 가능성이 있을 때는 그 행동을 잠시 멈추어야 한다고 알려준다. 어찌 보면 당연한 말이지만 사람들은 늘 위험한 행동(예 : 음주나 난폭 운전)을 일삼는다. 이 같은 개념은 신체적 타격을 넘어서 금전적 타격(도박하기 또는 고금리 사채 쓰기), 감정적 타격(불륜 또는 심한 말다툼) 등 다른 종류의 피해에도 적용된다.

이런 정신 모델은 생존 자체의 위험을 생각할 때 가장 유용하다. 끓는 물속의 개구리 이야기에서 개구리는 결국 죽는다. 따라서 당신은 우선 장기적으로 어떤 커다란 피해가 발생할 수 있는지 평가한 다음, 단기적인 결정(또는 결정의 부재)이 장기적인 부정적 시나리오에 어떻게 영향을 미칠지 되짚어야 한다(제6장에서 자세히 살펴볼 과정이다). 이 사실을 알면 당신은 적절한 예방 수준을 선택해 필요에 따라서 기술 부채를 갚아나가면서 끓는 물속의 개구리로 전락하는 것을 방지할 수 있다.

좋은 것도 너무 많으면 별로이다

델포이의 신탁(神託)이 나온 고대 그리스 사원의 한구석에는 무엇이든 지나치지 않게라는 가르침이 새겨져 있다. 요즘 말로 바꾸면 **좋은 것도 너무 많으면 별로이다** 정도가 된다. 좋은 것을 더 많이 원하는 것은 당연하지만 역시 너무 많으면 싫증이 날 수 있다. 치즈케이크 가게에서 먹는 쿠키 도우 치즈케이크 한 조각은 최고이지만 치즈케이크 한 판을 몽땅 해치우면 속이 니글거린다.

정보에도 같은 원칙이 적용된다. 정보가 너무 많아서 혼란스럽다며 투덜대는 사람은 이제 낯설지도 않다. 로마의 문인 마르쿠스 세네카는 무려 1세기에 이런 말을 했다! "책이 너무 많으면 정신이 없을 뿐." 오늘날에는 온라인에서 무엇이든지 조사할 수 있다 보니 머리가 어지러울 지경이다. 아마존의 수많은 상품들이나 커피메이커 리뷰 등 일상적인 정보에서부터 여러 대학들을 비교해놓은 것이나 새로 이사 갈 도시를 선택하는 것 등 인생을 바꿀 정보까지 어떤 주제를 검색해도 자료와 조언이 넘쳐나서 정신을 차리지 못할 정도이다.

물론 훌륭한 선택을 하려면 정보가 어느 정도 필요하지만 너무 많은 정보는 의사결정 과정을 복잡하게 만드는 **정보 과부하**(information overload)를 일으킨다. 과도한 **정보**는 시스템의 처리 역량에 **과부하**를 가져와서 개인이든 집단이든 컴퓨터든 의사결정에 오랜 시간이 걸리게 한다.

이런 의도하지 않은 결과를 **분석 마비**(analysis paralysis)라고 한다. 손에 넣을 수 있는 방대한 정보를 **분석하느라** 의사결정이 **마비되는** 현상을 뜻한다. 커피메이커를 고르거나 맛집 검색 사이트에서 끝이 보이지 않는 식당 목록 중 하나를 선택해야 할 때 그렇게 많은 시간이 소비되는 이유는 그 때문이다. 더 심각한 예로는, 너무 많은 대안 때문에 다음번에는 어떤 직장을 구할지 확신이 서지 않아서 마음에 들지 않는 직장에 계속 머무르는 사람이 많다는 것을 들 수 있다.

©marketoonist.com

  완벽은 좋음의 적(perfect is the enemy of good)이라는 모델은 이 논점을
정확하게 설명한다. 완벽한 결정이나 일처리를 기대한다면 정말 오랜 시
간을 기다려야 한다. 결정을 하지 않는 것도 사실은 현상 유지를 선택하
는 결정을 하는 것이다. 그런 결정은 이미 할 수 있었던 다른 선택보다
훨씬 더 나쁠 수 있다.

  빨리 결정을 내리고 싶은 욕구와 확실히 옳은 결정을 위해서 정보를 더
축적하고 싶은 욕구 사이에는 당연히 충돌이 있다. 이런 충돌은 **가역적 결
정**(reversible decision)과 **비가역적 결정**(irreversible decision)으로 분류하여
해결할 수 있다. 비가역적 결정은 되돌리기가 불가능하거나 극히 어려우
며 대체로 매우 중요한 결정으로 분류되는 것들이다. 사업체를 매각하거
나 아이를 가지는 문제가 여기에 속한다. 이 분류에 따르면 비가역적 결
정의 의사결정 과정은 훨씬 더 유연하게 접근할 수 있는 가역적 결정과는

완전히 달라야 한다. 주주들에게 전한 편지에서 아마존의 CEO 제프 베이조스는 이 모델의 중요성을 강조했다.

어떤 결정은 결과가 중대하고, 한쪽으로만 열리는 문처럼 번복이 거의 또는 전혀 불가능합니다. 그래서 자문을 거쳐서 매우 체계적이고 신중하고 조심스럽고 천천히 결정을 해야 합니다. 문으로 걸어 들어가면 안쪽에 보이는 것이 마음에 들지 않더라도 전에 있던 자리로 돌아갈 수 없죠.……그러나 대부분의 결정은 그렇지 않습니다. 바꿀 수 있고 되돌릴 수 있는 양방향의 문과 같습니다. 번복이 가능하다면 최선의 결정을 하지 못했더라도 그 결과를 오랫동안 감수할 필요가 없습니다. 다시 문을 열고 돌아가면 그만이니까요.……

　조직의 규모가 커질수록 돌이킬 수 있는 결정을 할 때조차 부담스러운 (돌이킬 수 없는) 의사결정 과정을 이용하는 경향이 있습니다. 더디고 경솔한 위험 회피, 충분한 실험의 부족, 그에 따라서 약해진 창의력이 그 최종 결과입니다.

분석 마비를 방지하는 데에 도움이 될 다른 방법은 선택의 제한이다. 선택의 범위가 넓을수록 그 가운데 하나를 고르기가 어려워지기 때문이다. 1950년대 초에 심리학자 윌리엄 힉과 레이 하이먼은 각자 제시된 선택지의 수와 결정을 내리는 데에 걸리는 시간의 수학적 관계를 수량화하기 위해서 몇 가지 실험을 했다. 그 결과 선택지의 수가 많을수록 결정 시간도 대수적으로(logarthmically) 증가했다. 지금 이 공식은 **힉의 법칙**(Hick's law)으로 알려져 있다.

　힉의 법칙은 레스토랑 메뉴, 웹사이트 탐색, 오프라인 또는 온라인의 각종 양식의 디자인처럼 사용자 경험의 설계에서 중요한 요소로 알려져 있다. 예를 들면 메뉴에서 채식 섹션을 구분해두면 채식주의자들은 살펴야 할 메뉴의 범위를 효과적으로 좁힐 수 있다. 메뉴에 채식 요리가 충분히 있는지 재빨리 판단할 수 있는지는 채식주의자를 둔 가족이 그 레스토랑에서 식사를 할지 말지를 결정하는 중요한 요소이다.

선택지의 수가 늘수록 결정 시간도 늘어난다는 힉의 법칙을 생활에 적용하면 가급적 선택지의 수를 줄여, 사람들의 빠른 결정을 유도할 수 있다. 단계가 올라갈수록 선택지의 수가 줄어드는 다단계 결정을 자신이나 타인에게 제시하는 것도 한 가지 방법이다. 일단 어떤 레스토랑(이탈리아, 멕시코 등)에 가기를 원하는지 물은 다음 선택한 카테고리 안에서 다른 선택지를 제시하는 식이다.

대안이 너무 풍부하면 의사결정 시간이 길어질 뿐만 아니라 상황에 따라서 불안을 유발할 수 있다는 증거도 있다. 이런 불안에는 미국의 심리학자 배리 슈워츠가 2004년에 발표한 책의 제목과 같은 선택의 역설(paradox of choice)이라는 이름이 붙었다.

슈워츠는 지나치게 많은 선택지, 최적이 아닌 결정을 할 수도 있다는 두려움, 놓친 기회에 뒤따라오는 미련이 사람들을 불행하게 한다고 설명한다. 연인을 찾는 사람들은 종종 "바다에는 물고기가 넘쳐난다"라는 말을 듣는다. 물고기가 그렇게 많다 보니 "하나뿐인" 물고기를 찾더라도 긴가민가한다. 마찬가지로 떠나간 연인이 "아쉽게 놓친 물고기"는 아니었는지 의문을 떨치기 어렵다. 이런 불안은 사소한 결정을 할 때에도 나타난다. 어린 자녀가 있는 당신에게 어쩌다 밤에 외출을 할 기회가 생긴다면, 당신은 친구들과 함께할 것인가, 아니면 배우자와 단둘이 시간을 보낼 것인가? 멋진 레스토랑에 갈 것인가 영화관에 갈 것인가? 영화관에 간다면 무슨 영화를 볼 것인가? 선택의 범위가 넓을수록 나중에 후회할 가능성도 높다.

저자인 우리는 상당히 행복한 사람들이지만 인생에서 중요한 선택을 할 때마다 선택의 역설을 둘러싼 불안을 경험했다. 우리는 운 좋게도 젊은 나이에 스타트업 회사를 매각해서 사실상 무제한의 직업 선택권을 가지게 되었다. 매각 당시에 로런은 영국의 제약회사인 글락소스미스클라인에서 제의한 자리를 받아들여 만족스럽게 일을 시작했다. 그러나 시간이 흐르면서 그것이 옳은 길인지 의문을 품고 자꾸만 채용 공고를 살폈다. 또한 그녀는 다시 학교로 돌아가서 다른 분야를 공부한 다음, 건축가가 되거나 인공 보형물을 설계하는 등 어린 시절의 꿈을 이루면 어떨까 고민하느라 많은 시간을 흘려보냈다.

탁 트인 미래를 눈앞에 둔 가브리엘은 약간의 휴식기를 가졌다. 하지만 곧 이런 의문이 생겼다. 이제 무엇을 해야 할까? 또 영리회사를 차려야 할까? 로런과 함께 비영리사업을 시작해야 할까? 책을 써야 할까? 선택지는 그때나 지금이나 끝이 없다. 우리가 불평한다고 오해하지는 말기를 바란다. 우리도 개인적으로 이 모델에 공감한다는 사실을 인정하고 있을 뿐이다.

힉의 법칙과 선택의 역설은 선택지가 너무 많을 때의 단점을 설명한다. 제한된 기간에 많은 선택들을 해야 할 때의 고충을 뜻하는 **결정 피로**(decision fatigue)라는 모델도 있다. **결정**을 많이 할수록 점점 **피로**가 쌓여서 결정의 질이 나빠진다. 정신적인 휴식을 취한 다음 다시 돌아와 수준 높은 결정을 할 수 있다.

2011년에 진행된 연구 "사법적 결정에 영향을 미치는 외부 요인"에서는 수감자들을 풀어줄지 말지를 결정하는 가석방 심의 위원회의 결정 피로 효과를 증명했다. "약 65퍼센트이던 우호적인 결정의 비율이 회의가 진행

될수록 거의 0퍼센트 수준으로 서서히 떨어지다가 휴식 후에는 갑자기 65퍼센트로 되돌아왔다. 결국 사법적 결정은 아무 관계도 없는 외부 변인에 좌우될 수 있다는 뜻이다."

스티브 잡스와 버락 오바마처럼 지극히 생산적인 사람들은 먹거나 입는 것처럼 날마다 해야 하는 결정의 수를 줄여서 결정 피로를 예방했다. 푸른색이나 회색 정장만 입던 버락 오바마는 그런 선택에 대해서 이렇게 말했다. "결정을 줄이려고 애쓰는 겁니다. 무엇을 먹거나 입을지에 대해서는 결정하고 싶지 않아요. 해야 할 결정이 너무 많으니까요." 가브리엘도 조금은 비슷한 경향이 있어서 대개 똑같은 진회색 바지 일곱 벌 중 하나를 입고, 점심 때 몇 주일 내리 똑같은 음식을 먹기도 한다. 그는 그렇게 하면 인생이 진짜 편해지고 시간도 절약할 수 있다고 단언한다!

그래도 조금은 변화를 주고 싶다면 1주일 동안에 입을 옷과 먹을 음식을 일요일에 미리 결정해두라고 제안한다. 스트레스가 덜한 날에 이런 결

정을 해두면 평일의 의사결정 용량을 비울 수 있다. 식사 계획을 세우거나 주말에 음식을 미리 준비해두면 주중에 일에 치이더라도 건강에 해로운 음식을 선택하는 것을 예방할 수 있다.

이번 장에서 우리는 시장 실패와 왜곡된 유인, 단기 성과에 너무 집착하는 경향과 좋은 것이 너무 많을 때의 문제 등 의도하지 않은 결과에 대해서 다루었다. 가장 일반적인 개념으로, **잘못될 수 있는 일은 어김없이 잘못된다**는 **머피의 법칙**(Murphy's law)에 주의하자. 항공 우주 공학자 에드워드 머피의 이름을 딴 용어로 그의 측정 장치가 예상대로 작동하지 않았을 때 한 말이다. 이 개념에는 항상 준비를 충분히 하고, 상황이 잘못될 경우에 대비해 계획을 세워두라는 의미가 담겨 있다.

의도하지 않게 일어날 수 있는 결과를 모두 설명하는 것은 불가능하지만, 이번 장에 소개된 정신 모델은 폭넓은 상황에서 의도하지 않게 발생할 수 있는 나쁜 결과를 예상하고 예방하는 데에 도움이 될 것이다. 개인생활, 직장 생활을 불문하고 이 세상을 살아가다가 어떤 상황에서 의도하지 않은 결과를 맞닥뜨렸을 때, 그 이면을 들여다 보면 이런 모델들 중 하나쯤은 도사리고 있을 가능성이 높다. 다음번에는 상황 이면에 숨은 정신 모델을 찾아보고 구상 중인 계획에 그것을 어떻게 적용할 수 있을지 고민해보자.

요점 정리

- 파급효과가 생기는 상황(오염물질을 배출하는 공장 등)을 발견하면 가까이에 도사리고 있을 외부성(건강에 미치는 악영향 등)을 찾아보자. 외부성을 바로잡으려면 허가제(정부 규제 등)를 통한 개입이나 코스 정리에 따른 시장 시스템(배출권 거래제 등)의 마련이 필요하다.
- 공공재(교육 등)는 무임 승차자 문제(세금을 내지 않는 사람 등) 때문에 공유지의 비극(열악한 학교 등)에 특히 취약하다.
- 정보 비대칭의 상황은 주인-대리인 문제를 낳을 수 있으므로 경계해야 한다.
- 계량화된 유인책으로 보상하면 의도하지 않았고 바람직하지도 않은 행동을 유발할 수 있으므로 주의해야 한다(굿하트의 법칙).
- 단기 성과주의는 기술 부채를 쉽게 축적하고 불리한 경로 의존성을 낳을 수 있다. 그런 상황을 막으려면 선택 유보를 고려하고 사전 예방 원칙을 생각해야 한다.
- 가역적 결정과 비가역적 결정의 차이를 이해하자. 비가역적 결정에서는 분석 마비에 굴복하지 말아야 한다.
- 머피의 법칙에 주의하라!

제3장

시간을 지혜롭게 쓰려면

북극성은 작은곰자리라고도 하는 소북두칠성에서 가장 밝은 별이다. 소
북두칠성의 손잡이 가장 끝에 위치하고, 북두칠성 국자에서 가장 바깥쪽
에 있는 두 별이 그것을 똑바로 가리키기 때문에 밤하늘에서 쉽게 찾을
수 있다.

중세까지 거슬러올라가면 북극성은 항해에서 매우 중요한 역할을 했

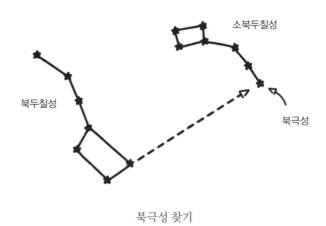

북극성 찾기

북극성을 중심으로 한 북반구의 전형적인 천체 이동의 궤적

다. 북극의 거의 바로 위라는 독특한 위치 때문에 지구의 자전과 관계없이 밤하늘에 고정되어 있는 것처럼 보인다. 북극성만 보고 있어도 우리는 대략 어느 방향으로 가고 있는지 알 수 있다. 북쪽으로 가고 싶다면 그냥 북극성을 향해서 나아가면 된다.

비즈니스 세계에는 여기서 영감을 얻은 **북극성**(north star)이라는 정신 모델이 있다. 한 기업의 주된 비전을 뜻하는 용어이다. 예를 들면 덕덕고의 북극성은 "인터넷의 신뢰 수준을 높이는 것"이다. 북극성을 알면 당신이 바라는 장기적인 미래를 향해서 나아갈 수 있다. 북극성이 없으면 단기 성과주의(제2장 참고)의 의도하지 않은 결과에 휘둘려 쉽게 "길을 잃을 수" 있다.

개인도 저마다의 북극성, 즉 인생 목표를 가지는 것이 중요하다. 당신에게도 북극성이 있는가? 만약 없다면 한 가지를 정해보자. 북극성 쪽으로 방향을 잡고 적절한 활동을 우선적으로 한다면 시간이 흐를수록 놀라운 성취를 이룰 수 있다. 북극성의 예는 무한하지만 몇 가지만 예를 들어보면 다음과 같다.

- 최고의 부모 되기

- 최선을 다해서 난민 돕기

- 마흔 살에 은퇴할 수 있을 만큼 충분한 돈 모으기

- 노숙인들에게 최대한 긍정적인 영향 주기

- 소박하고 행복하게 살기

- 인간의 수명 연장에 기여할 과학기술 발전시키기

북극성에 가까이 다가가는 사이 변화가 생길 수도 있다. 자신이 무엇을 성취하고 싶은지 점점 선명히 깨닫거나 인생의 중요한 사건(예: 결혼, 자녀 출산, 직장이나 거주지 이동)이 당신을 다른 방향으로 밀어낼지도 모른다. 일단 목적지에 도착하면 새 북극성이 필요할 수 있다! 10대 시절의 북극성이 원하는 대학에 들어가는 것이었다면 그 목표에 도달한 후에는 새로운 북극성을 정해야 한다.

북극성은 장기적인 비전에 해당하기 때문에 금방 이르지 못해도 괜찮다. 그러나 자신이 가고 싶은 곳을 모르면서 그곳에 도착하기를 바랄 수 있을까? 당신의 북극성은 다양한 인생의 선택을 거쳐, 느리지만 꾸준히 목표에 다가갈 수 있게 안내한다. 기업가이자 자선사업가인 빌 게이츠는 1996년에 출간된 『미래로 가는 길(*The Road Ahead*)』에서 꾸준한 전진의 힘에 대해서 언급했다. "사람들은 다음 2년 동안에 일어날 일은 과대평가하고 향후 10년 동안 일어날 일은 과소평가한다."

게이츠의 이 말은 비즈니스 환경에서 큰 방해 요소로 부상할 수 있는 먼 곳의 위협을 무시하지 말라는 경고이다. 새로운 경쟁자가 얼마나 앞서나갈지, 10년 뒤에 기술이 얼마나 바뀔지 과소평가하지 말라는 뜻이다. 작은 틈새 시장에 있었던 넷플릭스가 어떻게 10년 만에 케이블 TV 시장 전체를 분열시켰는지 생각해보자.

이 개념은 개인에게도 큰 의미가 있다. 목표를 향한 점진적 발전은 하루하루로 따지면 눈에 띄지 않을 만큼 작을 수 있다. 그러나 오랜 시간에 걸쳐서 올바른 방향으로 꾸준히 향하기만 하면 수많은 작은 발걸음들이 당신을 멀리까지 데려다줄 것이다.

매년 2퍼센트의 이자를 지급하는 계좌에 1,000달러를 예금하면 첫해에는 20달러를 받게 된다. 그러나 이듬해에는 좀더 많은 돈(20.40달러)을 손에 넣는다. 지난해에 들어온 이자 20달러에도 2퍼센트의 이자가 붙기 때문이다. 원금에 **이자가 더해져 시간이 흐를수록 이자가 늘어나는 것을 복리**(compound interest)라고 한다. 과거의 이자가 매 주기마다 전체 예금액에 추가되어 다음 주기의 이자를 늘린다.

세계 최고의 부자인 투자자 워런 버핏은 언젠가 이런 말을 했다. "나의 부는 미국에서 나고 자란 것, 약간의 행운 유전자, 그리고 복리의 조합이다"(제1장 **출생 복권** 참고). 복리는 부유한 사람이 더 부자가 되는 이유를 쉽게 설명한다. 그들의 막대한 자본을 투자하면, 오로지 노동만으로 버는 돈보다 훨씬 더 큰돈을 벌 수 있다.

당신이 북극성을 향하는 한, 선택한 목표에 다가가는 능력에도 복리라는 개념을 적용할 수 있다. 누적된 지식, 기술, 인맥의 힘을 빌려서 성공에 더욱 가까워질 수 있기 때문이다. 이런 자원들이 축적되면 당신의 잠재적 영향력도 커진다. 예를 들면 어떤 업계에서 점점 성장하다 보면 그 업계의 인맥도 자연히 늘어서, 당신과 친분을 쌓은 누군가가 다음 직장에 자리를 마련해주거나 추천인 역할을 하거나 멘토를 해주는 등 당신의 경력 발전을 도울 가능성이 점점 높아진다.

이번 장에서는 북극성이라는 장기적인 비전부터 날마다 무슨 일을 할지 정하는 요령, 그런 일을 가장 효율적으로 끝내는 방법까지 당신의 소중한 시간을 현명하게 쓰기 위해서 필요한(또는 피해야 할) 정신 모델을 다룬다. 앞으로 시간을 알차게 활용하고 싶다면 이런 정신 모델을 마음에 새겨두자.

당신은 무엇이든 할 수 있지만 모든 것을 할 수는 없다

이면 전쟁(Two-front war)은 제1차 세계대전과 제2차 세계대전에서 중요한 역할을 했다. 동부 전선에서는 러시아, 서부 전선에서는 서부 연합군과 동시에 전투를 치르느라 주의가 분산되었기 때문에 독일은 결국 패배할 수밖에 없었다. 이 개념은 "두 마리 토끼를 쫓다가는 한 마리도 잡지 못한다"라는 속담에도 담겨 있다.

각자 다른 놀이를 하겠다고 우기는 둘 이상의 어린이를 돌본 적이 있다면 이면 전쟁이 얼마나 힘든지 알 것이다. 비즈니스에서는 경쟁자들이 당신을 양쪽에서 공격할 때 이면 전쟁을 치러야 한다. 가격대가 낮은 경쟁 업체와 높은 경쟁 업체는 둘 다 당신의 고객 기반을 축소시킨다. 최근 미국에서는 A&P 같은 중간층 슈퍼마켓들이 월마트, 코스트코, 알디, 아마존 등 저렴한 가격대의 식료품점과 홀푸드, 웨그먼스 등 비싼 가격에 속하는 경쟁자들의 압력을 이기지 못하고 파산했다.

정치인들은 정치적 좌파와 우파의 공격을 동시에 받으면서 이면 전쟁을 치러야 할 때가 종종 있다. 최근의 예는 2016년 미국 대통령 후보였던 힐러리 클린턴이다. 예비선거에서는 좌파 후보인 버니 샌더스와 거친 싸움을 벌여야 했고, 총선거에서는 좌파 성향의 유권자를 대변하는 동시에 중도층도 공략해야 했다.

당신은 이면 전쟁을 경계해야 하지만, 어쩌면 날마다 **멀티태스킹**(multi-tasking)의 형태로 이면 전쟁을 치르고 있을지도 모른다. 제1장에서 직관 이야기를 할 때, 별로 집중하지 않아도 되는 자동으로 판단되는 사고(자신의 이름 말하기, 걷기, 간단한 덧셈 등)와 높은 집중력이 요구되는 신중한 사고(그외 기타)라는 두 가지 유형의 사고가 있다고 설명했다.

고도로 집중해야 하는 활동은 한 번에 한 가지만 가능하다. 당신의 뇌는 집중력을 요하는 활동 두 가지를 동시에 할 수 없게 되어 있다. 그런데도 한꺼번에 두 가지 일을 처리하려고 들면 활동 사이의 문맥 전환(context-switch)에 내몰리게 된다.

기사를 읽고 있다가 방금 들어온 이메일을 확인할 때도 마찬가지이다. 이 경우는 문맥 전환이 필요한 상황이 분명하지만 기사를 읽고 있는 당신에게 누군가가 말을 걸어올 때도 같은 현상이 일어난다. 당신의 뇌는 두 가지 활동(읽기와 듣기) 사이를 재빨리 오가면서 동시에 처리하려고 안간힘을 쓰지만 아무래도 무엇인가를 양보할 수밖에 없다. 문맥 전환은 바로바로 일어나지 않으므로 결국 한 가지의 활동 속도를 늦추거나, 하나 또는 둘 다를 대충 처리하게 된다.

TV를 보면서 빨래를 개거나 헬스장에서 운동을 하면서 음악을 들을 때처럼 결과가 별로 중요하지 않은 활동이라면 멀티태스킹의 부정적인 효과(속도 저하 또는 부실한 결과)가 허용될 수도 있다. 반대로 운전 중에 문자 메시지를 보내는 등 심각한 결과를 가져올 만한 멀티태스킹을 하면 당장 문제가 생기거나 치명적인 사고가 발생하게 된다.

더구나 멀티태스킹 도중의 문맥 전환은 예외 없이 시간과 노력을 낭비하게 한다. 한 번에 여러 가지 활동을 따라가려면 추가로 정신적인 비용이 요구된다. 따라서 중요한 일을 할 때는 반드시 멀티태스킹을 피해야 한다.

높은 집중력이 필요한 활동에는 한 가지에 온전히 몰입해야 훨씬 더 나은 결과가 나온다. 최고의 결과는 대개 한 가지 일에 오롯이 집중할 때 찾아오는 창조적인 해결책에서 나온다. 스타트업 투자자 폴 그레이엄은 2010년에 동명의 에세이에서 그것을 머릿속 최고의 아이디어(the top idea in your mind)라고 불렀다.

까다로운 문제를 붙잡고 씨름해본 적이 있는 사람이라면 고생하던 문제를 해결하지 못하고 방치했는데, 다른 일을 하다 보니 한참 후에 불현듯 해결책이 떠오르는 현상에 익숙할 것이다. 애쓰지 않아도 저절로 떠오르는 생각이 있다. 나는 그런 형태의 사고가 어려운 문제를 해결하는 데에 도움이 될 뿐만 아니라 꼭 필요하다고 강하게 확신한다. 문제는 그것을 간접적으로만 통제할 수 있다는 점이다.

대부분의 사람들은 언제나 머릿속에 단 하나의 최고의 아이디어만 가질 수 있다. 자유롭게 떠다니도록 내버려두면 생각들은 그 아이디어 쪽으로 흘러간다. 결국 이런 형태의 사고에서는 그 아이디어가 모든 생각들을 고스란히 차지하고 다른 아이디어들은 생각을 빼앗기게 된다. 그 말은 엉뚱한 아이디어가 머릿속 최고의 아이디어가 되는 것은 재앙이라는 뜻이다.

여러 활동들 사이를 끊임없이 오가다 보면 창조적인 생각은 끝내 할 수 없게 된다. 작가 칼 뉴포트는 획기적인 해결책을 가져오는 사고 형태를 딥 워크(deep work)라고 불렀다. 그는 중요한 문제를 진척시키려면 방해받지 않는 긴 시간을 투입해야 한다고 주장한다. 2014년 11월 6일 "운영하는 요령"이라는 제목의 강연에서 기업가이자 투자자인 키스 라보이스는 피터 틸이 페이팔의 CEO 시절에 이 개념을 어떻게 사용했는지 소개했다.

피터는 페이팔에 있을 때 사람은 누구나 딱 한 가지 일만 할 수 있다는 말을 입에 달고 살았습니다. 우리는 모두 반발했고요. 회사에서 그 말에 동의하는 사람은 아무도 없었습니다. 직원들에게 다양한 일을 해내기를 기대하는 다른 기업들과 비교하면 너무 생소하고 황당한 주장 같았죠. 특히 높은 자리로 올라갈수록 사람들은 더 많은 일을 벌이고 싶어하고, 딱 한 가지만 하라는 요구를 받으면 모욕감마저 느끼죠.

피터는 이 원칙을 꽤 엄격하게 지켰습니다. 자신이 맡긴 한 가지 임무 외에는 어떤 일에 대해서도 이야기하고 싶지 않다는 말을 자주 했어요. 당신이 여기서 얼마나 대단한 일을 하는지는 듣고 싶지 않으니 그냥 닥치라고 하고는 가버렸습니다.……

그의 원칙에는 사람들은 대체로 푸는 방법을 아는 문제만 풀 수 있다는 통찰이 담겨 있습니다. 간단히 말해 B+ 문제를 해결해야 할 사람이 A+ 문제를 해결한다는 거죠. A+ 문제는 회사에 큰 영향을 주지만 까다로운 문제를 말합니다. 하루아침에 문제의 해결책이 갑자기 떠오를 리는 없으니 그런 문제는 자꾸 질질 끌게 되죠.

아침에 일어나서 그날 할 일을 목록으로 정리한다고 해봅시다. 대개 A+ 문제가 맨 윗자리를 차지하겠지만 당신은 그 문제에 손도 대지 못합니다. 대신에 두 번째와 세 번째 문제를 풀죠. 100명이 넘는 동료들도 마찬가지입니다. 당신과 동료들은 늘 B+ 문제를 해결합니다. 그 말은 당신이 성장하고 조직에 기여하지만 정말로 획기적인 아이디어는 내놓을 수 없다는 뜻입니다. 누구도 문제를 풀 때까지 날마다 100퍼센트의 시간을 벽에 머리를 찧으면서 보낼 수는 없으니까요.

멀티태스킹을 엄격히 제한하고 딥 워크를 하는 것이 틸의 해결책이다. 물론 한 번에 한 가지 활동을 하도록 제한하려면 머릿속 최고의 아이디어가 반드시 중요한 것이어야 한다. 다행히 정말 중요한 활동이 무엇인지 밝히는 데에 도움이 될 정신 모델도 있다.

미국 대통령 드와이트 아이젠하워는 이런 유명한 말을 남겼다. "중요한 일은 급한 경우가 드물고 급한 일은 중요한 경우가 드물다." 이 말은 『성공하는 사람들의 7가지 습관(7 Habits of Highly Effective People)』에서 스티븐 커비가 고안한 **아이젠하워 결정 매트릭스**(Eisenhower Decision Matrix)에 영향을 주었다. 이는 개인 생활과 직장 생활을 아우르는 중요한 활동을 긴급성과 중요성에 따라 분류해 우선순위를 정하는 2×2 매트릭스이다.

1사분면에 속하는 활동(긴급함/중요함 : 응급 의료 상황의 처리 등)은 즉시 해치워야 한다. 2사분면에 해당하는 활동(긴급하지 않음/중요함 : 딥 워크 등)도 중요하지만 1사분면의 다음 순서여야 한다. 창조적 에너지는 가급적 2사분면의 활동에 결집해야 장기 목표를 향해서 신속히 나아갈 수 있다.

3사분면의 활동(긴급함/중요하지 않음 : 대부분의 행사들과 여러 가지 "절박한" 문제들 등)은 남에게 맡기거나 외부에 위탁하거나 그냥 무시하는 편이 낫다. 마지막으로 4사분면(긴급하지 않음/중요하지 않음 : 잡무나 대부분의 이메일 등)은 시간 소비를 아예 줄이거나 없애야 할 활동들이다.

이 표에서 얻을 수 있는 교훈은 2사분면에 속하는 중요한 활동들이 3사분면의 긴급한 일들에 밀려서 희미해질 수 있다는 점이다. 당신은 3사

	긴급함	긴급하지 않음
중요함	**I-관리** • 위기/응급 상황 • 가족의 의무 • 실제 최종 기한	**II-집중** • 전략 계획 • 관계 형성 • 딥 워크
중요하지 않음	**III-분류** • 중간에 끼어드는 일 • 여러 가지 "절박한" 문제들 • 대부분의 행사들	**IV-회피** • 잡무 • 옷 고르기 • 대부분의 이메일과 메시지들

아이젠하워 결정 매트릭스

분면의 임무를 당장 처리해야 한다는 유혹을 받기 쉽다. 긴급하기 때문에 주의를 빼앗는 3사분면에 시간을 많이 쓰면, 2사분면의 중요한 임무에는 손도 댈 수 없다.

마찬가지로 4사분면의 긴급하지도, 중요하지도 않은 일에도 주의를 쉽게 빼앗길 수 있다. 즉각적인 만족감(잡무를 말끔히 끝냈을 때의 개운함 등)이나 재미(단순한 휴대전화 게임)를 주기 때문이다. 인생에서 여가를 모조리 없애버리는 것은 결코 바람직하지 못하지만 여가와 중요하지 않은 활동에 소비되는 시간이 얼마나 많은지를 따져서 장기적인 목표 달성에 방해가 되지 않도록 해야 한다.

4사분면의 활동들 역시 **가짜 긴급성**(대부분의 이메일과 문자 메시지들처럼)을 내세우곤 한다. 그런 일들이 자꾸만 당신을 방해하게 내버려두면 멀티태스킹과, 2사분면과 4사분면 사이의 문맥 전환이 일으키는 부정적인 효과로 인해서 중요한 과업의 성과가 심각하게 떨어진다. 이 효과에 대처하는 방법은 이런 가짜 긴급성에 굴복하지 않도록 알림 소리를 끄는

"어려운 문제부터 해결합시다. 점심 때 뭘 시켜 먹을지……."

것이다.

아이젠하워 결정 매트릭스를 이용하면 할 일들을 각 사분면에 적절히 분류할 수 있다. 그러나 조직 내에서 특히 중요한 일이 무엇인지를 결정하기란 쉽지 않다. 이 어려움을 덜어줄 두 가지 정신 모델을 소개한다.

정치학자 월리스 세이어의 이름을 딴 **세이어의 법칙**(Sayre's law)은 어떤 논쟁에서든지 감정의 강도는 논의 중인 문제의 가치에 반비례한다고 본다.

관련 개념으로 해군 사학자 시릴 파킨슨의 이름에서 따온 **파킨슨의 사소함의 법칙**이 있다. 이 법칙에 따르면 조직은 사소한 문제를 터무니없이 중요하게 취급하는 경향이 있다. 이 두 개념은 공통적으로 집단역학에 따라서 집단이 엉뚱한 문제에 열을 올리는 과정을 설명한다.

1957년에 나온 『파킨슨의 법칙(*Parkinson's Law*)』에서 파킨슨은 원자로와 자전거 창고 예산을 심의하는 예산 위원회의 사례를 제시하며 "어떤 안건에 소비된 시간은 예산 액수에 반비례한다"고 주장했다. 위원회의 구성원들은 원자로와 관련된 의제의 복잡한 해석은 이해하기 어렵고 골치 아프기 때문에 심도 있게 논의하기를 꺼린다. 반면 자전거 창고에 대해서는 앞다투어 자기 의견을 내놓는다. 중요도는 떨어져도 원자로에 비하면 쉽고 친근한 안건이기 때문이다. 이런 현상은 **바이크쉐딩**(bike-shedding)이라는 이름으로 알려졌다.

토론이 그런 방향으로 새지 않도록 당신도 노력해야 한다. 중요한 문제에 할애해야 할 시간을 **빼앗기기** 때문이다. 예산 회의에서는 안건의 상대적 중요도에 비례해 시간을 사전에 배분하고, 중요도에 따라 토론 순서를 정해야 한다. 그렇게 하면 자전거 창고보다 원자로에 관한 논의에 더 많은 시간이 할당되고 순서도 앞쪽에 놓이게 된다. 더 나아가 안건마다 엄격한 시간제한을 두어(타임박싱이라고 한다) 어떤 바이크쉐딩이 불쑥 나타나더라도 그것이 회의 전체를 잡아먹지 못하게 해야 한다.

실제 사례로 미국에서 매년 반복적으로 일어나는, 국가 예산의 사소한 항목을 둘러싼 실랑이를 생각해보자. 예산의 균형을 맞춘다는 명목으로 정치인들은 번번이 국가의 예술 기금, 과학 기금, 대외 원조 예산의 삭감을 주장한다.

이런 사업들에 대한 당신의 개인적인 생각이 어떻든 그 예산을 대폭 삭감한다고 해서 전체 예산이 크게 줄어들지는 않는다. 각각 총 예산의 0.01퍼센트, 0.2퍼센트, 1.3퍼센트를 차지할 뿐이기 때문이다. 다시 말해서 예산을 대규모로 삭감하는 것이 목표라면 훨씬 더 덩치 큰 항목에 집중해야 한다. 이렇게 비교적 사소한 항목을 두고 핏대를 세우며 다투는 진짜 의도는 실질적인 목표를 진전시키지 못하게 하거나, 암묵적인 목표(정부가 이런 유형의 프로그램을 지원하는 사업에서 아예 손을 떼게 하는 것 등)를 달성하기 위해서인지도 모른다.

그 말은 구체적으로 어떤 목표를 추구하느냐에 따라서 중요한 것과

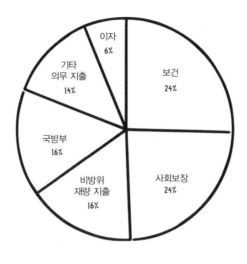

2015년의 미국의 연방 지출

중요하지 않은 것이 달라진다는 뜻이다. 전체적인 목표의 범위 안에서 정량적 척도를 기준으로 개별 사업들을 고려하면 그 상대적인 중요성을 보다 명확히 결정할 수 있다.

중요한 활동과 중요하지 않은 활동을 명확히 구분하고 나면 다른 문제가 생긴다. 자신이 중요하다고 분류한 활동에 정성을 쏟을 시간이 절대 나지 않는다는 사람들이 많은 것이다. 당신이라면 무슨 일부터 할지 어떻게 결정하겠는가?

이 절의 주제는 『쏟아지는 일 완벽하게 해내는 법(Getting Things Done)』의 저자이자 생산성 컨설턴트인 데이비드 앨런이 「패스트 컴퍼니(Fast Company)」와의 인터뷰에서 한 말로 간결하게 요약할 수 있다. "당신은 무엇이든 할 수 있지만 모든 것을 할 수는 없습니다." 눈앞에 쌓인 업무 중에서 무엇부터 할지 선택하지 않으면 멀티태스킹을 하느라 딥 워크를 할 시간이 부족해진다. 또 앨런은 이렇게 지적했다. "시간에 비하면 늘 할 일은 넘칩니다. 특히 가능성이 풍부한 환경에서는요. 누구나 인정받기를 바라고 의미 있는 일을 하기를 원합니다. 그런 목표를 이루려면 방해 요소들이 우리의 삶에 끼어들지 못하게 막아야 하죠."

다행히도 당신은 경제학에서 가져온 강력한 정신 모델인 **기회비용**(op-portunity cost)의 도움을 받을 수 있다. 당신이 하는 모든 선택에는 **비용**이 따른다. 선택하지 않은 **기회** 중에서 가장 나은 대안이 가지는 가치가 그것이다. 대체로 당신은 가장 낮은 기회비용으로 그 대안을 선택하기를 원한다.

당신이 직장을 그만두고 사업을 시작한다고 생각해보자. 새 사업에 들어갈 비용은 뻔히 예측할 수 있다. 스타트업이라면 설비, 고용, 법률 자문료 등이 요구된다. 대출이 필요하면 이자 지급이라는 명시적 비용(**자본비용**이라고 한다)도 추가해야 한다. 그러나 직장을 그만둠으로써 포기해야 하는 임금과 기타 편익, 그리고 창업 자본이 다른 투자처(주식시장 등)에 사용될 수도 있다는 사실 등 다른 잠재적 비용도 있다. 또 가족과 개인의 성취감에 주는 영향 등 비금전적인 묵시적 비용(또는 편익)도 따져야 한다.

창업의 기회비용은 직장에 머무를 경우 계속 받게 되는 월급과 창업 자본으로 쓸 돈을 다른 쪽에 투자할 때의 수익 등 다른 대안이 가져올 미래의 명시적, 묵시적 비용의 총합으로 정의된다. A 경로로 갈 때와 B 경로로 갈 때 당신이 얻을 이익은 무엇인가?

기회비용은 일상적인 의사결정에까지 확대될 수 있다. "저렴한" 주유소에 가려고 멀리까지 차를 몰고 가는 경우를 생각해보자. 75리터 용량에 리터당 2.5센트를 절약할 수 있다면 최대 2달러를 아낄 수 있을 뿐이다. 다녀오는데 고작 6분이 더 걸린다고 해도 당신은 시간의 가치를 시간당 20달러로 평가하는 셈이며, 멀리까지 이동할 때 소모되는 기름, 만약 탱크가 완전히 비어 있지 않았다면 그만큼 기름을 채우지 못하므로 돈이 덜 절약된다는 사실, 시간을 내어 먼 길을 다녀와야 할 때의 정신적인 간접비용은 고려하지 않은 것이다. 물론 싼 비용을 지불하거나 할인을 받으면 기분이 좋을 수는 있지만 한정된 시간을 그런 일에 쏟아야 한다면 꼭 그렇지만도 않을 것이다. **시간은 돈이니까!**

사업에서 기회비용은 **자본의 기회비용**(opportunity cost of capital)이라는 말로 쓰이기도 한다. 그 **자본**을 최선의 대안에 사용했을 때 얻는 수익은 당신에게 두 번째로 훌륭한 **기회**이다. 예를 들면 당신이 지금 사업체를 운영하고 있는데 현재 진행 중인 광고에서 비용 1달러당 최소 5퍼센트의 금액을 회수하고 있다고 가정해보자. 당신은 이제 이 이익의 일부를 사업에 재투자할 최선의 방법을 택해야 한다.

어떤 선택을 하든 투자금의 최소 5퍼센트는 분명히 회수해야 한다. 광고에 더 많은 투자를 한다면 그 정도 돈은 쉽게 벌 수 있기 때문이다. 이럴 때는 자본의 기회비용을 생각해서 여러 투자 대안들을 서로 비교해야한다. 그렇게 하면 당신은 다양한 프로젝트와 기회 중에서 현명한 선택을 할 수 있다.

마찬가지로 협상에서는 **협상 결렬 시에 선택할 수 있는 최고의 대안**(Best Alternative To a Negotiated Agreement : BATNA)이라는 뜻의 BATNA라는 기회비용을 적용할 수 있다. 새 일자리를 구하는 경우 BATNA는 현재 직장을 비롯해서 당신이 선택할 수 있는 직장 가운데 최고의 대안을 가리킨다. 당신은 항상 더 나은 제안(현 상태일 수도 있다)을 받아들일 수 있기 때문에 BATNA보다 나쁜 제안을 수용해서는 안 된다.

그다지 명확하지 않은 상황에서는 당신의 BATNA가 무엇인지 이해하

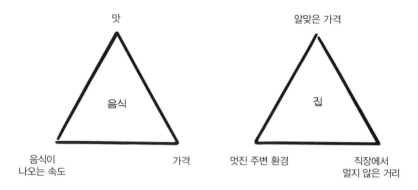

맛　　　　　　　　　　　　　알맞은 가격

음식　　　　　　　　　　　　집

음식이　　　　　　가격　　　멋진 주변 환경　　　직장에서
나오는 속도　　　　　　　　　　　　　　　　　　멀지 않은 거리

두 가지 고르기

기 어려울 수 있으니 브레인스토밍을 통해서 말 그대로 모든 대안들을 목록 형식으로 적어보자. 이 과정은 당장은 명확하지 않은 또다른 대안들을 발견하는 데에 도움이 된다. 후회하지 않을 결정을 하려면 어떤 경우든 BATNA를 알고 협상에 임하는 것이 매우 중요하다.

인생과 비즈니스는 선택의 연속으로 생각할 수 있다. 이런 기회비용 모델은 어떤 일에 노력을 쏟을지, 어디에서 살지, 누구와 짝을 이룰지에 대해서 항상 더 나은 선택을 하는 데에 도움이 될 것이다. 보통은 기회비용보다 더 나은 가치를 지닌 것들, 손에 쥔 대안들 중에서 최고를 선택하면 된다. 이렇게 생각하면 참 간단하지 않은가?

모든 대안을 전부 가질 수 없다는 사실을 깨달을 때 당신은 갈등을 느낄 수 있다. 중요한 목표들 가운데서 선택을 해야 할 때는 늘 대가가 따른다.

우리는 이 개념을 아이들에게 쉽게 설명하려고 노력했지만 아쉽게도 지금까지는 제대로 이해시키지 못한 것 같다. 스쿨버스에서 내려서 침실의 불을 끄기 전까지 우리 아이들에게 주어진 시간은 고작 4-5시간이 전부이다. 그 시간 동안 숙제, 저녁 식사, 취침 준비 등 몇 가지 일도 꼭 해야한다.

장난을 치면서 잠옷을 입거나 이를 닦느라 한참을 보내고 나면, 아이들은 재미있는 이야기를 듣고, 우리를 꼭 껴안고, 아이패드를 사용할 시간이 거의 남지 않았다며 실망한다. 우리는 아이들에게 노닥거리는 것의 **비용**은 그런 **기회들**을 잃는 것이라고, 그것은 너희들이 한 선택이라고 설명한다. 마찬가지로 우리가 저녁식사를 하거나 아이스크림을 사먹기 위해서 특별히 외출을 하는 날에도 교환의 개념을 잘 모르는 아이들은 잠자리에 들기 전에 마음껏 뛰놀 시간이 없어졌다며 투덜거린다. 언젠가는 알게 되겠지…….

투자 성과 크게 높이기

지렛대는 받침점과 그 위에 놓인 막대기로 구성된 단순한 장치이다. 지렛대의 받침점에서 먼 위치에 작은 힘을 가하면 받침점에서 가까운 거리에 놓인 큰 무게를 들어올릴 수 있다. 잠긴 문을 열 때 쇠지렛대를 어떻게 이용하는지 떠올려보자. 기원전 3세기에 아르키메데스는 지렛대의 힘에 관해서 이렇게 호언장담한 것으로 유명하다. "내게 서 있을 공간만 주면 지구라도 움직일 수 있다."

지렛대로 얻는 기계적 확대율을 뜻하는 **레버리지**(leverage)는 다양한 상황에 적용할 수 있는 정신 모델의 기초가 된다. 이 개념은 일정한 힘이나 노력을 특정 분야에 쏟으면, 다른 분야에 투입할 때보다 훨씬 큰 성과를 낼 수 있는 상황에 적용할 수 있다.

금융에서 레버리지는 돈을 빌려서 자산을 매입하는 방식으로 이익 또

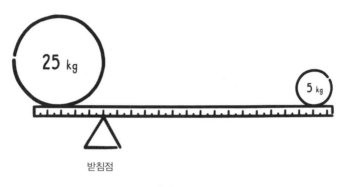

받침점

레버리지

는 손실을 확대하는 것을 뜻한다. 여기서 레버리징 업(leveraging up)은 빚을 늘리는 것이고 디 레버리징(deleveraging)은 그 반대이다. 한 기업이 남의 돈을 일부 끌어들여 다른 기업을 매수하는 방식을 레버리지 매수라고 한다.

돈이 필요한 상황에서 처음에 가지고 있던 돈(작은 힘)에 빚을 내서 큰돈을 보태면 훨씬 큰 힘을 발휘할 수 있다. 개인들은 대개 집값보다 훨씬 적은 돈으로 집을 구매한다. 미국에서는 그 돈의 비율이 대체로 20퍼센트이지만 2007-2008년 금융 위기 전까지는 0퍼센트에 가까운 돈으로 집을 사곤 했다! 빚만으로 원하는 집에서 살 수 있었던 것이다.

협상에서 레버리지는 한쪽이 다른 쪽에 지닌 영향력을 뜻한다. 만약 당신에게 상대에 비해서 더 많은 것을 주거나 받을 능력이 있다면 더 큰 레버리지를 가졌다는 것이다. 어떤 상황이 되었든 작은 레버리지로도 큰 효과를 낼 수 있다.

개인의 경우, 다른 것보다 훨씬 큰 레버리지를 가지는 행동이나 조치가 있다면 이런 고 레버리지 활동(high-leverage activity)에 시간이나 돈을 쓸 때 가장 큰 효과를 볼 수 있다. 따라서 시간을 내서 고 레버리지 활동을 꾸준히 모색할 필요가 있다. 그것이 **투자 성과를 크게 높이는 길이다.**

이 모델은 인생의 모든 영역에 적용할 수 있다. 최고 레버리지의 대안이 매번 가장 적합한 선택은 아닐 수 있겠지만 최저 비용으로 최고의 효과를 주는 대안은 늘 고려할 필요가 있다.

- 가장 훌륭한 성장 기회를 줄 직업은 무엇일까?
- 집을 어떻게 리모델링해야 매도할 때 가장 높은 가격을 받거나 살기에 가장 좋을까?
- 자녀들에게 어떤 활동을 시켜야 아이들의 장래에 가장 큰 도움이 되거나 아이들이 가장 큰 재미를 느낄까?
- 어떤 조직이나 자선단체에 기부해야 세상이 가장 많이 바뀔까(이런 정신 모델을 그 자체로 효율적 이타주의라고 부른다)?
- 최소의 시간 동안 최대의 효과를 얻으려면 어떤 운동을 해야 할까?

레버리지를 따져보면 의사결정에 기회비용을 쉽게 반영할 수 있다. 대체로 최고 레버리지 활동은 기회비용이 가장 낮다.

파레토 법칙(Pareto principle)은 고 레버지리 활동을 찾는 데에 도움을 준다. 이 원칙에 따르면 다양한 상황에서 80퍼센트의 결과는 약 20퍼센트의 노력에서 나온다고 한다. 그래서 이 20퍼센트를 관리하는 것이 고 레버리지 활동이 된다. 이 원칙은 1800년대 후반 경제학자 빌프레도 파레토가 자신이 관찰한 사실을 『경제학 강의(*Manuel d'economie politique*)』라는 책에서 상세히 다루면서 알려졌다. 그의 정원에서 수확된 콩의 80퍼센트는 20퍼센트의 콩깍지에서 나왔고, 당시 이탈리아 국토의 80퍼센트는 20퍼센트의 인구가 소유했다는 것 등이 그 예이다.

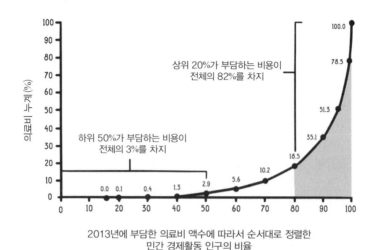

2013년에 부담한 의료비 액수에 따라서 순서대로 정렬한
민간 경제활동 인구의 비율

미국인의 의료비 지출 비율

이 원칙의 예는 오늘날에도 쉽게 찾을 수 있다. 미국에서는 20퍼센트의 환자가 의료비의 80퍼센트를 지출한다(위의 그림 참고). 2007년에 미국 부의 85퍼센트는 20퍼센트의 인구가 소유하고 있었다. 모든 관계가 늘 80/20은 아니지만 공평하게 분배되지 않은 결과에는 분명 비슷한 패턴이 존재한다.

80/20이라는 이 구체적인 결과를 **거듭제곱 분포**(power law distribution)라고 한다. 비교적 드문 사건이 전체에서 상당히 큰 비율을 차지하는 상황을 말한다. (수학에서 **멱함수**라고도 하는 거듭제곱에서 이름을 따왔다. 이런 분포를 만드는 수학이 거듭제곱과 관계가 있기 때문이다.)

위의 그림에서 우리는 의료비를 가장 많이 지출하는 사람들의 거듭제곱 분포를 확인할 수 있다. 벤처 자본 수익률, 화산 분출의 강도, 정전의 규모 등에서도 유사한 패턴을 찾을 수 있다. 당신이 그런 분포에 영향을 주고 싶다면 전체에 가장 큰 영향을 미칠 집단에 관심을 가져야 한다.

경영 컨설턴트 조지프 주란은 1940년대에 고 레버리지 계획은 최고의 결과를 가져올 최소량의 일을 찾아서 집중하는 것이라고 조언하며 파레토 법칙을 널리 알렸다. 그는 이런 고 레버리지 활동을 "핵심 소수"라고 불렀다. 만약 웹페이지의 효과를 높이고 싶다면 "히어로 섹션"이라고 불리는 헤드라인과 대표 이미지에 공을 들여야 한다. 방문자들이 처음 확인하는 부분으로, 그들 대다수는 딱 그것만 읽을 것이기 때문이다. 또 히어로 섹션은 소셜미디어에 공유될 내용이기도 하다. 이 섹션의 작은 변화(머리에 쏙쏙 들어오는 표현, 시선을 끄는 이미지의 사용)는 간단하지만 큰 효과를 가져올 가능성이 있다.

이 같은 원칙은 조직 전체에 적용된다. 비용을 줄이고 싶은데 20퍼센트의 사업이 80퍼센트의 예산을 잡아먹는다면 시간을 들여서 그 20퍼센트에서 무엇을 줄일 수 있을지(앞에서 미국 예산에서도 이야기했듯이) 점검할 필요가 있다. 마찬가지로 회사 매출의 80퍼센트가 20퍼센트의 고객에게서 나온다면 그들을 만족시키고 그들과 비슷한 고객을 더 찾아야 한다. 만일 웹사이트 이용량의 80퍼센트가 20퍼센트의 내용 덕분이라면 그 20퍼센트에 집중해야 한다. 또한 그것들은 최소 기능 제품(제1장 참고)에 들어가야 할 특성이기도 하다.

80/20 법칙을 알고 나서도 손쉬운 목표에만 노력을 기울이면 일하는 시간이 늘어도 의미 있는 성과는 점점 줄어든다. 경제학에서 이 모델을 수확 체감의 법칙(law of diminishing returns)이라고 부른다. 이는 일정 수준의 결과를 얻은 다음에도 계속 노력을 쏟으면 효율성이 떨어지는 경향을 말한다.

로런이 글락소스미스클라인에서 일하던 시절에는 외부 컨설턴트 그룹을 채용해서 그들에게 임상 연구 보고서의 품질을 평가하고 그것들이 얼

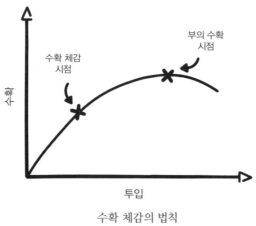

수확 체감의 법칙

마나 효율적으로 작성되었는지를 검토하게 했다. 이 그룹은 보고서 초안이 시간에 따라서 어떻게 발전하는지를 평가했다. 여섯 건의 초안이 작성된 어느 보고서의 경우 컨설턴트 그룹은 보고서의 품질이 초안 2에서 초안 6까지 근본적으로 개선되지 않았다고 평가했다. 수확 체감을 명백히 보여주는 사례였다! 초안 3에서부터 6까지를 작성할 때 그들은 시간을 낭비한 것이다. 더구나 그 초안들은 최종 보고서를 내야 할 동료들에게 지나친 부담이 되었다.

효용 체감의 법칙(law of diminishing utility)이라는 유사 개념도 있다. 어떤 재화의 소비량을 점차 늘리다가 어느 시점에 이르면 소비의 가치, 곧 **효용**이 이전에 소비한 재화의 가치보다 줄어드는 현상을 말한다. 도넛을 1개 먹을 때와 2개째 또는 3개째를 먹을 때 느끼는 만족감의 차이를 생각해보자. 6개째를 먹을 즈음에는 먹는 즐거움을 전혀 느끼지 못하고 오히려 속이 더부룩해지기 시작할 것이다.

이렇게 어떤 시점을 넘어서도 소비를 계속하면 실제로 상황이 전보다 악화될 수 있다. 수확을 체감하다 못해 부의 수확(negative return)으로 바뀔 수 있다. 완벽을 기하기 위해서 애를 썼지만 오히려 역효과가 나는 경우가 여기에 해당한다. **무리하다, 과로하다** 등등 이 개념과 관련한 표현은 상당히 많다(제2장 **좋은 것도 너무 많으면 별로이다** 참고).

과로는 **번아웃**(burnout)으로 가는 지름길이기도 하다. 높은 스트레스는 몸에 무리를 일으켜서 의욕을 뭉개버리거나 더 나쁜 영향을 준다. 1970년대 후반 일본에서는 **과로사**라는 말이 생겼다. 20-30대에 불과한 젊은이들을 비롯해 점점 더 많은 사람들이 과로 때문에 뇌졸중이나 심장마비로 사망하는 현상을 뜻하는 말이었다.

부의 수확과 번아웃은 스트레스가 높은 현대 생활에서는 전 세계 어디에서나 흔히 나타난다. 미국 전역의 어린이들은 운동선수로 성공하겠다는 목표 때문에 과도한 훈련으로 심한 부상을 입고 있다. 이 역시 명백한 부의 수확이다. 부모는 자녀를 전문 훈련 프로그램에 등록시키고 아주 어릴 때부터 1년 내내 한 가지 스포츠에만 전념하게 한다. 결국 성장 중인 어린이의 신체는 쉽게 혹사당한다.

야구에서만 매년 수백 명의 어린 투수들이 메이저리그 투수의 이름을 딴 팔꿈치 수술, 일명 토미 존 수술을 받는다. 수십 년 전만 해도 전문 투수들이나 받을 법한 수술이었다. 한 해에 던지는 공의 수가 늘면서 부상을 당할 위험도 크게 높아졌기 때문에 1년 내내 **빡빡한** 일정에 시달리는 10대들은 위험한 상황에 빠질 수밖에 없다. 그중에는 건강을 회복하지 못하거나 완전히 번아웃되어 딱 2년이 지나고 야구를 그만두는 아이들도 많다.

부의 수확의 다른 흔한 예는 밤샘 공부이다. 벼락치기로는 공부한 내용을 오래 기억할 수 없다는 사실은 이미 증명되었다. 더구나 내리 밤샘 공부를 하면 역효과가 날 수 있다. 수면 부족 상태에서는 누구도 최고의 기량을 발휘할 수 없기 때문이다. 밤새 보고서를 쓰면 한밤중에 글의 품질을 정확하게 판단할 수 있을까? 아마도 아닐 것이다. 밤이 깊어갈수록 보고서의 품질은 떨어질 수밖에 없다.

주어진 프로젝트에서 일단 레버리지가 가장 높은 부분을 진행했다면 언제 다음 단계로 넘어가야 할까? 부의 수확에 다다르기 전에 그만두어야 하는 것은 분명하지만 수확 체감에 이르렀다는 이유만으로 하던 일을 멈추어야 한다는 뜻은 아니다. 그 판단은 사실 기회비용에 달려 있다. 같은 노력으로 훨씬 더 나은 결과를 낼 수 있는 다른 일을 찾는다면 그리로 뛰어들면 된다.

그렇지 않다면 지금 하는 일을 계속해야 한다. (진척이 느리기는 해도) 프로젝트는 계속 진행되고 있는데다가 더 나은 대안도 없기 때문이다. 그러나 (이 점이 중요한데) 더 나은 대안이 없다고 해서 섣불리 단정하는 것은 금물이다. 80/20 법칙은 잠시 제쳐두고 틈틈이 브레인스토밍으로 대안을 검토해서 다른 고 레버리지 프로젝트가 없다는 것을 분명히 확인해야 한다.

자신의 앞길을 막지 마라

레버리지와 그와 관련된 정신 모델을 적용하는 것은 꼭 필요한 일에 시간을 쓰는 데에 도움이 된다. 그다음 단계는 그런 일을 시의적절하게 마무리하는 것이다. 그렇게 하기 위해서는 함정이 쫙 깔린 길을 지나야 한다. 첫 번째 함정은 꾸물거리는 습관이다.

우리 아이들은 늑장부리기 선수들인데 만약 이것이 유전된 성향이라면 로런에게 책임을 물어야 할 것이다. 우리가 처음 만났던 1999년에 가브리엘은 MIT 학생 신문 「테크(*The Tech*)」에 모두에게 꾸물대는 습관을 버리라고 권하는 글을 기고했다. 로런은 심하게 꾸물대는 사람은 아니었지만 금요일에 마감해야 하는 일을 주로 목요일 밤 늦게 끝내곤 했다. 로런이 알기로는 가브리엘은 MIT에서 1주일 동안 해야 할 일을 화요일에 끝내는 유일한 사람이었다. 사실 그는 게으름을 피운 적이 거의 없어서 MIT를 3년 만에 졸업했다.

사람들이 그렇게 늑장을 부리는 한 가지 원인은 장기적인 목표를 꾸준히 진행하는 쪽보다 현재의 단기적인 보상에 지나치게 가치를 두는 경향인(제2장 단기 성과주의 참고) 현재 편향(present bias) 때문이다. 헬스장을 하루 빼먹을 이유를 찾는 것은 식은 죽 먹기이지만(할 일이 너무 많아서, 잠을 제대로 못 자서, 몸 상태가 좋지 않아서 등등) 너무 자주 빠지다 보면 건강을 위한 장기적인 목표를 절대 달성할 수 없다.

누구나 웬만큼은 현재보다 미래의 가치를 얕잡아본다. 오늘 100달러를 손에 넣는 것과 1년 뒤에 100달러가 들어오는 것이 있으면 대부분의 사람들은 오늘 받는 쪽을 택한다. 그러나 1년 후에는 100달러를 받을 수 있지만, 오늘 받기 위해서는 비용을 지불해야 한다고 가정해보자(수수료 공제). 당신은 얼마를 낼 용의가 있는가? 지금 당장 100달러를 받기 위해서 20달러를 내겠는가(결국 80달러), 아니면 1년 뒤에 100달러를 받겠는가?

이런 비용을 백분율로 바꾸면 할인율(discount rate)이라는 "이자율"이 된다(80달러 × 125퍼센트 = 100달러이므로 위의 예에서는 25퍼센트이다). 다른 이자율처럼 복리가 될 수 있지만 할인율은 앞에서 설명한 복리가 아니라 역복리가 된다. 이 역복리는 미래로 갈수록 지불 금액을 점점 더 할인한다. 시간이 한참 지날 때까지 돈을 손에 넣을 수 없기 때문이다.

할인율은 자산, 투자, 제안 등의 가치를 평가하는 **현금 흐름 할인법**

청소형

지레 겁먹는형

목록작성형

낮잠형

딴 길로 새는형

소셜미디어 공유형

인터넷 검색형

군것질형

게임형

TV 시청형

떠넘기기형

미루기형

꾸물대는 사람의 실태

(discounted cash flow)의 기초가 된다. 이 모델은 투자 부동산, 주식, 채권 등으로 미래에 생길 돈의 가치를 적절히 결정하는 데에 도움이 된다. 예를 들면 당신이 복권에 당첨되었는데 영원히 매년 100만 달러씩을 받거나 오늘 당장 일괄 지급으로 받는 방법 중에서 선택할 수 있다고 해보자. 일괄 지급액이 얼마나 되면 받아들일 수 있을까? 처음에는 그 금액이 아주 높아야 한다고 생각할지도 모른다. 연간 지급 방식은 돈이 영원히 나오기 때문이다. 그러나 복리 할인율 때문에 먼 미래에 기대되는 소득은 현재에는 그만큼의 가치가 없다.

할인율이 연간 5퍼센트라면 다음 해부터 현금 흐름이 생기는 100만 달러는 오늘날 가치로 95만2,381달러로 줄어든다(100만 달러/1.05). 2년 뒤에는 복리 때문에 그해의 100만 달러가 오늘날의 가치로 90만7,029달러(100만 달러/1.05^2)가 된다. 이런 식으로 할인이 계속되다 보면 결국 오늘날의 달러 가치로 0에 가까워진다. 5퍼센트 할인율로 50년이 지나면 그해의 100만 달러는 현재 8만7,204달러가 된다(100만 달러/1.05^{50}).

다가올 미래의 할인된 수익을 전부 더하면 복권 지급금의 **순 현재 가치**(net present value)를 얻는다. 이 사례에서 총합은 2,000만 달러가 된다. 그 말은 5퍼센트 할인율이 적절하고 당신이 지금 당장 그 2,000만 달러를 손에 넣을 수 있다고 가정하면, 한 해 100만 달러의 현금 흐름을 오늘날의 가치 2,000만 달러로 평가하게 된다. 그리고 사실 약 5퍼센트는 복권 당첨 시 일반적으로 제안하는 비율이다.

물론 이 방법은 할인율에 매우 민감하다(5퍼센트와 20퍼센트를 비교해보자). 5퍼센트 할인율의 경우 순 현재 가치는 2,000만 달러이지만 매년 20퍼센트 할인율을 적용하면 이 현금 흐름의 순 현재 가치는 500만 달러로 평가된다.

순 현재 가치

순 현재 가치의 합계	X년 지급금의 순 현재 가치					
		1년	2년	3년	4년	···	50년
할인율 0%	무한대	$100만	$100만	$100만	$100만	···	$100만
할인율 5%	$2,000만	$95만2,381	$90만7,029	$86만3,838	$82만2,702	···	$8만7,204
할인율 10%	$1,000만	$90만9,091	$82만6,446	$75만1,315	$68만3,013	···	$8,519
할인율 20%	$500만	$83만3,333	$69만4,444	$57만8,704	$48만2,253	···	$110

비즈니스와 투자에 적용할 적절한 할인율은 제6장에서 자세히 살펴볼 예정이다. 그러나 여기서 한 가지 고려할 점은 지금 당장 당신의 수중에 돈이 들어오면 그것으로 무엇을 할 수 있느냐이다. 순수하게 금전적인 관점에서 할인율보다 높은 투자 수익을 보장받을 수 있다면 일괄 지급을 받아서 투자를 하는 편이 낫다. 이를 테면 6퍼센트의 투자 수익을 얻을 수 있다고 생각한다면 5퍼센트의 할인율도 괜찮을 것이다. 복권은 종종 비슷한 이유로 5퍼센트 수준을 제시한다(그 비율이라면 투자 수익을 올릴 수 있기 때문이다).

물론 당신은 금전적인 관점만 고려하지는 않을 것이다. 오늘 일괄 지급을 받았다면 복권 당첨금을 누리고 싶을 것이다. 이제 돈이 많아졌으니 소비의 측면에서 다양한 대안이 생기기 때문이다. 한편 실제 복권 당첨자 중에는 처음에 돈을 왕창 써버리고 일괄 지급받은 것을 후회하는 사람들이 많다.

개인적인 상황에서 대부분의 사람들은 비교적 높은 할인율로 미래의 가치를 은근히 깎아내린다. 시간이 흘러도 고쳐지지 않는 그런 경향을 과도한 가치 폄하(hyperbolic discounting) 효과라고 한다. 다시 말하면 사람들은 한참 후의 만족보다 즉각적인 만족에 아주 아주 많은 가치를 두는데, 이 경향은 미루는 습관의 주된 원인이 된다. 다이어트, 중독 등 자기절제가 필요한 인생 영역에서도 마찬가지이다.

다이어트를 할 때 사무실에 비치된 도넛의 유혹을 피하기는 어렵다. 도넛이 지금 당장 단기적인 보상을 해주기 때문이다. 반면에 다이어트가 주는 장기적인 보상은 너무 먼 미래에 있어서 당신의 머릿속에서 0에 가깝게 할인된다(50년 후의 회사 이익처럼).

100달러를 기준으로, 사람들이 먼 훗날의 많은 돈과 가까운 미래의 적은 돈 중에 무엇을 선호하는지를 조사한 다양한 연구에서도 이런 경향이 자주 드러났다. 그중의 하나인 "동태적 비일관성에 대한 경험적 증거"라는 연구에서 경제학자 리처드 탈러는 사람들이 평균적으로 3개월 뒤 30달러, 1년 뒤 60달러, 3년 뒤 100달러를 받는 것보다 당장 15달러를 받는 쪽을 택한다는 사실을 발견했다. 이 가치들은 시간이 흐르면서 연간 할인율이 277퍼센트에서 139퍼센트, 63퍼센트로 떨어진다는 점을 암시한다.

당신도 (우리처럼) 어느 정도 나이를 먹고 나면 일을 질질 끄는 습관에 대해서 엄청난 후회를 하게 되고, 자꾸만 미루다가는 미래의 자신을 훨씬 더 고생시키게 된다는 점에 쉽게 수긍할 것이다. 당신은 그런 후회의 감정을 가슴에 새겨 그것을 행동의 장기적인 혜택에 관심을 두는 동기로 삼고, 현재의 노력을 목표를 향해서 나아가는 점진적인 과정으로 보아야 한다. 그렇게 하면 타고난 현재 중시 편향과 미루는 버릇에 대처할 수 있다.

원하는 미래에 대해서 적극적으로 입장을 정하는 입장 정립(commitment)은 현재 중시 편향을 극복하는 데에 도움이 될 정신 모델이다. 입장 정립은 공식적일 수도 비공식적일 수도 있지만 이를 어기는 경우에 불이익을 주기로 정하면 매우 효과적이다.

가령 당신이 살을 빼기 위해서 노력 중이라면 헬스장에 등록하거나 친구와 내기를 할 수 있다. 정립한 입장을 지키지 않으면 손해를 보게끔 돈을 거는 것이다. 아니면 친구와 운동이나 다이어트를 함께하기로 약속하고 둘 다 체중을 얼마나 뺄 것인지를 공개적으로 밝힌다. 그러면 사회적인 압력을 빌려서 자신의 행동에 책임을 질 수 있다.

적립식 퇴직연금에 돈을 부어서 은퇴에 대비하겠다는 결심도 마찬가지이다. 이런 계좌는 돈을 일찍 인출하면 매우 가혹한 감수해야 한다고 알려져 있으므로 당신은 저축을 계속하겠다는 입장을 유지할 가능성이 높다.

사람들은 대개 **가장 쉬운 길**을 택하기 때문에 적립식 퇴직연금은 사람들이 초기에 받아들인 대안을 그대로 유지한다는 점에서 나온 효과인 **초깃값 효과**(default effect)의 예로 볼 수도 있다. 적립식 퇴직연금이나 장기 기증, 유권자 등록 등의 참가율은 프로그램 참가가 사전 동의 방식인지 사후 동의 방식인지에 따라서 크게 달라진다.

장기 목표를 향한 초깃값을 정립하여 그 효과를 자신에게 유리하게 이용할 수 있다. 간단한 예는 반복되는 일정을 일정표에 입력해두는 것이다. 새로운 직장을 검색하거나 생활공간을 대청소하거나 부수적인 프로젝트를 진행하는 일에 1주일에 한 시간을 할당하는 식이다. 그렇게 하면 나머지 시간은 저절로 당신이 선택한 장기 계획에 할당된다. 딥 워크 계획에도 같은 방법을 적용하는 것이 효과가 있다. 딥 워크에 집중할 시간을 일정표에 따로 적어놓으면 그 시간에 회의를 잡는 것을 방지할 수 있다.

그러나 입장 정립에도 단점이 있다. 우선 입장 정립 자체를 미루기가 쉽다. 둘째로 사회계약이나 확정된 일정이 으레 그렇듯이, 불이익이 크지 않다면 당초 목적과 달리 그냥 정립된 입장을 깨는 쪽이 낫다는 판단을 할 수 있다. 셋째로 실효성 없는 입장 정립도 얼마든지 가능하다. 비현실적

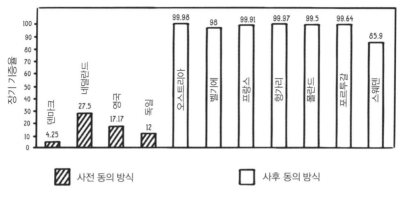

초깃값 효과

인 목표를 정하거나("하루도 빼먹지 않고 헬스장에 가서 운동을 하겠어") 시간표를 명확하게 정하지 않거나("헬스장에 더 자주 가야지") 너무 모호하게 정하는 것("운동을 좀더 많이 하도록 노력할 거야") 등이 그 예이다. 이와 대조적으로 현실적이고 일정이 명확하고 구체적인 운동 계획은 다음과 같다. "앞으로 석 달 동안 수요일과 일요일 아침에 친구와 헬스장에 가서 달리기를 20분, 웨이트 트레이닝을 20분 동안 할 거야. 하루 빠질때마다 친구에게 20달러를 주겠어."

미루는 습관을 극복하고 목표를 향해서 꾸준히 나아가고 있다면 당신이 빠질 수 있는 다음 함정은 시간 계획을 효과적으로 세우지 못하는 것이다. **파킨슨의 법칙**(Parkinson's law)은 "어떤 업무는 주어진 시간을 다 채울 때까지 늘어진다"라는 내용이다(그렇다. **파킨슨의 사소함의 법칙**을 만든 파킨슨의 또다른 법칙이다). 이 말이 정말 와닿지 않는가? 우리는 정말 공감한다.

가장 우선순위에 있는 업무의 마감일이 먼 미래라면 마감일이 될 때까지의 시간을 전부 그 일에 쏟지 않아도 된다. 업무를 얼른 끝낼수록 할

일 목록에 적힌 다른 업무로 빨리 넘어갈 수 있다. 일찍 마무리하는 쪽이 훨씬 더 도움이 되는 경우도 있다. 아이젠하워 결정 매트릭스에 있는 중요하고 긴급한 일이 불쑥 튀어나올 때가 그렇다.

업무의 마무리를 둘러싼 감정을 절묘하게 포착한 모델이 몇 가지 있다. 인지과학자 더글러스 호프스태터는 『괴델, 에셔, 바흐(*Gödel, Escher, Bach*)』에서 호프스태터의 법칙(Hofstadter's law)이라는 말을 만들었다. 호프스태터의 법칙을 고려해도 업무에 걸리는 시간은 늘 예상보다 길어진다는 내용이다.

다시 말하면 일이 예상보다 길어질 수 있다는 점을 감안하더라도 일은 예상보다 더 길어진다는 뜻이다! 톰 카길은 1980년대 벨 연구소에서 프로그래밍을 하던 시절에 이와 유사한 90-90 법칙을 고안했다고 알려져 있다(『ACM 통신[*Communications of the ACM*]』 1985년 9월 호). 코드의 첫 90퍼센트는 개발 시간의 첫 90퍼센트를 차지한다. 코드의 나머지 10퍼센트는 90퍼센트의 개발 시간을 더 요구한다.

두 개념 모두 일을 끝낼 시기를 제대로 추정하기는 어렵다는 사실을 강조한다. 프로젝트를 계획하는 데에 꾸준히 많은 노력을 쏟아붓지 않으면, 프로젝트를 완전히 마무리하기 위해서 필요한 소소한 일거리를 전부 파악할 수 없다는 뜻이다. 이 책을 쓸 때도 그 말이 사실이라는 것이 드러났다!

그러나 더 중요한 점은 프로젝트가 "완료되었다"고 볼 수 있는 시기를 선택할 수 있다는 것이다. 이 선택은 프로젝트를 마치기까지 필요한 시간에 큰 영향을 주므로, 무엇을 "완료"라고 부를 것인지에 대해서 꾸준히 고민을 해본다면 노력의 낭비를 막을 수 있다. 앞의 절에서 언급한 임상 연구 보고서의 경우, 매번 초안이 나올 때마다 그것을 미리 정의해둔 프로젝트의 목표와 비교하여 초안을 계속 작성할 것인지 평가하는 단계를 포함하면 좋았을 것이다.

제2장에 등장한 **완벽은 좋음의 적이다**라는 말을 떠올려보자. 당신이 조직에 흠 없이 완벽한 보고서를 제출한다면 시간을 매우 오래 끌었을 가능성이 높다. 완벽에 미치지 못하는 해결책도 일을 원만히 추진하기에는 **충분히 훌륭할 수 있다.** 이 모델은 완벽한 결정을 내린다는 확신이 들 때까지 기다리거나, 흠 잡을 데 없는 제품을 만들 때까지 기다리는 상황에도 적용된다. 일이 **완료되었다**고 볼 수 있는 최적의 시기는 일반적으로 실제 완료 시기보다 훨씬 이르다.

물론 완벽에 가까운 일 처리를 요구하는 환경도 있다. 하지만 그런 상황은 생각보다 드물기 때문에 프로젝트를 수행하면서 최종 품질이 어느 수준이면 용납될지, 즉 이 상황에서 **완료**가 무엇을 의미하는지(제2장 **가역적 결정과 비가역적 결정** 참고) 사전에 여러 번 고려할 필요가 있다.

흔히 간과되는 또 하나의 대안은 프로젝트를 완료하기 전에 완전히 포기하는 것이다. 때로는 지금 가고 있는 길로는 성공에 이를 수 없음을 인정해야 한다. 때로는 당초의 목적지에 도착하기 위해서 어떤 대가를 치러야 하는지 알고 나면 더 이상의 노력이 무의미하겠다는 생각이 들 수도 있다. 안타깝지만 이럴 때도 마음은 생각과 반대로 움직인다. 그 이유를 설명하는 모델이 바로 손실 회피(loss aversion)이다. 비슷한 수준의 이익을 얻으려는 경향보다 손실을 **회피하려는** 경향이 더 강한 법이다.

한마디로 당신은 50달러를 버는 기쁨보다 50달러를 잃는 불쾌감을 더 크게 느낀다. 손실을 싫어하는 손실 회피는 다양한 상황에서 당신에게 해를 끼친다. 매수한 가격까지 주가가 올라오기를 바라며 주식을 지나치게 오래 붙들고 있는 경우가 그 예이다. 주택의 매도가가 매수가를 넘어설 때까지 기다리느라 이사를 가고 싶어도 가지 못하고 머뭇거릴 수도 있다. 이런 매입 가격은 자산의 현재 가치와는 무관한 임의의 숫자일 뿐이지만 손실 또는 수익을 나타내기 때문에 당신은 큰 의미를 부여하는 것이다. 마찬가지로 프로젝트를 포기하는 것은 그때까지 쏟은 노력이 수포로 돌아간다는 사실을 인정하는 것이므로 가급적 피하려고 한다.

이 주제에 대해서 대니얼 카너만과 아모스 트버스키가 『위험과 불확실성 저널(*Journal of Risk and Uncertainty*)』 1992년 10월 호에서 상세히 설명한 내용에 따르면, 동전 던지기 결과에 따라서 돈을 따거나 잃는 등 리스크가 수반되는 상황에 뛰어드는 사람들은 대체로 잠재적인 수익이 잠재적인 손실의 약 2배가 되기를 바란다. 그 말은 50달러를 잃을 위험을 무릅써야 한다면 적어도 100달러를 딸 확률이 50 대 50 정도는 되어야 한다는 뜻이다.

손실 회피는 **기준계** 모델(제1장 참고)을 이용하면 잘 이해할 수 있다. 당신은 이미 손에 들어온 것이 있으면 그것을 **수익으로 확보하고** 싶어 한다. 이런 기준계 때문에 당신은 더 보수적으로 행동하게 되고, 이미 손에 쥔 것이 위험에 빠질 수 있다면 큰 이익을 얻을 가능성을 포기하는 쪽을 택한다.

반대로 손실을 보고 있을 때에는 손실을 확정된 것으로 받아들이기보다는 모험을 시도하려고 한다. 이런 기준계에서는 손실을 확정짓기보다 공격적으로 행동하려는 경향을 보이는 것이다.

그러나 객관적인 기준계에서는 기회비용의 관점에서 양쪽 상황에 접근해야 한다. 손실을 너무 오래 쥐고 있으면, 다른 기회에서 잘 사용할 수 있을 시간이나 돈을 잘못 할당할 수 있다. 마찬가지로 확실하지만 소소한 이익만 얻고 돌아선다면 더 큰 기회를 놓칠 수 있다.

특히 손실에 대해서는 그것이 이미 발생했다는 점을 인정해야 한다. 당신은 이미 그 프로젝트에 자원을 소비했다. 이런 회수할 수 없는 비용으로 판단력이 흐려지면 당신은 **매몰비용 오류**(sunk-cost fallacy)의 희생양이 된다. 소비한 시간을 비롯해서 지금까지 프로젝트에 쓴 **비용**은 이미 **매몰되었다**. 다시 돌려받을 수 없다는 뜻이다.

이런 과거의 손실이 나쁜 결정으로 이어진다면 문제(오류)가 될 수 있다. 매몰비용이 **투입의 확대**로 이어지는 상황을 **콩코드 오류**라고 하는데, 개발 계획에서 엄청난 비용 초과가 발생해 어려움을 겪다가 이익을 전혀 내지 못했던 초음속 제트기 개발 계획의 이름에서 따온 것이다. 자신에게 이런 질문을 던져보자. 내 프로젝트도 콩코드 같지는 않을까? 그냥 돌아서는 편이 나을 때, 이미 돈을 낭비한 것도 모자라 더 많은 돈을 버리고 있는 것은 아닐까?

일상 속에서 매몰비용 오류의 예는 마음에 들지 않는 영화나 책을 끝까지 보는 등의 사소한 결정에서부터 망해가는 사업에 더 많은 돈을 쏟아붓거나, 어그러진 경력이나 틀어질 대로 틀어진 인간관계를 포기하지 못하는 등의 큰 결정에 이르기까지 다양하다. **지금 그만두기에는 너무 멀리까지 왔다는 생각은 피해야 한다**. 대신에 성공 가능성을 현실적으로 바라보고 한정된 자원을 지금 하는 일에 계속 쓰는 편이 나을지, 다른 기회를 추구하는 편이 나을지 잘 판단하여 기회비용의 관점에서 평가하자. 상당한 투입을 했더라도 모든 조건들을 감안하면 당장 포기해야 할 상황인지도 모른다.

성공할 수 있다고 믿고 싶은 간절한 마음 때문에 당신의 가능성을 정직하게 평가하기가 어려울 수도 있다. 1968년 「성격과 사회심리학 저널(*Journal of Personality and Social Psychology*)」에 실린 논문에서 로버트 E.

녹스와 제임스 A. 잉크스터는 두 곳의 경마장에서 각각 실시한 두 가지 실험을 소개했다. 연구자들은 최대한 많은 사람들에게 자신이 선택한 말이 승리할 가능성을 평가해보라고 요구했다. 그들 중 일부에게는 돈을 걸기 직전에, 나머지에게는 돈을 건 직후에 이 질문을 했다. 베팅 후에 질문을 받은 집단은 말의 우승 가능성을 매우 높게 평가했다. 배팅 후에 질문을 받은 사람들이 자신들의 선택에 더 확신을 가진다는 연구자들의 예측을 지지하는 결과였다. 결국 어디에 베팅할지 입장을 정했다는 단순한 이유만으로 사람들은 자신이 돈을 딸 가능성이 높아졌다는 확신을 품게 된 것이다(제1장 **인지 부조화** 참고). 데이터에 기반을 둔 사고를 유지하면 이런 실수를 피할 수 있다. "긍정적 사고의 힘"이 당신을 그 지경까지 몰고 간 것이다.

일부 경제학자들은 손해가 당신의 평판을 훼손할 때에는 매몰비용을 고려해도 괜찮다고 주장한다. 그러나 자존심 때문에 무엇인가를 너무 오래 붙들고 있는 것도 당신의 실패에 실망했거나 꼼짝없이 당신을 도와야 하는 사람들에게 나쁜 인상을 줄 수 있다는 사실을 고려해야 한다. 성공을 위해서는 유연성도 끈기 못지않게 중요하다.

간혹 정말로 항로를 수정해야 할 때도 있다. 이런 상황에서는 당신이 옳은 길로 가고 있지 않음을 인정하는 것이 프로젝트를 살리는 최선의 방법이다. 그렇게 인정하고 나면 전략과 전술을 바꾸어서 지원을 요청할 수 있다.

제1장에서 우리는 다음에 더 잘할 수 있도록 프로젝트의 실패 원인을 분석하는 **검시**에 관해서 설명했다. 그러나 꼭 프로젝트가 끝날 때까지 기다릴 필요는 없다. 사전에 상황이 틀어질 가능성을 예측하는 중간검시, 심지어 사전검시도 가능하기 때문이다.

제1장에서 우리는 갈등을 객관적인 시선에서 보는 제3자의 이야기도 설명했다. 자신의 프로젝트를 평가할 때도 같은 관점을 적용할 필요가 있다. 스스로 할 수 없다면 당신이 자신의 길을 방해하지 않도록 도와줄 다른 사람을 영입해도 좋다.

성공으로 가는 지름길

일단 훌륭한 공격 계획을 세우면 임무를 완수하기에 적절한 도구와 과정을 채택할 수 있다. 이 책을 쓸 때 우리가 처음으로 한 작업은 개요를 짜는 것이었다. 우리는 이 책이 방향성 없이 진행되거나 이질적인 개념들 사이에서 우왕좌왕하기보다는 매끄럽게 전개되기를 원했다. 개요는 우리가 관련 개념들을 한데 묶어서 유기적인 장과 절을 구성하는 데에 도움이 되었다.

무엇인가 새로운 일을 시작할 때는 **바퀴를 다시 발명할 필요는 없다**는 사실을 염두에 두어야 한다. 당신이 그 일을 세상에서 처음으로 시작한 인물일 가능성은 매우 낮으며 알려진 전문가는 어디에나 있다. 당신은 어떤 주제에 대해서든 웹사이트나 블로그 자료, 안내 동영상을 찾을 수 있다. 『부자가 되는 길(*The Way to Wealth*)』에서 벤저민 프랭클린이 밝혔듯이 "지식에 투자하면 가장 큰 이자를 얻는다."

많은 분야에서 리더들은 과거에 어떤 방식이 통했고 어떤 방식이 통하지 않았는지를 바탕으로 **모범 사례**를 구축했다. 건축가 크리스토퍼 알렉산더는 설계 문제에서 반복해서 사용할 수 있는 해결책인 설계 **패턴**(design pattern)이라는 개념을 도입했다. 이 개념은 다른 분야에도 적용할 수 있는데, 특히 컴퓨터 과학에서 자주 쓰인다.

당신은 일상 속 필수품에서 설계 패턴을 흔히 찾을 수 있다. 대부분의 사람들이 쉽게 이용할 수 있는 높이에 설치된 문손잡이와 대부분의 사람들이 오르내릴 수 있는 넓이의 층계를 생각해보자. 이미 유용하다고 증명된 기본적인 설계 패턴을 따랐기 때문에 그것들의 디자인이 비슷한 것이다. 경우에 따라서 그 패턴은 건축 법규에서처럼 공식적인 **표준**으로 정해지기도 한다.

당신이 무슨 일을 하든 적용할 수 있는 설계 패턴이 있을 것이다. 책을 쓸 때에도 책의 레이아웃과 인쇄 규격, 예상되는 문체 등 많은 설계 패턴이 있다. 스타트업(자금을 확보하고 사업체를 경영하는 방법 등), 코딩(코드를 구성하는 방법, 범용 알고리즘 등), 생물 통계학(일반적인 약물 시험 설계, 통계적 방법 등) 등 우리 두 사람이 거쳐온 직업에서도 마찬가지였다.

잘 검증된 설계 패턴의 반대는 **안티 패턴**(anti-pattern)이다. 어떤 문제에 대한 직관적인 "해결책"처럼 보이지만 사실은 효과가 없는 패턴을 말한다. 대체로 그 문제에는 이미 잘 알려진 괜찮은 해결책이 있다. 이 책에 나오는 대부분의 정신 모델은 설계 패턴 아니면 안티 패턴이고, 그런 패턴들을 알면 흔한 실수를 피할 수 있다. 이번 장의 안티 패턴에는 바이크 쉐딩, 현재 중시 편향, 부의 수확 등이 있다. 당신은 안티 패턴을 찾아낸 다음 기존의 설계 패턴으로 대체하여 안티 패턴을 피할 수 있다.

어느 정도의 계획을 세우는 것은 늘 도움이 되지만 할 일을 끝내는 가장 효과적인 방법은 **분석 마비**(제2장 참조)에 빠지지 않고 얼른 업무에 착수하는 것이다.

어린 시절 로런에게는 네 자릿수의 비밀번호 자물쇠가 있었는데 어쩌다 번호를 까먹어서 자물쇠를 열 수 없었다. 성인이라면 그냥 새 자물쇠를

샀겠지만 어린 로런은 돈이 없었다. 잠시 계산을 해본 그녀는 번호의 조합을 끈질기게 찾으면 별로 어렵지 않게 자물쇠를 열 수 있으리라고 판단했다. 그리고 짜잔, 자물쇠는 결국 열렸다!

이처럼 피곤한 문제해결 방법은 일종의 마구잡이(brute force) 해결책이다. **마구잡이**라는 말은 도끼로 나무 한 그루를 벨 때처럼 말 그대로 완력이 필요한 활동에 적용할 수 있다. 그러나 지적으로 정교한 방법을 요구하지 않는 해결책을 언급할 때도 사용된다. 예를 들면 봉투 10장에 주소를 적어야 할 때는 인쇄를 하는 것보다 손으로 쓰는 편이 빠르다.

마구잡이 해결책은 규모가 작은 다양한 문제를 해결하는 데에 효과가 있다. 그러나 주소를 써야 할 봉투가 100장일 때처럼 문제가 커지면 이 방법으로 해결하기가 어려워진다. 이런 상황에서는 비용이 들더라도 정교한 도구를 사용하는 쪽이 더 편리하다.

나무를 베는 문제를 다시 생각해보자. 작은 나무라면 도끼나 작은 톱을 써도 괜찮다. 큰 나무에는 전기톱이 필요할 것이다. 한 구역의 나무를 전부 베려면 벌목 기계인 "펠러번처"를 사용하는 것이 유리하다. 이런 경우에는 여력이 된다면 **문제해결에 돈을 더 투자해서** 쓸 만한 도구를 장만하는 것이 효과적이다.

그러나 대규모 계산 문제 등은 정교한 도구의 도움을 받아도 해결하기가 무척 어렵다. 여덟 자리의 암호(문자나 숫자, 대소문자 구별)에는 218조 가지의 조합이 가능하다. 손으로 해결을 시도하는 것은 불가능하고 컴퓨터를 사용해도 시간이 엄청나게 걸린다. 1초에 1,000개의 암호를 확인해도 전부 확인하려면 6,923년이 걸린다.

아무 조합이나 되는 대로 맞춰보는 것보다 나은 방법은 사람들이 종종 단어를 암호로 설정한다는 점에 착안해 사전에서 찾은 단어의 조합부터 시도하는 것이다. 흔히 쓰는 암호 또는 생일, 스포츠 팀, 이니셜 등 암호 주인에게 의미 있는 단어나 숫자를 넣는 방법이 훨씬 낫다. 이는 일종의 **경험적**(heuristic) 해결책으로, 완벽하거나 최선의 결과를 얻으리라고는 장담할 수 없지만 매우 효과적인 시행착오 해결책이 될 수 있다.

모든 상황에 효과가 있는 것은 아니지만 경험적 해결책은 당면 과제를 해결하는 지름길이 될 수 있으므로 고려할 필요가 있다. 그러나 문제가 지속되는데도 자꾸 경험 규칙(heuristic rule)만 추가하면 해결 자체를 하기가 버거워진다. 페이스북이 콘텐츠 관리에 나섰을 때도 그런 일이 일어났다. 이 회사는 단순한 경험 규칙(예:알몸 노출 금지)으로 시작해서 점차 규칙을 늘리다가(예:수유와 같은 특정 상황에서는 신체 노출을 허용) 결국 2018년 4월에는 27쪽에 달하는 경험 규칙을 만들었다.

단계적 과정을 뜻하는 **알고리즘**(algorithm)이라는 접근 방법도 있다. 알고리즘은 현대사회의 구석구석에서 까다로운 문제를 해결하고 있지만 우리는 그 사실을 잘 인식하지 못한다. 여행을 생각해보자. 알고리즘은 교통 여건을 관리하는 방식, 방향을 계산하는 방식, "가장 좋은" 좌석을 선택하는 방식, 당신에게 호텔을 추천하는 방식 등을 관리하지만 그 정도는 단지 시작일 뿐이다.

알고리즘은 단순한 시스템(2분마다 바뀌는 교통신호등)부터 복잡한 시스템(실시간 센서에 따라서 역동적으로 바뀌는 교통신호등), 아주 복잡한 시스템(도시 전체의 신호등을 동시에 관리하는 인공지능)까지 다양하다. 많은 알고리즘들은 사용자가 작동 원리를 거의 이해할 필요가 없는 **블랙박스**(black box)로 작동된다. 당신은 가장 좋은 좌석을 얻는 방식에는 관심이 없고 그저 좋은 자리만 구하면 그만이다! 각 알고리즘은 입력이 들어가고 출력이 나오는 **상자**이지만 외부가 검게 칠해져 있기 때문에 내부에서 무슨 일이 일어나는지 알 수 없다. 블랙박스 알고리즘의 흔한 예로 넷플릭스나 아마존의 추천 시스템, 온라인 데이트 사이트의 매칭, 소셜미디어의 콘텐츠 관리 등이 포함된다.

물리적 도구 역시 블랙박스가 될 수 있다. "기술은 도구 안에 들어 있다"와 "장인정신은 작업대 그 자체이다"라는 두 격언에는 도구가 정교할수록 그것을 다루는 기술은 덜 필요하다는 의미가 담겨 있다. 다만 그런 도구를 수리하거나 설계하는 것은 별개의 문제이다!

일을 빨리 끝내기 위해서 도구 사용을 고려할 때에는 이용할 수 있는 기존 대안을 전부 찾아내는 작업부터 시작해야 한다. 기존 대안이란 사실상 당신이 손에 넣을 수 있는 설계 패턴을 말한다. 예를 들면 주소 라벨을 인쇄할 때는 편지를 대량 발송하는 프로그램과 미리 준비된 라벨지, 종합 복사 센터를 이용할 수 있다.

그리고 얼마 동안의 시간을 투자해서 다양한 대안의 장단점을 따져보아야 한다. 잘못된 도구를 선택하면 자신을 쉽게 고통(시간이나 돈 낭비 또는 그보다 더한 일)으로 몰아넣을 수 있기 때문이다. 리모델링 용품점을 찾아가 DIY 수리에 필요한 도구에 대해서 조언을 구할 때처럼 전문가를 찾아가서 대안 선택에 도움을 받을 수 있다. 일단 도구를 선택하면 추가로 시간을 들여서 그것을 효율적으로 사용하는 방법을 익히거나 당신 대신에 그것을 이용할 전문가를 고용해야 한다.

같은 문제를 자꾸만 맞닥뜨리다 보면 더 나은 도구와 알고리즘뿐만 아니라, 이런 도구나 알고리즘을 더 잘 활용하는 과정을 원하게 된다. 가령 개인 예산을 짜고 싶을 때 처음에는 펜, 종이, 계산기를 이용해 정리하기 시작했다가 첫 달의 소비를 계산해본 후에는 금방 스프레드시트로 갈아탈지도 모른다. 그것을 사용하면 계산이 더 빠르고 실수를 줄일 수 있기 때문이다.

그다음에는 데이터를 스프레드시트로 자동으로 옮겨서 매달 더 많은 시간을 절약해줄 다른 프로그램을 찾을 수도 있다. 처리 과정의 효율화로 돈이 절약되고 더 나은 결과를 얻을 수 있다면 자동화(automation)에 투자하는 것을 고려할 수 있다.

또한 자동화는 규모가 커질수록 운영의 효율성이 높아지는 현상인 규모의 경제(economies of scale)를 이용하는 훌륭한 방법이다. 작은 회사에 비해서 큰 회사가 누리는 일부 이점은 규모의 경제로 설명할 수 있다. 큰 회사는 막대한 초기 비용을 들여서 첨단 로봇과 기계를 갖춘 대규모 공장과 창고를 지을 수 있다. 일단 이런 기술을 갖추고 나면 새 제품은 저렴한 비용으로 공장과 창고를 신속하게 거쳐간다.

대기업의 최초 고정 원가는 많은 생산량에 분산되므로 초기 비용을 감안하더라도 대체로 훨씬 더 저렴한 비용으로 제품을 생산하거나 운송할 수 있다. 이 전반적인 효율성 덕분에 그들은 경쟁 업체보다 요금을 낮출 수 있다. 아마존을 생각해보자.

업무의 속도를 높이는 다른 방법으로 여러 개의 문제를 **동시에** 처리하는 **병렬처리**(parallel processing)가 있다. 컴퓨터에서 계산을 **차례로** 진행하는 연속적인 방식 대신, 다른 계산을 다른 **프로세서**에 할당해서 동시에 여러 계산을 진행하는 방식이다. 아마존은 상품을 큰 창고 하나에 보관하는 것이 아니라 100개 이상의 창고에 나누어서 보관한다! 그렇게 하면 날마다 그날의 배송 물량을 여러 시설에서 동시에 처리할 수 있다.

병렬처리는 분할 정복(divide and conquer) 전략의 한 가지 예이다. 하나의 문제를 독립적인 조각들로 나누고 각각을 다른 주체에 할당하여 해결하게 한다면 당신은 더 빨리 많은 성과를 낼 수 있다. 한 프로젝트를 여

"분할을 할 줄 아는 사람은 이미 많습니다.
그래서 우리 회사는 정복할 사람을 찾고 있지요."

러 사람이나 부서가 나누어 진행하도록 위임할 때를 생각해보자.

어려운 상황에 맞닥뜨릴 때 해결책을 찾는 다른 전략은 **문제를 재구성하는**(reframe the problem) 것이다. 디즈니 월드에 닥친 심각한 문제인 긴 대기 시간을 생각해보자. 대부분의 놀이기구에는 좌석 수가 제한되어 있으므로 같은 시간 동안에 더 많은 사람들이 놀이기구를 이용하게 하는 유일한 방법은 같은 놀이 기구를 더 만드는 것이다. 그 방법은 비용이 많이 들고, 해당 놀이기구를 상당 기간 폐쇄해야 하며, 공간 제약을 감안했을 때 현실적으로 가능하지도 않다. 그러나 이 문제를 "어떻게 하면 대기 시간을 줄일까?"가 아니라 "어떻게 하면 줄서서 기다리는 사람들을 더 행복하게 해줄 수 있을까?"로 재구성하면 어떨까?

문제를 재구성하면 **해결 공간**이 실제로 열린다. 디즈니 월드는 이 재구성된 문제에 대한 다양한 해결책을 찾았다. 예약제인 패스트 패스 시스템은 지정된 수만큼의 대기 줄을 고객이 건너뛸 수 있게 했다. 줄 옆에 예상 대기 시간을 표시함으로써 대기 시간의 불확실성을 없앴다. 이는 일반적으로 사람들이 줄을 설 때 느끼는 가장 큰 불만 중의 하나였다. 또 게임, 공예품, 로봇 인형 등으로 줄을 선 고객들을 즐겁게 해줌으로써 대기 시간을 지루하게 느끼지 않게 했다. 이런 조치의 일부는 설계 패턴처럼 다른 대기 시스템에도 적용해야 할 것 같다. 휴가 때 디즈니 월드를 자주 찾는 고객들(우리처럼!)이 일단 그런 시스템을 경험하면 그 시스템이 없는 놀이공원에서는 실망할 수밖에 없다.

수학과 과학에서도 흔히 문제를 풀기 쉬운 형태로 재구성하거나 조정한다. 이미 알려진 알고리즘과 설계 패턴을 활용하고 문제를 변형해서 쉽게 이용할 수 있는 해결 방법을 적용하는 것이다.

암호를 풀기가 점점 어려워지자 해커들은 이 문제를 "어떻게 하면 남의 암호를 가장 잘 **추측할 수 있을까?**"에서 "남의 암호를 손에 넣는 가장 좋은 방법은 무엇일까?"로 재구성했다. 이런 관점에서는 불행히도 암호를 기꺼이 포기하도록 당신을 조종하는 수단인 **사회공학**(social engineering)이 잘 통한다. 해커들은 말 그대로 당신이 암호를 순순히 내놓을 만한 **사회적인** 상황을 **설계한다.** 당신의 계정에서 발송된 이메일인 것처럼 보이지만 실제로는 해커로부터 발송된 피싱 이메일을 생각해보자. 이런 사회공학 기술은 유명 인사를 타깃으로 한 대부분의 해킹에서 사용된 속임수이다. 유명인의 아이클라우드 사진 계정 해킹(2014), 민주당 전국 위원회와 힐러리 클린턴의 선거 관리 책임자였던 존 포데스타의 이메일 유출(2016), 수천 명의 FBI와 미국 국토안전부 소속 직원의 이름, 전화번호, 이메일 주소의 노출(2016) 등이 그 예이다.

마구잡이에서부터 문제의 재구성까지, 이 장의 정신 모델들은 모두 프로젝트를 빨리 성공시키기 위한 전략적 해결책으로 사용될 수 있다. 어려운 문제가 닥치면 잠시 짬을 내어 이 모델들 중에서 한 가지 이상을 적용

할 수 있는지 생각해보자. 익명의 나무꾼은 이런 말을 남겼다. "나무 한 그루를 베는 데 여섯 시간을 준다면 처음 네 시간은 도끼를 가는 데 쓸 것이다." 넓게 보면 시간을 현명하게 활용해야만 일을 현명하게 처리할 수 있다는 뜻이다.

요점 정리

- **북극성**과의 관계를 따져서 정성을 쏟을 활동을 선택하자.
- 한 번에 정말로 중요한 활동 **한 가지**에만 시간을 오롯이 쏟아부어서 (**멀티태스킹은 금물이다!**) 그것을 **머릿속 최고의 아이디어**로 삼자.
- **기회비용** 모델을 바탕으로 여러 가지 대안들을 검토하자.
- 어떤 활동에서든 **파레토 법칙**을 이용해서 80/20을 찾고 언제든 **레버리지**를 높이자.

- 수확 체감에 이르면 부의 수확을 피하자.
- 입장 정립과 초깃값 효과를 적용해 현재 중시 편향을 피하고, 정기적인 평가로 손실 회피와 매몰비용 오류를 예방하자.
- 기존의 설계 패턴이나 도구 또는 정교한 알고리즘을 통해서 지름길을 찾아보자. 문제를 재구성할 수 있는지를 고려하자.

제4장

자연과 하나 되기

산업혁명 이전에는 영국 맨체스터 지역의 회색가지나방 대부분이 밝은 색이었다. 이 나방들은 새들의 먹잇감이 되는 것을 피하기 위해서 밝은 색 나무껍질과 이끼로 뒤덮인 나무에 붙어서 몸을 숨겼다. 살아 있는 어두운 색 나방이 처음으로 보고된 것은 1811년이었지만 이 변화의 증거는 한 마리가 처음으로 잡힌 1848년에야 분명히 확인되었다. 어두운 색 나방은 지극히 드물어서 그 시절에는 그것이 전체 회색가지나방의 0.01퍼센트에 불과한 것으로 추정되었다. 그러나 1895년 무렵에는 맨체스터에서 어두운 색 회색가지나방의 비율이 0.01퍼센트에서 98퍼센트로 치솟았다!

무슨 일이 일어났던 것일까? 이 기간에 새로 생긴 석탄 공장의 오염 물질 때문에 나무가 검댕으로 뒤덮이고 밝은 색의 이끼가 죽었으며 결과적으로 나무의 색이 더 짙어졌다. 나방의 밝은 색은 강점이기보다는 약점이 되었다. 대신에 어두운 색 유전자가 대번에 유용해져서 색이 짙은 나방들이 어두운 색 나무에 붙어서 몸을 숨기게 되었다. 새들이 밝은 색 나방들을 싹쓸이해 잡아먹자, 어두운 색 나방들이 번식하여 유전자 풀을 이어

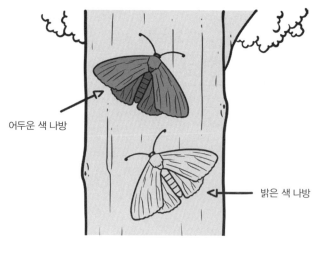

어두운 색 나방

밝은 색 나방

자연선택

갔다. 1956년 영국의 대기오염 방지법으로 오염이 줄어들면서 나무가 다시 밝은 색이 되자 추세가 역전되어 어두운 색 나방이 다시 드물어졌다.

어두운 색 회색가지나방의 번성과 쇠락은 생물의 진화를 촉진하는 **자연선택**(natural selection)의 예이다. 자연선택의 개념은 앨프리드 월리스와 찰스 다윈이 각각 창안했고, 훗날 다윈이 1859년에 낸『종의 기원(*On the Origin of Species by Means of Natural Selection*)』으로 유명해졌다. 번식에 유리한 특성들이 여러 세대를 거쳐서 **자연적으로 선택**되면 환경에 적합하게 진화한 종이 되어 더욱 번성하게 된다.

자연선택은 생물의 진화를 넘어서 사회가 시간에 따라 변화하는 과정인 사회 진화도 촉진한다. 사회의 어떤 분야에서든 우리는 개념, 관습, 제품이, 항상 변화하는 취향, 규범, 기술에 적응하는 과정을 추적할 수 있다. 만약 마법을 써서 50년 전에 성공한 회사와 영화, 책을 오늘날로 가져온 다음 그것을 처음으로 세상에 내놓는다고 해도 대부분은 성공하지

"이게 바로 옛날식 플레이스테이션이야."

못할 것이다. 사회는 그것들이 잘나가던 시절과 많이 달라졌기 때문이다.

현대사회가 변화하는 속도를 고려하면 50년은 긴 시간이다. 한 세대에 걸쳐서 일어날 수 있는 거대한 변화를 생각해보자. 로런이 우리 막내아들과 같은 나이(일곱 살)였을 때는 TV에서 시청할 수 있는 채널이 딱 7개였지만(당시에는 케이블이 널리 보급되지 않았다) 현재 우리 아이들은 훌루든 넷플릭스든 아마존이든 원하는 것은 무엇이든 볼 수 있다. 아이들이 1980년대를 "옛날"이라고 부르는 것도 무리는 아니다.

당신은 앞으로도 경제 순환, 혁신의 물결, 진화하는 규범과 규칙 등 다양한 사회 변화를 경험할 것이다. 인터넷과 세계화로 과거 어느 때보다 많은 사람들이 서로 연결되면서 이런 변화가 훨씬 더 빠른 속도로 전개되고 있다. 성공하기 위해서는 이렇게 변화하는 환경의 압력에 적응해야 한다.

생물종이 여러 세대를 거치며 생물학적인 적응을 하듯이 당신은 새로운 개념과 패러다임에 마음을 열고 필요에 따라서 생각과 행동을 조정해야 한다. 마찬가지로 붕괴 위험에 처한 조직은 살아남기 위해서 새로운 운영 방식을 찾아야 한다. 리언 메긴슨 교수는 1963년 남서부 사회과학 협회에서의 연설에서 다윈을 인용해 이렇게 표현했다. "가장 똑똑한 종이 살아남는 것이 아닙니다. 가장 강한 종이 살아남는 것도 아닙니다. 자신이 속한 환경의 변화에 가장 잘 적응하는 종이 살아남습니다." 이 말은 당신도 회색가지나방처럼 색을 바꿔야 한다는 뜻이다.

급성장하는 회사의 CEO로서 가브리엘은, 자신과 팀의 업무가 불과 18개월 전의 모습과 비교했을 때 확연히 달라졌다고 느낀다. 회사가 성장하면서 경영진에게 요구되는 역할도 달라지기 때문이다. 제품의 개발(설계, 구축 등)에서 회사 설립(직원 관리, 구조 정의 등), 지속 가능한 사업 확립(재정 모델, 관리자 관리 등)으로 바뀐다. 당신은 그렇게 급속히 변화하는 환경에서 신속히 적응하는 방법을 알아야 한다.

다행히도 과학은 우리가 "적자(the fittest)"로 남을 수 있게 하는 정신 모델인 과학적인 방법(scientific method)을 우리에게 주었다. 형식적으로, 과학적인 방법은 관찰하고 가설을 세워서 검증하고 데이터를 분석하고 새이론을 만드는 엄격한 과정이다. 그러나 실험적 사고방식을 받아들이면 과학적인 방법을 간단히 적용할 수 있다. 가장 성공적인 (그리고 적응적인) 사람과 조직은 일하는 방식과 일하는 대상을 더욱 효율적으로 개선하기 위해서 끊임없이 노력한다.

예를 들면 당신의 생산성 도구와 방법을 생각해보자. 성과를 내는 데에 도움이 될 만한 장치를 당장 발견하리라고 기대할 수는 없다. 그러나 (다양한 일정, 소프트웨어, 조직, 절차 등으로) 실험을 거듭하다 보면 당신을 더 멀리, 더 빨리 성장시킬 최적의 장치에 점점 더 가까워질 수 있다.

이 같은 사고방식은 식단이나 운동 등 인생에서 중요한 다른 영역에도 적용할 수 있다. 당신은 어떤 운동을 꾸준히 하고 싶은가? 좀더 건강한 식생활을 하려면 식단이나 일상적인 습관에서 무엇을 바꾸어야 하는가? 실험을 통해서 과학적인 사고방식을 지속적으로 적용할 때 당신이 적자가 될 가능성은 높아진다.

자연선택과 과학적인 방법은 그저 시작일 뿐이다. 주위에서 펼쳐지는 변화를 이해하고, 그것에 적응하고, 심지어 변화를 만들어낼 방법을 찾는 데에 보탬이 될 자연법칙은 얼마든지 있다. 이번 장에서는 당신의 적응력을 높이고 변화 관리에 도움을 줄 자연계의 슈퍼 모델을 집중적으로 다룬다.

자연에 맞서지 마라

당신은 관성의 법칙이라고도 하는 아이작 뉴턴의 운동 제1법칙을 응용한 다음의 표현을 한번쯤은 들어보았을 것이다. "균형을 깨는 힘이 가해지지 않으면 정지 상태의 물체는 계속 정지해 있고 운동하는 물체는 같은 속도와 방향으로 계속 움직인다."

관성(inertia)은 물체가 현재 운동 상태의 변화에 저항하는 성질이다. 158쪽의 그림이 이 개념을 구체적으로 묘사하고 있다.

은유로서 관성은 방향의 변화에 대한 갖가지 저항을 의미한다. 제1장에서는 **확증 편향**과 관련 모델들 때문에 당신이 자신의 믿음에 대해서 심각한 관성에 빠지는 경향이 있다고 설명했다. 이렇게 믿음에 집착하면 적응성이 떨어질 수 있다. 자신의 추정에 의문을 가져야 새로운 사고방식에 적응하고 개인의 관성을 극복할 수 있다.

트럭에는 브레이크가 있지만 화물에는 없다.

관성

어떤 믿음을 오래 고수할수록 관성은 커지는 경향이 있다. 대부분의 사람들처럼 당신이 가진 정치적, 종교적, 사회적 믿음의 상당 부분은 어릴 때 당신을 길러준 가족과 지역의 문화에서 왔을 것이다. 혹시 그런 관점들을 최근에 다시 평가해본 적은 없는가? 그런 적이 없다면 당신은 이후에 배운 지식과 모순되는 믿음에 집착하고 있거나 기존 믿음에 의문을 품은 적이 없을 가능성이 크다. 관성이 더 클수록 이런 믿음을 바꾸려고 할 때의 저항도 커지고, 필요할 때에 생각을 응용해서 적용할 가능성도 줄어든다.

세월이 흘러서 과학 이론이 변해도 해묵은 "사실들"은 명맥을 유지한다는 점을 생각해보자. 우리 부모님이 학교를 다니던 시절에는 소행성이 공룡을 멸종시켰다고 배우지 않았다. 그 이론은 1980년대에 제기되었기 때문이다. 그리고 40년이 지난 지금은 널리 수용된 이 소행성 이론과 관련하여 소행성이 대규모 멸종을 일으키는 데에 실제로 얼마나 큰 역할을 했는지에 관한 면밀한 조사가 진행되고 있다. 수십 년 후에는 교과서에 지금과 다른 이론이 실릴지도 모른다.

티라노사우루스 렉스의 몸 일부에 일종의 깃털이 나 있었다는 최근 연구에 대해서 들어본 적이 있는가? 우리가 어린아이였던 1980년대에 심각하게 조명되었던 포화지방과 식이 콜레스테롤과의 전쟁이 완전히 역전되어, 지금은 우유와 달걀이 건강식품으로 인식된다는 사실은? 오래된 습관과 믿음은 한 번 자리잡으면 바꾸기 어렵다. 옳지 않다는 사실이 밝혀졌다고 해도 마찬가지이다. 물론 우리 두 사람은 이렇게 바뀐 사실들을 알고 있지만 여전히 티라노사우루스 렉스를 생각할 때 깃털이 난 공룡의 이미지를 떠올릴 수 없고, 날마다 달걀을 먹는다는 생각에도 주춤하게 된다.

조직도 마찬가지로 관성 때문에 비슷한 위험에 부딪치곤 한다. 조직의 전략을 오랜 기간 지속하면 그 전략에 큰 관성이 생긴다. 이 관성은 **전략세금**(strategy tax)이라는 최적이 아닌 결정으로 이어질 수 있다. 예를 들면 대부분의 사람들은 자신의 디지털 발자국을 줄여서 광고업자들의 추적을 덜 당하기를 원한다. 그 결과 웹브라우저는 많은 개인정보 보호 기능들을 갖추게 되었다. 애플의 사파리 브라우저는 2017년에 '지능형 추적방지' 기능을 도입했다. 인터넷에서 광고가 이용자를 따라다니지 못하게 방지하는 기술이다. 그러나 구글은 크롬 브라우저에 이런 기능을 추가하지 않을 것으로 짐작된다. 구글은 온라인 광고의 지배를 장기 목표로 삼고, 대부분의 사이트에서 당신의 뒤를 밟는 회사이기 때문이다. 당신을 추적하여 광고주들에게 광고와 함께 인터넷에서 당신을 따라다니는 능력을 판다.

구글은 세계 최대의 광고 회사가 되겠다는 **전략**에 따라서 크롬 브라우저에 이용자 추적 방지 기능을 추가하지 않았기 때문에 그에 따른 **세금**을 부담해야 한다. 애플은 그런 전략이 없으므로 이 세금을 내지 않아도 된다.

정치인과 정당이 스스로 어떤 장기적인 입장에 갇힐 때에도 전략 세금이 발생한다. 미국 공화당의 많은 정치인들은 인간이 유발한 기후변화를 부정하며 기후변화의 저감 조치에 반대하는 입장을 취해왔다. 기후가 가져온 비극적인 재앙이 점점 확대되면서 인간이 유발한 기후변화의 부정적 효과가 명백해지자 이 전략 세금은 정치적인 비용을 요구하고 있다.

일단 전략 세금이 부과되면 그것을 되돌리는 비용은 훨씬 많이 들게 된다. 1988년에 조지 H. W. 부시는 공화당 전당대회에서 이런 유명한 연설을 했다. "제 말을 잘 들으세요. 더 이상 새로운 세금은 없습니다." 이 약속은 나중에 그가 대통령으로서 경기 침체에 직면하자 큰 문제가 되었다. 결국 부시는 맹세를 깨고 세금을 올렸고, 이는 그에게 재선 실패라는 비용을 매겼다.

여기서의 교훈은, 환경은 급속히 변할 수 있기 때문에 자신을 엄격한 장기 전략에 옭아매는 일은 가급적 피해야 한다는 것이다. 지금 당신은 어떤 전략 세금을 내고 있는가?

전략 세금과 관련된 모델로 경제 분야 작가인 클레이 셔키의 이름을 딴 셔키 원칙(Shirky principle)이 있다. 셔키 원칙에서 조직은 해결책을 제공하기 위해서 문제를 보존한다. 일례로 터보택스는 납세를 용이하게 해주는 미국 회사이지만 정부에 세금을 직접 손쉽게 납부할 수 있게 하는 아이디어에는 반대한다. 예를 들면 정부가 이미 확보한 정보를 바탕으로 사전에 작성된 양식을 발송하는 "소득 무신고 제도"는 대부분의 사람들에게 유용하다. 이 방식은 일부 나라에서 이미 수백만 명의 시간과 비용을 절약해주고 있다. 그러나 터보택스는 그런 제도가 채택되는 것을 막으려고 안간힘을 쓴다. 번거로운 세금 납부 방식을 유지하는 것이 이 회사에서 문제를 해결하는 해결책이기 때문이다.

때때로 개인이나 부서는 일을 훨씬 더 쉽게 처리할 수 있는 새 아이디어나 기술이 나타나도 비효율적인 과정을 유지하는 데에 집착한다. 당신의 사무실이나 학교에도 변화나 새 기술에 대해서 항상 불안해하면서 "늘 하던 방식"에 관해서만 떠들고 다니는 갑갑한 사람이 있을 것이다. 그런 사람이야말로 셔키 원칙의 화신이다. 당신은 그런 사람이 되고 싶지 않을 것이다.

일단 아이디어와 조직이 확립되면 믿음과 행동의 관성 때문에 그것들이 오랫동안 유지된다. **린디 효과**(Lindy effect)는 이런 현상을 일컫는다. 나심 탈레브가 제1장에서 언급된 『안티프래질(*Antifragile*)』이라는 책에 소개하면서 유명해진 용어이다. 탈레브는 이렇게 설명한다.

어떤 책이 40년 동안 출판되었다면 앞으로의 40년 동안에도 계속 출판되리라고 예상할 수 있다. 그러나 중요한 차이는 그 책이 10년을 더 살아남는다면 그후 50년 동안에도 꾸준히 출판되리라고 기대할 수 있다는 점이다. 오랫동안 세상에 존재하던 것들이 사람처럼 "늙지" 않고 "나이를 거꾸로 먹는" 이유는 그 때문이다. 사라지지 않고 한 해 한 해를 버티면 기대 수명은 2배로 늘어난다. 이는 강건함의 지표이다. 어떤 사물의 강건함은 그 수명에 비례한다!

린디 효과는 기술, 아이디어, 조직, 그리고 그밖의 오래도록 소멸하지 않는 대상에 적용된다. 그것들이 사람들의 관심을 잃지 않는다고 가정하면 더 오래 버틸수록 앞으로도 더 오래 살아남는다.

린디 효과는 셰익스피어와 비틀즈가 지금까지도 사랑받는 이유를 설명한다. 여전히 인기가 시들해질 징조를 보이지 않으므로 린디 효과에 따르면 셰익스피어의 연극은 앞으로도 최소 400년은 상연되고 비틀즈의 노래도 최소 50년은 더 연주될 것이다.

물론 무엇이든 결국에는 인기를 잃을 수 있다. 무엇인가의 영향력이 내리막길을 걷기 시작하는 시점을 설명하는 정신 모델도 있다. 성차별주의의 정점, 페이스북의 정점 등과 같이 쓰이는 정점(peak)이라는 개념이다. 이개념은 사실 석유 때문에 널리 알려지게 되었다. 석유 생산 정점(peak oil)은 대개 지구에서 생산되는 석유의 양이 최대에 이르는 시점을 말한다. 석유 생산 정점을 기록한 다음에는 석유 생산량이 매년 증가하지 않고 감소하기 때문에 속도는 느릴지라도 내리막길이 시작된다.

사람들은 석유 생산 정점을 여러 차례 예측했다. 1919년까지 거슬러올라가면 미국 지질조사국의 수석 지질학자 데이비드 화이트는 "미국의 석유 매장량"이라는 보고서에서 미국의 "생산량 정점은 3년 안에 찾아올 것이다"라고 예언했다. 비슷한 예측들이 수차례 나타났다가 사라졌지만 석유 생산 정점은 아직 발생하지 않았다. 오히려 수요의 증가로 원유 시추 기술의 혁신이 일어나면서 연간 생산량이 지속적으로 늘고 있다.

그러나 현재 원유 시장의 구조가 건강하지 못하다는 사실이 드러나면서 석유 생산 정점에 대해서 좀더 구체적으로 논의되고 있다. 기후변화의 영향은 점점 더 심각해지고 있다. 태양 에너지는 어느새 전 세계에서 석유와 가격 경쟁을 벌이게 되었다. 우리가 알고 있는 것처럼 전기 자동차의 가격 경쟁력 증가와 자율 주행 자동차의 등장, 차량 공유 서비스는 자동차와 트럭 시장을 위협하고 있다. 이 모든 상황들이 석유 시장에 지속적인 영향을 줄 것이다.

당신이 시장 관찰자든 시장 참가자든 원유 시장에 새로 닥칠 수 있는

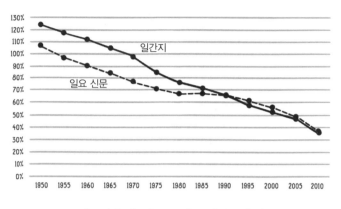

미국에서 신문을 구독하는 사람들의 비율

현실을 생각할 때 이런 구조적 변화를 고려해야 한다. 다음에 차를 살 때는 전기 자동차를 사야 할까? 과연 차를 살 필요는 있을까?

일반적으로 린디 효과와 정점 개념은 어떤 아이디어나 시장 기회를 평가하고 그것의 전개 방식을 예측하는 데에 도움이 된다. 시장은 건강한 것일까? 이미 정점에 이른 것은 아닐까? 정점을 지난 지는 얼마나 되었을까? 오래 유지된 시장일수록 관성이 더 크다는 사실을 기억하자. 그리고 시장이 건강할수록 변화는 더 어려워진다.

사실 관성이 크면 정점을 넘긴 후에도 쇠퇴하기까지 엄청난 시간이 걸릴 수 있다. 지난 10년 동안 종이 신문 구독자는 점점 줄고 "유료 케이블 TV를 해지하는" 사람들의 수는 늘었지만 신문과 케이블을 구독하는 사람들은 꾸준히 있고 앞으로 수십 년 동안에도 이와 비슷할 것이다. 팩스와 비디오 대여점, 전화선으로 접속하는 인터넷도 1990년대의 유물 같지만 이 글을 쓰고 있는 2018년 말에도 사람들은 여전히 많은 양의 팩스를 주고받고, 오리건 주의 벤드에는 아직 블록버스터 비디오 가게가 존재하며, 인터넷 서비스 업체인 아메리카온라인의 전화 접속 방식을 사용하는 사람은 100만 명이 넘는다! 새뮤얼 클레멘스(일명 마크 트웨인)의 말마따나 "내 사망 기사는 과장되었다"고 해야 할 지경이다.

가속도(momentum)는 사물이 변화하는 방식을 이해하는 데에 도움을 줄 수 있는 모델이다. 가속도와 관성은 서로 관련된 개념이다. 물리학에서 가속도는 질량과 속도를 곱한 값이지만 관성은 오직 질량의 작용이다. 그 말은 정지 중인 무거운 물체는 움직이기 어려우므로 큰 관성을 가지지만 그 속도가 0이라서 가속도는 없다. 그러나 무거운 물체가 일단 움직이기 시작하면 금방 가속도를 얻는다. 물체의 속도가 빨라질수록 가속도는 커진다. 그러나 질량에 변화가 없어서 관성은 동일하므로 그 속도를 바꾸기는 여전히 어렵다.

이 개념을 실생활에 적용해보자. 팩스의 이용은 점점 가속도를 잃고 있다. 그러나 그 기술은 다양한 비즈니스 프로세스에 자리잡고 있기 때문에 팩스 이용에는 여전히 큰 관성이 남아 있다. 그 결과 팩스 이용의 가속도는 매우 서서히 줄어든다.

살면서 이 개념을 취해보고 싶다면 급격히 가속도를 높이고 있는 대상을 찾아보자. 이를 테면 당신은 얼마 전에 설립된 조직에 가입하거나 주류에 편입되기 시작한 혁신적인 기술이나 아이디어를 레버리지로 이용하는 새 조직을 만들 수 있다. 제3장에서 우리는 **고 레버리지 활동**에 집중해서 시간을 최대한 활용할 때의 이점을 다루었다. 가속도가 높거나 상승 중인 조직 혹은 아이디어와 관련된 활동은 레버리지가 매우 높을 가능성이 크다. 가속도의 힘을 빌려서 당신의 노력을 증폭할 수 있기 때문이다.

마찬가지로 사람들에게 믿음과 절차를 통해서 관성을 만드는 것 역시 레버리지가 높은 활동이다. 믿음이나 절차는 일단 확립되면 되돌리기 어렵기 때문에 오래 지속된다. 앞에서 언급했듯이 어린 시절에 가지게 된 믿음을 내려놓기가 얼마나 어려운지를 생각해보자.

조직에서 그런 믿음과 규칙을 확립하는 것을 **문화** 형성이라고 한다. 이 주제에 대해서는 제8장에서 상세히 살펴볼 것이다. 여기서는 **문화는 전략을 잡아먹는다**는 표현에 담긴 문화와 관성의 관계를 생각해보자. 만약 당신이 관성이 매우 큰 조직 문화와 상반되는 전략에 착수하면 성공할 가능성이 매우 낮다는 뜻이다.

2013년에 미국 정부는 국민들이 직접 의료 혜택을 신청할 수 있는 웹사이트를 제작하기 위한 전략을 마련했다. 웹사이트 HealthCare.gov는 2013년 10월 1일부터 이용할 수 있게 만들 예정이었지만, 주요 기술 회사들과 달리 미국 정부의 문화는 마감 기한에 맞춰서 중요한 웹사이트를 완성하기에 적합하지 않았다. 문화와 전략의 불일치는 정부가 HealthCare.gov의 출발을 망치면서 명백히 드러났다. 운영을 시작하고 첫 주일에는 이 사이트에 관심 있는 사람들 가운데 오직 소수만이 등록을 할 수 있었다. 결국 웹사이트를 고치기 위해서, 주요 기술 회사에서 영입한 최고의 인재들로 구성된, 전략에 좀더 부합하는 문화를 갖추고 있는 해결팀을 만들었다.

간단히 정리하자면, 성공을 위해서는 조직 문화를 조직의 전략과 일치시킬 필요가 있다. 조직의 리더라면 불일치가 있는지 확인하고 조치를 취해야 한다. 미국 정부가 그랬듯이 전략에 더 적합한 다른 문화를 지닌 새 팀을 꾸릴 수도 있다. 전략을 버리거나 기존 문화와 더 어울리는 수정된 전략을 마련할 수도 있다. 아니면 느리고 까다로운 과정이라는 점을 인식하여 시간을 두고 원하는 장기 전략에 가까워지도록 문화를 바꾸려는 노력을 할 수도 있다.

새 조직에는 장기 전략에 도움이 되는 방향으로 문화를 형성할 기회가 있다. 그러나 당신을 둘러싼 세상이 급속히 변하고 있음을 고려해야 한

플라이휠

다. 그에 따라서 조직의 전략도 급속히 바꾸어야 할지도 모른다. 결국, 조직 구성원들의 적응력이 높아야 하는 것처럼 훌륭한 조직 문화는 여러 상황에서 적응력이 매우 높아야 한다. 새 전략이나 절차를 기꺼이 받아들이는 조직 문화를 형성해야 한다는 의미이다. 이렇게 유연한 문화에서는 기존의 절차에 얽매이지 않은 채 새로운 아이디어를 기꺼이 시험한다.

만약 적응적인 문화에서는 물론이고 어떤 환경에서든 관성과 가속도를 확립할 수 있다면 지속력이 생긴다. 에너지를 저장하기 위해서 사용하는 회전 바퀴를 뜻하는 플라이휠(flywheel)은 이 과정을 잘 보여주는 정신 모델이다. 플라이휠은 지금도 여러 산업에 적용되고 있는데 이 개념을 이해하려면 어린아이들이 타는 뺑뺑이를 생각하면 된다. 뺑뺑이를 처음 돌리기 시작할 때는 힘이 많이 들지만 계속 돌게 하는 데에는 힘이 거의 들지 않는다.

비영리 시장 전문가인 톰 피터슨이 1992년 수익이 300만 달러에 불과하던 국제 빈곤 퇴치 기구인 하이퍼 인터내셔널을, 2008년에는 9,000만 달러의 수익을 내는 기구로 성장시킨 데에는 플라이휠의 역할이 컸다. 1970년대에 하이퍼 인터내셔널은 빈곤층에게 선물할 수 있는 물품의 목록을 제

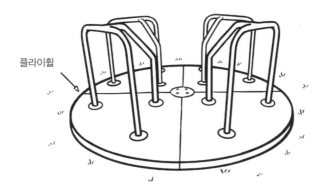

플라이휠

시하는 방식의 자선사업을 시작했다. 사람들은 목록에서 염소나 물소 등의 선물을 선택하여 빈곤 가정의 자립을 도울 수 있었다. 피터슨의 도움으로 하이퍼는 디자인, 내용, 출판, 유통, 홍보에 변화를 주며 수십 차례의 실험을 통해서 카탈로그를 매년 개선해나갔다. 이런 끊임없는 검증과 실험 덕분에 기구의 수익은 조금씩 늘어났고 그 속도는 다시 느려지지 않았다. 지금도 그 수익은 점점 커지고 있다.

『좋은 기업을 넘어 위대한 기업으로(*Good to Great*)』에서 짐 콜린스는 여러 가지 유사한 예를 언급했다. 그는 플라이휠이라는 은유를 이용해 기업들이 훌륭한 기업에서 위대한 기업으로 체계적, 점진적으로 가는 과정을 요약했다.

플라이휠의 이미지는 좋은 기업에서 위대한 기업으로 도약하는 회사의 내부가 어떠한지를 담고 있다. 최종 결과가 아무리 대단해도 좋은 기업에서 위대한 기업으로의 전환은 절대 단번에 일어나지 않는다. 한 번의 결정적인 조치나 거창한 프로그램, 한 가지 끝내주는 혁신, 한 차례의 행운, 혹독한 변혁 때문이 아니다. 좋은 기업에서 위대한 기업으로의 도약은 한 걸음씩 나아갈 때마다, 조치나 결정을 하나씩 취할 때마다, 플라이휠이 한 바퀴씩 돌아갈 때마다 만들어낸 성과가 축적되어 이루어진 지속적이고 눈부신 결과이다.

일상생활에서 플라이휠의 예는, 어떤 분야의 전문가가 되는 데에 많은 시간과 연습이 소요되지만 일단 경지에 오르면 최소한의 노력으로 이 분야의 정상을 유지하는 사례에서 찾을 수 있다. 기간을 짧게 잡으면 모든 개인적 또는 직업적 프로젝트는 플라이휠의 관점에서 바라볼 수 있다. 처음 프로젝트를 시작할 때는 속도가 느리지만 일단 가속도를 얻고 나면 진행이 좀더 쉬워 보인다. 그리고 제3장에서 언급했듯이 멀티태스킹을 하면 우리는 절대 한 가지 일이 쉽게 느껴지기 시작할 정도의 충분한 가속도를 얻을 수 없다. 대신에, 바퀴가 돌아가기 시작하면 그 가속도를 이용하기보다는 바퀴를 돌리고, 또다시 돌리는 데에 끊임없이 에너지를 낭비하게 된다.

플라이휠 모델은 당신의 노력이 장기적인 이익을 주고, 이것이 당신과 다른 사람들이 과거에 한 노력에 더해질 것이라는 기대를 준다. 이 모델은 가속도와 관성의 개념을 유리하게 활용하는 전략적인 방법이다.

반면 관성이 큰 대상을 바꾸는 것은 엄청난 노력이 요구되는 힘든 일이다. 그렇다고 노력할 가치가 없다는 뜻은 아니지만, 그것이 시간을 잡아먹는 까다로운 일이라는 사실을 인식하고 정신을 바짝 차려야 한다는 것이다. 당신이 그런 변화를 실천하기로 결심한다면 몇 가지 유용한 모델의 도움을 받을 수 있다.

우선 생물학에서 가져온 **항상성**(homeostasis)을 들 수 있다. 이것은 한 유기체가 체온 유지 등을 목표로 자신의 상태를 끊임없이 조정하는 상황을 말한다. 너무 추울 때 당신은 체온을 높이기 위해서 몸을 떤다. 너무 더우면 열을 식히기 위해서 땀을 흘린다. 양쪽 모두 몸을 정상 체온으로 돌리기 위한 노력이다. 유익한 작용이지만, 당신이 현 상태에서 변화하기를 원할 때 그것을 막기도 한다.

대체로 사회와 조직, 가족, 개인은 집단의 상태와 관련된 중요한 문화적 가치나 척도에 대해서 항상성을 보인다. 그렇게 해야 자기 보존을 할 수 있기(또는 그렇다고 생각할 수 있기) 때문이다. 예를 들면 미국에서 정치 자금을 개혁하려는 시도가 실패를 거듭한 이유는 이익 단체가 그런 규제에 대응할 새롭고 창의적인 방법을 찾아서 정치인들에게 돈을 계속 쏟아붓기 때문이다.

일상적인 차원에서, 조직이나 공동체에 소속된 사람들은 본능적으로 변화에 저항하면서 흔히 "아예 못 쓸 정도가 아니면 고치지 마", "괜히 소란 일으키지 마", "여기서는 원래 다 그래" 같은 식으로 반응한다. 제시된 최종 상태에 아무리 매력적인 혜택이 있어도, 변화는 파괴를 가져올 수 있으므로 이런 반응은 합리화, 정당화될 수 있다.

현재 우리 아이들이 속한 통학구역에서는 학교 시작 시간을 변경하려는 논의가 진행되고 있다. 수업을 늦게 시작하면 10대의 학습 효과가 높아진다는 확실한 연구 결과를 바탕으로 등장한 논의이다. 그러나 수업 시간을 옮기면 지역사회에 상당한 지장을 주고 많은 가족과 교사들이 보육 스케줄 등을 조정해야 한다. 학생들의 교육 효과를 최대로 끌어올리는 것이 목표라면 연구 결과에 따라서 학교 시작 시간을 옮겨야 마땅하지만 현 상태를 유지하려는 반응을 보이는 것도 이해할 만하다.

불행히도 이런 항상성 반응의 결과로 우리는 오랫동안 유해한 인간관계에서부터 부실한 조직 절차, 비효율적인 정부 정책 등 최적이 아닌 상태에 안주한다. 자신이나 타인 안의 항상성과 싸울 때는 변화의 노력을 가로막는 근본적인 메커니즘을 찾아야 한다.

좋은 예는 살을 빼기 위해서 운동을 더 했는데 늘어난 운동량이 식욕의 증가로 이어지는 경우이다. 이런 반응을 예상한 사람들은 항상성의 작용을 완화하기 위해서 운동 후에 단백질을 섭취한다. 천천히 소화되는 특정 유형의 단백질은 오래도록 포만감을 주기 때문이다.

당신이 해결해야 할 상황에서 "단백질 섭취"에 상응하는 것은 무엇인가? 그 답을 찾는 것은 현상 유지 극복에 도움이 된다. 한 가지 일반적인 접근법은 원하는 변화를 지지하는 데이터를 입수하여 반대 세력에 대응하는 데에 사용하는 것이다. 학교 시작 시간에 관한 예에서 어떤 사람들은 시작 시간을 늦추면 10대들이 밤늦게까지 잠을 자지 않는 부작용만 낳게 된다고 주장하며 효과를 부인했다. 그러나 실제로 수업 시간을 바꾼 통학구역을 조사해보니 등교 시간을 늦추었을 때 대체로 10대들의 수면 시간이 늘어났다.

누구나 현 상태에서 벗어나지 않으려고 안간힘을 쓴다는 이 개념은 일반적으로 오뚝이 장난감을 연상시킨다(미국에서는 플레이스쿨이라는 장난감 회사에서 만든 위블이라는 상품의 이름으로 알려져 있다. "위블은 위태로워도 쓰러지지 않아요") 오뚝이는 밀어서 넘어뜨리면 제자리로 돌아온다. 이런 장난감은 변화가 일어날 때 적용할 수 있는 은유적인 정신 모델인 잠재 에너지(potential energy)와 무게 중심(center of gravity)이라는 개념을 사용한다. 잠재 에너지는 어떤 사물에 저장된, 방출될 **잠재력이** 있는 **에너지**이다. 무게 중심은 사물이나 제도의 질량이 균형을 이루는 **중심점**을 말한다.

오뚝이는 기울어질 때마다 기울이는 데에 사용된 에너지를 받아들여서 잠재 에너지를 높인다. 기울인 손을 떼면 에너지가 변형되어 무게 중심

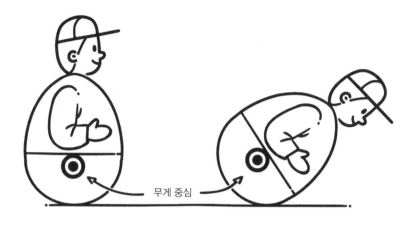

무게 중심

잠재 에너지

주위로 장난감이 까딱거리게 된다. 잠재 에너지는 들어올려진 물체의 중력 에너지, 팽팽한 활시위나 스프링의 탄성 에너지, 식품이나 연료에 저장된 화학 에너지 등 다양한 물리적 형태를 가진다.

우리는 사람과 조직이 **억압된 에너지**를 가지고 있다는 은유적인 표현을 쓰기도 한다. 저장된 상태에서 풀려나 세상으로 쏟아져 나가기를 기다리는 에너지를 말한다. 숨겨진 잠재 에너지 역시 변화를 추구할 때 당신이 찾아야 할 대상이다. 조직에서 변화를 일으킬 동기를 지닌 사람들을 떠올려보자. 그들은 기꺼이 당신을 도울 것이다. 다양한 잠재적 이해관계자와 대화를 해보면 이런 잠재 에너지의 숨겨진 잠재 에너지를 발견할 수 있다.

무게 중심이라는 말은 군사전략에서 작전의 핵심을 표현할 때 사용된다고 알려져 있다. 상대편의 무게 중심을 알면 어디를 공격해야 가장 큰 타격을 입힐 수 있는지, 어떤 시설을 가장 적극적으로 방어해야 하는지 판단할 수 있다. 적군의 무게 중심에 가까이 다가갈수록 더 큰 손상을 입힐 수 있으므로 상대편은 위험을 무릅쓰고 방어를 해야 한다.

변화를 단행하기 위한 전략에 적용하는 경우, 만약 당신이 아이디어, 시장, 절차 등의 무게 중심을 찾아낸다면 구체적인 시점에 조치를 취해서 변화에 더 빨리 영향을 줄 수 있다. 이를 테면 다른 사람들이나 조직들이 방향을 찾을 때 자문을 구하는, 중요한 영향력이 있는 사람에게 당신의 아이디어가 지닌 가치에 대한 확신을 주는 것이다.

비즈니스에서는 연예인, 영향력이 있는 사람, 언론, 유명 고객의 지지를 구하는 방식으로 이 개념을 이용한다. 적절한 유명인 한 사람을 설득하여 그의 지지를 얻으면 당신의 아이디어는 폭포 효과를 타고 퍼져나갈 수 있다. 그런 의미에서 무게 중심은 일종의 **압점**이다. 그곳을 누르면 전체 시스템을 움직일 수 있다.

이 절에서 우리는 지금까지 관성의 힘(전략 세금, 셔키 원칙), 그 힘을 가늠하는 방법(정점, 린디 효과), 관성을 이용하는 방법(플라이휠), 전략 모델을 통해서 그것의 반전을 생각하는 방법(항상성, 잠재 에너지, 무게 중심)을 설명했다. **활성화 에너지**(activation energy), **촉매**(catalyst) 등 몇 가지 다른 화학 개념도 당신의 전략에 도움이 될 것이다.

활성화 에너지는 둘 이상의 반응물질 사이에서 화학반응을 **활성화할** 때 필요한 최소한의 **에너지**를 말한다. 성냥을 그어서 불을 붙이는 경우를 생각해보자. 성냥을 그을 때의 마찰은 불이 붙는 데에 필요한 활성화 에너지를 제공한다. 촉매는 화학반응이 시작되는 데에 필요한 활성화 에너지를 줄이는 물질이나 상태를 말한다. 덥고 건조한 날씨에 들불이 나기 쉬운 이유는 온도가 높고 습도가 낮은 상태가 촉매로 작용하기 때문이다.

일반적으로 활성화 에너지는 어떤 변화를 시작할 때 소요되는 노력의 양을 가리키고 촉매는 이 노력을 줄일 수단을 의미한다. 당신이 소파에

앉아 있다면 일어서는 데에 많은 활성화 에너지가 필요하다. 그러나 냉장고에 들어 있는 아이스크림은 이 활성화 에너지를 낮추는 촉매가 될 수 있다. 변화를 시도할 때는 필요한 활성화 에너지를 이해하고, 변화를 촉진할 촉매를 찾아야 한다.

2017년에 미국은 남부 연합군 지도자들을 기리는 동상들을 신속히 철거하고 **미투 운동**을 통해서 성 범죄자들을 몰락시키는 데에 박차를 가했다. 양쪽 사례 모두, 일단 충분한 활성화 에너지가 생기자 뒷일은 매우 빠른 속도로 진행되었다. 일단 첫 시도가 이루어지자, 분출되기를 기다리던 엄청난 잠재 에너지가 드러났다. 더구나 소셜미디어의 게시글과 언론 기사가 촉매로 작용하여, 사람들이 이런 대의를 표출하게 하는 청사진이자 배출구 역할을 했다.

제3장에서 우리는 **입장 정립**이 현재 중시 편향의 극복에 어떻게 기여하는지 설명했다. 입장 정립은 개인이나 조직을 변화시킬 활성화 에너지를 가져올 강력한 촉매, 즉 **강제 의식**(forcing function)으로 작용할 수 있다. 강제 의식은 대체로 당신이 바람직한 조치를 취하도록 촉진하거나 **강제하는** 예정된 행사, 곧 **의식**의 형태를 띤다. 강제 의식의 흔한 예는 관리자 혹은 코치와 일대일로 하는 회의나 정기적인 팀 회의 등의 지속적인 모임이다. 이렇게 미리 일정이 정해진 회의에서 당신은 변화를 가져올 수 있는 의제를 반복적으로 제시할 수 있다.

마찬가지로 개인이나 회사의 문화에 강제 의식을 추가할 수도 있다. 예를 들면 진행 중인 프로젝트의 소식을 매주 보고한다는 원칙은 프로젝트의 현황을 비판적으로 반성하고 이해관계자들에게 진행 상황을 알리는 촉매가 된다. 개인적인 강제 의식에는 헬스장 트레이너와의 정기적인 만남이나 주간 가족 회의, 예산 검토 등이 있다. 이렇게 고정된 시간은 변화의 바퀴에 윤활유가 된다.

이 절의 제목은 **자연에 맞서지 마라**이다. 관성이 큰 시스템에 덮어놓고 맞서는 것에 주의해야 한다. 대신에 상황을 깊이 관찰하고, 그 이면의 역학을 이해하고, 시의적절하게 성공할 가능성이 높은 변화를 가져올 고레버리지의 경로를 마련하기 위해서 노력해야 한다.

연쇄반응 이용하기

이제는 새 아이디어를 사회에 흡수시키는 가속도를 높일 임계질량(critical mass)에 관해서 이야기를 할 차례이다. "서론"에서 설명했듯이 물리학에서 임계질량은 핵 **연쇄반응**(chain reaction)을 일으키는 데에 필요한 핵물질의 **질량**을 말한다. 연쇄반응이란 어떤 반응의 부산물이 다음 반응에 투입되어 반응이 저절로 **계속되는** 현상이다.

이런 지식은 원자폭탄 제작에 반드시 필요하다. 임계질량 이하에서는 핵 성분들이 비교적 무해하지만 임계질량을 넘어서면 핵폭발이 일어날 수 있다.

1944년 뉴멕시코 주의 로스앨러모스에서 오스트리아계 영국인 물리학자인 오토 프리슈는 첫 원자폭탄의 임계질량을 충족시키려면 농축 우라늄이 얼마나 필요한지 확인하는 임무를 맡게 되었다. 믿기 어렵겠지만 프리슈는 3센티미터의 우라늄 막대를 계속 쌓아가며 방출되는 방사능의 양을 재는 방식으로 임계질량을 측정했다고 한다. 어느 날 그는 무심결에 그 더미에 몸을 기댔다가 폭주 반응(runaway reaction)이 일어나서 최초의 임계사고를 낼 뻔했다. 그의 몸에 반사된 방사선의 일부가 이미 임계질량에 가까웠던 우라늄 더미에 투사되자 근처에서 간간이 깜빡이던 방

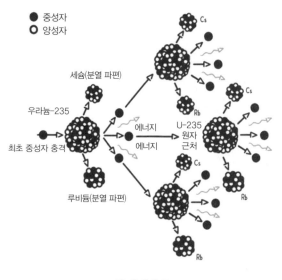

핵 연쇄반응

사선 감지용 빨간 램프가 계속해서 빛을 냈다. 램프를 발견한 프리슈는 손으로 막대 더미를 재빨리 흐트러뜨렸다. 훗날 회고록 『나의 변변치 않은 기억(*What Little I Remember*)』에서 그는 "딱 2초만 머뭇거리다가 막대를 치웠다면……치명적이었을 것이다"라고 적었다.

　임계질량은 무엇인가가 축적되어 시스템에 중요한 변화를 일으키는 양에 도달하는 상황에 적용할 수 있는 모델이다. 시스템이 갑자기 크게 변화하고 급속히 가속도를 얻는 시점을 대개 **티핑 포인트**(tipping point)라고 한다. 예를 들면 파티가 파티다워지려면 참석자 수가 임계질량에 도달해야 한다. 임계질량을 맞추는 데에 필요한 마지막 사람이 도착하는 순간, **티핑 포인트**가 되어 파티는 더욱 흥겨워진다.

　성장 곡선이 꺾이거나 **휘어지는** 이 지점을 **변곡점**이라고 부르기도 한다. 그러나 수학에서 변곡점은 사실 곡선이 오목한 형태에서 볼록한 형태로,

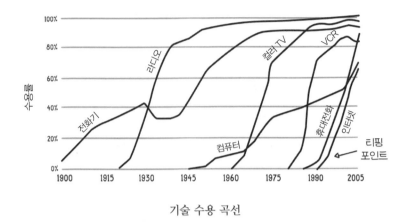

기술 수용 곡선

또는 그 반대로 바뀌는 지점을 일컫는다.

널리 알려진 기술과 아이디어에는 대개 그것이 주류로 나아가도록 촉진한 티핑 포인트가 있었다. 위의 그래프에서처럼 그것들의 수용 곡선을 그려보면 티핑 포인트를 명확하게 확인할 수 있다.

새 아이디어와 기술을 활용할 생각이라면 티핑 포인트에 특히 유념하면서 그 아이디어나 기술이 수용 곡선의 어느 위치에 있는지 확인해야 한다. 티핑 포인트가 이제 막 나타났나? 언젠가 나타나기는 할까? 무엇이 촉매가 될까? 티핑 포인트에 도달하기 직전인 분야의 전문가가 되면 매우 유리하다. 그 아이디어나 기술이 인기를 얻을수록 당신의 전문 지식이 가지는 레버리지가 점점 높아지기 때문이다. 반대로 티핑 포인트에서 10년쯤 떨어진 분야의 전문가가 되면 레버리지는 훨씬 더 낮아진다.

아이디어나 기술의 확산과 보급 과정을 **기술 수용 주기**(technology adoption life cycle)라고 한다. 사회학자 에버렛 로저스는 1962년에 발표한 『개혁의 확산(*Diffusion of Innovation*)』에서 새로운 것을 받아들이는 방식과 시기에 따라서 사람들을 다섯 집단으로 나누었다.

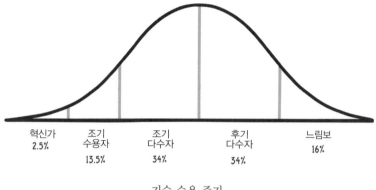

기술 수용 주기

- 혁신가(전체 인구의 약 2.5퍼센트)는 위험을 감수하려는 욕구와 금전적인 수단을 보유한 집단으로, 새로 등장한 분야와 밀접한 관계가 있어서 그 분야의 신기술을 시험하는 데에 관심이 많다.
- 조기 수용자(13.5퍼센트)는 신기술이 좀더 구체화되고 나면 그것을 적극적으로 받아들이는 사람들로, 제품이나 아이디어를 사용할 때 사회적 증거를 요구하지 않는다. 이들은 아이디어를 티핑 포인트 너머로 밀어올려서 세상에 널리 알리는 영향력 있는 집단이다.
- 조기 다수자(34퍼센트)는 조기 수용자가 가치 제안을 명확히 확립하고 나면 신기술을 기꺼이 받아들인다. 이 집단은 돈이나 시간을 낭비하는 것을 원하지 않는다.
- 후기 다수자(34퍼센트)는 대체로 신기술에 회의적이다. 이들은 기술이 대부분의 사람들에게 퍼질 때까지 기다린 다음에야 받아들인다. 또 가격이 낮은 수준으로 떨어져야만 그것에 동참한다.
- 느림보(16퍼센트)는 신기술을 가장 늦게 수용하는 사람들로, 꼭 필요하다고 느껴져야 비로소 받아들인다.

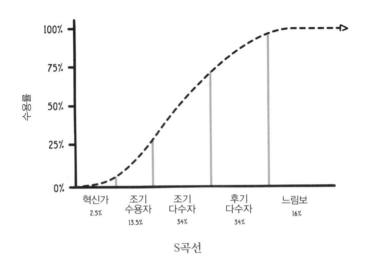

S곡선

기술 수용 곡선에서 확인할 수 있듯이 휴대전화의 수용은 몇 단계에 걸쳐서 진행되었다. 혁신가와 조기 수용자에 해당하는 초기 사용자들은 부유한 기술 애호가나 전문직 종사자(의사 등)였다. 휴대전화가 업무에 도움이 되었기 때문에 그들은 기꺼이 높은 금액을 지불할 수 있었다. 나중에 가격이 내려가고 새로운 용도(문자 메시지 등)가 생겨나자 조기 다수자와 후기 다수자에게도 휴대전화가 수용되었다. 그리고 마지막으로 시대에 뒤처진다고 느낀 느림보들이 휴대전화를 구입했다. 수용 속도가 훨씬 빠르기는 했지만 스마트폰도 유사한 패턴을 따랐다. 혹시 아는 사람 중에 아직도 폴더폰을 쓰는 사람이 있는가? 그 사람은 스마트폰 수용 주기에서 느림보에 해당한다.

기술 수용 주기에 나타나는 곡선은 S자를 닮아서 S곡선(S curve)으로 알려져 있다. S의 아랫부분은 초창기의 수용 속도가 느리다는 것을 보여준다. 그후 수용은 속도를 높이다가 마지막으로 시장이 포화되어 속도가 줄어들면서 S의 윗부분을 형성한다.

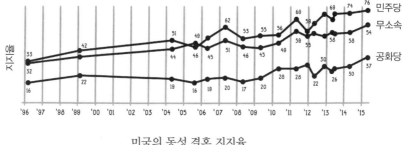

미국의 동성 결혼 지지율

수용 주기의 개념은 기술 혁신에 대한 이론으로 고안되었지만, 관용과 사회적 평등을 포함한 사회 혁신에도 적용할 수 있다. 과거 수십 년 사이에 동성 결혼은 미국의 조기 다수자 전반에 수용되었고, 무소속과 민주당 지지층에 속하는 후기 다수자에게도 퍼져나갔다(위의 그래프 참고).

임계질량에 이르는 것은 일반적으로 티핑 포인트의 **근접 원인**이다(제1장 참고). 그러나 티핑 포인트에 도달하는 **근본 원인**은 종종 **네트워크 효과**(network effect)에서 찾을 수 있다. 이는 네트워크가 점점 복잡해질수록 **네트워크의 가치**가 점점 높아지는 **효과**를 말한다. 소셜 네트워크를 생각해보자. 가입자가 늘수록 접근할 수 있는 대상이 늘기 때문에 서비스의 품질이 우수해진다.

그러나 네트워크의 개념은 구성 요소들(흔히 **접속점**이라고 부른다)이 상호작용할 수 있는 모든 시스템을 포함할 정도로 넓다. 예를 들면 핵폭탄의 "네트워크"에는 충분한 수의 우라늄 원자("접속점")가 존재하므로, 원자 하나가 붕괴하면 아무런 피해를 주지 않고 소멸되는 대신 다른 원자들과 신속히 상호작용한다. 일상생활에서 다른 예를 들어보자. 전화기는 전화를 받아줄 다른 사람이 없으면 쓸모없는 물건이 된다. 그러나 한 사람이 전화기를 장만할 때마다 가능한 연결 관계의 수는 전화기 수(접

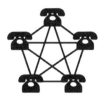

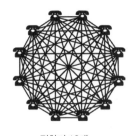

전화기 2대 =
1가지 연결

전화기 5대 =
10가지 연결

전화기 12대 =
66가지 연결

네트워크 효과

속점)의 제곱에 비례하여 증가한다. 2대의 전화기는 한 가지 방법으로만 연결되지만 5대는 10가지 방법으로, 12대는 66가지 방법으로 연결될 수 있다.

메트칼프의 법칙(Metcalfe's law)으로 알려진 이 관계의 이름은 네트워크 기술 이더넷의 공동 발명자인 로버트 메트칼프의 이름에서 따왔다. 이 개념은 접속점들이 서로 연결되어 있을 때 네트워크의 가치는 비선형 성장을 한다고 설명한다. 그의 법칙은 모든 접속점들(이 경우에는 전화기)이 네트워크에서 같은 가치를 지니고 모든 접속점들은 서로 연결되기를 원한다고 추정하기 때문에 현실을 지나치게 단순화하는 면이 있지만 그럼에도 괜찮은 모델이라는 점은 분명하다. 전화기 100만 대의 네트워크는 50만 대의 네트워크에 비해서 2배보다 훨씬 큰 가치가 있다. 그리고 **모든 사람들**이 연결되는 것에는 엄청난 가치가 있다. 페이스북의 네트워크 효과가 그토록 강력한 이유는 그 때문이다.

충분한 접속점이 생겨나서 네트워크가 쓸 만해져야 임계질량에 도달할 수 있다. 놀랍게도 팩스는 1840년대에 발명되었지만, 임계질량에 도달할 수 있을 정도로 팩스가 충분하게 보급된 1970년대 이후에야 상용화되었다. 최신의 인터넷 메시지 서비스도 공동체 내에서 임계질량에 도달해야만 쓸모가 있다. 일단 이 티핑 포인트를 지나면 금방 주류로 들어서게 된다.

그러나 네트워크 효과는 의사소통 이상의 가치를 지닌다. 현대의 여러 시스템들은 다량의 데이터를 처리하는 것만으로도 네트워크 효과를 얻는다. 예를 들면 음성 인식 기술은 더 많은 목소리가 추가될수록 성능이 개선된다. 참가자의 수나 범위가 늘면 더 많은 유동성이나 선택지를 제공할 수 있다는 이점이 생기는 시스템도 있다. 엣시나 이베이의 가입자가 늘수록 선택할 수 있는 제품도 다양해진다는 사실을 생각해보자.

네트워크 효과는 공동체 구성원 간의 연결에도 적용된다. 동문 네트워크는 괜찮은 직장을 구하거나 난해한 문제의 답을 신속히 찾는 데에 도움을 줄 수 있다. 어떤 시스템에서 접속점을 차지하여 정보나 현금의 거래에 참여하면 네트워크 효과를 누릴 수 있다.

네트워크 효과를 통해서든 아니든 일단 아이디어나 기술이 임계질량에 다다르면 큰 관성을 얻고 때로는 큰 가속도도 얻는다. 팩스의 경우 수용되기까지 자그마치 100년이나 걸렸지만 일단 팩스 기술이 임계질량을 지나자 사회 깊숙이 자리잡게 되었다. 여기서 얻을 수 있는 교훈은 임계질량의 개념이 노력에도 적용된다는 사실을 알고 늘 충분한 노력을 기울여야 한다는 것이다.

우리가 티핑 포인트에 대한 질문을 던져보라고 제안했듯이 임계질량과 네트워크 효과에 대해서도 유사한 질문을 생각해볼 수 있다. 이 아이디어나 기술의 임계질량은 무엇인가? 그것이 임계질량에 도달하려면 어떤 일이 일어나야 할까? 임계질량에 도달하는 시기를 앞당길 만한 네트워크 효과나 촉매는 없을까? 시스템을 재구성하여 임계질량이 하위 공동체에 좀더 빨리 도달하게 할 수 있을까?

이런 임계질량 모델은 긍정적인 시나리오와 부정적인 시나리오에 모두 적용된다. 유해한 아이디어와 기술도 임계질량에 도달하면 사회에 급속히 퍼져나간다. 파시즘이나 제도적인 인종차별을 비롯한 각종 차별 등 역사에서 그 예를 얼마든지 찾을 수 있다.

현대의 의사소통 시스템에서는 부정적인 아이디어든 긍정적인 아이디어든 임계질량에 훨씬 더 쉽게 도달한다. 제1장에서 우리는 온라인 메아리 방에 들어가면 사람들의 편협한 시각이 쉽게 유지된다는 사실을 확인했다. 또한 표적 광고는 특정 정보를 가장 쉽게 믿을 만한 사람들을 대상으로 할 뿐만 아니라, 가장 효과적인 방법을 찾을 때까지 광고의 형태를 다양하게 변형해가며 실험하는 방식을 구사하기 때문에 개인들은 이러한 메시지에 쉽게 걸려든다. 음모론과 신용 사기도 이런 수법을 쓴다.

원자 임계질량을 발견할 때 오토 프리슈는 무시무시한 연쇄반응을 아슬아슬하게 피했다. **연속 실패**(cascading failure)로 알려진 이 개념은 어떤 시스템의 한 부분에서 발생한 **실패**가 연쇄작용을 일으켜서 전체 시스템에 **연속적으로** 확산되는 현상을 말한다. 전력망에 발생하는 대규모 정전은 대개 한 지역의 과부하가 인접 지역의 과부하를 유발하고 또 그 인접 지역의 과부하를 유발하는 식으로 이어지는 연속 실패의 결과이다.

2007-2008년의 금융위기 역시 연속 실패의 예다. 서브프라임 모기지의 실패가 결국 주요 금융기관의 실패를 가져온 것이다. 생물계에서 한 종의 떼죽음은 다른 종의 떼죽음을 가져온다. 한 종이 없어지면 먹이사슬에서 연속 실패가 일어나기 때문이다. 이런 일은 대나무를 먹는 판다와 유칼립투스 잎을 먹는 코알라처럼 오직 한 가지 종만 먹고 사는 생물에게 자주 일어난다. 또 얼마나 많은 종의 생존이 산호초에 달려 있는지를 생각해보자. 산호초가 사라지면 그것에 의존해서 사는 대부분의 유기체

도 사라진다.

그러나 항상 나쁜 결과만 생기는 것은 아니다. 자연법칙은 좋게 이용될 수도 나쁘게 이용될 수도 있다. 핵 임계질량은, 비교적 안전하고 본질적으로 무한한 핵 에너지에 적용될 수도 있고 끔찍한 핵 겨울을 초래하는 원인이 될 수도 있다. 어느 쪽이든 이 정신 모델들은 사람들이 서로 긴밀히 연결될수록 사회에서 더 중요한 역할을 한다. 이런 모델들을 찾아내어 S곡선이 어떻게 펼쳐지는지, 티핑 포인트가 어디에서 나타나는지, 네트워크 효과를 어떻게 이용할 수 있는지 등을 분석할 수 있다면 당신은 확산되는 기술과 아이디어에 잘 대비할 수 있다. 만약 당신이 새 아이디어나 기술이 주류로 수용되거나 장기적인 관성을 얻도록 애쓰고 있다면, 이 모델들이 당신의 전략과 어떤 직접적인 관계가 있는지 이해해야 한다.

혼란 속의 질서

경제와 날씨를 비롯한 세계의 많은 시스템들은 카오스 시스템으로 알려져 있다. 어떤 추세인지 추측할 수는 있을지언정 전체적인 장기적 상태를 정확히 예측하기는 불가능하다는 뜻이다. 경제 시스템 속에서 특정 기업이나 개인이 시간이 흐르면서 어느 쪽으로 나아가게 될지, 기상이변이 정확히 언제 나타날지는 알 수 없다. 그저 실업률이 떨어지고 있다거나 허리케인의 계절이 다가오고 있다고 말할 수 있을 뿐이다.

수학자 에드워드 로렌츠는 이런 카오스 시스템을 연구해서 카오스 이론이라는 수학 분야를 개척한 선구자로 알려져 있다. 그는 **나비 효과**(butterfly effect)라는 비유를 써서 카오스 시스템은 사소한 동요나 최초 상태의 변

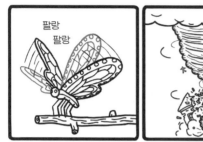

나비 효과

화에 지극히 민감하다고 설명했다. 나비 한 마리가 몇 주일 전에 한 날갯짓이 토네이도의 경로에까지 영향을 줄 수 있다는 것이다. 공기 입자의 진행 방향이 살짝 바뀌기만 해도 시간이 흐를수록 기류가 점점 증폭되어 토네이도는 완전히 다른 경로로 진행될 수 있다. 이 비유는 다양한 형태의 대중문화에도 표현되었다. 1993년에 개봉한 영화 「쥬라기 공원」에서 제프 골드블럼이 연기한 인물과 애슈턴 커처가 출연한 2004년 작 「나비 효과」가 그 예이다.

당신은 카오스 시스템에 둘러싸여 있으므로 성공을 위해서는 적응력이 매우 중요하다. 사전에 계획을 세우는 것은 좋지만 앞으로 닥칠 상황을 정확히 예측하기란 불가능하다. 젊은 나이에 배우자를 잃거나 불경기에 대학을 졸업할 것을 염두에 두는 사람은 없다. 인생이 무엇을 던져주든 당신은 끊임없이 적응해야 한다.

그러나 공기 입자와 달리 당신에게는 자유 의지가 있어 적극적으로 방향을 선택할 수 있다. 즉 성공적인 결과의 가능성을 높일 잠재력이 있다는 뜻이다. 적어도 이 카오스 시스템을 유리하게 이용해서 **위기를 기회로 바꾸려는 노력**은 할 수 있다. 몇몇 연구에 따르면 불경기에 설립된 사업체는 세월이 흐르면서 더 좋은 성과를 낸다고 한다. 2009년 카우프만 재단의 연구 보고서 "방금 실현된 경제의 미래"에 요약된 내용에 따르면, 「포천(Fortune)」이 선정한 500대 기업의 대부분은 경제적으로 힘들었던 시기에 사업을 시작했다.

당신의 인생에서도 작은 변화가 큰 결과를 가져온 시기를 가리킬 수 있을 것이다. 당시에 일어난 사건에 다음과 같은 가정을 해볼 수 있다. 만약 현재의 배우자를 만난 모임에 가지 않았더라면? 만약 다른 아파트로 이사를 가지 않았더라면? 만약 다른 선생님이나 멘토와 인연을 맺었더라면? 이것들은 가장 개인적인 차원의 나비 효과의 예이다.

나비 효과를 체계적으로 이용하는 한 가지 방법은 기업가인 제이슨 로버츠가 창안한 **행운의 표면적(luck surface area)**이라는 슈퍼 모델을 적용하는 것이다. 기하학에서 어떤 물체의 표면적은 그 물체를 덮고 있는 **표면의 넓이**다. 따라서 넓은 **그물을 던지면** 물고기를 잡기가 훨씬 쉽고, 다양한 상황에서 많은 사람들과 상호작용하면 개인의 행운의 표면적은 증가한다.

행운의 표면적을 넓히고 싶으면 세상과 관계를 맺는 방식에 대한 당신의 규칙을 완화할 필요가 있다. 이를 테면 자신을 익숙하지 않은 상황에 던져보는 것이다. 집이나 사무실에서 대부분의 시간을 보내기보다는 사교 행사에 참여하거나 강의를 들어보자. 그러면 당신은 더 많은 사람들을 만나고 더 많은 기회를 찾아서 **행운을 만들 수 있다.** 나비 효과에 적용해보면, 당신은 광범위하고 긍정적인 결과를 꽃피울 새로운 인간관계를 맺는 등 토네이도에 영향을 끼칠 가능성을 높이는 셈이다.

분명 어떤 행사에 참가할지 신중히 판단할 필요는 있다. 그러지 않으면 집중해서 처리해야 할 일을 마치지 못하고 이리저리 뛰어다니느라 시간만 낭비하게 된다. 그러나 모든 행사들을 거부할 때의 결과 역시 부정적이다. 행운의 표면적이 지나치게 줄어들기 때문이다. 목표 달성에 도움을 줄 사람들을 만날 수 있는 행사에 이따금씩 참가하는 선에서 적절히 타협하면 된다. 의미 있는 관계를 새로 맺을 때 "예스"라고 할 수 있으려면 "노"라는 말을 자주 해야 한다.

행운의 표면적은 시스템 내에서 무질서의 정도를 나타내는 **엔트로피**(entropy)라는 자연 개념과 관계가 있다. 어떤 물건이든 어디에 놓아야 할지(양말은 서랍 속에, 셔츠는 옷걸이에 등등) 규칙이 정해져 있는 깔끔한 방은 엄격한 규칙 때문에 방 안의 물건들을 배치할 수 있는 방법이 많지 않다. 이런 배치에는 엔트로피의 최대한도가 작다. 옷을 바닥에도 둘 수 있다는 식으로 규칙을 완화하면 갑자기 방 안의 사물들을 훨씬 더 다양한 방식으로 배치할 수 있게 된다. 그러면 가능한 무질서의 정도, 최대 엔트로피의 수준은 크게 치솟는다.

이런 의미에서 행운의 표면적을 넓히면 당신이 처한 상황의 수를 늘림으로써 개인의 최대 엔트로피를 높일 수 있다. 당신의 삶은 조금 흐트러지겠지만 적당한 무질서는 좋은 것이다. 물론 지금까지 살펴보았듯이 좋은 것도 너무 많으면 나쁠 수 있다. 너무 많은 엔트로피는 그저 혼돈일 뿐이다.

우리 부부는 아이들을 엔트로피 제조기라고 부른다. 눈 깜박할 사이에 무질서를 만들기 때문이다. 아이들은 물건을 두는 위치에 대한 규칙을 따르지 않기 때문에 아이들의 방에서 가능한 최대 엔트로피는 매우 높다. 거의 모든 물건들이 어디든 갈 수 있어서 아이들의 방은 결국 최대치에 근접해 엉망진창인 상태가 된다. 엔트로피가 증가할수록 물건들은 더 제멋대로 배치된다. 영원히 그대로 방치한다면 결국 균등하게 분포된 시스템, 옷가지와 장난감이 완전히 무작위로 배열된 시스템이 될 것이다!

우리 아이들의 방처럼 닫힌계에서 엔트로피는 저절로 감소하지 않는

"청소는 엔트로피와 자연의 질서에 반하는 행동이잖아요."

다. 러시아의 극작가 안톤 체호프는 이렇게 표현했다. "쉽게 찾아오는 것은 엔트로피뿐이다." 우리 아이들이 청소를 하지 않으면 방은 점점 더 난장판이 된다. 닫힌계에서 시간이 흐를수록 엔트로피가 자연스럽게 증가하는 현상을 **열역학 제2법칙**이라고 한다. 열역학은 열을 연구하는 학문이다. 우주를 가장 큰 닫힌계로 보면, 이 법칙에 따라서 우주는 결국 균질한 기체가 어디에나 균등하게 분포하는 최종 상태가 될 가능성이 크다. 이런 상태를 **우주의 열 사망**이라고 한다.

좀더 현실적인 차원에서 제2법칙은 무질서에 의해서 서서히 무너지지 않으려면 질서를 유지해야 한다는 깨달음을 준다. 이 자연스러운 진행은 대부분의 질서가 저절로 생기지 않는다는 사실에서 나온다. 깨진 달걀은 저절로 원상태로 돌아가지 않는다. 끓는 물속에 넣은 얼음이 녹으면, 절대 원래의 얼음 형태로 되돌아가지 못한다. 퍼즐을 하나씩 떼어서 조각들을 섞으면 저절로 다시 맞춰지는 기적이 일어날 수 없다.

질서정연한 상태를 유지하기 위해서는 시스템에 끊임없이 에너지를 투입해야 한다. 작업 공간을 정리하는 데에 에너지를 쏟지 않으면 갈수록 엉망이 될 수밖에 없다. 인간관계도 마찬가지이다. 사람들과 신뢰를 유지하려면 그것을 계속해서 쌓아나가야 한다.

제3장에서 우리는 시간이라는 한정된 자원을 현명하게 사용하기 위해서 아이젠하워 결정 매트릭스 등으로 그것을 미리 안배하는 방법을 소개했다. 엔트로피의 관점에서 볼 때 시간을 관리하지 않고 방치하면 대개 닥치는 대로 수동적인 행동을 하게 된다. 당신은 주위의 카오스 시스템으로 끌려 들어갈 것이다. 낮은 엔트로피의 상태를 유지하려면 시간을 관리할 필요가 있다. 중요한 활동을 위한 시간을 낼 수 있다면 변화하는 환경에 보다 쉽게 적응할 수 있다. 필요할 때 중요한 활동에 시간을 할당할 능력이 당신에게 있다는 뜻이기 때문이다.

그러나 아이젠하워 결정 매트릭스를 유용하게 활용하려면 중요한 활동과 중요하지 않은 활동을 적절히 분별해야 한다. 당신이 경제와 같은 카오스 시스템에 대응해야 한다는 사실과 나비 효과를 감안하면 이런 분별은 어려울 수 있다. 새로운 아이디어를 언제, 어떻게 추구할지, 예상치 못한 만남에서 어떻게 새롭고 중요한 정보를 얻게 될지 판단할 때는 특히 그렇다.

이런 결정을 하기 위해서는 경제 같은 카오스 시스템을 이해하고 단순화하여 성공적으로 헤쳐나가도록 노력해야 한다. 이 책의 모든 정신 모델은 그런 폭넓은 목표를 위한 것이다. 당신은 아이젠하워 결정 매트릭스처럼 2×2 매트릭스(2×2 matrices)를 만들어서 자기만의 모델을 개발할 수 있다. 189쪽의 표는 당신이 어떤 행사에 참가할지를 결정하는 데에 도

	저비용 행사	고비용 행사
효과가 큰 행사	참가	때에 따라 참가
효과가 적은 행사	때에 따라 참가	무시

움을 주기 위해서 우리가 만든 것이다.

2×2 매트릭스를 이용해 행사를 효과가 큰 것과 효과가 적은 것, 고비용과 저비용(시간, 돈 등)으로 분류할 수 있다. 당신은 효과가 크면서 적은 비용이 드는 행사에 참가하고, 효과가 적으면서 비용이 많이 드는 행사는 무시하면 된다. 다른 두 개의 사분면은 좀더 복잡하다. 사는 곳에서 먼 장소에서 열리는 학회처럼 효과가 크면서 고비용이 드는 행사는 그 행사의 구체적인 내용과 그곳에 갈 시간과 돈이 있는지 등 구체적인 상황에 따라서 행사에 참가할 가치가 있을 수도 있다. 마찬가지로 효과가 적은 행사가 가까운 곳에서 열려 딱 한 시간만 투자해도 된다면 비용이 매우 낮기 때문에 참가할 가치가 있을 것이다.

이 2×2 매트릭스는 물리학에서 두 가지 다른 값만 가지는 특성을 가리키는 극성(polarity)이라는 개념에서 가져왔다. 자석에는 N극과 S극이 있다. 전하에는 양전하와 음전하가 있다.

극성은 사물을 좋음과 나쁨, 유용함과 무용함, 고 레버리지와 저 레버리지 등 두 가지 상태로 분류할 수 있어서 유용하다. 이렇게 분류된 두 집단을 묶으면 2×2 매트릭스를 얻게 된다. 복잡한 개념을 단순한 도표에 담는 과정에서 통찰을 얻을 수 있기 때문에 이런 시각화는 매우 효과적이다.

2×2 매트릭스는 이해에 도움을 주지만 오해를 낳을 수도 있다. 대부분의 사물들은 정확하게 두 가지로 나누어떨어지지 않고 연속체를 형성할 수도 있기 때문이다. 가령 당신이 돈을 더 벌 수 있는 방법 몇 가지를

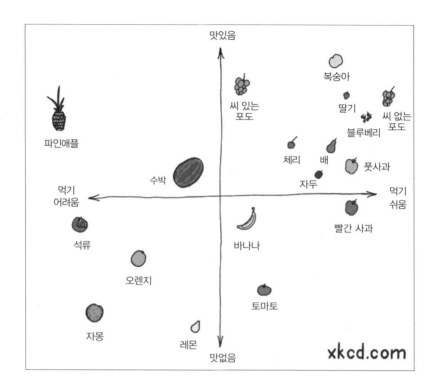

고려하고 있다면, 단지 각각의 방법으로 돈을 벌 수 있다는 사실을 아는 것만으로 만족할 수는 없다. 각 방법으로 수익을 얼마나 창출할 수 있을지, 그것이 얼마나 어려울지를 알아야 한다. 복권 당첨은 땅에 떨어진 돈을 줍거나 아르바이트를 구하는 것과는 확연히 다르다. 이런 복잡성을 시각적으로 표현하는 간단한 방법은 2×2 매트릭스에 분석하는 대상의 상대적 가치를 표현한 **산포도**를 그리는 것이다.

극성은 유용할 수 있지만 비교를 할 때는 흑백논리(black-and-white fallacy)를 피하도록 주의해야 한다. 이는 실제로는 그렇지 않은데도 사물을 깔끔하게 두 집단으로 나눌 수 있다고 보는 사고방식이다. 결정을 할 때는 대개 두 가지 이상의 선택지가 있다. 전부 희거나 검을 수는 없다. 실제로 두 가지 선택지가 있는 결정이 당신 앞에 제시될 때마다, 그밖의 다른 선택지는 없는지 생각해보아야 한다.

사람들은 우리 대 그들의 구도로 틀 짜기를 하는 타고난 경향 때문에 흑백논리에 쉽게 빠진다. "타인"을 희생시키면서 자신의 이익을 취하거나 그 반대의 경우인 단 두 가지 선택지만 존재한다고 생각하기 때문이다. 이런 경향은 자신의 정체성과 자존감을 자신이 속한 집단과 연결시키는 **내집단 편애**(in-group favoritism), 역으로 말하면 **외집단 편향**(out-group bias)에서 나타난다. 사회심리학자 헨리 타지펠과 존 터너가 이 주제에 대해서 실시한 연구가 2013년 「정치 심리학(*Political Psychology*)」에 "내집단 행동의 사회적 정체성 이론"이라는 제목으로 발표되었다. 이 연구는 그후로 여러 차례 반복적으로 입증되었다. 이 연구에 따르면 아주 사소한 관계, 심지어 완전히 임의적인 관계(이를 테면 동전 던지기로 결정된 집단)에서도 사람들은 자신의 "집단"을 편애한다.

실험실 밖에서 내집단 편애 경향은 거래가 **제로섬**(zero-sum)이라는 잘못된 믿음을 양산할 수 있다. 이는 당신의 집단이 이익을 얻으면 다른 집단은 손해를 보기 때문에 이익과 손해의 **총합은 제로**가 된다는 개념이다. 그러나 협상을 비롯한 대부분의 상황은 제로섬 게임이 아니다. 오히려 양쪽의 사정이 더 나아지거나 둘 다 **승리하는 윈윈**(win-win)의 상황이 될 수 있다. 그것이 어떻게 가능할까? 대부분의 협상에서는 가격처럼 한 가지 조건만 따지지 않고 품질, 특성, 시기, 통제, 위험 등 많은 조건들을 다루기 때문이다.

다시 말하면 하나의 협상 안에는 대개 몇 가지 차원이 있고 각 당사자들은 이런 차원들에 서로 다른 가치를 둔다. 여기서 자신에게 덜 소중한 것들을 주고 가치를 높이 평가하는 것들을 받는 기브 앤드 테이크의 가능

"어떤 것이 우리 쪽 '윈'이죠? 왼쪽 것이 더 커 보여서요."

성이 열린다. 그 결과 양쪽 모두 더 원하는 것을 얻고 덜 원하는 것을 주게 됨으로써 이전보다 만족하게 된다.

사실 이 기브 앤드 테이크는 대부분의 경제 거래의 기본이다! 주고받는 것이 없다면 사람들은 잘못된 정보, 오해, 협박이 있어야만 거래를 할 것이다. 제로섬은 규칙이 아니라 예외이다.

흑백논리와 제로섬 사고는 충분한 대안이 아니라 딱 두 가지 대안만 제시한다. 그러나 사업 거래 등의 상황에서는 다양한 대안과 차원이 있어야 한다. 당신이 더 다양한 거래 조건을 고려할수록 그것을 협의하는 방식도 다양해진다. 다양한 조건을 적절히 협의하여 양쪽 모두를 만족시키는 결론을 찾는다면 윈윈 상태에 이를 수 있다.

물론 정도가 지나치면 좋지 않다. 복잡한 비즈니스 협상에서는 계약서의 단어 하나하나를 따질 수 없다. 그랬다가는 협상이 끝없이 늘어져 결코 합의에 이르지 못할 것이다. 대신에 따질 가치가 있는 단어와 없는 단어를 신중하게 구분해야 한다.

당신은 주변의 환경과 상호작용하면서 질서와 혼돈 사이에서 적절한 균형을 잡도록 꾸준히 노력해야 한다. 혼돈에 휩쓸리면 어떤 방향으로도 나아갈 수 없다. 그러나 너무 질서정연하면 변화하는 환경에 적응하지 못하고, 성공의 가능성을 높이기에 충분한 행운의 표면적을 확보할 수 없다.

따라서 질서와 혼돈의 중간 어디쯤에 머무르는 편이 좋다. 그러면 개인의 엔트로피를 충분히 높여 흥미로운 기회를 맞이하는 동시에 당신 앞에 나타나는 새로운 환경과 패러다임에 유연하게 대응할 수도 있다.

성공한 사람들의 전기를 읽어보면 한 가지 공통점을 찾을 수 있다. 행운이 성공에 중요한 역할을 한다는 점이다. 그러나 좀더 깊이 들여다보면 그들 대부분은 폭넓은 행운의 표면적을 가진다. 그렇다. 그들은 적절한 때에 적절한 장소에 있었지만, 적절한 장소에 있기까지는 노력이 필요했다. 그 시간과 장소가 아니었다면 다른 기회가 있었을 것이다. 그 기회가 같은 수준의 성공을 가져오지 못했을지라도 그들이 성공할 가능성은 여전히 높았다.

다른 공통점도 있다. 가장 큰 영향력을 지닌 인물들(빌 게이츠, 마틴 루터 킹 주니어 등)은 앞에서 설명한 임계질량 모델에 따라서 결국 사회를 휩쓴 아이디어나 기술을 주도적으로 받아들였다. 때때로 새 아이디어나 기술을 창조하기도 했지만 대체로 그들은 아이디어나 기술을 주류로 들여온 사람들이었다. 기술 수용 주기를 통틀어 아이디어와 기술을 선도하여 가속도, 그리고 결국에는 관성을 만들었다.

이런 모델들을 깊이 이해해서 당신은 평생에 걸쳐서 찾아올 큰 변화들을 쉽게 받아들여야 한다. 또 멀리서 다가오는 변화를 감지하고, 해변으로 안전하게 데려다줄 파도를 타듯이 그 변화에 몸을 실어야 한다. 이런 적응력은 좋을 때나 나쁠 때나 큰 도움이 된다. 좋을 때는 일과 삶에서 더 현명한 결정을 할 수 있고, 나쁠 때는 좌절과 불행한 사건을 겪은 후에 회복탄력성을 발휘해서 그 부정적 효과를 제한할 수 있다.

요점 정리

- 실험적 사고방식을 채택해서 실험을 실시할 기회를 찾고, 가능하면 과학적인 방법을 적용하자.
- 관성을 존중하자. 건강한 플라이휠을 만들거나 이용하자. 전략 세금을 피하고, 촉매나 커다란 잠재 에너지의 발견 같은 유리한 전술이 없는 경우에는 관성이 높은 상황에서 섣불리 변화를 추구하지 말자.
- 변화를 단행할 때는 임계질량에 어떻게 도달할지, 기술 수용 주기에 어떻게 대응할지를 깊이 생각하자.
- 강제 의식을 이용해서 변화의 바퀴에 기름칠을 할 수 있다.
- 행운의 표면적을 적극적으로 개척하고, 엔트로피에 휩쓸리지 않기 위해서 필요한 조치를 취하자.
- 제로섬이나 흑백논리처럼 보이는 상황을 만나면 다른 대안이 있는지 찾아보고, 궁극적으로는 원원을 추구하자.

●

제5장

거짓말, 새빨간 거짓말, 그리고 통계

데이터, 숫자, 통계는 이제 공학과 과학뿐만 아니라 대부분의 업무 분야에서 중요한 역할을 한다. 조직의 종류를 가리지 않고 데이터를 바탕으로 한 의사결정이 점점 늘고 있다. 어떤 분야에서든지 사람들은 통계를 더 잘하는 방법을 연구하고 있다. 공교육에서도 마찬가지이다. 아이들에게 읽기를 가장 효과적으로 가르칠 수 있는 방법은 무엇일까? 아이들에게는 숙제를 얼마나 내주어야 할까? 학교는 몇 시에 시작해야 할까?

일상생활에서도 비슷한 현상이 일어나고 있다. 최고의 식단은 무엇일까? 운동은 얼마나 해야 충분할까? 이 차는 저 차에 비해서 얼마나 안전할까?

불행히도 이 질문들에 관한 간단한 정답은 없다. 대신에 거의 대부분의 주제에는 상충되는 견해들이 있다. 영양, 의료, 정부 정책(환경 규제, 보건 등) 외에도 그 예는 얼마든지 있다.

어떤 주제가 되었든 양쪽 편의 사람들 모두 "숫자"로 입장을 뒷받침한다. 그러다 보니 누가 어떤 이야기를 하기를 원하든 데이터 조작은 일도 아니라고 생각하는 사람들이 많아져서 이번 장에 "거짓말, 새빨간 거짓말, 그리고 통계"라는 제목을 붙이게 되었다. 마찬가지로 연구 결과가 우연히 잘못 해석되거나 연구 설계 자체에 결함이 있어서 뜻하지 않게 데이터가 사람들을 호도하게 될 수 있다.

그러나 통계나 데이터를 근거로 한 증거를 모두 엉터리로 치부하고 오직 자신의 의견과 추측만을 바탕으로 판단하는 것은 해결책이라고 할 수 없다. 대신에 정신 모델을 적용해서 그 주제에 대한 연구 등을 더 깊이 이해한다면 어떤 정보를 신뢰해야 할지 판단할 수 있을 것이다.

또 일과 삶에서 얻은 데이터로 새로운 통찰을 이끌어낼 수도 있다. 시장 추세, 소비자 행동, 자연현상 등에서 발견되는 실제 패턴에 근거한 통찰은 기업과 과학 혁신의 밑거름이 된다. 그것들은 일상생활에서 당신에게 통찰을 줄 수 있다.

처음으로 부모가 된 경우를 예로 들어보자. 생후 1개월에 쉽게 잠이 들고 밤새도록 잠 투정을 하지 않는 아기를 둔 부모는 행운아이다. 다른 부모들은 온갖 조언에 시달려야 한다. 흔들 침대를 사용하라는 둥, 아기를 꽁꽁 싸매라는 둥, 아기를 울리라는 둥, 울리면 안 된다는 둥, 데리고 자라는 둥, 아기의 식단을 바꾸라는 둥, 엄마의 식단을 바꾸라는 둥 끝도 없다.

우리 큰아들은 품에 안고 있다가 자신을 내려놓으면 질색했지만, 소아과의사는 아이가 졸린 상태로 아직 깨어 있을 때 내려놓으라고 조언했다. 우리가 내려놓는 순간 아이는 악을 써댔다. 깊이 잠들지 않은 경우에는 바로 잠에서 깨어 빽빽거리며 울기 시작했다. 처음 며칠 밤은 우리 둘이서 잠도 자지 못하고 교대로 잠든 아이를 안아주며 고역을 치러야 했다. 혼자 내버려두면 아이는 밤새 한 시간쯤 잘까 말까였다.

아이를 깨우지 않고 내려놓으려고 애쓸 때의 내 기분

우리는 다른 방법을 찾아야 했다. 처음 몇 주일 동안 실험을 거듭하고 나름대로 데이터를 수집한 결과(제4장 **과학적인 방법** 참고) 우리는 아들이 포대기에 단단히 싸이는 것을 좋아하고 흔들 그네의 높이를 가장 높게 설정했을 때 잘 잔다는 사실을 발견했다. 포대기로 싸기 어려울 만큼 아이가 자라자, 우리는 다시 원점으로 돌아가게 되지 않을까 두려웠다. 다행히도 아이는 새로운 환경에 금방 적응하여 한 살이 되기 전에 아이를 내려놓아도 밤새 쿨쿨 자게 되었다.

둘째 아이가 태어날 무렵 우리는 스스로 육아 전문가라고 자부했다. 우리에게는 마법의 그네도 있었고 만반의 준비를 갖추었다고 생각했다. 그런데 **머피의 법칙**(제2장 참고) 때문인지 아기 2호는 그네를 싫어했다. 우리는 온갖 조언들을 다시 돌아가며 시험하다가, 며칠 후 (소아과의사의 원래 조언에 따라) 졸린 상태로 깨어 있을 때 아이를 내려놓았다. 아, 놀랍게도 아이는 금방 잠이 들었다!

아기 재우기처럼 우리의 인생은 예측할 수 없고 변화무쌍한 일로 가득하다. 오늘은 비가 내릴까? 퇴직금은 어떤 펀드에 투자해야 할까? 당신이 꿈에 그리는 가상의 축구 게임에서 당신의 팀을 구성할 최고의 선수들은 누구일까?

이런 불확실성에도 불구하고 당신은 건강에 대한 결정에서부터 누구에게 투표를 할 것인지, 직장에서 위험을 무릅쓰고 새 프로젝트를 시작할 것인지 등 많은 선택들을 해야 한다. 이번 장은 당신이 의사결정을 할 때 그런 불확실성을 헤쳐나가도록 돕는 일에 관한 것이다. 당신은 어떤 조언에 귀를 기울여야 하며 그렇게 해야 하는 이유는 무엇일까?

확률과 통계는 이런 상황에 가장 유용한 정신 모델을 제시하는 수학의 한 분야이다. 프랑스의 수학자 피에르 시몽 라플라스는 1812년에 『확률해석론(*Théorie Analytique des Probabilités*)』이라는 저서에서 이렇게 표현했다. "인생의 가장 중요한 문제는 사실 대부분 확률의 문제이다."

우리는 확률과 통계 분야의 유용한 정신 모델과 더불어 피해야 할 흔한 함정들을 소개할 예정이다. 확률의 기본 개념은 대부분 꽤 직관적이지만 **직관**을 믿다가는 (지금까지 이 책에서 확인했듯이) 큰코다치는 수가 있다.

그렇다. 그 말은 이번 장에서 약간의 수학을 다룬다는 의미이다. 그러나 우리는 당신이 날마다 마주치는 통계에 근거한 주장을 이해하고 직접 그런 주장을 하기 위해서는 그 개념들을 이해할 필요가 있다고 믿는다. 우리는 그런 개념들을 인식하기 시작하는 데에 꼭 필요한 수준의 내용만 포함시키려고 노력했다. 그리고 늘 그렇듯이 이해를 돕기 위해서 다양한 사례들을 제시했다.

믿거나 말거나

과거의 경험과 관찰을 바탕으로 의사결정을 하는 것은 인간의 본성이고 진화의 관점에서는 바람직한 성향이기도 하다. 다른 사람이 어떤 음식을 먹고 병에 걸리거나 특정 동물을 잘못 건드렸다가 혼쭐나는 모습을 보았다면 당연히 그런 행동을 따라해서는 안 된다. 그러나 불행히도 이런 지름길이 늘 훌륭한 사고로 이어지는 것은 아니다. 예를 들어보자.

올해는 눈보라가 크게 몰아쳤다. 지구온난화는 끝났나 보다.

우리 할아버지는 평생 담배를 하루에 한 갑씩 피웠지만 여든이 넘도록 사셨다. 그래서 나는 흡연이 암을 유발한다는 것을 믿지 않는다.

어린이가 희생되었다는 몇 건의 뉴스 보도를 들었다. 어린아이가 살기에 너무 위험한 세상이 되었다.

독감 백신을 맞고 나서 콧물이 흐르고 기침이 났다. 전부 백신 때문인 모양이다.

모두 개인의 **일화**에서 비공식적으로 수집한 **증거**인 일화적 증거(anecdotal evidence)를 근거로 하여 부정확한 결론을 끌어낸 사례들이다. 일화적 증거를 바탕으로 일반화하거나 과학적 증거보다 일화적 증거에 큰 비중을 두면 문제가 생긴다. '회의론자들의 모임'을 설립한 마이클 셔머는 2011년에 『믿음의 탄생(*The Believing Brain*)』에서 "일화적 사고는 자연스럽게 나오, 일화적 증거를 들겠다고?

그게 내가 아는 사실, 연구, 통계보다 훨씬 낫지.

오지만 과학은 훈련을 요한다"라고 했다.

일화적 증거의 한 가지 문제는 그것이 전체 경험을 대표하지 못한다는 사실이다. 사람들은 특이한 이야기에 더 솔깃하는 경향이 있다. 이를 테면 끔찍하거나 놀라운 경험을 했을 때 글로 남기고 싶은 마음이 더 강해진다. 그 결과 일화에서 얻을 수 있는 메시지는 어떤 사건이 일어났다는 사실뿐이다.

담배를 피웠는데 암에 걸리지 않은 사람의 일화를 전해들었다면 담배를 피운다고 반드시 폐암에 걸리지는 않는다는 사실이 증명될 뿐이다. 그러나 오직 그 일화만을 근거로 보통의 흡연자가 비흡연자보다 암에 걸릴 확률이 높다는 결론을 끌어낼 수는 없다. 담배를 한 번이라도 피운 사람은 전부 폐암에 걸리고 담배를 피우지 않은 사람은 절대로 폐암에 걸리지 않는다면 그 일화는 훨씬 더 설득력이 있겠지만 세상은 그렇게 단순하지 않다.

당신은 독감 백신을 접종할 무렵에 어쩌다 감기나 독감에 걸려서 증세

가 나타나면 그것을 접종 탓으로 돌리는 사람들의 일화를 접해보았을 것이다. 두 가지 사건이 잇달아 발생했거나 **연관성**이 있다는 이유만으로 먼저 일어난 사건을 다음 사건의 원인으로 볼 수는 없다. 통계학자들은 **상관관계가 인과관계는 아니다**(correlation does not imply causation)라는 말로 이 오류를 설명한다.

이 오류가 일어날 때는 흔히 **교란 변수**(confounding factor)가 간과된다. 추정되는 원인과 관찰된 효과에 제3의 불분명한 **변수**가 영향을 주어 옳은 결론을 이끌어내지 못하도록 **교란**하는 것이다. 독감 예방접종의 사례에서는 감기와 독감 유행철이 교란 요인이다. 사람들은 1년 중 접종을 하든 하지 않든 감기에 걸리기 가장 쉬운 시기에 독감 예방접종을 한다. 사람들이 겪는 증상은 독감 백신으로 막을 수 없는 흔한 감기일 가능성이 높다.

상관관계가 우연히 나타나는 경우도 있다. 모든 정보 사이의 상관관계를 검증하는 것이 그 어느 때보다도 쉬워졌기 때문에 수많은 가짜 상관관계들이 발견될 수밖에 없다. 이런 우스꽝스러운 결과들이 잔뜩 실린 '그럴싸한 상호연관성'이라는 웃기는 사이트와 동명의 책이 있을 지경이다. 202쪽의 그래프는 치즈의 소비량과 이불에 엉켜서 사망한 사람의 수

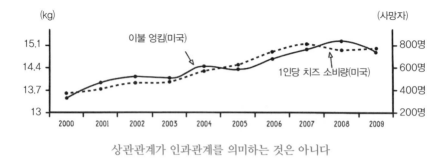

상관관계가 인과관계를 의미하는 것은 아니다

사이의 상관관계를 보여준다.

　고등학생 때 로런이 감기 기운을 느끼자 그녀의 아버지는 음료를 많이 마시면 컨디션 회복에 도움이 될 것이라고 조언했다. 그래서 그녀는 그날 라즈베리 스내플 반 상자를 마셨고 놀랍게도 다음날 엄청나게 가뿐해진 느낌이 들었다! 그것이 감기에는 라즈베리 스내플이 기적의 치료약이라는 명백한 증거일까? 그렇지 않다. 아무래도 그녀는 라즈베리 스내플을 왕창 들이켠 후 몸의 자연스러운 치유 능력으로 우연히 회복된 것 같다.

　아니면 애당초 아프지 않았는지도 모른다. 그냥 평범한 날들 가운데 컨디션이 나쁜 날이 무작위로 찾아왔는지도 모른다. 동종요법의 "치료" 전도사들 역시 제품을 홍보하면서 우연히 회복된 환자들의 일화적 사례를 내세운다. "치료"를 하지 않으면 어떤 일이 생길 수 있는지는 언급하지 않는다. 결국 아픈 사람의 증상도 하루하루 달라지기 마련이다. 어떤 제품에 대한 의학적 효능을 믿기 전에 당신은 철저한 과학적 실험 등 믿을 만한 데이터를 요구해야 한다.

　당신이 실험에 근거해서 과학적 증거를 수집하고 평가하고자 할 때, 그 첫 단계는 연구 중인 효과를 추측하여 설명한 명제인 가설(hypothesis)을 설정(예:스내플을 마시면 감기가 빨리 낫는다)하고 이해하는 것이다. 가설을 확실히 정의하면 텍사스 명사수의 오류(Texas sharpshooter fallacy)를 피할 수 있다. 이 모델은 한 사람이 헛간 한쪽에 그려진 과녁들의 한가운데에 총알구멍이 모여 있는 것을 보고 사수의 실력에 감탄했지만, 알고 보니 사수가 총을 쏜 **다음에** 총알구멍 주위에 과녁을 그려 넣은 것이었다는 우스갯소리에서 나왔다. 유사한 개념으로, 결과를 확인한 다음에 그 결과를 뒷받침하기 위해서 실험의 목적을 바꾸는 **이동 표적**이 있다.

무작위 통제 실험(randomized controlled experiment)은 실험 설계의 황금률이라고 불리는 방법이다. 참가자들을 두 집단으로 **무작위**로 나눈 다음 **실험 집단**(처치를 받는 집단)의 결과를 **통제 집단**(처치를 받지 않는 집단)의 결과와 비교하는 것이다. 이런 설정은 의학에만 한정되지 않고 광고와 제품 개발 같은 분야에도 적용될 수 있다(자세한 예는 다음 절에서 살펴보겠다).

이런 실험 설계에서는 A/B 테스팅(A/B testing)이라는 방법이 흔히 쓰인다. 사이트나 제품의 A버전(실험 집단)과 B버전(통제 집단)에 대한 사용자의 반응을 비교하는 것이다. 두 버전은 페이지의 흐름, 표현법, 이미지, 색 등에 차이가 있다. 이런 실험은 당신이 연구하고 있는 하나의 요인을 분리할 수 있도록 신중하게 설계되어야 한다. 가장 간단한 방법은 두 집단 사이의 조건을 딱 한 가지만 다르게 하는 것이다.

실험은 참가자들이 어떤 그룹에 속해 있는지 모르도록 **블라인드**로 진행하는 것이 이상적이다. 그래야 그들의 의식적, 무의식적 편향이 결과에 영향을 주는 것을 방지할 수 있다. 전형적인 예로 맛 블라인드 테스트를 들 수 있다. 사람들의 브랜드 선호도가 선택에 영향을 미치지 않게 하는 실험 방식이다.

블라인드 테스트의 개념을 한층 더 발전시켜서 실험을 관리하거나 분석하는 사람들 역시 참가자들이 어느 집단에 속하는지 모르게 할 수 있다. 이 추가적인 블라인드는 **관찰자-기대 편향**(observer-expectancy bias, 실험자 편향이라고도 한다)의 영향을 줄이는 데에 도움이 된다. 관찰자-기대 편향이란 연구자 또는 관찰자의 인지 편향이 그들이 기대하는 방향으로 실험 결과에 영향을 주는 현상을 말한다.

아쉽게도 실험 참가자들을 대상으로 한 블라인드 테스트는 관찰자-기대 편향을 완전히 예방하지 못한다. 연구를 준비하고 분석하는 과정에서도 연구자들은 참고 자료를 선별적으로 고르거나, 선입견에 휘둘리거나, 결과를 일부만 보고하는 식으로 결과를 편향할 수 있기 때문이다.

의학에서 연구자들은 철저한 블라인드 실험을 위해서 엄청난 노력을 기울인다. 2014년 「영국 의학 저널(*British Medical Journal*)」에는 실제 외과 수술을 "가짜" 수술과 비교한 53건의 연구를 분석한 카롤리나 워톨로스카 등의 논문이 실렸다. 가짜 수술에는 "스코프(scope)만 삽입한 다음 아무것도 하지 않았는데도 환자들이 진정되었거나 전신마취 상태가 되었거나 실제로 수술을 했는지 하지 않았는지도 분간하지 못하는 상황 등이 포함되었다."

이 가짜 수술은 플라시보의 예이다. 통제 집단 참가자가 아무 효과가 없는 처치를 받고도 실험 집단 참가자와 같은 효과를 느끼는 것처럼 보이는 현상이다. 흥미롭게도 당신은 긍정적인 효과가 기대되는 처치를 받는 것만으로도 **플라시보 효과**(placebo effect)를 보일 수 있다.

부러진 뼈를 고친다거나 할 때처럼 플라시보 효과가 거의 나타나지 않는 조건도 분명히 있지만 플라시보 효과는 수많은 질병에 가시적인 효과를 가져왔다. 「영국 의학 저널」에 따르면 가짜 수술을 받은 환자들은 74퍼센트의 실험에서 증상이 다소 완화되었고, 51퍼센트의 실험에서는 실제로 수술을 받은 사람들만큼이나 병세가 호전되었다.

조건에 따라서 플라시보 효과가 순전히 상상의 산물만은 아님을 암시하는 증거도 있다. 이를 테면 플라시보 "진통제"는 실제 진통제가 일으키는 것과 똑같은 두뇌 활동을 발생시켰다. 세상 모든 부모들이 하는 "엄마 손은 약손"이 실제로 효과가 있는 이유는 그 때문이다. 마찬가지로 부작용에 대한 두려움이 있다면 가짜 치료만으로도 실제 부작용이 나타날 수 있다. 이 현상을 **노시보 효과**(nocebo effect)라고 한다.

엄격한 실험 설계에서 가장 어려운 점은 가설을 평가하는 데에 사용하는 척도인 **종말점**을 정의하는 것이다. 종말점은 쉽게 측정할 수 있고 일관되게 해석할 수 있는 객관적인 척도가 이상적이다. 객관적인 척도의 예는 누가 제품을 구매했는지, 누가 아직 살아 있는지, 웹사이트에서 버튼을 클릭했는지 등이다.

그러나 연구하려는 개념이 명확히 관찰 가능하거나 측정 가능하지 않을 때 연구자들은 **대리**(proxy) **종말점**(대체 종말점 또는 표지라고도 한다)을 사용해야 한다. 만약 측정할 수 있다면, 측정하려는 종말점과 밀접한 상관관계가 있다고 예상되는 척도이다. 대리란 본질적으로 다른 것을 대신한다는 뜻이다. 이 정신 모델은 대리투표(예: 부재자투표)와 대리전쟁(예: 예멘과 시리아에서 일어난 분쟁은 이란과 사우디아라비아 사이의 대리전쟁이다) 등으로도 사용된다.

대학의 질을 측정하는 객관적인 척도는 없지만 「US 뉴스 앤드 월드 리포트(*U.S. News and World Report*)」는 매년 졸업률, 입학 자료 등의 객관적인 척도와 학문적 명성 등의 주관적인 척도를 섞은 대리 척도를 이용해서 비교 순위를 매긴다. 흔히 쓰이는 대리 척도의 또다른 예로는 비만 정도를 가늠하는 신체질량지수(BMI)와 지능을 나타내는 IQ가 있다. 대리 척도는 간접적인 측정 방식이어서 많은 비판이 제기되기 마련이지만 특히

이 세 가지 예가 심하게 비난을 받고 있다.

이 비판이 타당한 이유를 설명하기 위해서 돌연사를 유발할 수 있는 비정상적인 심장박동(심실 부정맥)을 예로 들어보겠다. 항부정맥 약물은 심실 부정맥을 방지할 목적으로 개발되었기 때문에 당연히 그 약물은 환자들에게 돌연사가 발생하는 것을 막아줄 것으로 기대된다. 그러나 이런 약물의 사용은 사실 무증상 심실 부정맥이 있는 환자들이 심장마비가 발생한 후에 돌연사할 확률을 크게 **높였다**. 무증상 환자들의 경우 심실 부정맥의 사후 치료를 받는 비율이 감소한다고 해서 생존률이 높아지는 것은 아니므로, 사후 치료율은 약물의 효과를 나타내는 적절한 대리 지표가 될 수 없다.

실험을 아무리 잘해도 문제는 생기기 마련이지만, 진정한 과학적 증거를 수집하면 믿을 만한 결론을 이끌어낼 수 있기 때문에 일화적 증거를 이길 수 있다. 물론 가짜 상관관계와 교묘한 편향(다음 절에서 좀더 소개하겠다)에는 주의해야 하지만, 결국에는 수준 높은 사고를 할 수 있는 결과를 얻게 된다.

숨겨진 편향

앞의 절에서 우리는 관찰자-기대 편향과 교란 변수 등, 실험을 검토하거나 실시할 때 주의해야 하는 몇 가지 사항을 소개했다. 조심해야 할 까다로운 개념에는 몇 가지가 더 있다.

우선 서로 다른 실험 집단에 사람을 임의로 할당하는 것은 윤리적이지도 현실적이지도 않을 때가 있다. 임신 중 흡연의 영향을 연구하고 싶다고 해서 원래 흡연을 하지 않는 임신부들에게 억지로 담배를 피우게 할 수는 없는 노릇이다. 따라서 연구에 참여할 흡연자는 스스로 흡연을 계속하기로 **선택한** 임신부여야 하는데, 이는 선택 편향(selection bias)이라는 **편향**을 가져올 수 있다.

선택 편향이 생기면 이 연구에서 실험 집단과 통제 집단의 차이가 흡연 여부뿐이라고 장담할 수 없다. 따라서 연구가 끝나고 집단 간의 차이가 발견되어도 흡연이 그 차이에 얼마나 영향을 주었는지 쉽게 판단하기 어렵다. 의사의 조언을 무시하고 임신 기간에 흡연을 계속한 여성은 흡연 외에도 태아에게 해로운 행동을 했을 가능성이 높으므로 연구 결과는 부정확해질 수 있다.

선택 편향은 온라인 리뷰에서처럼, 선택된 표본이 조사 대상이 되는 폭넓은 인구를 대변하지 못할 때 나타난다. 연구 대상이 된 집단에 대표성이 없으면 그 결과를 널리 적용할 수 없다.

무작위가 아닌 실험을 바탕으로 결론을 도출할 때는 각별히 주의해야 한다. 208쪽의 만화는 뉴스에 보도되는 연구들에 내재된 선택 편향을 꼬집는다.

부모가 자녀의 학교를 고를 때에도 유사한 선택 편향이 나타난다. 당

연히 부모는 자녀를 "더 나은 학교"에 보내기 위해서 이사를 하거나 비용을 지불하는 식으로 뒷바라지를 하려고 한다. 그런데 학교의 수준이 높은 이유는 뛰어난 교사 때문일까, 아니면 부모의 경제적 수단과 교육열 덕분에 아이들이 이미 더 우수하기 때문일까? 선택 편향은 그런 학교들의 경우 시험 점수와 대학 입학률이 더 높은 이유에 대한 중요한 진실을 설명하는 듯하다.

설문조사에 흔히 나타나는 다른 유형의 선택 편향은 **비응답 편향**(nonresponse bias)이다. 실험에 참가하도록 선택된 사람들의 일부가 실험에 참가하지 않을 때, 이를 테면 설문조사에 **응답하지** 않을 때 나타나는 현상이다. 응답하지 않는 이유가 조사의 주제와 관계가 있다면 결과에 편향이 담긴 채 끝나게 된다.

예컨대 당신의 회사가 직원들의 동기부여에 문제가 있는지 파악하기를 원한다고 해보자. 다른 기업들처럼 당신은 직원 참여 설문조사를 통해서 이 잠재적 문제를 조사할 것이다. 예정된 휴가 때문에 설문에 참여하지 못한 직원들은 무작위에 해당하므로 편향을 가져올 가능성이 낮지만 무관심 때문에 설문지를 작성하지 않은 직원들은 무작위가 아니므로 결과에 편향을 가져올 가능성이 높다. 후자 집단은 조직에 애정이 없는 직원들로 구성되기 때문에 그들이 참여하지 않으면 그들의 입장을 정확히 포착할 수 없다.

이런 조사는 대개 과거 직원들의 의견 또한 포함되지 않으므로 그 결과에 생존자 편향(survivorship bias)이라는 다른 편향이 생길 수 있다. 회사를 떠나는 쪽을 선택한 불행한 직원이 있더라도 현재 직원들만을 조사하면 그들의 의견은 담기지 않는다. 따라서 결과에는 **살아남은** 사람들만을 대상으로 한 조사만 반영된다. 이 경우에 생존자는 회사에 남은 직원들이다.

이런 편향들 때문에 설문조사는 의미가 없는 것일까? 꼭 그렇지는 않다. 거의 모든 방법론에는 문제점이 있고 대개 한두 가지 편향은 피할 수 없다. 결론을 지을 때는 특정 연구에 담긴 잠재적인 문제를 전부 인식하고 고려해야 한다. 예를 들면 남아 있는 직원들에게 생존자 편향이 있음을 안다면, 퇴직자 면담 자료 등에서 회사를 떠난 직원들이 동기부여에 관한 문제를 언급했는지 확인할 수 있다. 아니면 그들을 대상으로 직접 설문조사를 해도 좋다.

생존자 편향을 포착하기가 얼마나 어려운지를 설명하는 다른 몇 가지 예를 들어보겠다. 제2차 세계대전에서 해군 연구원들은 임무 수행을 마치고 돌아온 비행기의 파손 상태를 조사해서 향후 임무 수행 시 전투기의 방어력을 높이는 방법을 제안할 계획이었다. 전투기의 어느 부위가 공격당했는지를 살핀 다음, 그들은 손상이 집중적으로 일어난 부위에 추가로 방탄 장치를 장착해야 한다는 결론을 내렸다.

그러나 통계학자 에이브러햄 월드는 이 연구가 임무 수행을 견뎌낸 전투기만을 표본으로 삼았고 격추된 비행기는 다루지 않았다고 지적했다. 그래서 그는 정반대의 결론을 내놓았고 결국 그것이 사실로 드러났다. 총알구멍이 집중된 부위에 공격을 당하면 전투기가 격추되지 않는 반면, 총

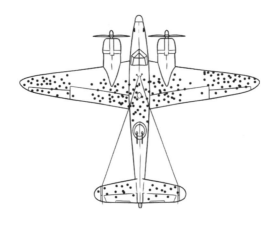

생존자 편향

알구멍이 없는 부위는 공격을 당할 경우 추락할 가능성이 높다는 뜻이다.

마찬가지로 빌 게이츠나 마크 저커버그 같은 기술 기업의 CEO를 보면 학교를 때려치우고 꿈을 추구하는 것이 좋은 선택이라는 결론을 내리기 쉽다. 그러나 당신은 "살아남은" 사람들만 생각하고 있다. 최고가 되지 못한 낙오자들은 전부 빠뜨린 것이다. 건축에서도 비근한 예를 찾을 수 있다. 오래된 건물은 현대의 건물보다 대체로 훨씬 더 아름답다. 그러나 이는 지어진 후 수세기가 흐르면서 보기 싫은 건물들은 진작에 철거되고 아름다운 건물들만 살아남은 것일 가능성이 크다.

어떤 연구를 비판적으로 평가할 때(또는 직접 연구를 수행할 때) 자신에게 이런 질문을 던져야 한다. 표본 집단에서 빠진 사람들은 누구인가? 모집단과 비교했을 때 이 표본 집단을 과연 무작위로 선택된 것이라고 볼 수 있는가? 당신이 기업의 고객층을 늘리고 싶다면 기존 고객에서만 표본을 모집해서는 안 된다. 그런 표본은 잠재 고객이라는 훨씬 큰 표본을 설명하지 못한다. 이 잠재 고객층은 기존 고객층과 매우 다르게 행동

"설문조사 좀 할게요.
으르렁거리는 게 나아요, 짖는 게 나아요?"

할 가능성이 높다(제4장에 설명한 조기 수용자와 조기 다수자가 그랬듯이 말이다).

반응 편향(response bias) 역시 의도치 않게 나타날 수 있는 편향이다. 응답을 하지 않는 특정 유형의 사람들에게는 비응답 편향이 나타나지만 응답을 하는 사람들도 다양한 인지 **편향** 때문에 정확하거나 진실한 **반응**에서 멀어질 수 있다. 예컨대 직원 참여 설문에서 사람들은 보복이 두려워서 (생략 등의 방법으로) 거짓말을 할 수 있다.

대체로 조사 결과는 다음의 다양한 방식을 통해서 반응 편향의 영향을 받을 수 있다.

- 질문에 사용된 표현. 이를 테면 유도 심문
- 질문의 순서. 앞에 나온 질문들이 뒤에 나오는 질문들에 영향을 줄 수 있음
- 응답자의 부정확하거나 틀린 기억
- 1-10점으로 평가하는 항목의 경우 점수를 매기기가 어려움

- 응답자가 조사자에게 좋은 인상을 줄 만한 답변을 할 수 있음

이 교묘한 편향(선택 편향, 비응답 편향, 반응 편향, 생존자 편향)을 모두 고려해야 당신은 자신의 결론에 더욱 확신을 가질 수 있다.

작은 수의 "법칙"을 조심하라

데이터를 해석할 때는 온갖 문제의 원인이 되는 기본적인 실수, 곧 매우 작은 표본에서 나온 결과를 확대해석하는 것에 주의해야 한다. 정교하게 설계한 실험(정치 여론조사 등)에서도 작은 표본을 바탕으로 해서는 훌륭한 추정을 기대할 수 없다. 이번 절에서는 작은 수의 법칙이라는 이 오류를 자세히 살펴본다. 이 이름은 대수의 법칙(law of large numbers)이라는 근거 있는 통계 개념에서 나왔다. 표본이 클수록 당신의 평균 결과가 진짜 평균에 가까워진다는 내용이다.

213쪽의 그림을 보면 잘 알 수 있다. 각 선은 동전을 한 번에 500번 던질 때까지 앞면이 나올 확률이 어떻게 달라지는지를 보여준다. 처음에는 그래프가 50퍼센트에서 조금 벗어나 있지만 던지는 수가 증가할수록 점점 50퍼센트로 수렴한다는 사실을 눈여겨보자. 그러나 500번까지 던져도 일부 값은 50퍼센트에서 조금 떨어져 있다.

주어진 실험의 수렴 속도는 상황에 따라서 다르다. 이 절의 뒷부분에서 우리는 표본의 크기가 얼마나 커야 충분한지를 설명할 것이다. 지금은 표본이 너무 작을 때 무엇이 잘못될 수 있는지에 집중하겠다.

우선 룰렛 휠에서 빨강이나 검정이 연달아 나오면 다음번에는 다른 색이 나올 것이라고 믿는 도박사에게서 유래된 도박사의 오류(gambler's

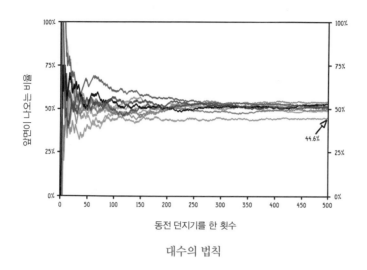

동전 던지기를 한 횟수

대수의 법칙

fallacy)를 생각해보자. 검정이 연달아 10번 나왔다고 해보자. 이 오류에 빠진 사람은 다음번에는 빨강이 나올 확률이 높을 것이라고 기대하지만 사실 매번 룰렛을 돌릴 때마다 확률은 변하지 않는다. 이 오류가 사실이 되려면 룰렛 휠 속에 각 색깔이 동등한 비율로 나오도록 조절하는 일종의 힘이 있어야 한다. 하지만 그런 것이 있을 리 만무하다.

이 현상은 **몬테카를로의 오류**라고도 한다. 1913년 8월 18일 몬테카를로의 한 카지노에서 검정이 26번 연달아 나온 희한한 사례가 세상에 널리 알려졌기 때문이다! 26번 연속으로 같은 색이 나올 확률은 1억3,700만 분의 1에 불과하다. 그러나 26단위라면 어떤 임의의 색 배열이 나타날 확률도 낮기는 마찬가지이다. 그만큼 인상적이지 않을 뿐이다.

도박사의 오류는 판사, 대출 담당자, 심지어 야구 심판 등 연속적인 결정을 해야 하는 사람이라면 누구나 주의해야 한다. 시카고 대학교에서는 1985년부터 2013년 사이에 난민의 망명 신청 사례를 검토한 결과를 "도박사의 오류에 휘둘리는 의사결정 : 망명을 담당하는 판사, 대출 담당자, 야

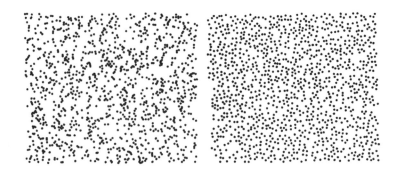

클러스터 착각

구 심판의 사례에서 가져온 증거"라는 제목으로 「경제학 계간(*Quarterly Journal of Economics*)」에 발표했다. 판사들이 두 건의 망명을 허가한 다음에 또 망명을 허가할 가능성은 낮았다. 학생 때 객관식 시험에서 B를 연속 4번 선택하고 나면 왠지 기분이 꺼림칙했던 이유도 그 때문이다.

무작위적인 데이터에는 같은 수치가 연속해서 등장하거나 데이터 값들이 무리지어 나타나는 현상이 흔하게 발생한다. 동전을 20번 던질 때 앞면이 연달아 4번 나올 확률이 50퍼센트라는 사실이 놀랍지 않은가? 이런 연속은 종종 무작위적인 행동이 아니라는 증거로 잘못 해석되는데 이런 잘못된 직관을 **클러스터 착각**(clustering illusion)이라고 한다.

위의 두 그림을 보자. 무작위로 만든 것은 어느 쪽일까?

이 그림은 심리학자 스티븐 핑커의 책 『우리 본성의 선한 천사(*The Better Angels of Our Nature*)』에서 가져왔다. 무리가 뚜렷이 형성된 왼쪽 그림이 사실 진짜 무작위로 만들어진 것이다. 직관적으로 보았을 때 더 무작위적으로 보이는 오른쪽 그림은 작위적으로 형성되었다. 이것은 뉴질랜드의 와이토모 동굴 천장에 붙은 반딧불이의 위치를 표현한 그림이다. 반딧불이는 먹이 경쟁 때문에 의도적으로 서로 거리를 둔다.

제2차 세계대전 때 런던 사람들은 독일이 도시에 폭탄을 투하하는 패턴을 찾고자 했다. 어떤 사람들은, 특정 구역이 표적이 되고 다른 곳들은 피해가 없다고 확신했고, 이는 특정 마을이 독일에 동조했기 때문에 그곳에는 폭탄이 떨어지지 않는다는 음모론으로 이어졌다. 그러나 통계 분석에 따르면 폭격이 무작위가 아니라는 주장을 뒷받침할 증거는 없었다.

가능성이 낮은 것을 불가능한 것과 혼동해서는 안 된다. 충분한 기회가 있으면 드문 사건이 일어나기를 기대할 수 있다. 실제로 복권에 당첨되는 사람, 실제로 벼락을 맞는 사람도 있다. 70억 인구가 사는 행성에는 100만 분의 1 확률의 사건도 꽤 자주 일어난다.

미국에서 보건 공무원들은 매년 1,000곳 이상의 암 다발(多發) 의심 지역을 조사해야 한다. 과거 산업 독소에 노출되어 집단적으로 암이 발병한 눈에 띄는 사례들도 있지만 보고된 사례의 대부분은 무작위적인 확률 탓으로 돌려야 할 사건들이었다. 50명 이상의 근로자가 있는 업체가 40만 곳 이상 있다고 해보자. 그중 몇 명이 똑같은 질병을 진단받을 확률은 꽤 높다.

도박사의 오류를 안다면, 단기적인 결과가 항상 장기적인 기대와 일치할 것이라고 기대해서는 안 된다. 그 반대 역시 사실이다. 즉 사소한 단기 결과를 바탕으로 장기 예측을 해서는 안 된다.

당신은 **2년 차 증후군**이라는 말을 익히 들어보았을 것이다. 첫 앨범을 내고 극찬을 받은 밴드가 두 번째 앨범으로는 그만큼 호평을 얻지 못하거나, 신인 시절에 환상적인 경기를 펼친 야구 선수의 타율이 이듬해에는 신통치 못한 경우를 일컫는 표현이다. 아마도 당신은 성공에 대한 부담감 때문에 위축되는 등 심리적인 원인이 작용한 탓이라고 추정할 것이다. 그러나 대부분의 경우에 진짜 원인은 순수하게 수학적이며, 이는 **평균으**

로의 회귀(regression to the mean)라는 모델로 설명이 가능하다.

평균은 중수(中數)를 다르게 일컫는 말이고, 평균으로의 회기는 극단적인 사건 다음에 대체로 예상 평균에 **가까운** 전형적인 사건이 따라오는 이유를 설명한다. 예를 들면 신기록을 세운 달리기 선수에게 다음번에 또 기록을 깨는 것을 기대할 수는 없다. 거기에 조금 못 미치는 성적을 기대할 수 있을 뿐이다. 드문 결과가 반복될 확률은 그런 결과가 처음 나올 확률만큼 낮기 때문에 다음번에는 기대하기 어렵다.

여기서의 교훈은 적은 수의 사례를 관찰한 결과를 일반적인 것으로 추정해서는 안 된다는 것이다. 그 결과는 다른 소수의 관찰 사례나 훨씬 다수의 관찰 사례를 대표하지 않을지도 모른다. 일화적 증거와 마찬가지로, 작은 표본은 가능한 결과의 범위 내에서 그 사건이 발생했다는 사실 외에는 말해주는 것이 거의 없다. 첫인상이 정확할 수도 있지만 당신은 회의적으로 접근할 필요가 있다. 데이터가 많을수록 변칙과 그럴듯한 사건을 구분하는 데에 도움이 된다.

종형 곡선

많은 양의 데이터를 취급할 때는 그래프와 요약 통계치를 이용해서 **정보 과다**의 감정을 퇴치할 수 있다(제2장 참고). **통계**라는 단어는 사실 데이터 세트를 요약하기 위해서 사용되는 숫자를 가리키는 말에 불과하다. (또 그런 숫자가 산출되는 수학적 절차를 뜻하기도 한다.) 그래프와 요약 통계치는 데이터 세트에 대한 사실들을 간단명료하게 전달한다.

당신이 모르는 사이에 당신은 항상 요약 통계를 사용하고 있다. 만약 누가 당신에게 "건강한 사람의 체온은 몇 도일까?"라고 물으면 당신은

37도라고 대답할 것이다. 그것은 사실 조금 전에 설명한 **중수**의 다른 말인 **평균**(mean)이라는 요약 통계이다.

아마도 당신은 그 사실을 언제 처음 배웠는지 기억하지 못할 것이고 그 숫자가 어디서 나왔는지는 더더욱 모를 것이다. 19세기 독일의 물리학자 카를 분더리히는 환자 2만5,000명의 겨드랑이 온도를 성실히 재어 분석한 결과로 그 통계 수치를 산출했다(그렇다. 정말 많은 수의 겨드랑이다).

그러나 37도는 만능 체온이 아니다. 무엇보다 최근의 데이터에 따르면 평균은 그보다 조금 낮은 36.8도에 가깝다. 둘째로 자신이나 가족의 체온을 재보면 "정상" 체온도 이 평균 주위를 왔다 갔다 한다는 사실을 알 수 있다. 실제로 여성은 남성보다 대체로 체온이 조금 더 높아서 37.7도까지도 정상으로 간주된다. 셋째로 사람들의 체온은 하루 종일 자연적으로 변해서 아침부터 저녁까지 평균 0.5도 정도를 오르내린다.

건강한 체온을 37도로 못 박으면 이 모든 미묘한 차이를 설명하지 못한다. 사례에 따라서 데이터를 요약하는 경우 다양한 요약 통계와 그래프가 사용되는 이유는 그 때문이다. 평균(중수 또는 기대값)은 **집중화 경향**, 곧 값이 **집중되는** 경향을 측정한다. 집중화 경향을 측정할 때 흔히 사용되는 요약 통계치로 중앙값(median : 데이터를 절반으로 나눌 때 중앙에 위치하는 값)과 최빈값(mode : 가장 자주 나타나는 값)이 있다. 이 값들은 주어진 데이터 세트에서 "전형적인" 수를 설명하는 데에 도움이 된다.

그러나 체온을 평균 같은 집중화 경향으로만 기록하는 것은 지나치게 단순화하는 것이다. 그래서 우리는 두 번째로 흔히 쓰는 요약 통계치를 고려해야 한다. 데이터가 얼마나 멀리까지 퍼져 있느냐를 뜻하는 **분산**이라는 지표이다.

가장 단순한 분산 통계는 범위를 알려준다. 체온에서 분산은 정상

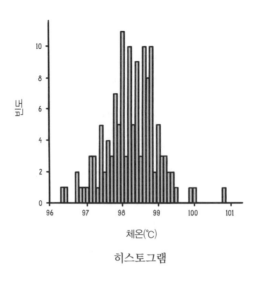

히스토그램

으로 인식되는 값의 범위를 명시한다. 예를 들면 위의 그래프(히스토그램 [histogram]이라고 한다)는 건강한 사람들의 최저 체온과 최고 체온의 범위를 보여준다.

위의 그래프에는 건강한 성인 130명의 체온을 측정해서 얻은 빈도가 나타나 있다. 이와 같은 히스토그램은 데이터를 시각적으로 요약하는 간단한 방법이다. 측정값을 여러 구간으로 나누고 각 구간에 몇 개의 데이터가 있는지 세어서 각 구간을 수직의 막대 그래프로 표현한다.

범위를 설명하기 전에 나머지 데이터와 어울리지 않아 보이는 이상치 (outlier)부터 찾아야 할지도 모른다. 이상치란 38도처럼 히스토그램에서 혼자 동떨어져 있는 데이터 포인트를 말한다. 어쩌다 아픈 사람의 체온이 데이터 세트에 끼어들었는지도 모른다. 그 결과 정상 체온 범위는 35.7 도에서 37.7도 사이로 볼 수 있다. 물론 데이터가 많을수록 더 정확한 범위를 정할 수 있다.

이 데이터 세트에서는 데이터의 분포가 중간에 최고 지점이 하나 있는

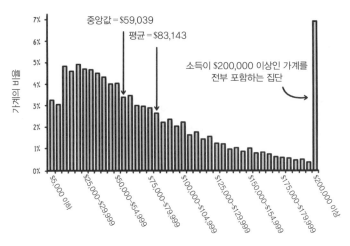

미국의 가계 소득 분포(2016)

꽤 대칭적인 형태를 이루기 때문에 집중화 경향 통계치들이 매우 비슷하다. 그래서 평균은 36.8도, 중앙값은 36.83도, 최빈값은 36.5도이다. 그러나 이 세 가지 요약 통계치는 상당히 다른 경우가 많다.

이를 이해하기 위해서 2016년 미국의 가계 소득 분포를 보여주는 위의 그래프에 대하여 생각해보자. 이 데이터 세트도 2만–2만4,999달러 사이에 최고 지점이 하나밖에 없지만 오른쪽으로 기운 불균형 형태이다.(20만 달러 이상의 수입은 전부 하나의 막대로 뭉뚱그려졌는데, 그것이 아니었다면 이 그래프는 오른쪽으로 길게 꼬리를 뻗는 형태가 되었을 것이다.)

체온과 달리 5만9,039달러라는 소득의 중앙값은 평균인 8만3,143달러와 차이가 크다. 데이터가 이렇게 한 방향으로 쏠리면 평균은 극단값의 영향으로 중앙값에서 멀리 떨어지게 된다.

또 여기서는 최솟값–최댓값의 범위가 별로 의미가 없다. 이 경우 데이터의 분포를 잘 요약하는 수치는 데이터의 25번째 백분위수에서부터 75번째 백분위수까지의 거리를 뜻하는 **사분범위**이다. 2만7,300달러에서부터

10만2,350달러까지, 소득의 중간 50퍼센트가 여기에 담겨 있다.

그러나 분포를 표현하는 데에 가장 흔히 쓰는 통계 수치는 분산(variance)과 표준편차(standard deviation, 주로 그리스 문자 σ[시그마]로 표시한다)이다. 둘 다 데이터 세트에 포함된 수치가 그 평균에서 얼마나 멀어질 수 있는지를 측정하는 수치이다. 다음은 특정 데이터 세트에서 그것들을 계산하는 방법을 보여준다.

분산과 표준편차

관측치의 개수: $n = 5$

관측치: 5, 10, 15, 20, 25

표본평균: $(5 + 10 + 15 + 20 + 25) / 5 = 75 / 5 = 15$

표본평균의 데이터 값 편차의 제곱:

$$(5-5)^2 = (-10)^2 = 100 \qquad (15-15)^2 = (0)^2 = 0 \qquad (25-15)^2 = (10)^2 = 100$$

$$(10-15)^2 = (-5)^2 = 25 \qquad (20-15)^2 = (5)^2 = 25$$

표본 분산: $(100 + 25 + 0 + 25 + 100) / (n-1) = 250 / (5-1) = 250 / 4 = 62.5$

표본 표준편차 (σ): $\sqrt{(분산)} = \sqrt{(62.5)} = 7.9$

표준편차는 분산의 제곱근이기 때문에 하나를 알면 나머지는 쉽게 계산할 수 있다. 그 값이 크면 221쪽의 과녁에 표시된 것처럼 평균에서 멀리 떨어진 데이터 값을 흔히 볼 수 있다는 뜻이다.

앞에서 다룬 체온 데이터 세트는 섭씨 0.4도의 표준편차를 가진다. 이 값들의 3분의 2보다 좀더 많은 수가 평균에서 1표준편차(36.4도에서 37.2도) 안에 속하고 95퍼센트는 2표준편차(36도에서 37.6도) 안에 속한다. 앞으로 살펴보겠지만 이 패턴은 측정치로 구성되는 데이터 세트에 흔히

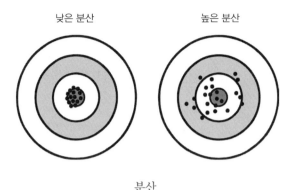

낮은 분산　　　　　높은 분산

분산

나타난다(예: 키, 혈압, 표준 시험).

　이런 데이터 세트의 히스토그램은 평균에 가까운 곳, 중간쯤에 값이 모여 있는 종형 곡선과 유사한 모양을 띠고, 평균에서 멀어질수록 결과의 수는 점점 적어진다. 어떤 데이터 세트가 이런 형태를 가진다면 그것이 정규분포(normal distribution)에 속한다는 뜻이다.

　정규분포는 특별한 유형의 확률분포(probability distribution)이다. 확률분포란 무작위적인 현상의 모든 가능한 결과들의 **확률**이 어떻게 **분포하는지**를 설명하는 수학 함수이다. 당신이 아무나 한 사람을 뽑아서 체온을 재면 특정 체온값을 얻을 확률이 있다. 36.8도라는 평균값이 나올 확률이 가장 높고 거기서 멀어질수록 확률은 점점 떨어진다. 확률분포에 가능한 결과가 모두 담겨 있다고 가정하면 주어진 분포의 확률을 전부 더했을 때 100퍼센트(또는 1)가 된다.

　이를 더 잘 이해하기 위해서 다른 예를 생각해보자. 앞에서 언급했듯이 사람들의 키도 대체로 정규분포를 따른다. 222쪽의 그래프는 미국 질병통제예방 센터의 데이터를 바탕으로 남성과 여성의 신장 분포를 표현한 것이다. 남성과 여성의 평균 신장은 다르지만 두 분포 모두 전형적인 종

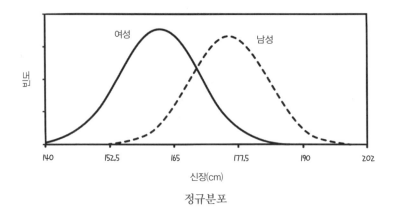

정규분포

형 곡선의 형태를 띤다.

  이런 정규분포에서(그리고 앞에서 체온 데이터 세트에서도 살펴보았듯이) 모든 값의 약 68퍼센트는 평균의 1표준편차 안에 속하고 약 95퍼센트는 2표준편차 안에, 대부분(99.7퍼센트)은 3표준편차 안에 속한다. 이런 식으로 정규분포는 평균과 표준편차로만으로 설명할 수 있다. 정규분포로 설명할 수 있는 현상은 매우 많기 때문이 이런 사실을 알아두면 상당히 유용하다.

  그래서 만약 당신이 길거리에서 임의의 여성을 멈춰 세운다면, 이런 사실을 이용하여 그녀의 키를 대충 짐작할 수 있다. 평균에 해당하는 162센티미터 전후로 추정하는 것이 최선이다. 그리고 약 2 대 1의 확률로 그녀의 키가 155센티미터에서 170센티미터 사이라고 추측할 수 있다. 표준편차가 7.6센티미터에 살짝 못 미치기 때문에 여성들 중 3분의 2는 그 범위 안에 속할 것이다(평균의 1표준편차 내). 반면에 147센티미터보다 작거나 178센티미터보다 큰 여성은 전체 여성의 약 5퍼센트 이하(평균에서 2표준편차 밖)를 차지한다.

  정규분포 외에도 다양한 상황에 유용하게 적용되는 확률분포들이 있

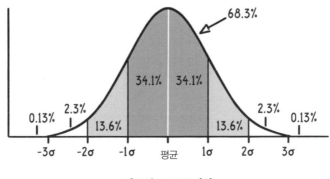

정규분포 표준편차

다. 224쪽에서 그중 몇 가지를 그림으로 설명했다.

우리는 이 절에 "종형 곡선"이라는 이름을 붙였지만 정규분포가 특히 유용한 이유는 모든 통계들 가운데 가장 편리한 결과인 중심극한정리(central limit theorem) 때문이다. 그 내용은 같은 분포에서 뽑은 수치의 평균을 내면 그 평균은 정규분포에 가까워진다는 것이다. 원래 완전히 다른 분포에서 가져온 수치라도 마찬가지이다.

이 정리가 무엇을 의미하는지, 왜 그렇게 유용한지 알아보기 위해서 미국 의회의 지지율처럼 익숙한 여론조사를 생각해보자. 여론조사에서 개인들은 의회를 지지하는지 지지하지 않는지 대답하라는 요구를 받는다. 그 말은 각 데이터 포인트가 '예' 아니면 '아니오'라는 뜻이다.

이런 형태의 데이터는 절대 정규분포의 형태를 띨 수 없다. 각 데이터의 포인트가 두 가지 값 중 하나만 가질 수 있기 때문이다. 이런 이분형 자료(binary data)는 흔히 베르누이 분포라는 다른 확률분포를 이용하여 분석한다. 베르누이 분포는 설문조사나 투표처럼 예/아니오를 묻는 형태의 실험이나 질문의 결과를 나타낸다. 이는 광고 캠페인(누군가가 구매를 했는가, 하지 않았는가), 임상 실험(치료에 반응이 있는가, 없는가), A/B

대수 정규분포 푸아송 분포 지수분포

재산, 도시의 크기, 보험 손실 등 거듭제곱 관계를 따르는 현상에 적용된다.

번개가 치는 횟수나 도시의 살인 건수 등 시간이나 장소의 간격을 두고 일어나는 독립적이고 임의 적인 사건에 적용된다.

사람과 제품의 생존, 서비스 시간, 방사성 동위원소 붕괴 등 사건이 발생하는 시기에 적용된다.

확률분포

테스팅(클릭을 했는가, 하지 않았는가) 등 폭넓은 상황을 분석할 때 유용하게 쓰인다.

추정 지지율은 모든 개인들의 응답을 평균으로 낸 수치일 뿐이다(1은 지지, 0은 반대). 만약 1,000명의 응답자 가운데 240명이 지지 의견을 밝혔다면 지지율은 24퍼센트가 된다. 중심극한정리는 (충분한 수의 사람이 조사에 참여했다고 추정하면) 이 통계상의 평균(표본평균)이 정규분포에 가깝다고 말해준다. 225쪽의 그림은 베르누이 분포와 처음에는 절대 정규분포처럼 보이지 않는 다른 두 가지 분포의 양상을 중심극한정리가 어떻게 바꾸는지 설명한다.

가운데 열은 베르누이 분포에서 표본평균이 어떻게 분포하는지를 보여준다. 1과 0으로만 구성된 그래프가 결국 종형 분포 그래프처럼 바뀐다. 가운데 열의 첫 행은 반대가 75퍼센트(왼쪽 0의 막대), 찬성이 25퍼센트(오른쪽 1의 막대)인 분포를 표현한다. 25퍼센트는 모든 사람들을 대상으로 조사한 전국의 지지율에 바탕을 둔다. 설문조사에 참가한 모든 사람들은 이 모집단 분포에서 나왔다.

여론조사를 하면 전체 지지율의 추정치를 얻을 수 있을 뿐이다(앞에서 언급한 24퍼센트 지지율처럼). 전체 집단에서 표본을 추출해(예: 1,000명

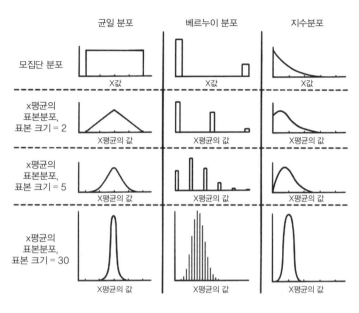

균일 분포　　　　　베르누이 분포　　　　　지수분포

| 모집단 분포 | X값 | X값 | X값 |

| x평균의 표본분포, 표본 크기 = 2 | X평균의 값 | X평균의 값 | X평균의 값 |

| x평균의 표본분포, 표본 크기 = 5 | X평균의 값 | X평균의 값 | X평균의 값 |

| x평균의 표본분포, 표본 크기 = 30 | X평균의 값 | X평균의 값 | X평균의 값 |

중심극한정리

에게 질문) 그 결과의 평균을 내어 추정치를 계산하기 때문이다. 이 표본평균은 그 자체로 표본분포를 가지는데, 이는 표본에서 각 지지율을 얻을 확률을 설명한다. 이 분포는 아주 많은 여론조사에서 얻은 다른 지지율(표본평균)을 표시한 결과로 생각할 수 있다.

두 번째 행은 무작위로 선택한 2명을 대상으로 설문조사하여 지지율의 표본분포를 나타낸 것이다. 이 그림은 원래의 분포와는 달라 보이지만 정규분포와도 전혀 닮지 않았다. 지지 둘(1의 막대), 반대 둘(0의 막대), 또는 지지 하나와 반대 하나(0.5의 막대)라는 딱 세 가지 결과만 가질 수 있기 때문이다.

5명을 대상으로 한 설문조사를 바탕으로 하면 표본분포는 여섯 가지 가능한 결과로 종 모양을 닮아가기 시작한다(세 번째 행). 30명으로 늘리면(네 번째 행에 표현된 31가지 결과) 정규분포의 특징인 종형 곡선의 형태를 띠기 시작한다.

조사 대상자가 늘어날수록 표본분포는 모집단 분포의 실제 지지율인 평균 25퍼센트로 정규분포에 가까워진다. 체온과 신장에서처럼 이 평균은 여론조사로 얻은 값에 포함될 가능성이 크고, 이를 테면 24퍼센트처럼 평균에 가까운 값들도 마찬가지일 것이다. 평균에서 점점 멀어질수록 정규분포를 따르는 확률과 함께 여론조사로 얻은 값에 포함될 가능성이 점점 낮아진다.

그 가능성은 정확히 얼마나 낮을까? 얼마나 많은 사람들을 조사하느냐에 따라서 다르다. 더 많은 사람들을 조사할수록 분포의 밀도가 높아진다. 이런 정보를 전달하기 위해서 여론조사에서는 대개 **오차 범위**를 밝힌다. 조사 결과를 설명하는 기사에는 "의회가 오차 범위 ±3퍼센트로 24퍼센트의 지지율을 얻었다"라는 식의 표현이 따라붙는다. "±3퍼센트"는 오차 범위이지만 이 오차 범위가 어디에서 나오는지, 그것이 실제로 어떤 의미인지에 대한 설명은 찾아보기 어렵다. 위의 정신 모델들을 이해했다면 당신은 이제 알 수 있다!

오차 범위는 일종의 **신뢰 구간**(confidence interval)이다. 당신이 조사하는 모수(母數)의 참값, 이를 테면 지지율을 포함한다고 생각되는 숫자들의 추정 범위이다. 이 범위에는 그에 해당하는 **신뢰 수준**이 있다. 이는 모수의 참값이 당신이 추정한 범위 내에 있다고 **신뢰할 수 있는 수준**을 나타낸다. 예를 들면 신뢰 수준이 95퍼센트일 경우, 여러 차례 여론조사를 실시해서 많은 신뢰 구간을 계산하면(각 여론조사당 한 번씩) 그중 평균 95퍼센트는 진짜 지지율(즉 25퍼센트)을 포함한다는 것이다.

대부분의 언론 보도에서는 오차 범위를 계산하는 데에 사용된 신뢰 수준을 언급하지 않지만 보통 95퍼센트가 사용되었다고 추정하면 안전하다. 반면에 연구 간행물은 추정의 불확실성을 나타내기 위해서 어떤 신뢰 수준을 적용했는지 분명히 언급하는 편이다(늘 그렇지는 않지만 역시 일반적으로 95퍼센트를 사용한다).

표본 평균의 분포는 정규분포에 가깝다는 중심극한정리를 바탕으로 지지율 시나리오의 오차 범위가 산출되기 때문에, 우리는 가능한 값의 95퍼센트가 실제 평균(즉 진짜 지지율)의 2표준편차 내에서 발견될 것으로 기대해야 한다.

아직 설명하지 않은 부분은, **표준오차**라고도 불리는 이 분포의 표준편차가 앞에서 계산한 표본 표준편차와 같지 않다는 것이다. 그러나 이 두 값은 직접적인 관련이 있다. 특히 표준오차는 표본 크기의 제곱근으로 나눈, 표본의 표준편차와 같다. 만약 오차 범위를 2배로 줄이고 싶다면 표본 크기를 4배 늘려야 한다는 뜻이다. 지지율처럼 예/아니오로 답하는 여론조사에서 오차 범위 10퍼센트는 96명으로, 5퍼센트는 384명으로, 3퍼센트는 1,067명으로, 2퍼센트는 2,401명으로 얻을 수 있다. 오차 범위는 여론조사의 주체가 추정값에 대해서 얼마나 확신하는지를 나타내므로 당연히 그것은 표본 집단의 크기와 직접적인 관계가 있다.

228쪽의 그림은 반복 실시하는 실험에서 신뢰 구간이 어떻게 작용하는지를 보여준다. 동전의 앞면이 나올 확률에 대한 95퍼센트의 신뢰 수준 100개가 표현되어 있다. 각 구간은 동전 하나를 100회 던지는 모의실험을 바탕으로 계산되었다. 이 신뢰 구간은 추정에 대한 불확실성의 정도를 시각적으로 보여주는 오차 막대(error bar)라는 선으로 상세히 표현되어 있다.

오차 막대가 항상 신뢰 구간인 것은 아니다. 다른 유형의 오차 계산으로도 오차 막대를 얻을 수 있다. 오차 막대에서 가운데 점은 모수 추정치

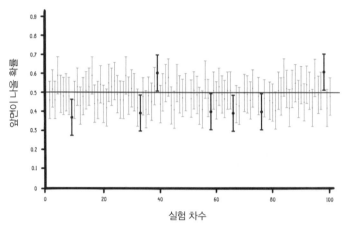

동전 던지기 100회의 95퍼센트 신뢰 구간

를 뜻하는데 이 그림에서는 표본평균을 가리키고, 막대 선의 끝부분은 범위의 최고치와 최저치를 나타내며 이 그림에서는 신뢰 구간을 의미한다.

그래프의 오차 막대는 여러 실험들에서 나타난 결과에 따라서 달라지지만 각각 약 20퍼센트 포인트 범위에 걸쳐져 있는데 이는 앞에서 언급한 ±10퍼센트에 상응한다(표본 크기는 동전 던지기 100회). 신뢰 수준이 95퍼센트라면 당신은 95퍼센트 신뢰 구간에 50퍼센트라는 실제 평균이 포함될 것을 기대할 것이다. 이 경우 구간의 93퍼센트가 50퍼센트에 포함된다. (포함되지 않은 일곱 구간은 검은색으로 표시했다.)

이런 신뢰 구간은 앞면이 나올 확률 같은 모수의 적절한 값의 추정치로 이용된다. 그러나 앞에서 확인했듯이 모수의 참값(이 경우 50퍼센트)은 때로는 주어진 신뢰 구간의 밖에 있다. 여기서의 교훈은 신뢰 구간이 가능한 모든 값의 확정적인 범위는 아니며 참값이 이 구간에 반드시 포함되는 것도 아니라는 점이다.

언론 매체에서 통계 수치가 오차 막대나 신뢰 구간 없이 제시되면 우리는 정말 난감하다. 기사를 읽을 때는 항상 기사에서 그것들을 찾고 당신의 연구에도 꼭 포함시켜야 한다. 오차 추정 없이는 그 수를 얼마나 신뢰해야 할지 알 수 없다. 참값은 정말로 그 수에 가까울 가능성이 높을까, 아니면 사실은 그 수에서 멀리 떨어져 있을 가능성도 있을까? 신뢰 구간이 그것을 알려준다!

그때그때 다르다

앞의 절에서 확인했듯이 여성의 평균 신장은 162센티미터이다. 만약 당신이 무작위로 선택된 낯선 사람의 키를 추측해야 하는데 그가 여성인지 확실히 모른다면 162센티미터라고 추정하는 것은 적절하지 않다. 남성의 평균 신장은 175센티미터에 가까우므로 둘의 중간 어디쯤을 말하는 편이 나을 것이다. 그러나 그 사람이 여성이라는 추가 정보가 있다면 162센티미터라고 추정하는 것이 가장 적절하다. 이렇듯 추가 정보가 있으면 확률은 달라진다.

이는 어떤 사건이 일어난 조건에서 다른 사건이 일어날 **확률**을 뜻하는 조건부 확률(conditional probability)의 예이다. 조건부 확률에서 우리는 이 추가 정보를 이용해서 확률을 더 정확하게 추정할 수 있다.

조건부 확률은 일상생활에서 흔히 접할 수 있다. 주택 보험율은 보험금 청구의 조건부 확률에 따라서 달라진다(예: 허리케인으로 인한 피해를 볼 가능성이 가장 높은 플로리다 주의 연안 지역은 우리가 사는 펜실베이니아 주에 비해서 보험료가 비싸다). 마찬가지로 유전자 검사는 당신이 어떤 질병에 걸릴 위험이 높은지 알려준다. BRCA1이나 BRCA2 유전자가 비정상인 여성들은 정상인 여성들에 비해서 아흔 살이 되기 전에 유방암에 걸릴 확률이 80퍼센트나 높다.

조건부 확률은 │로 표시한다. 예를 들면 당신이 BRCA 돌연변이를 지닌 여성이라면 아흔 살 전에 유방암에 걸릴 확률(P)은 P(아흔 살 전에 유방암에 걸림│BRCA 돌연변이를 지닌 여성)로 표시된다.

조건부 확률이 헷갈린다는 사람들도 있다. 그들은 사건 B가 발생한 조건에서 사건 A가 발생할 확률 P(A│B)를, 사건 A가 발생한 조건에서 사건 B가 발생할 확률 P(B│A)와 혼동한다. 이런 **역의 오류**에 빠지면 사람들은 P(A│B)와 P(B│A)의 확률이 비슷하다고 착각한다. 조금 전에 P(아흔 살 전에 유방암에 걸림│BRCA 돌연변이를 지닌 여성)가 약 80퍼센트라는 사실을 확인했지만 P(BRCA 돌연변이를 지닌 여성│아흔 살 전에 유방암에 걸림)는 겨우 5-10퍼센트에 불과하다. 이런 돌연변이 유전자를 가지고 있지 않은 사람들도 유방암에 걸릴 수 있기 때문이다.

이 오류가 나타나는 좀더 자세한 예를 살펴보자. 경찰이 음주 운전 검문소에서 임의의 운전자를 멈춰 세워 음주 측정을 했더니 음주를 했다는 결과가 나왔다고 해보자. 음주 측정기가 멀쩡한 사람을 취했다고 잘못 판단하는 경우는 평균 5퍼센트이다. 이 운전자가 실제로는 그렇지 않은데도 음주 운전을 했다는 누명을 쓸 확률은 어느 정도일까?

가장 먼저 5퍼센트라는 답이 떠오를지도 모른다. 그러나 이 답은 운전자가 멀쩡한 조건에서 취했다는 검사 결과가 나올 가능성, 즉 P(검사 = 취함│운전자 = 멀쩡함) = 5퍼센트에서 나왔다. 그러나 당신이 받은 질문은, 검사 결과에서 운전자가 취했다고 나왔는데 사실은 멀쩡할 확률, 즉 P(운전자 = 멀쩡함│검사 = 취함)이다. 둘의 확률은 같지 않다!

당신은 취한 운전자 비율의 **기저율**에 따라서 결과가 어떻게 달라지는

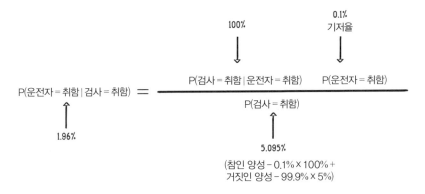

기저율 오류

지 고려하지 않았다. 모두가 옳은 판단을 하고 아무도 취한 상태로 운전을 하지 않는 시나리오를 생각해보자. 이 경우 측정기의 검사 결과가 어떻든 간에 운전자가 멀쩡할 확률은 100퍼센트이다. 확률 계산이 **기저율**(음주 운전자의 기저율 등)을 제대로 설명하지 못할 때 나타나는 실수를 **기저율의 오류**(base rate fallacy)라고 한다.

운전자 1,000명 가운데 한 명이 음주 운전자인, 보다 현실적인 기저율을 생각해보자. 이는 경찰이 무작위로 멈춰 세운 운전자가 취했을 확률이 아주 낮다(0.1퍼센트)는 뜻이다. 그리고 (검사 결과가 틀릴 확률이 5퍼센트이므로) 20번의 검사 가운데 1번은 틀릴 것이므로 경찰관은 틀린 결과를 수차례 얻고 나서야 진짜 음주 운전을 한 사람을 적발할 가능성이 높다.

사실 경찰이 1,000명을 멈춰 세우면 평균적으로 틀린 검사를 50번 가까이 해야 실제 음주 운전자 1명을 잡을 수 있다. 그렇기 때문에 이 시나리오에서 측정기 오류로 운전자가 실제로 취했다고 나올 확률은 약 2퍼센트에 불과하다. 다시 말하면 운전자가 멀쩡하는 결과가 나올 확률은 98

$$P(A|B) = \frac{P(B|A)\,P(A)}{P(B)}$$

↑

사건 B가 발생한 상황에서
사건 A가 발생할 확률

베이즈 정리

퍼센트이다. 이는 5퍼센트와는 비교할 수 없을 만큼 큰 수치이다!

결국, P(A|B)와 P(B|A)는 같지 않지만 둘 사이에는 어떤 관계가 있을까? 확률에는 두 조건부 확률 사이의 관계를 설명하는 베이즈 정리(Bayes' theorem)라는 아주 유용한 결과가 있다. 위의 그림에서는 베이즈 정리가 이런 확률과 어떤 관계가 있고, 음주 운전자의 예에서 베이즈 정리를 어떻게 적용하면 2퍼센트라는 결과를 얻을 수 있는지 설명한다.

이제 베이즈 정리를 알았으니, 통계학에는 확률을 바라보는 방식의 차이에 따라서 빈도주의(Frequentist)와 베이지안(Bayesian)의 두 가지 학파가 있다는 사실도 알아야 한다. 뉴스에서 접할 수 있는 대부분의 연구는 빈도주의 통계학에 근거한다. 이는 신뢰할 만한 통계적 결정을 내리기 전에, 한 사건에 의존하고 그 사건을 많이 관찰하는 방식이다. 빈도주의자는 확률이 본질적으로 사건의 **빈도**와 관계가 있다고 본다.

빈도주의자들은 큰 표본에서 결과의 빈도를 관찰하여(예: 다수의 사람들에게 의회를 지지하는지 질문하는 것) 미지수를 추측한다. 그러나 데이터 포인트가 매우 적으면 그들이 계산할 수 있는 신뢰 구간이 엄청나게 커지기 때문에 아무것도 설명할 수 없다. 그들은 관찰이 수반되지 않은 확률은 의미가 없다고 본다.

반면에 베이지안은 관찰을 했는지와 관계없이 어떤 상황에 대해서도 확률적인 판단을 허락한다. 이를 위해서 베이지안은 관련 증거를 통계적 결정에 가져오는 것으로 시작한다. 예를 들면 길거리에서 동전을 주웠다면 당신은 이전에 그 동전을 던져서 결과를 관찰한 적이 없다고 해도 그것을 던졌을 때 앞면이 나올 확률이 50 대 50이라고 추정할 것이다. 베이지안 통계에서는 그런 기저율 지식을 문제에 적용한다. 빈도주의 통계에서는 그렇게 할 수 없다.

확률에서는 베이지안의 방식이 더 직관적이라고 생각하는 사람이 많다. 베이지안은 당신의 믿음이 자연스럽게 발전하는 방식과 비슷하기 때문이다. 일상생활에서 당신은 빈도주의 통계에서처럼 매번 처음부터 시작할 수는 없다. 이를 테면 정책 문제에서 당신은 그 주제에 대한 당신의 기존 지식(베이지안에서는 **사전 지식**이라고 한다)을 시작점으로 삼고, 새 데이터를 얻으면 새 정보를 바탕으로 사전 지식을 업데이트한다. 인간관계도 마찬가지여서 상대와의 과거 경험이 당신의 시작점이 된다. 강력한 사전 지식은 평생 동안 이어질 관계가 되고 약한 사전 지식은 단순히 첫인상에 그칠 것이다.

앞의 절에서 당신은 빈도주의 통계가 신뢰 구간을 만든다는 점을 확인했다. 이 통계는 만약 당신이 실험을 수차례 한다면(예 : 앞에서처럼 동전 던지기를 100회 실시하는 것), 당신이 연구하는 모수(예 : 앞면이 나올 50퍼센트의 확률)가 계산된 신뢰 구간에 들어갈 확률이 신뢰 수준(예 : 95퍼센트의 확률) 안에 포함될 것이라고 말해준다. 실망스럽게도 신뢰 구간은 모수의 참값이 그 구간 안에 속할 가능성이 95퍼센트라고 말해주지 않는다. 반면에 베이지안 통계에서 신뢰 구간과 유사한 개념인 **신용 구간**은 모수의 확률에 대한 최적의 추정 범위를 밝혀준다. 따라서 이번에도 베이지안 방식이 더 직관적이다.

다만 실제로 두 접근법은 매우 유사한 결론을 낳으며, 더 많은 데이터를 이용할수록 같은 결론으로 수렴된다. 양쪽 다 동일한 기본적인 진실을 추정하기 때문이다. 베이지안 분석은 계산이 까다롭기 때문에 지금까지는 빈도주의 관점이 더 일반적이었다. 그러나 현대의 연산 기술은 이런 어려움을 급속도로 극복하고 있다.

베이지안은 강력한 사전 지식을 선택하면, 진실에 가까이 다가가서 더 적은 관찰로도 최종 결과에 빨리 수렴할 수 있다고 주장한다. 관찰은 시간과 돈이 많이 소요되므로 그것을 줄일 수 있다는 점은 매력적이다. 그러나 한편으로 베이지안의 사전 믿음이 그 반대 작용을 하여 진실에서 더 멀어지게 할 수도 있다. 만약 그들의 강한 믿음이 **확증 편향**(제1장 참고)이나 다른 인지 오류(예:정당하지 않은 강력한 사전 지식)에 바탕을 두었다면 그렇게 될 수 있다. 이 경우 베이지안 접근법은 진실에 수렴하기까지 더 오래 걸린다. 사실 처음에는 (아무런 사전 지식 없이 시작하는) 빈도주의의 입장이 진실에 더 가깝기 때문이다.

여기서의 교훈은 통계에는 두 가지 접근법이 있고 제대로 적용하면 둘 다 유효하다는 점이다. 어떤 사람들은 한 가지 철학에 충성을 맹세하는 강경한 이론가들인데 반해 (우리 같은) 실용주의자들은 상황에 따라서 적절한 방법론을 적용한다. 그리고 조건부 확률을 그 역(逆)과 혼동해서는 안 된다는 사실을 기억해야 한다. $P(A|B)$는 $P(B|A)$와 같지 않다. 이제 당신은 이 확률들이 관련 기저율을 고려하는 베이즈 정리와 관계가 있다는 사실을 안다.

옳은가, 그른가?

지금까지 당신은 일화를 근거로 결정을 해서는 안 되고, 소수의 표본은 큰 집단에서 일어날 일에 대해서 믿음직한 정보를 줄 수 없다는 사실을 배웠다. 그렇다면 이런 의문이 생길 것이다. 내가 내린 결론을 확신하기 위해서는 얼마나 많은 데이터가 있어야 할까? 수집할 데이터 포인트의 수인 **표본 크기**를 결정할 때는 균형이 필요하다. 한편으로 더 많은 정보를 수집할수록 추정이 정확해지므로 당신은 결론에 확신을 가질 수 있다. 다른 한편으로는 더 많은 데이터를 수집하려면 시간과 돈이 많이 들고 더 많은 참가자들에게 리스크를 안길 수 있다. 그렇다면 적절한 표본 크기가 무엇인지를 어떻게 판단할 수 있을까? 이번 절에서는 이 문제에 관해서 살펴보려고 한다.

실험 설계가 아무리 훌륭해도 때때로 잘못된 결론을 이끌어내게 하는 결과를 얻을 수 있다. 표본 크기가 클수록, 긍정적인 결과가 단순히 우연에 따른 것이 아니라는 확신을 가질 수 있고, 긍정적인 결과를 얻을 가능성도 커진다.

국민투표를 앞두고 마리화나 합법화에 대한 대중의 지지도를 측정하는 전형적인 여론조사를 생각해보자. 국민투표는 결국 부결되었지만, 여론조사 기관이 전체 모집단과 비교할 때 어쩌다 마리화나에 호의적인 사람들을 무작위 선택했다고 가정해보자. 이런 상황은 (잘못된 음주 측정기 검사처럼) 실제로는 옳지 않은데 **거짓인 긍정** 결과를 나타내는 **거짓인 양성**(false positive)을 초래할 수 있다. 반대로 국민투표가 결국 실시되었는데, 여론조사 기관이 전체 모집단과 비교할 때 마리화나에 덜 호의적인 사람들을 무작위로 선택했다고 가정해보자. 이 상황은 실제로는 옳았지

	암이라는 증거 발견	암이라는 증거 없음
환자가 유방암에 걸림	참인 양성	거짓인 음성
환자가 유방암에 걸림	거짓인 양성	참인 음성

가능한 검사 결과

만 **부정적인** 결과를 **잘못** 나타내는 거짓인 음성(false negative)을 초래할 수 있다.

다른 예로 유방암 진단에 사용되는 의료 검사인 유방촬영술을 생각해 보자. 당신은 이런 검사에 양성과 음성의 두 가지 결과가 있다고 생각할 것이다. 그러나 사실은 위의 표에 표시된 것처럼 네 가지 결과가 나올 수 있다. 곧바로 떠올릴 수 있는 두 결과는 검사 결과가 옳았을 때의 참인 양성과 참인 음성이다. 나머지 두 결과는 검사 결과가 틀렸을 때의 거짓인 양성과 거짓인 음성이다.

이런 오류 모형은 통계에 머무르지 않고 판단이 내려지는 시스템에서라면 어디에든 나타난다. 스팸 이메일 필터가 좋은 예이다. 최근에 우리의 스팸 필터는 새로 태어난 조카 사진이 첨부된 이메일을 스팸으로 분류했다(거짓인 양성). 그리고 진짜 스팸 메시지가 가끔씩 우리의 스팸 필터를 뚫고 들어올 때도 있다(거짓인 음성).

이런 오류에는 나쁜 결과가 따르기 때문에 시스템은 이런 결과를 유념하고 설계해야 한다. 그 말은 당신이 일부 오류는 피할 수 없다는 것을 인식하고 다른 유형의 오류들과 교환하는 결정을 해야 한다는 뜻이다. 예를 들면 미국의 사법제도는 형사 유죄판결에 합리적인 의심을 넘어서는 증거를 요구한다. 이는 의식적으로 거짓인 양성(잘못된 유죄판결을 내림)보다 거짓인 음성(범죄자를 풀어줌)을 선호하는 선택이다.

통계에서 거짓인 양성은 1종 오류, 거짓인 음성은 2종 오류라고도 한다. 실험을 설계할 때, 과학자들은 각 유형의 오류가 나타날 확률을 어느 정도까지 용인할지 결정해야 한다. 가장 흔히 선택되는 거짓인 양성의 비율은 5퍼센트이다. (이 비율은 그리스 문자 α, 즉 알파로 표시되며 100에서 신뢰 수준을 뺀 값과 같다. 사람들이 주로 95퍼센트의 신뢰 수준을 언급하는 이유는 그 때문이다.) 그 말은 만약 당신의 가설이 거짓이라면 평균적으로 20건의 실험 중 하나(5퍼센트)가 거짓인 양성 결과를 얻는다는 뜻이다.

실험의 표본 크기와 관계없이 당신은 거짓인 양성 오류의 비율을 항상 선택할 수 있다. 그것이 꼭 5퍼센트일 필요는 없으며, 당신은 1퍼센트나 0.1퍼센트를 선택할 수도 있다. 다만 정해진 표본 크기에서 거짓인 양성 비율을 그렇게 낮게 정하면, 반대로 거짓인 음성의 오류 비율이 높아져 옳은 결과를 탐지하는 데에 실패할 수 있다. 이때가 바로 표본 크기의 선택이 필요한 시점이다.

거짓인 양성의 비율을 정한 다음에는, 옳은 결과를 얻을 확률을 충분히 높이기 위해서 어떤 표본 크기가 필요한지 판단해야 한다. 검증력(power)이라고 불리는 이 값은 대개 거짓인 음성 오류율 10~20퍼센트에, 탐지 가능성이 80~90퍼센트가 되도록 선택된다. (이 비율은 그리스 문자 β, 즉 베타로 표시되며 100에서 검증력을 뺀 값과 같다.) 연구자들은 그들의 연구

	탐지할 것 없음	탐지할 것 있음
탐지된 효과	거짓인 양성 비율(%) 1종 오류, 알파(α) 또는 유의 수준 일반적인 비율 : 5%	검증력(%) 100-거짓인 음성 비율 일반적인 비율 : 80-90%
탐지하지 못한 효과	신뢰 수준(%) 100-거짓인 양성 비율 일반적인 비율 : 95%	거짓인 음성 비율(%) 2종 오류 또는 베타(β) 일반적인 비율 : 10-20%

통계 검정

가 80퍼센트의 **검증력**을 가진다고 표현한다.

이런 모델들이 함께 작용하는 방식을 설명하는 예를 생각해보자. 한 회사가 새로 개발한 수면 명상 앱이 효과가 있다는 것을 증명하고자 한다고 가정해보자. 그들의 배경 연구에 따르면 보통 사람들의 절반은 10분 안에 잠든다고 한다. 앱 개발자들은 자신들의 앱이 이 비율을 높여서 더 많은 사람들이 10분 내에 잠들 수 있도록 도와준다고 생각한다.

개발자들은 그 이론을 검증하기 위해서 수면 실험실에서 연구를 계획한다. 실험 집단은 앱을 사용하고 통제 집단은 앱 없이 잠자리에 든다. (실제 연구는 그보다 조금 더 복잡할 수 있지만 통계 모델을 설명하기 위해서 일부러 설계를 단순화했다.) (이 실험을 비롯한) 대부분의 실험은 기본적으로 집단 사이에 차이가 없다는 귀무 가설(null hypothesis)을 시작점으로 삼는다. 이 가설을 기각하기에 충분한 증거를 수집하면 개발자들은 수면 앱이 정말로 사람들이 빨리 잠드는 데에 도움을 준다는 결론을 내릴 것이다.

즉 앱 개발자들은 양쪽 집단을 관찰한 다음, 각 집단에서 10분 내에 잠드는 사람의 비율을 계산할 계획을 세운다. 두 비율 사이에 충분한 차이가 발견되면 그들은 그 결과가 귀무 가설과 양립할 수 없다는 결론을 내릴 것이다. 곧 그들의 앱이 정말로 효과가 있을 가능성이 크다는 뜻이다.

또 개발자들은 **대립 가설**을 구체적으로 정해야 한다. 대립 가설이란 두 집단 사이에 나타날 수 있다고 생각되는 최소한의 의미 있는 변화를 말하는 것으로, 15퍼센트 더 많은 사람들이 10분 내에 잠드는 것이 그 예이다. 대립 가설은 연구자들이 연구를 통해서 확인하고자 하는 결과를 가리키며, 실제로 확인될 확률은 80퍼센트이다(거짓인 음성의 비율이 20퍼센트이므로).

이 대립 가설은 표본 크기의 결정에 필요하다. 대립 가설에서는 차이가 적을수록 그것을 감지하는 데에 더 많은 사람들이 필요하다. 이 실험 환경에서는 268명이라는 표본 크기가 필요하다.

이 모델들은 240쪽의 그림에 함께 표시되어 있다.

우선 종형 곡선들을 보자. (중심극한정리 덕분에 우리는 집단 간 차이가 거의 정규분포에 가까우리라고 추측할 수 있다.) 왼쪽 곡선은 귀무 가설 아래에서의 결과로, 두 집단 사이에 실질적인 차이가 없다. 왼쪽 곡선의 중심이 0퍼센트인 이유는 그 때문이다. 그렇다고 하더라도 무작위 확률로 인해서 0보다 작거나 큰 차이가 나타날 때가 있지만 차이가 클수록 확률은 낮아진다. 그 말은 근본적인 변이성 때문에 앱이 실제로 효과가 없어도 사람들이 잠들기까지 걸리는 시간은 각자 달라서 두 집단 사이에 차이가 나타날 수 있다는 뜻이다.

오른쪽의 종형 곡선은 앱 개발자들이 참이기를 바라는 대립 가설을 나

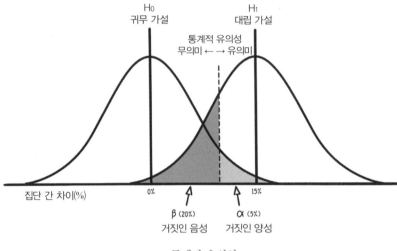

알파 : 5%   베타 : 20%   표본 크기 : 268

H₀
귀무 가설

H₁
대립 가설

통계적 유의성
무의미 ← → 유의미

집단 간 차이(%)   0%   15%

β (20%)   α (5%)
거짓인 음성   거짓인 양성

통계적 유의성

타낸다. 앱을 사용하는 사람들은 앱을 사용하지 않는 사람들과 비교할 때 10분 안에 잠드는 비율이 15퍼센트 높다. 이번에도 이 가설이 옳다고 해도 변이성 때문에 15퍼센트 이하로 증가하거나 15퍼센트 이상 증가하는 경우가 있다. 종형 곡선의 중심이 15퍼센트에 위치한 이유는 그 때문이다.

점선은 통계적 유의성(statistical significance)의 임계값을 나타낸다. 이보다 큰 값(오른쪽)은 전부 귀무 가설의 기각을 가져온다. 귀무 가설이 옳다면 이렇게 큰 차이가 나타날 가능성이 매우 낮기 때문이다. 사실 그 가능성은 5퍼센트 이하로, 처음에 개발자들이 정한 거짓인 양성의 비율과 같다.

어떤 결과가 통계적으로 유의미하다고 선언하는 데에 흔히 사용되는 마지막 수단은 p값(p-value)이다. p값은 귀무 가설이 참이라고 가정할 때 얻은 값과 같거나 더 극단적인 값이 나타날 **확률**을 말한다. 만약 p값이, 선택된 거짓인 양성 비율(5퍼센트)보다 작다면 결과가 통계적으로 유의

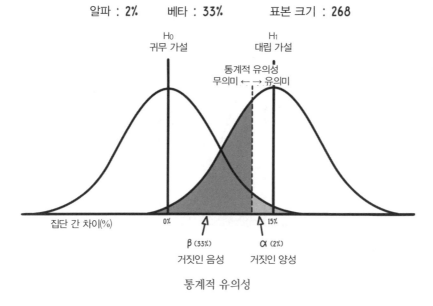

알파 : 2%　　베타 : 33%　　　표본 크기 : 268

H_0
귀무 가설

H_1
대립 가설

통계적 유의성
무의미 ← → 유의미

집단 간 차이(%)　　　　0%　　　　　　　15%

β (33%)　　α (2%)

거짓인 음성　　거짓인 양성

통계적 유의성

미하다고 할 수 있다. p값은 그런 유의성을 전달하기 위해서 연구 보고
서에 흔히 사용된다.

0.01퍼센트라는 p값은 만약 앱에 효과가 없다면 관찰된 값과 같거나
그보다 큰 차이가 나타날 확률이 1퍼센트에 불과하다는 뜻이다. 이 값은
왼쪽 종형 곡선의 꼬리 끝과 오른쪽 종형 곡선의 가운데에 가까운 숫자
값에 해당한다. 이는 앱에 15퍼센트의 효과가 있다는 대립 가설과 결과가
일치한다는 것을 가리킨다.

이제 두 집단 사이의 차이가 (동시에 두 종형 곡선 밑에서) 두 가설과
일치한다는 것을 보여주는, 두 곡선의 겹쳐진 부분을 눈여겨보자. 이 회
색 영역은 두 유형의 오류가 일어날 수 있는 위치를 뜻한다. 밝은 회색은
거짓인 양성의 영역이고 어두운 회색은 거짓인 음성의 영역이다.

거짓인 양성은 두 집단 사이에 큰 차이가 측정되지만(0.01의 p값처럼)

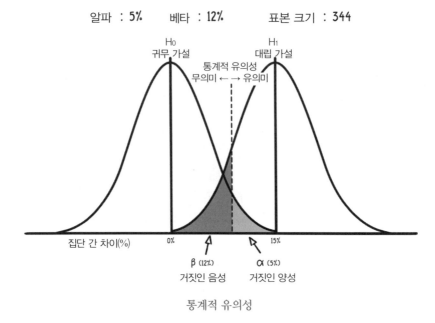

알파 : **5%**　　베타 : **12%**　　표본 크기 : **344**

Ho
귀무 가설

H₁
대립 가설

통계적 유의성
무의미 ← → 유의미

집단 간 차이(%)　　0%　　　　　　　　15%

β (12%)
거짓인 음성

α (5%)
거짓인 양성

통계적 유의성

실제로 앱의 역할이 전혀 없을 때 나타난다. 앱을 쓰지 않은 집단이 어쩌다 수면 장애가 있는 사람들로 구성되었거나, 앱을 사용한 집단이 어쩌다 쉽게 잠이 드는 사람들로 구성되었을 때 생기는 현상이다.

또 앱이 정말로 사람들을 빨리 잠들게 도와주는 경우 거짓인 음성이 나타날 수 있지만, 관찰된 차이가 통계적으로 유의성을 가지기에는 너무 작다. 만약 연구가 전형적인 80퍼센트의 검증력을 가진다면 이 거짓인 음성 시나리오가 나타날 확률은 20퍼센트이다.

표본 크기가 고정되었다고 가정하면, 거짓인 양성의 오류가 나타날 가능성을 줄이기 위해서는 밝은 회색 영역을 줄여서 점선을 오른쪽으로 옮겨야 한다. 그러나 그렇게 하면 거짓인 음성의 오류가 나타날 가능성은 높아진다(241쪽의 그래프를 240쪽의 그래프와 비교해보자).

다른 오류의 비율을 높이지 않고 오류의 비율 중 하나를 줄이고 싶다

검증력과 유의성에 따라서 달라지는 표본 크기

알파	신뢰 수준	베타	검증력	표본 크기
10%	90%	20%	80%	196
10%	90%	10%	90%	284
5%	95%	30%	70%	204
5%	95%	20%	80%	268
5%	95%	10%	90%	370
1%	99%	20%	80%	434
1%	99%	10%	90%	562

면 표본 크기를 늘려야 한다. 그렇게 하면 각 종형 곡선은 폭이 좁아진다 (이번에도 242쪽의 그래프를 240쪽의 그래프와 비교해보자).

표본 크기를 늘리고 종형 곡선의 폭을 줄이면 두 곡선이 겹치는 부분도 줄어들어 전체적인 회색 영역이 축소된다. 오류의 가능성이 줄어들기 때문에 당연히 바람직한 현상이다. 그러나 이 절의 처음에 밝혔듯이 표본 크기를 늘리는 것이 현실적이지 않은 많은 이유들이 있다(시간, 돈, 참가자에게 부과되는 위험 등).

위의 표는 수면 앱 연구의 오류 비율에 어느 정도의 제한을 두느냐에 따라서 달라지는 표본 크기를 보여준다. 오류 비율이 감소하려면 표본 크기가 반드시 증가해야 한다.

이 표의 표본 크기 값은 모두 15퍼센트 차이로 선택된 대립 가설에 의존한다. 만약 개발자들이 더 작은 차이를 감지하기를 원한다면 표본 크기는 증가하고, 더 큰 차이만 감지하기를 원한다면 표본 크기는 감소할 것이다.

연구 시간과 비용을 절약하려면 표본의 크기를 줄여야 하므로 연구자들은 대립 가설의 차이를 크게 잡으려는 경향이 있다. 그러나 그런 선택은 리스크가 높다. 예를 들면 개발자들이 대립 가설을 두 집단 사이에 (15퍼센트 차이에서) 30퍼센트 차이가 나는 것으로 바꾸면 표본 크기를 (268에서) 62로 줄일 수 있다.

그러나 만약 앱이 만들어내는 진짜 차이가 겨우 15퍼센트라면, 이렇게 작아진 표본 크기로 줄어든 차이를 감지할 확률은 32퍼센트에 불과할 것이다! 차이를 감지할 확률이 본래의 80퍼센트에서 32퍼센트로 떨어지면, 3분의 2의 경우 거짓인 음성의 결과를 얻어서 앱의 사용으로 향상할 수 있는 15퍼센트의 효과를 감지할 수 없다는 뜻이다. 결국 실험은 최소한의 유의미한 차이를 감지하도록 설계하는 것이 이상적이다.

p값과 통계적 유의성에 대해서 마지막으로 한마디 하겠다. 대부분의 통계학자들은 연구의 결과를 해석할 때 p값에 지나치게 의존하지 않도록 주의한다. 유의미한 결과를 찾는 데에 실패하는 것(충분히 작은 p값)은 효과가 없다는 확신을 가지는 것과 같지 않다. **증거의 부재는 부재의 증거가 아니기 때문이다.** 마찬가지로 연구를 통해서 낮은 p값을 얻었다고 해도 그것은 반복 가능한 결과가 아니다. 이 내용은 마지막 절에서 살펴볼 것이다.

통계적 유의성을 과학적, 인간적, 경제적 유의성과 혼동해서는 안 된다. 아주 미세한 효과도 표본 크기가 충분히 크면 통계적으로 유의미하다고 밝혀질 수 있다. 수면 연구 참가자의 수가 충분하면 두 집단 사이에 발생하는 1퍼센트의 차이도 감지할 수 있지만 그런 결과가 고객들에게 의미가 있을까? 그렇지 않다.

대신에 연구에서 측정된 차이와 그 신뢰 구간을 더 강조할 수 있다. 앱 연구에서 고객들은 앱을 사용하면 사용하지 않을 때에 비해서 더 쉽게 잠들 수 있는지, 얼마나 더 쉽게 잠들 수 있는지를 알고 싶어할 것이다.

개발자들은 그들의 추정에서 특정 오차 범위를 보장하기 위해서 표본 크기를 늘리기를 바랄 수도 있다.

더구나 미국 통계학회는 2016년 「미국의 통계학자(*The American Statistician*)」에서 "과학적 결론, 비즈니스나 정책 결정은 p값이 특정 임계값을 넘는지에만 의존해서는 안 된다"고 강조했다. p값에 너무 집중하면 흑백 논리에 빠지고, 연구에서 나온 풍부한 정보를 하나의 숫자로만 압축하게 된다. 그렇게 한 가지만 따지면 연구 설계에서 가능한 차선의 선택(예: 표본 크기)이나 끼어들 수 있는 편향(예: 선택 편향)을 간과하게 된다.

같은 결과가 나올 수 있을까?

지금쯤이면 당신도 우연에 불과한 실험 결과도 있다는 사실을 알아야 한다. 연구 결과가 우연이 아니라는 것을 확실히 하려면 반복이 가능해야 한다. 흥미롭게도 심리학 등의 분야에서는 긍정적인 결과를 반복적으로 얻기 위해서 엄청난 노력을 기울였지만 그럼에도 반복이 가능한 긍정적인 결과는 50퍼센트에 미치지 못했다.

이 비율이 너무 낮다는 문제 때문에 긍정적인 결과는 **반복 위기**(replication crisis)를 맞게 되었다. 이번 절에서는 이런 일이 어떻게 일어나고, 연구 분야에서 어떻게 신뢰도를 높일 수 있는지 설명하는 모델을 제시한다.

반복 노력은 거짓인 양성과 참인 양성의 결과를 구분하려는 노력이다. 이 두 집단에서 반복 가능성을 생각해보자. 거짓인 양성이 반복해서 나올 가능성(연구를 반복할 때 두 번째 거짓인 양성 결과가 나타날 가능성)이 겨우 5퍼센트일 것이라고 기대된다. 반면에 참인 양성은 반복 연구의 검증력에 따라서 반복 가능성을 80~90퍼센트로 기대할 수 있다. 논의의 편

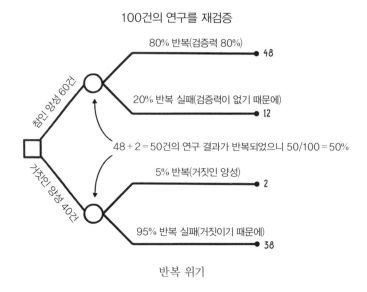

100건의 연구를 재검증

80% 반복(검증력 80%) 48

20% 반복 실패(검증력이 없기 때문에) 12

참인 양성 60건

48 + 2 = 50건의 연구 결과가 반복되었으니 50/100 = 50%

거짓인 양성 40건

5% 반복(거짓인 양성) 2

95% 반복 실패(거짓이기 때문에) 38

반복 위기

의상 이전 절에서처럼 이를 80퍼센트라고 가정하자.

이럴 때 반복율이 50퍼센트라면 약 60퍼센트의 연구가 참인 양성이고 40퍼센트는 거짓인 양성이어야 한다. 연구가 100건이라면, 참인 양성이 60건인 경우 그 가운데 48건이 반복 가능하다고 기대할 수 있다(60의 80퍼센트). 나머지 40건의 거짓인 양성 중에서는 2건(40의 5퍼센트)이 반복 가능해서 전체가 50건이 된다. 그래서 반복율은 연구 100건당 50건, 즉 50퍼센트이다.

결국 이 시나리오에서는 반복 실패의 약 4분의 1(50건 중에서 12건)은 반복 노력에서 검증력이 부족했던 탓이라고 설명할 수 있다. 이것들은 반복 연구를 추가로 실시하거나 본래의 반복 연구가 표본 크기를 늘린다면 성공적으로 반복될 가능성이 큰 참된 결과이다.

반복할 수 없었던 나머지 결과는 처음부터 긍정적인 결과를 가지지 못했어야 한다. 본래 연구 중에서 상당수는 그의 1종 오류 비율을 과소평가하여 거짓인 양성의 가능성을 높였을 것이다. 연구가 거짓인 양성의 비율을 5퍼센트로 설계할 때, 그 비율은 딱 하나의 통계 검정에 적용되지만 통계 검정이 딱 한 번만 실시되는 경우는 매우 드물기 때문이다.

통계적으로 유의미한 결과를 찾기 위해서 추가 검증을 실시하는 것을 데이터 준설(data dredging), 낚시, p해킹(충분히 작은 p값을 찾기 위해서 데이터를 조작하는 행위) 등 여러 가지 이름으로 부른다. 실험에서 얻은 명확한 데이터를 토대로 연구자가 새 가설을 만들도록 자극하므로 이런 조치들에는 대체로 좋은 의도가 담겨 있다. 가설을 분석하기 위해서 필요한 데이터가 이미 수집되었기 때문에 연구자들은 이런 추가 가설들을 검증하려는 강한 유혹을 느끼기 마련이다. 그러나 연구자가 이런 추가 검증에서 나타나는 결과를 과장할 때 문제가 생긴다.

248쪽의 만화를 보면 데이터 준설이 어떻게 일어나는지 알 수 있다. 젤리빈과 여드름 사이에 통계적으로 유의미한 관계가 발견되지 않을 때 과학자들은 충분히 낮은 p값을 찾을 때까지 21개의 부분 집단을 훑은 다음 "녹색 젤리빈이 여드름을 유발한다!" 따위의 표제를 들고 나온다.

통계 검정이 실시될 때마다 잘못된 결과가 나올 가능성은 5퍼센트 이상으로 계속 오른다. 이를 확인하고 싶다면 당신에게 20면짜리 주사위가 있다고 가정해보자. 첫 검증에서 실수를 할 확률은 주사위를 굴려 1이 나올 확률과 같다. 검증을 1번씩 추가로 실시하는 것은 주사위를 1번씩 더 굴리는 것과 같고, 1이 나올 확률은 매번 20분의 1이다. 21번을 굴린 다음에는(만화 속 21가지 젤리빈 색깔에 맞춰서) 1이 최소 1번 나왔을 확률, 즉 잘못된 결과가 최소 1번 나왔을 확률이 약 3분의 2가 된다.

이런 식의 데이터 준설이 노상 실시된다고 보면 반복되어야 할 많은 연구들이 원래 거짓인 양성이었던 이유를 짐작할 수 있다. 다시 말하면 이

100건의 연구에서 거짓인 양성의 기저율은 5퍼센트보다 훨씬 클 가능성이 높기 때문에 반복 위기의 큰 부분은 기저율의 오류로 설명할 수 있다.

연구가 통계적으로 유의미한 결과를 보이면 이것이 출판될 가능성이 매우 높아진다. 불행히도 이런 경향은 **출판 편향**(publication bias)으로 이어진다. 통계적으로 유의미한 결과를 찾지 못한 연구들도 과학적으로 의미가 있지만 연구자와 **출판사** 모두 다양한 이유로 그런 연구에 대해서 **편향**을 가진다. 이를 테면 학술지의 한정된 지면 때문에 출판사는 기왕이면 유의미한 발견이 없는 연구보다는 유의미한 발견이 있는 연구를 선택하려고 한다. 성공한 연구가 언론과 다른 연구자의 관심을 끌 가능성이 높은 이유는 그 때문이다. 그렇게 되면 연구자들의 입장에서도 유의미한 결과를 밝힌 연구가 경력 발전에 훨씬 더 유리하다.

따라서 실험에서는 유의미한 결과를 찾을 강력한 동기가 있다. 248쪽의 만화에서도 최초 가설은 의미 있는 결과를 내지 않았지만 실험을 "소생시킨" 다음 결국 출판되었다. 2차 가설이 실제로 유의미한 결과를 보여주었기 때문이다. 이런 거짓인 양성 결과의 출판은 곧바로 반복 위기를 낳고, 엉터리 가설은 향후의 연구에 영향을 주어 과학 발전을 지연시킨다. 그리고 부정적인 결과가 보고되지 않는다면 과거에 누가 그런 연구를 했는지 아무도 알 수 없기 때문에 다른 사람들이 똑같은 부정적인 가설을 반복하여 검증하는 헛수고를 하게 된다.

연구가 반복될 수 없는 이유는 그밖에도 많다. 우선 앞에서 소개한 다양한 편향들(예: 선택 편향, 생존자 편향 등)이 결과에 영향을 미칠 가능성이 있다. 다른 이유는 원래 연구의 효과가 사실은 별로 대단하지 않은데도 우연히 인상적으로 보였을 가능성(평균으로의 회귀)이다. 이런 경우 반복 연구는 작은 효과를 감지할 수 있는 충분히 큰 표본 크기를 확보하지 않아서(충분한 검증력이 없어서) 반복에 실패한 것이다.

이런 문제를 극복할 방안은 다음과 같다.

- 낮은 p값을 이용해 최초 연구에서 실시된 모든 검증의 거짓인 양성 오류를 적절히 설명한다.
- 작은 크기의 효과를 감지할 수 있도록 반복 연구에서 표본 크기를 크게 잡는다.
- p해킹을 피하기 위해서 사전에 통계 검정을 구체화한다.

그럼에도 반복 위기와 그 원인들 때문에, 특히 데이터가 어떻게 수집, 분석되었는지 모를 때는 모든 개별 연구들에 의심을 품어야 한다. 더 나아가 어떤 주장을 해석할 때는 그 주장을 지지하는 데이터를 비판적으로 평가하는 것이 중요하다. 그 주장은 개별 연구에서 나왔을까, 아니면 그 주장을 뒷받침하는 다수의 연구가 있었을까? 그 주장이 다수의 연구를 근거로 삼았다면 그 연구들은 어떻게 설계되었을까? 설계와 분석에서 모든 편향이 설명되었을까? 등등을 고려해야 한다.

이런 평가를 하려면 심층 조사가 필요할 때가 많다. 언론 매체는 틀린 결론을 이끌어낼 수 있고, 실험의 전체적인 설계를 이해하고 그 품질을 평가하는 데에 필요한 세부 내용을 좀처럼 제공하지 않으므로 당신은 과학 출판물의 원본을 참고해야 한다. 거의 모든 학술지들은 연구의 통계적 설계를 설명하는 부분을 요구하지만 일반적인 학술지에서는 길이 제한 때문에 세부 내용을 제외하기도 한다. 연구 웹사이트에서 긴 버전의 자료나 관련 프레젠테이션을 찾아보자. 연구자들에게 질문해도 대체로 기꺼이 대답을 해줄 것이다.

여러 개별 연구로 구성된 하나의 큰 연구 프로젝트를 찾는 것이 가장 이상적이다. 그것은 특정 결과가 우발적인 사건인지에 대한 의심을 없애줄 것이다. 운이 좋다면 누군가가 이미 당신의 연구 문제에 대해서 체계적 문헌 고찰(systematic review)을 발표했을지도 모른다. 체계적 문헌 고찰은 특정 주제에 대한 연구 전체를 동원해서 연구 문제를 평가하는 체계적인 방법이다. 특정 영역에서 연구 결과들을 **고찰하기** 위해서 상세하고 포괄적인 (**체계적인**) 계획을 세우고 그 과정에서 편향을 제거하기 위한 관련 연구들을 확인한다.

전부는 아니지만 일부 체계적 문헌 고찰에는 메타 분석(meta-analysis)이 포함된다. 이는 통계 기술을 이용해 여러 연구에서 얻은 데이터를 한 번에 분석하는 방법이다. 자료 중심의 보고 사이트인 파이브서티에이트(FiveThirtyEight)가 좋은 예이다. 이 사이트에서는 정치적인 결과를 더 정확히 예측하기 위해서 여론조사 자료 전체를 메타 분석한다.

메타 분석은 여러 연구의 데이터를 결합해서 정밀도와 추정의 정확성을 높이는 것과 같은 많은 이점들이 있다. 그러나 단점도 없지 않다. 이를테면 설계와 표본 집단이 너무 다른 여러 연구의 데이터를 결합하는 것은 문제가 될 수 있다. 또 메타 분석은 최초 연구의 편향을 스스로 제거할 수 없다. 게다가 체계적 문헌 고찰과 메타 분석은 공개적으로 입수할 수 있는 결과만을 포함하기 때문에 출판 편향으로 나쁜 영향을 받을 수 있다.

어떤 주장의 타당성을 살필 때 우리는 우선 철저한 체계적 문헌 고찰이 실시되었는지 확인하고, 만약 실시되었다면 그것을 시작점으로 삼는다. 결국 체계적 문헌 고찰과 메타 분석은 정책결정자가 의료 지침을 개발하는 등의 의사결정을 할 때도 흔히 사용된다.

이번 장에서 분명히 알 수 있는 사실은 훌륭한 실험 설계가 어렵다는 것이다! 우리는 확률과 통계가 불확실성이 내재된 문제를 이해하는 데에 유용한 도구라는 사실을 당신이 이미 깨달았기를 바란다. 그러나 이번 절에서는 통계가 불확실성에 대한 마법의 치료약은 아니라는 점을 분명히 깨달았어야 한다. 통계학자 앤드루 겔만은 2016년에 「미국의 통계학자」에서 우리는 "불확실성을 폭넓게 수용하고 편차를 끌어안는 방향으로 나아가야 한다"라고 주장했다.

일반적으로 통계는 다양한 상황에서 자신 있게 예측하는 데에 도움을 주지만 개별 사건에서 어떤 일이 일어날지 정확히 예측하지는 못한다는 사실을 유념해야 한다. 평균적인 여름날은 당신이 가장 좋아하는 해변에서 시간을 보내기에 적합한 맑고 따뜻한 날씨이지만, 당신이 휴가를 떠나기로 계획한 주일에 비가 쏟아지거나 때에 맞지 않게 쌀쌀하지 않으리라는 보장은 없다.

마찬가지로 의학 연구는 당신이 담배를 피우면 폐암에 걸릴 위험이 커진다고 말한다. 당신은 평균적인 흡연자가 한평생 폐암에 걸릴 신뢰 구간을 추측할 수 있지만, 확률과 통계만으로 특정 흡연자에게 구체적으로 무슨 일이 일어날지는 알 수 없다.

확률과 통계는 마법이 아니지만 다양한 결과의 가능성을 둘러싼 확신을 설명하는 데에는 유익하다. 분명 주의해야 할 함정은 많다. 그러나 불확실성을 극복하는 데에는 짐작이나 의견보다 연구와 데이터가 더 유용하다.

요점 정리

- 도박사의 오류나 기저율의 오류에 굴복하지 말자.
- 데이터에서 발견할 수 있는 일화적 증거와 상관관계를 바탕으로 훌륭한 가설을 세울 수 있지만, 상관관계가 인과관계를 암시하지는 않는다. 강력한 결론을 이끌어내기 위해서는 정교하게 설계된 실험이 필요하다.
- 통계적 유의성을 보여주는 무작위 통제 실험이나 A/B 테스팅 등 신뢰할 수 있는 실험 설계를 찾자.
- 중심극한정리 때문에 실험적 분석에서는 정규분포가 특히 유용하다. 정규분포에서는 약 68퍼센트의 값이 1표준편차 안에, 95퍼센트는 2표준편차 안에 속한다는 사실을 기억하자.
- 개별 실험의 결과는 거짓인 양성이나 거짓인 음성이 될 수 있고 수많은 요인들에 의해서 편향될 수도 있다. 그중 선택 편향, 반응 편향, 생존자 편향이 가장 흔하다.
- 반복 가능성은 결과의 신뢰도를 높이므로 어떤 분야를 조사할 때는 체계적 문헌 고찰과 메타 분석부터 찾아보자.
- 불확실성을 다룰 때, 언론에 보도되었거나 당신이 직접 계산한 값은 그 자체로는 불확실하므로 오차 막대로 값을 찾아내어 보고해야 한다는 사실에 늘 유념하자!

●

제6장

의사결정하기

당신의 결정이 어떤 결과를 가져올지 안다면 의사결정은 식은 죽 먹기이다! 의사결정이 어려운 이유는 불완전한 정보를 이용해야 하기 때문이다.

당신이 이직을 고민하고 있다고 해보자. 그렇다면 여러 단계를 생각해야 한다.

- 조건(보상, 직장의 위치, 조직의 사명 등)이 좀더 나으면서 지금 하고 있는 일과 같은 일을 찾을 수 있다.
- 현재 직장에서 승진을 위해서 한층 더 노력할 수 있다.
- 유사한 조직의 더 높은 자리로 옮길 수 있다.
- 다시 학교로 돌아가서 전공 분야를 아예 바꿀 수 있다.

그밖에도 많은 대안들이 있다. 깊이 파다 보면 선택의 폭은 끝없이 넓어 보인다. 그리고 실제로 몸을 담아보기 전에는 그 어떤 대안에 대해서도 온전히 시도해보았다고 할 수 없다. 인생이라는 것이 원래 그렇다.

"내가 우리 애들한테 스트레스를 준다고는 생각하지 않아요.
때가 되면 당연히 로스쿨에 가는 선택을 할 테니까요."

    이 대안들을 전부 검토하는 방법은 없을까? 이런 상황에서 대부분의
사람들은 장단점 리스트(pro-con list)를 작성하는 것을 시도할 수 있다.
어떤 결정을 했을 때 얻을 수 있는 긍정적인 면(장점)을 전부 **열거해서**, 그
결정으로 인해서 발생할 수 있는 부정적인 면(단점)과 비교하는 방법이다.

    간단한 결정을 할 때에는 유용하다고 해도 이 장단점 따지기에는 심각
한 결함이 있다. 우선 이 리스트는 딱 두 가지 대안만 있다고 가정하지
만 보통은 더 많은 대안들이 존재한다. 둘째로 모든 장점과 단점이 똑같
은 무게를 가지는 듯이 취급한다. 셋째로 장단점 리스트에서는 각 항목
을 따로따로 취급하지만 사실은 서로 관련이 있는 경우가 많다. 넷째로
장단점 리스트는 장점이 단점보다 훨씬 더 명백할 때가 많다는 것이다.
이런 불균형은 남의 떡이 더 커 보이는 착각(grass-is-greener mentality)으로
이어져서 마음속으로 긍정적인 면(예: 더 큰 떡)을 강조하고 부정적인 면
을 간과하게 한다.

일례로 2000년에 가브리엘은 학교를 졸업하고 사업가로 사회생활을 시작했다. 초창기에 그는 이따금씩 직접 회사를 차리기보다는 기업에 자금을 대고 기업을 지원하는 벤처 자본회사로 이직하는 대안을 고민했다. 처음에 장단점 리스트를 만들어보니 이직이 더 현명한 선택처럼 보였다. 장점(세상을 바꿀 창업주들과 함께 일할 기회, 지극히 높은 보상을 받을 가능성, 직접 창업을 할 때 감수해야 할 위험과 스트레스 없이 고 레버리지 방식으로 스타트업을 지원할 기회 등등)은 아주 많았고 단점은 딱히 없어 보였다.

그러나 그가 충분히 인식하지 못했거나 당시만 해도 잘 몰랐던 몇 가지의 단점(내향적인 사람에게 불리한 혹독한 사회활동, 사람들에게 끊임없이 거절의 말을 해야 한다는 부담감, 생소한 분야에 뛰어드는 어려움, 고군분투하고 있는 회사에 대부분의 시간을 쏟아야 한다는 사실 등등)이 있었다. 어떤 사람들에게는 멋진 일임이 분명하겠지만 벤처 자본회사는 가브리엘의 적성에 맞지 않았다. 그러나 처음에는 그도 그 사실을 알지 못했다. 시간이 흐르고 경험이 쌓이면서 전체 그림이 선명해졌고(적어도 그에게는 남의 떡이 커 보이지 않았다) 이제 그는 직업을 바꿀 계획이 없다.

이 이야기를 한 이유는 당신의 경험이 제한적일 때는 완벽한 장단점 리스트를 만들기가 어려울 수밖에 없음을 보여주려는 것이다. 이번 장에서 다룰 다른 정신 모델들은, 당신이 이런 상황에 더 객관적이고 회의적으로 접근하여 전체 그림을 빨리 파악하고 그에 따라서 어떤 조치를 취할지 이해할 수 있도록 도와줄 것이다.

가진 것이 망치뿐이면 모든 것이 못으로 보인다는 말을 들어보았을 것이다. 매슬로의 망치(Maslow's hammer)라고 불리는 이 말은 심리학자 에이브러햄 매슬로가 1966년에 쓴 『과학 심리학(*The Psychology of Science*)』에서 유래했다.

나는 세차를 말끔하게 해주는 정교하고 복잡한 자동 세척기를 본 적이 있다. 그런데 그 기계로는 오직 세차만 할 수 있었고, 클러치에 잡히는 다른 물건도 전부 세차가 필요한 자동차처럼 취급했다. 만약 내 손에 들린 도구가 망치뿐이라면 모든 것을 못처럼 취급하고 싶은 유혹이 생기는 것도 당연하다고 생각한다.

의사결정 모델에서 망치는 장단점 리스트이다. 유용할 때도 있지만 모든 결정에서 최적의 도구인 것은 아니다. 다행히 다양한 상황에 걸쳐서 당신의 대안과 그것이 가져올 결과를 효과적으로 찾고 평가할 수 있도록 도와줄 다른 의사결정 모델도 있다. 까다롭고 중대한 결정은 더 복잡한 정신 모델을 요구한다. 그러나 단순한 상황에 복잡한 모델을 적용하는 것은 과잉이다. 이용할 수 있는 다양한 범위의 정신 모델을 인식하고 상황에 맞는 가장 적절한 도구를 선택하는 것이 최선이다.

비용과 편익 가늠하기

장단점 리스트를 쉽게 개선하는 방법은 항목에 번호를 붙이는 것이다. 각각의 장점과 단점을 훑어본 다음 그 옆에 −10점에서 10점 사이의 점수를 매겨 그 항목이 다른 항목에 비해서 상대적으로 어느 정도의 가치를 가지는지 표시한다(단점에는 마이너스 표시를, 장점에는 플러스 표시를 한다). 새로운 일자리를 고민할 때는 높은 급여보다 직장의 위치가 당신에게 훨씬 더 중요하지 않은지 생각해본다. 만약 그렇다면 위치에 높은 점수를 준다.

　이런 식으로 점수를 매기면 장단점 리스트의 결함을 일부 극복하는 데에 도움이 된다. 이제부터 각 항목들은 똑같이 취급되지 않는다. 서로 관련된 항목들은 여러 개를 하나의 점수로 묶을 수도 있다. 이제 다양한 대안들을 더 쉽게 비교할 수 있게 되었다. 각 대안(예:일자리 제안)의 장단점 점수를 모두 더해서 어느 대안의 점수가 가장 높은지 살펴보자.

　장단점 리스트를 확장한 이 방법은 다양한 상황에서 유용하게 적용할 수 있는 비용편익 분석(cost-benefit analysis)의 간단한 형태이다. 이 강력한 정신 모델은 폭넓은 대안들 사이에서 **편익(장점)**과 **비용(단점)**을 **분석하는** 데에 도움이 된다.

　단순한 상황에서는 방금 소개한 점수 매기기가 주효하다. 이 절의 나머지 부분에서 우리는 보다 복잡한 상황에서 비용편익 분석을 어떻게 적용해야 하는지 설명하고 몇 가지 정신 모델을 더 소개할 것이다. 당신이 복잡한 비용편익 분석법을 직접 사용하지는 않는다고 해도 그 원리를 이해할 필요는 있다. 정부나 기업에서 중요한 결정을 내릴 때 사용하는 방법이기 때문이다. (수학 주의보:숫자와 관계가 있기 때문에 약간의 계산이 필요하다.)

　좀더 정교한 방법을 쓰고 싶다면 각 항목 옆에 상대적인 점수(예:-10점부터 10점)를 매기는 대신 달러 가치(예:-100달러, +5,000달러 등)를 표시해보자. 이제 비용과 편익을 전부 더하면 대안의 추정 가치를 달러로 환산할 수 있다.

　주택을 구입하는 대안을 고려 중일 때는 지금 당장 지불해야 할 비용(계약금, 점검비, 매매 수수료 등)에는 무엇이 있는지에서부터 시작해서, 시간이 흐르면서 나가게 될 돈(담보대출금, 인테리어 비용, 세금 등등 끝이 없다), 집을 팔 때 돌려받을 수 있는 금액 등을 적어본다. 그것들을 전부 더하면 장기적으로 어느 정도의 이익이나 손해를 감수해야 할지 추정할 수 있다.

장단점 리스트가 그렇듯이 비용편익 분석에서도 모든 비용과 편익을 고려하기는 어렵다. 그러나 이 모델은 꼼꼼하게 따져야만 쓸모가 있다는 사실을 잊지 말자. 최종적으로 산출된 숫자를 근거로 결정을 해야 하기 때문이다. 비슷한 결정을 한 사람들에게 당신이 놓친 비용과 편익을 지적해달라고 부탁하는 전략이 도움이 될 것이다. 예를 들면 다른 집주인들과 이야기를 나눠보면 당신이 전혀 고려하지 못한 유지 비용(물건이 얼마나 자주 망가지는지, 죽은 나무들을 제거하는 데에는 얼마나 드는지 등)에는 무엇이 있는지 알 수 있다. 집을 오래 소유해본 사람들이라면 숨겨진 막대한 비용을 술술 읊어낼 것이다(경험에서 우러나온 교훈이다!).

비용과 편익을 기록하다 보면 그중 일부는 꼬집어 내기가 어렵다는 사실을 알 수 있다. 집을 계속 예로 들어보면, 당신은 구입한 주택을 계속 깔끔한 상태로 유지하기를 원할 테고 그런 욕구는 추가적인 "비용"이 될 수 있다. 반면에 집을 소유하면 집주인을 상대하지 않아도 되는 등 보이지 않는 편익도 있다. 비용편익 분석에서 이런 애매한 사항들을 찾으면, 대략적인 추정이라고 해도 그것들이 당신에게 주는 가치에 일정한 달러 가치를 매기는 것이 좋다. 그렇게 하면 당신이 고려 중인 해결책들을 정량적으로 비교하는 데에 도움이 된다.

무형의 비용과 편익을 달러 가치로 표현하는 것이 부자연스럽게 느껴질 수도 있다. 집주인과 실랑이를 벌일 필요가 없다는 것에 어느 정도의 가치를 매겨야 할지를 어떻게 알 수 있을까? 그러나 생각해보면 장단점 리스트에 점수를 매기는 것과 별반 다르지 않다. 점수 매기기를 기반으로 매달 지불해야 할 추가 금액을 (10점 만점에) -10점으로 정하고 집주인을 상대하지 않아도 되는 이점을 (10점 만점에) +1점으로 정한다면 금방 추산을 시작할 수 있다. 추가 부담 금액을 10으로 나누기만 하면 되기 때문이다. 추가 부담 금액이 매달 1,000달러로 예상된다고 해보자. 그러면 당신은 집주인을 피하는 것에 한 달에 100달러의 가치가 있다고 추정하는 셈이다. 물론 당신이 보기에 더 적절한 다른 수치가 있다면 그것을 골라도 된다.

정확하게 알지 못하는 가치를 구체적으로 정하려니 너무 제멋대로 같아서 찜찜할 수도 있다. 그러나 그 방법은 분석에 정말로 도움이 된다. 어떤 대상이 얼마나 가치가 있는지 실제로 감을 잡고 (정확하지 않더라도) 그 감을 분석에 반영하면 결과가 훨씬 더 나아지기 때문이다. 그리고 잠시 후에 살펴보겠지만 이런 가치들이 당신의 결과에 얼마나 영향을 주는지 시험하는 방법도 있다.

지금까지는 점수 매기기와 달러 가치 매기기를 살펴보았다. 이번에는 스프레드시트로 넘어가보자! 이제 비용과 편익을 일렬로 나열하는 대신, 시간 순서에 따라서 배치한다. 각 항목에 한 열씩 배정하고, 각 행에는 시간 순서대로 특정 연도에 그 항목에 의해서 발생한 비용이나 편익을 열거한다. 그래서 첫 행에는 당신이 예상하는 올해(0년)의 비용과 편익을 전부 기록하고, 다음 행에는 1년, 그다음에는 2년의 예상치를 표시한다. 매달 2,000달러의 담보대출금을 기록하는 열에는 대출 기한이 끝날 때까지 -2만4,000달러, -2만4,000달러, -2만4,000달러 같은 수치가 표시될 것이다.

이런 식으로 시간의 흐름에 따라서 비용과 편익을 배열하는 것이 중요한 이유는 (더 명확해져서이기도 하지만) 당신이 오늘 얻는 편익이 나중에 얻게 되는 같은 편익보다 가치가 있기 때문이다. 여기에는 꼭 짚고 넘어가야 할 세 가지 이유가 있으므로 잠시 다른 길로 새는 것을 양해해주기를 바란다. 비용편익 분석은 잠시 후에 다시 살펴보겠다.

첫째로 오늘 당신의 손에 돈(또는 다른 편익)이 들어오면 당신은 그것을 당장 사용할 수 있다. 그렇게 되면 당신은 돈이 없었다면 누리지 못했을 기회를 얻게 된다. 그 자금을 즉시 다른 곳에 투자해 수익을 올리거나, 자신에게 투자해 교육을 더 받을 수는 있다(제3장 **자본의 기회비용** 참고).

둘째로 대부분의 경제권에는 일정 수준의 인플레이션(inflation)이 있다. 이는 시간이 흐를수록 가격이 **오르는** 현상을 말한다. 그 결과 미래에는 화폐의 구매력이 현재보다 줄어든다. 우리가 어렸을 때 피자 한 조각은 보통 1달러였는데 지금은 3달러까지 치솟았다! 이것이 바로 인플레이션이다.

앞으로 10년 뒤에 100달러를 얻는다면, 인플레이션 때문에 지금 100달러로 살 수 있는 만큼의 물건을 살 수 없다. 그래서 오늘 당장 손에 넣을 수 있는 돈과 같은 금액을 10년 뒤에 받으려는 사람은 없다.

셋째로 미래는 불확실하기 때문에 당신이 예측한 비용과 편익이 바뀔 위험이 있다. 예를 들면 현금, 주식시장, 이자율에 의존하는 편익은 가치가 출렁이기 마련이고 먼 미래로 갈수록 그 가치를 예측하기는 더 어려워진다.

이제 다시 비용편익 분석으로 돌아가보자. 당신 앞에는 시간에 따른 현재와 미래의 비용, 편익이 배치된 스프레드시트가 있다. 현재와 미래의 편익 사이의 가치 차이를 설명하기 위해서 제3장에서 소개한 **할인율**이라는 정신 모델을 이용한다. 미래의 편익(과 비용)을 현재와 비교할 때는 할인을 해야 한다. 다음 예에서 그 원리를 살펴보자.

비용편익 분석

	시간						
	0년	1년	2년	3년	4년	…	10년
비용	$(5만)	-	-	-	-	…	-
편익	-	-	-	-	-		$10만
할인율(6%)	$5만5,839					…	
순 편익	$5,839					…	

비용편익 분석은 간단한 투자에 가장 쉽게 적용할 수 있기 때문에 투자를 예로 들어보겠다. 채권은 대출처럼 운영되는 흔한 투자 수단이다. 당신은 채권이 만기되면 돌려받기를 기대하면서 오늘 돈을 투자(대출)한다. 채권에 5만 달러를 투자하면 10년 뒤에는 10만 달러를 돌려받으리라고 예상할 수 있다. 위에서처럼 표를 만들어 따라가보자.

오늘(0년)의 채권 구입 가격은 5만 달러이다. 채권이 만기가 되었을 때 당신이 돌려받는 미래(10년)의 편익은 10만 달러이다. 그러나 앞에서 밝혔듯이 그 편익이 오늘날의 가격으로 10만 달러는 아니다. 현재 가치를 계산하려면 이 미래 편익을 할인해야 한다.

6퍼센트의 할인율(이 상황에서는 비교적 적절한 할인율이다. 이 내용은 잠시 후에 다룬다)로 당신은 순 현재 가치를 계산해서 10년 뒤에 10만 달러라는 편익을 오늘날의 달러 가치로 환산할 수 있다(기억을 되살리고 싶다면 제3장을 다시 확인하자). 공식은 1.06^{10}분의 10만 달러이고 당신은 5만5,839달러라는 결과를 얻는다.

비교적 복잡한 비용편익 분석이라도 이 정도면 충분하다! 현재 가치로 할인된 비용과 편익을 전부 더하면 분석이 끝난다. 할인된 편익 5만5,839달러에서 최초 비용 5만 달러를 빼면 5,839달러가 남는다.

민감도 분석

할인율(%)	순 편익($)
0	5만
2	3만2,035
4	1만7,556
6	**5,839**
8	-3,680
10	-1만1,446
12	-1만7,803
14	-2만3,026
16	-2만7,332

당신은 순 편익이 양의 값이기를 바랄 것이다. 그렇지 않으면 (현재 가치로) 더 손해를 본다는 뜻이니 안 하느니만 못한 거래가 된다. 이 경우 순 편익이 양의 값이기 때문에 여러 대안들 중에서 고려할 가치가 있는 투자로 볼 수 있다.

비용편익 분석에서 가장 중요한 문제는 이 최종 결과가 선택된 할인율에 민감하다는 것이다. 이 민감도를 밝히는 수단인 **민감도 분석**(sensitivity analysis)은 어떤 모델이 그 입력 값에 얼마나 **민감한지를 분석하는** 데에 유용하다. 5만 달러 채권의 예를 통해서 할인율에 대한 민감도 분석을 해보자. 그렇게 하려면 할인율을 바꿔가며 바뀐 할인율에 대한 순 편익을 계산해야 한다.

작아 보이는 할인율의 차이가 순 이익에서 얼마나 큰 차이를 내는지 눈여겨보자. 그 말은 순 편익이 할인율에 매우 민감하다는 뜻이다. 할인율이 6퍼센트일 때 순 편익은 양의 값이지만, 4퍼센트에서는 이 값이 3배나 크고 8퍼센트에서는 음의 값이 된다. 할인율이 높을수록 미래 편익이 더 많이 할인되기 때문이다. 너무 많이 할인되면 순 편익은 결국 마이너스로 떨어진다.

이렇게 민감도 분석을 하면 합리적인 할인율 밑에서 기대할 수 있는 순편익의 범위를 추측할 수 있다. 마찬가지로 확실하지 않은 어떤 입력값이든 민감도 분석을 하면 그것이 결과에 얼마나 영향을 주는지 알 수 있다.

집주인이 없다는 사실이 가지는 가치 등 무형의 비용과 편익에 달러 가치를 부여하는 것이 어렵다는 얘기는 앞에서 했다. 당신은 민감도 분석을 이용해서 그 입력 값이 결과에 얼마나 중요한지, 여러 적절한 값이 어떻게 결과에 직접적인 영향을 주는지 검증할 수 있다.

대체로 민감도 분석은 스프레드시트 입력값에서 핵심 인자들을 신속히 밝히도록 도와주고, 추정의 정확도를 높이려면 어디에 더 많은 시간을 들여야 하는지 보여준다. 민감도 분석은 통계에서도 흔히 사용되는데, 우리는 이미 제5장에서 실험을 설계할 때 표본 크기가 **알파**와 **베타**에 어떻게 민감하게 반응하는지를 보여주며 또다른 민감도를 소개한 적이 있다.

비용편익 분석에서는 할인율이 항상 핵심 요소라는 점을 감안하면, 할인율의 합리적인 범위를 이해하는 것이 무엇보다 중요하다. 그렇게 하기 위해서 인플레이션(화폐의 구매력이 시간에 따라서 변할 수 있음), 불확실성(편익이 실제로 발생할 수도, 발생하지 않을 수도 있음), 자본의 기회비용(돈을 다른 데에 쓸 수도 있었음) 등 할인율의 바탕이 되는 요소들을 다시 생각해보자. 이런 요소들은 상황에 의해서 영향을 받기 때문에 불행히도 주어진 상황에 어떤 할인율을 적용해야 하는지에 대한 정답은 없다.

정부는 대체로 이자율에 가까우며 인플레이션율에 따라서 달라지는 할인율을 사용한다. 대기업은 대출 금리와 과거 프로젝트에서 얻은 투자 수익률을 고려한 복잡한 방법을 사용하므로 정부 이율보다 대체로 훨씬 더 높은 할인율을 적용한다. 투기성이 강한 신규 업체는 훨씬 높은 할인율을 사용해야 한다. 돈을 빌리는 데에 많은 비용이 들고 자금이 바닥나거나 경쟁 업체에 따라잡힐 위험이 크기 때문이다. 따라서 용인되는 할인율의 범위는 인플레이션율에 가까운 수준에서부터, 극도로 고위험, 고수익의 상황에서 경우 50퍼센트를 넘는 등의 경우까지 폭넓게 변할 수 있다.

당신이 돈을 빌릴 때 적용되는 이자율 정도면 무난하다. 투자 수익은 이자율보다 높아야 하고 그렇지 않으면 돈을 빌려서 투자를 해서는 안 된다. 이 이자율 안에는 일반적으로 이미 인플레이션율이 포함되어 있음에 유의하자. 신용 금리는 이자율에 따라서 달라지고 이자율은 보통 인플레이션에 따라서 변하기 때문이다. 즉 당신에게 돈을 빌려주는 사람들은 인플레이션으로부터 보호받기를 바라기 때문에 대개 대출 금리에 예상되는 인플레이션율을 포함시킨다.

다른 할인율을 적용하면 투자의 양상이 크게 달라질 수 있기 때문에 다양한 상황에서 어떤 할인율을 적용하는 것이 가장 적절한지에 대해서는 의견이 분분하다. 정부 사업을 할 때에 특히 그렇다. 할인율이 얼마인지에 따라서 우선하는 사업이 달라질 수 있기 때문에 특정 할인율을 선택하면 여러 이익 집단으로부터 많은 압박을 받을 수 있다.

다른 문제는 비용이나 편익이, 이를 테면 기후변화를 완화하는 것처럼 먼 미래에까지 지속되리라고 예측될 때 발생한다. 할인율의 효과는 시간이 흐르면서 더 커지기 때문에 다소 낮은 할인율도 먼 미래의 효과를 0에 가깝게 할인할 수 있다. 이는 미래 세대에 미치는 영향을 중시하지 않는 결과를 낳게 되므로 일부 경제학자들은 그것이 불공평하고 비도덕적일 수 있다고 본다.

비용편익 분석은 비록 할인율에 이렇게 큰 문제가 있지만, 의사결정을

"글쎄요, 잭. 이 '마법의 콩' 스타트업은 좀 위험해 보이는데요."

진행하는 방법을 둘러싼 보다 양적인 논의의 틀을 짤 때 무척이나 가치 있는 모델이다. 많은 정부에서는 정책 대안을 평가할 때 반드시 비용편익 분석을 실시한다. 1981년에 미국 대통령 로널드 레이건은 "규제 조치는 규제가 사회에 주는 잠재적 편익이 사회에 부과하는 비용보다 크지 않으면 실행할 수 없다"고 선언하는 행정명령 12291호에 서명했다. 이 문구는 차기 미국 대통령들에 의해서 수정되었지만, 미국 연방 정부가 주요 규제 조치안 대부분에 대해서 비용편익 분석을 실시하면서 그 핵심 개념은 정책에 지속적으로 영향을 주었다.

비용편익 분석과 관련하여 주의해야 할 마지막 문제는 시간대가 다른 두 대안을 비교하기가 까다롭다는 점이다. 이 함정을 이해하기 위해서 앞에서 언급한 이론상의 채권 투자와 다른 채권 투자를 비교해보자. 우리는 앞에서 5만 달러를 투자해 10년 후 10만 달러를 돌려받는 채권 투자를 했다. 6퍼센트 할인율을 적용하면 오늘날의 가치로 5,839달러의 순 편익

이 발생한다.

우리의 새 투자도 5만 달러의 채권 투자이지만 10년 뒤에 10만 달러를 받는 대신 6년 뒤에 7만5,000달러를 받는 조건이다. 이 두 번째 채권의 현재(0년) 비용도 5만 달러이다. 똑같이 6퍼센트 할인율을 적용하면 6년 뒤의 편익인 7만5,000달러는 현재 가치 5만2,872달러로 할인되고 순 편익은 2,872달러(5만2,872달러−5만 달러)가 된다. 이 순 편익은 첫 번째 채권 투자 기회의 순 편익인 5,839달러보다 적기 때문에 처음 채권이 더 나은 투자처인 것처럼 보인다.

그러나 만약 당신이 두 번째 채권을 구입했다면 6년 뒤에 7만5,000달러가 풀리므로 그 돈을 다른 곳에 4년 더 투자할 수 있다. 만약 그 돈을 충분히 높은 이율로 새로 투자할 수 있다면 이 두 번째 채권이 더 매력적일 수 있다. 따라서 비교를 할 때는 같은 기간 동안 일어날 수 있는 다른 사건을 고려해야 한다.

다시 말하면 비용편익 분석은 당신이 집어넣는 숫자에 의해서만 좌우될 뿐이다. 컴퓨터 과학에는 이런 현상을 묘사하는 쓰레기를 넣으면 쓰레기가 나온다(garbage in, garbage out)는 모델이 있다. 비용과 편익에 대한 추정치가 매우 부정확하거나 시간 계산이 맞지 않거나 할인율이 잘못 추정되면(쓰레기 투입) 최종 결과에도 오류가 생긴다(쓰레기 산출).

반면에 정확한 추정을 하는 데에 심혈을 기울이고 적절한 민감도 분석을 한다면 비용편익 분석은 의사결정 과정의 틀을 짜는 최고의 모델이 될 수 있고 대부분의 경우 장단점 리스트의 바람직한 대안이 될 수 있다. 다음에 장단점 리스트를 만들 때에는 점수 매기기를 고려해서 단순한 비용편익 분석으로 바꾸는 것을 생각해보자.

복잡함 다스리기

결정을 앞두고 대안의 목록을 이미 정리했고 각 대안의 비용과 편익이 비교적 명확하다면, 비용편익 분석은 결정의 훌륭한 시작점이 될 수 있다. 그러나 당신의 대안과 관련 비용 및 편익은 별로 명확하지 않을 때가 많다. 잠재적 결과에 불확실성이 너무 많이 포함되어 있을 때도 있고 상황이 너무 복잡해서 애당초 대안을 찾기가 어려울 수도 있다. 어느 쪽이든 그런 복잡성을 극복하려면 또다른 정신 모델이 필요하다.

주택을 소유하면 흔히 감수해야 하는 비싼 수리비를 생각해보자. 당신은 물놀이의 계절인 여름이 오기 전에 수영장을 수리하고 싶다. 그래서 두 곳의 업체에서 견적을 받았다. 한 곳은 평소에도 이용하는 믿음직한 수영장 관리 업체이지만 높은 가격인 2,500달러를 제시한다. 두 번째 업체는 낮은 가격인 2,000달러를 제시하지만 당신이 한번도 이용해본 적이 없는 업체인데다 실력이 다소 떨어지는 것 같기도 하다.

이렇다 보니 업체가 제시한 가격으로 일을 제때(1주일 내에) 마무리할 확률은 50퍼센트에 불과해 보인다. 또는 다음과 같은 시나리오도 예상할 수 있다.

- 두 번째 업체가 250달러를 더 받고 추가 작업을 한 끝에 1주일 늦게 일을 마무리할 확률 25퍼센트
- 500달러를 더 받고 2주일 늦게 일을 마무리할 확률 20퍼센트
- 일을 끝내는 데에 3주일 이상 걸리지 않지만 일부 작업을 다시 해야 해서 결국에는 총 1,000달러가 소요될 확률 5퍼센트

이런 상황(시기나 품질이 중요한 업무에 다양한 가격 조건이 존재하는 상황)은 매우 흔하지만, 결과에 내포된 불확실성 때문에 비용편익 분석으로만 상황을 분석하기에는 너무 복잡하다. 다행히 의사결정 나무(decision tree)라는 간단한 정신 모델을 이용해서 이 모든 잠재적 결과를 이해할 수 있다. 이는 (옆으로 눕힌) 나무처럼 보이는 도표로, 결과가 불확실한 결정을 분석하는 데에 유용하다. 가지(보통 네모로 표시한다)는 결정 지점이고 잎은 가능한 여러 결과들을 의미한다(기회 지점은 대개 하얀 동그라미로 표시한다). 수영장 업체 선정을 의사결정 나무로 그려보면 271쪽과 같다.

첫 번째 네모는 두 업체 중 하나를 의미하고 하얀 동그라미에서 뻗은 가지는 각 선택이 가져올 다양한 결과들을 가리킨다. 까만 동그라미로 표현된 잎은 각 결과에 따른 비용이며, 그 결과가 나타날 확률은 줄 위에 표시되어 있다. (이는 가능한 결과들이 나타날 확률이 어떻게 나뉘는지를

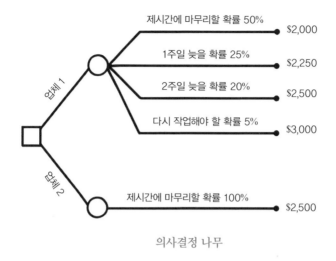

의사결정 나무

보여주는 간단한 **확률분포**[제5장 참고]인 셈이다. 각 선택으로 일어날 수 있는 결과의 확률을 전부 더하면 100퍼센트가 된다.)

이제 당신은 확률 추정치로 각 업체에 대한 **기댓값**(expected value)을 얻을 수 있다. 각 잠재적 결과의 확률과 비용을 곱한 값을 전부 더하면 된다. 이렇게 더해진 값은 모든 잠재적 결과를 감안할 때 각 업체에 평균적으로 지불하리라고 **예상되는** 가격이다.

평소에 이용하던 업체(의사결정 나무에서 업체 2)에 대한 기댓값은 딱 2,500달러이다. 가능한 결과가 오직 하나이기 때문이다. 새 업체에 대한 기댓값(의사결정 나무에서 업체 1)은 네 가지 가능한 결과에 확률을 곱하여 전부 더한 값, 즉 1,000달러＋562.50달러＋500달러＋150달러＝2,212.50달러이다. 새 업체를 고용하면 당신이 3,000달러를 써야 한다는 결과가 나올 수도 있지만 그들에게 지불할 기댓값은 여전히 기존 업체에 지불해야 할 돈보다 적다.

이 말은 만약 이런 확률이 정확하고 당신이 실제로 그 시나리오를 100

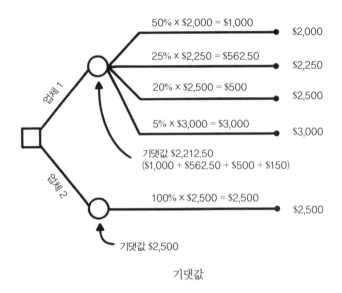

기댓값

회 반복해서 매번 새 업체를 선택하면, 그들에게 지불해야 할 평균 금액
은 2,212.50달러로 기대된다는 뜻이다. 절반의 경우에는 2,000달러만 내면
되고 나머지 절반은 그 이상을 내야 한다. 2,212.50달러는 가능한 결과가
아니므로 정확히 그 금액을 낼 일은 없겠지만 여러 차례 반복하면 당신이
지불할 돈의 평균은 대체로 그 기댓값에 가까워진다.

이 말이 헷갈린다면 다음 예가 도움이 될 것이다. 2015년에 미국 어머니
들의 평균 자녀 수는 2.4명이었다. 그렇다고 아이를 정확히 2.4명 낳은 어
머니가 있을까? 그럴 리 없다. 자녀가 하나인 경우, 둘인 경우, 셋인 경우
등이 있을 테고 그것의 전체 평균이 2.4명이라는 뜻이다. 마찬가지로 업
체가 가져올 다양한 결과와 그 확률을 더하면 기댓값에 해당하는 금액이
되겠지만 딱 그 금액을 지불할 일은 없다.

어쨌든 이 의사결정 나무와 기댓값을 고려하면, 문제를 일으킬 가능성
이 있다고 하더라도 새 업체를 선택하는 쪽이 합리적이다. 예상 비용이

기존 업체보다 낮기 때문이다.

물론 이 결과는 확률이나 잠재적 지불 금액을 다르게 하면 바뀔 수 있었다. 예를 들면 당신이 3,000달러라는 가장 큰 금액을 쓸 확률을 5퍼센트가 아니라 50퍼센트라고 보았다면 새 업체에 대한 기댓값은 기존 업체가 제시하는 가격보다 높아진다. 이전 절에서 다루었듯이 당신은 결정에 큰 영향을 줄 수 있다고 생각하는 투입에 대해서 항상 민감도 분석을 할 수 있다. 여기서는 확률과 잠재적 지불 금액을 바꿔가며 그에 따라서 기댓값이 어떻게 달라지는지 확인하면 된다.

의사결정이 달라질 수 있는 다른 경우를 생각해보자. 당신이 이미 몇 주일 전에 수영장 파티를 계획했다고 가정하는 것이다. 이 경우 낮은 가격을 부른 업체가 2주일이 될 때까지 일을 질질 끈다면 당신은 파티가 걱정될 수밖에 없다. 일을 얼른 끝내라고 업체를 압박하거나 인력을 더 투입해서 결국 훨씬 더 비싼 금액에 일을 마무리하게 될지도 모른다. 그렇게 되면 일이 훨씬 번거로워진다.

시간에 높은 기회비용을 매기는 부유한 사람이라면, 업체에 직접 1,000달러를 지불하지 않더라도 불안함과 성가심에 추가로 1,000달러의 가치를 부여할지도 모른다. 이런 추가 부담의 가능성을 감안하면 작업이 2주일 지체될 때 늘어나는 금액은 2,500달러(원래 금액에서 500달러 초과)에서 3,500달러(이제 1,500달러 초과)로 뛸 수 있다.

마찬가지로 이 신규 업체가 진짜로 일을 망쳐서 당신의 단골 업체를 불러 촉박한 시간 안에 대부분의 작업을 다시 해야 한다면, 불안함과 성가심에 대한 비용 1,000달러가 추가되는 데다가 단골 업체의 작업 비용을 고스란히 더 부담해야 한다. 결국 3,000달러를 내야 하는 5퍼센트의 낮은 확률이, 추가로 2,000달러에 상당하는 돈을 지불해야 하는 상황을 만들어 총 5,000달러를 부담하게 되는 수가 있다.

의사결정 나무에 이 오른 값을 적용하면 추가 비용을 효과적으로 "추가할 수" 있다. 당신이 지불해야 할 정확한 가격보다 더 많은 것들이 포함된 이 새로운 값을 효용 가치(utility value)라고 한다. 효용 가치에는 다양한 시나리오 가운데 당신이 상대적으로 무엇을 선호하는지가 반영되어 있다. 앞의 절에서 집주인이 없는 이점에 가격을 매기는 문제를 이야기하면서 우리는 이 개념을 이미 확인했다. 이 정신 모델에는 그 개념이 압축되어 있다.

당신은 공개시장에서 같은 가격에 거래되는 여러 상품들 가운데 하나에 특별히 높은 가치를 부여할 수 있으므로, 효용 가치는 실제 가격과 관계가 없다. 당신이 가장 좋아하는 음악 밴드를 생각해보자. 그들을 더 좋아한다는 이유만으로 다른 밴드가 같은 가격에 제공하는 콘서트보다 그들의 콘서트를 보는 것이 당신에게는 훨씬 더 가치가 있다. 취향 때문에 당신은 그 콘서트에서 더 많은 효용을 얻을 수 있는 것이다. 수영장의 사례에서 파티 전에 수영장을 부랴부랴 고쳐야 하는 스트레스는 수리 업체에 지불해야 할 실제 비용 외에 상실된 효용의 추가 비용이다.

의사결정 나무에서 잎이 의미하는 결과값은 각각의 가능한 결과에 모든 비용과 편익(유형과 무형)을 포함시켜서 하나의 숫자로 표현한 효용 가치가 될 수도 있다. 그렇게 하면 단골 업체(275쪽의 의사결정 나무의 업체 2)를 이용하겠다는 당신의 결정을 뒤집는 결론이 나오게 된다.

그러나 이제 양쪽 업체가 거의 같은 기댓값을 가져서 근소한 차이밖에 없다는 점에 주목하자! 이 근소한 차이는 확률적 결과의 힘을 보여준다. 이제 새 업체의 잠재적 "비용"이 훨씬 높다고 해도 50퍼센트의 경우에는 그 업체에 훨씬 적은 돈을 지불하리라고 기대할 수 있다. 낮은 비용이 발

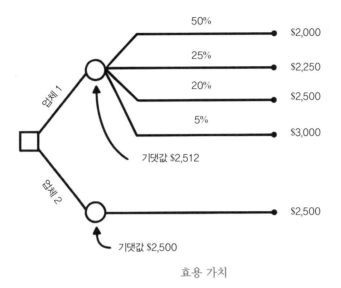

효용 가치

생할 확률은 매우 크므로 기댓값은 훨씬 더 낮아진다.

비용편익 분석과 장단점 리스트의 점수 매기기처럼 가능할 때마다 효용 가치를 이용할 것을 추천한다. 겉으로 드러나지 않는, 당신의 선호에 대한 상세한 그림을 그려주기 때문에 더 만족스러운 결정을 할 수 있다. 사실 가장 윤리적인 결정은 모든 관계자들에게 최대의 **효용**을 가져오는 결정이라고 보는 공리주의(utilitarianism)라는 철학도 있다.

공리주의에는 문제점이 많다. 무엇보다 많은 사람들의 전체적인 효용을 높이는 결정은, 그 효용이 그 사람들에게 똑같이 분배되지 않을 때 매우 불공평해 보일 수 있다(예:생활 수준이 높아지는데도 소득은 불평등한 상황). 또한 효용 가치는 가늠하기가 어렵다. 그럼에도 어떤 결정이 다수의 전반적인 효용을 높일지를 생각할 때 공리주의는 유용한 철학 모델이 될 수 있다.

어찌되었든 의사결정 나무는 다양한 확률적 결과가 존재하는 상황에서 어떤 결정을 할지 파악하는 데에 도움이 된다. 건강보험을 생각해보자. 당신은 지불액이 낮고 공제 비율이 높은 보험을 택해야 할까, 아니면 지불액이 높고 공제 비율이 낮은 보험을 택해야 할까? 그것은 당신이 기대하는 보장의 수준과, 비록 가능성이 낮은 시나리오라고 하더라고 당신이 높은 공제액을 부담하게 되었을 때 그것을 지불할 여유가 있는지에 달려 있다. (답이 명확하지 않다는 점에 주의하자. 공제 비율이 낮은 보험은 매달 높은 보험료를 내야 하기 때문이다. 보험료가 올라가는 것은 당신이 매달 공제액의 일부를 지불하기 때문으로 볼 수 있다.) 의사결정 나무를 이용해서 이 시나리오와 다른 유사한 시나리오들을 검토하면 실제 비용과 더불어 당신의 선호를 설명할 수 있다.

의사결정 나무는 가능성은 낮지만 당신에게 심각한 영향을 줄 수 있는 사건을 고려할 때 특히 유용하다. 당신이 공제액의 전체를 지불해야 하는 의료사고를 겪는 시나리오를 좀더 자세히 생각해보자. 어떤 사람들에게 그 정도의 지출은 파산을 의미할 수 있기 때문에 그들이 느끼는 이 사건의 진짜 비용은 실제 공제 금액보다 훨씬 더 크다.

결과적으로 만약 당신이 이런 상황에 처하게 된다면 파산을 피하고 싶다는 욕구를 반영하기 위해서 이 시나리오의 효용 가치의 상실을 지극히 높게 잡고 싶을 것이다. 그렇게 해서 공제 비율이 낮고 보험료가 높은 (그러나 당신이 감당할 수 있는 수준인) 쪽을 택해서 파산을 피할 수 있다는 확신을 얻고자 할 것이다. 다시 말해서 파산할 가능성이 있다면, 평균적으로 더 나은 금전적 결과로 이어진다고 할지라도 그 계획을 피하고 싶어질 것이다.

이런 유형의 분석에서 주의해야 할 점은 검은 백조 사건(black swan event)의 가능성이다. 이는 극단적이고 심각한 결과(금전적 파산 등)를 가져오

276

지만 처음에 예상했던 것보다 발생 가능성이 훨씬 더 높은 사건을 말한다. 유럽 등지에서는 검은 백조가 존재하지 않는다는 그릇된 믿음이 오랫동안 유지되었는데, 오스트레일리아에는 예나 지금이나 검은 백조가 흔하다는 사실에서 유래한 이름이다.

의사결정 나무 분석에 적용하면, 보수적인 접근법은 파산처럼 가능성은 낮지만 심각한 영향을 가져오는 시나리오의 확률을 높게 추정하는 것이다. 이런 조정은 시나리오가 검은 백조 사건에 해당하고 당신이 그 확률에 대해서 잘못된 추정을 할 수도 있다는 사실을 설명한다.

검은 백조 사건의 확률이 **정규분포**(제5장 참고)와 관련해서 잘못 계산될 가능성이 있는 한 가지 이유는, 종형 곡선 형태의 확률분포가 여러 가지 자연현상(예: 사람들의 신장)의 발생 빈도를 설명하기 때문이다. 정규분포에서 희귀한 사건(예: 키가 아주 크거나 작은 사람들)은 종형 곡선의 중간에서 멀리 떨어진 꼬리 부분에 속한다. 그러나 검은 백조 사건은 종종 **굵은 꼬리 분포**(fat-tailed distribution)에서 나온다. 말 그대로 **꼬리가 두꺼워서** 정규분포와 비교했을 때 중간에서 멀리 떨어진 사건이 일어날 확률이 훨씬 큰 경우를 의미한다.

굵은 꼬리 분포는 자연적으로 많이 발생하는 편이며, 사람들은 꼬리 쪽 사건의 발생 확률이 높은 굵은 꼬리 분포를 다루면서 그것을 정규분포라고 잘못 생각하기도 한다. 보험금이나 미국의 소득 분포(제5장 **히스토그램** 참고)처럼, 극단적인 이상치가 정규분포에서 기대할 수 있는 수준보다 훨씬 자주 나타나는 분포가 바로 굵은 꼬리 분포에 해당한다.

검은 백조 사건의 확률을 잘못 계산하는 다른 이유는 그것이 일어나는 이유를 오해하기 때문이다. 당신은 어떤 사건이 하나의 분포에서 나왔을 때 이런 상황이 발생한다고 생각하지만, 사실은 사건이 여러 분포와 연

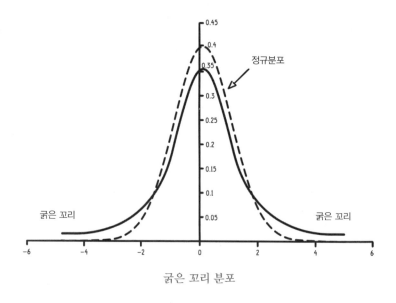

정규분포

굵은 꼬리

굵은 꼬리

굵은 꼬리 분포

관되어 있을 때 이 같은 일이 벌어진다. 하나의 평범한 정규분포에서 기대할 수 있는 수준보다 키가 더 작거나 큰 사람이 존재하는 데에는 유전적인 이유(예:왜소증이나 마르판 증후군 등)가 있을 수 있는데 정규분포는 이런 희귀한 유전적 변이를 설명하지 못한다.

세 번째 이유는 **연속 실패**(제4장 참고)의 가능성과 영향을 과소평가하기 때문이다. 기억나겠지만 연속 실패의 시나리오에서 시스템의 각 부분은 서로 연관되어 있다. 한 부분이 휘청거리면 다음 부분도 휘청거리는 식이다. 2007-2008년 경제 위기를 그 예로 들 수 있다. 담보대출이 떠받치고 있던 안전망이 무너지면서 은행과 관련 보험회사까지 쓰러진 것이다.

우리의 기후도 하나의 예이다. 100년 홍수라는 용어는 특정 연도에 일어날 확률이 1퍼센트인 홍수를 뜻한다. 불행히도 기후변화 탓에 과거에 100년 홍수로 인식되던 재앙의 발생 확률이 1퍼센트보다 훨씬 더 높아진 지역이 많아졌다. 상황이 좋지 않다. 텍사스 주의 휴스턴에서는 지난 3년 동안 이른바 500년 홍수가 세 차례나 발생했다! 기후변화의 연쇄효과가 계속되고 있으므로 이런 사건의 확률은 수정되어야 한다.

금융이나 기후 같은 지극히 복잡한 시스템에서 결과의 확률을 제대로 추정하기 위해서는 우선 한 발짝 뒤로 물러나 전체 시스템을 파악한 다음 특정 부분집합이나 상황에 대해서 의사결정 나무 혹은 비용편익 분석을 적용해야 한다. 시스템 사고(systems thinking)는 이렇게 전체 시스템에 대해서 동시에 사고하려는 노력을 뜻한다. 시스템 전체를 생각하면, 각 구성 요소들이 어떤 미묘한 상호작용을 통해서 의도하지 않은 결과를 낳을 수 있는지 이해하고 설명할 수 있다. 예를 들면 투자를 고민할 때 당신은 겉보기에는 관련이 없어 보이는 경제 요소들이 투자 결과에 어떤 영향을 미칠지를 이해해야 한다.

비교적 단순해서 머릿속에 전체 그림을 그릴 수 있는 시스템도 있다. 너무 복잡해서, 서로 맞물린 조각들을 머릿속에 동시에 담기 어려운 시스템도 있다. 그 해결책은 시스템을 눈으로 볼 수 있도록 다이어그램으로 그리는 것이다. 다이어그램을 그려보면 복잡한 시스템과, 시스템의 각 부분이 상호작용하는 방식을 더 잘 이해할 수 있다.

복잡한 시스템의 다이어그램을 효과적으로 그리는 기법은 이 책에서 다루지 않지만 인과 고리 다이어그램(Causal Loop Diagram : 시스템의 되먹임 고리를 표현한다), 저량과 유량 다이어그램(시스템에서 구성 요소들이 축적되고 흐르는 방식을 보여준다) 등 당신이 배울 수 있는 기법은 많다. 가브리엘은 석사 논문에서 스팸 이메일 시스템을 다이어그램으로 표현했다. 280쪽의 그림은 그가 그린 인과 고리 다이어그램 중의 하나이다. 이 다이어그램을 이해할 필요는 없다. 이것은 단지 이런 그림이 어떤 형태인지를 보여주는 예일 뿐이다. 다이어그램이 복잡한 시스템을 이해하는 데

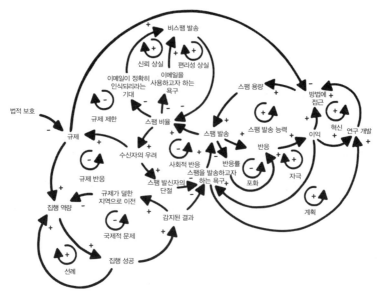

스팸 이메일의 인과 고리 다이어그램

에 정말로 큰 도움이 된다는 사실을 아는 것만으로도 충분하다.

한 걸음 더 나아가 소프트웨어를 이용해서 시스템을 모방하는 **시뮬레이션**도 있다. 사실 당신이 화면에 시스템의 다이어그램을 그리면, 즉시 작동 시뮬레이션으로 변환해주는 소프트웨어는 이미 존재한다. (온라인에서 그런 작업을 할 수 있는 프로그램으로 인사이트 메이커[Insight maker]와 트루 월드[True-World]가 있다.) 최초 조건을 설정하면 시간이 흐르면서 그 시스템이 어떻게 전개될지 직접 확인할 수 있다.

시뮬레이션은 복잡한 시스템을 깊이 이해하고 검은 백조 같은 사건들을 잘 예측하는 데에 도움을 준다. 또 시뮬레이션은 바뀐 조건에서 시스템이 어떻게 적응할지 판단할 때에도 유용하다. 프랑스의 화학자 앙리 루이 르샤틀리에의 이름을 딴 르샤틀리에 원리(Le Chatelier's principle)는 온도, 부피, 압력 등의 변화처럼 평형상태에 있는 화학 시스템의 상태에 변화가 생기면 시스템이 새 평형상태로 조정되고 변화에 부분적으로 대응한다고 설명한다.

예를 들면, 누군가가 당신에게 운반해야 하는 상자를 건넨다고 해서 당신이 곧바로 쓰러지지는 않는다. 당신은 새로운 무게를 분산하여 균형을 잡는다. 경제에서 세금이 새로 부과되면 그 세금의 수입은 시간이 흐를수록 현재 상황에서 기대되는 액수보다 낮아진다. 그 세금을 피하기 위해서 사람들이 행동을 바꾸기 때문이다.

이 개념이 익숙하게 들린다면 르샤틀리에 원리가 생물학에서 나온 **항상성**(제4장 참고)이라는 정신 모델과 유사하기 때문이다. 당신의 몸이 외부 조건에 따라서 내부 온도를 조절하기 위하여 몸을 저절로 떨거나 땀을 흘린다는 사실을 떠올려보자. 르샤틀리에 원리는 꼭 시스템이 설정값을 기준으로 조절된다는 뜻이 아니라 외부 자극에 일부 대응하는 방식으로 외부에서 부여한 조건에 반응한다는 뜻이다. 시뮬레이션을 해보면 르샤틀리에 원리가 어떻게 작용하는지 실시간으로 확인할 수 있다. 당신의 시스템이 다양한 변화에 적응하는 방식을 따질 수 있기 때문이다.

역동적인 시스템과 시뮬레이션에서 나타나는 관련 정신 모델인 히스테리시스(hysteresis)는 어떤 시스템의 현재 상태가 그 역사로부터 어떤 영향을 받는지를 설명한다. 히스테리시스는 대부분의 과학 분야에서 예를 찾을 수 있는 자연발생적인 현상이기도 하다. 물리학에서는 자석을 다른 금속에 가져다대는 등 어떤 물질을 한 방향으로 자화(磁化)하면 자석을 치운 후에도 금속의 자성은 완전히 사라지지 않는다. 생물학에서 우리 몸의 면역 체계를 강화하는 T세포는 일단 활성화되면 그후부터는 활성화의 역치 수준이 낮아진다. 히스테리시스는 금속과 T세포가 과거의 상태를 일부 기억하여 다음에 일어날 사건에 영향을 주는 현상을 말한다.

이번에도 익숙한 개념처럼 느껴질 것이다. 당신의 선택이 미래에 할 수 있는 일을 제한한다는 정신 모델인 **경로 의존성**(제2장 참고)과 유사하기 때문이다. 히스테리시스는 시스템에 적용되는 경로 의존성의 한 유형이다.

예를 들면 엔지니어링 시스템에 히스테리시스를 도입하면 급격한 변화를 피하는 데에 유용하다. 현대의 온도 조절 장치는 정해진 기준점을 전후로 하여 일정 범위의 온도 유지를 가능하게 하는 방식을 쓴다. 21도를 유지하고자 할 때, 온도 조절 장치는 온도가 20도로 떨어지면 히터를 켜고 22도가 되면 그대로 둔다. 그러면 끊임없이 켜지거나 꺼질 필요가 없다. 마찬가지로 디자이너와 개발자들은, 웹사이트에서 당신이 메뉴 등 페이지 구성 요소에서 마우스를 이동할 때 지연이 발생하도록 설계한다. 그들은 당신이 메뉴를 보고 있었다는 것을 프로그램이 기억하도록 그것을 설계하기 때문에 마우스가 다른 곳으로 이동해도 메뉴가 갑자기 사라지지 않고 눈에 거슬릴 수 있다.

복잡한 시스템을 마음속에서 시각화하고, 잠재적 결과와 관련 확률을 제대로 평가하려면 시뮬레이션을 해야 한다. 그런 다음 이 결과를 의사결정 나무나 비용편익 분석 같은 단순한 결정 방법에 반영한다.

몬테카를로 시뮬레이션(Monte Carlo simulation)은 이런 경우에 특히 유용하게 쓸 수 있는 도구이다. 이 모델은 **임계질량**(제4장 참고)처럼 로스앨러모스에서 진행된 맨해튼 계획에서 원자폭탄을 발견하던 중에 등장한 모델이다. 물리학자 스타니슬라브 울람은 정통 수학을 이용해 다양한 물질에서 중성자가 얼마나 멀리까지 이동할 수 있는지를 밝히는 과정에서 카드 게임인 솔리테어를 하다가 이 신박한 방법을 떠올렸다. 「로스앨러모스 사이언스(*Los Alamos Science*)」에서 그는 이렇게 설명했다.

몬테카를로 기법을 실행하기 위해서 처음 착안한 생각과 시도는, 1946년에 내가 병으로 요양을 하던 중에 솔리테어를 하다가 생긴 의문에서 나왔다. 52장의 카드를 늘어놓은 상태에서 하는 캔필드 솔리테어가 성공적으로 끝날 확률이 얼마나 될까 하는 의문이었다. 순전히 조합 계산만으로 그 확률을 추정하느라 상당한 시간을 소비한 끝에 나는 "추상적 사고"보다 실용적인 방법은 그것을 100번쯤 늘어놓고 그냥 관찰한 다음 성공한 플레이의 수를 세는 것이 아닐까 싶었다.

몬테카를로 시뮬레이션은 무작위적인 초기조건이나 시뮬레이션 자체의 내부의 무작위 수를 이용해서 여러 시뮬레이션들을 독립적으로 실행하는 것을 말한다. 어떤 시스템의 시뮬레이션을 여러 차례 돌리면 개연성 있는 다양한 결과가 정말로 어떻게 나타날지 이해할 수 있다. 따라서 이것은 동적인 민감도 분석으로 생각할 수 있다.

몬테카를로 시뮬레이션은 거의 모든 과학 분야에서 사용되지만 과학 외의 분야에서도 유용하다. 벤처 자본가들은 몬테카를로 시뮬레이션을 이용해서 미래의 재원으로 얼마를 유보할지 결정한다. 한 회사에 투자를 결정할 때, 그 회사가 성공하여 미래에 많은 돈을 벌 경우에 대비하여 지분율을 유지하기 위한 추가 투자금을 마련해두어야 하는 것이다. 하나의 회사를 위해서 얼만큼의 돈을 유보해야 할까? 모든 회사들이 성공하는 것은 아니고 회사마다 필요한 자금의 액수가 다르기 때문에 투자 초기에는 답을 쉽게 알 수 없다. 많은 자본 회사들은 현재의 투자 이력, 회사의 성공 가능성과 잠재적 투자 규모를 고려하여 재원을 얼마나 유보할지 판단해야 할 때 몬테카를로 시뮬레이션을 이용한다.

일반적으로 시스템 사고(다이어그램을 그리든, 시뮬레이션을 돌리든,

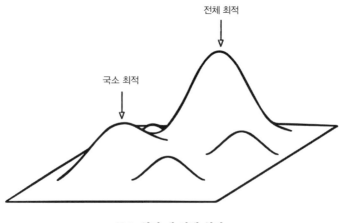

국소 최적 대 전체 최적

그밖의 정신 모델을 적용하든)를 통해서 복잡한 시스템을 깊이 이해하려고 노력하는 것은 시스템에 대한 폭넓은 그림을 파악하는 데에 도움이 될 뿐만 아니라, 그 결과 범위를 파악하고 가능한 최선의 결과를 인식하는 데에 도움이 된다. 그것을 모른다면 당신은 그럭저럭 괜찮은 해결책이지만 최적은 될 수 없는 국소 최적(local optimum) 해결책만 쫓아다니게 된다.

가능하면 당신은 전체 최적(global optimum)이라는 최고의 해결책을 추구해야 한다. 경사진 언덕을 생각해보자. 가까이에 있는 아름다운 언덕의 꼭대기에 오르는 것도 성공(국소 최적)이라고 할 수 있지만 저 먼 곳에는 훨씬 큰 성공이라고 할 수 있는 높은 언덕(전체 최적)이 있다. 당신은 이왕이면 더 높은 언덕에 오르고 싶을 것이다. 그러나 높은 언덕의 존재를 알기 위해서는 우선 시스템을 전체적으로 조망할 줄 알아야 한다.

모르는 모름에 주의하라

1955년에 심리학자 조지프 루프트와 해링턴 잉엄은 모르는 모름(unknown unknowns)이라는 개념을 창안했다. 이 용어는 2002년 2월 12일 뉴스 브리핑에 출연한 미국의 전직 국방장관 도널드 럼즈펠드가 다음 대화에서 언급하면서 알려졌다.

짐 미클라셔프스키: 이라크, 대량 살상 무기, 테러리스트와 관련해서 이라크가 테러리스트에게 대량 살상 무기를 공급하려는 시도를 했거나 그럴 의향이 있다는 증거가 있습니까? 바그다드와 테러리스트 조직 사이에 직접적인 관계가 있다는 증거는 없다는 보도도 있으니 말입니다.

럼즈펠드: 아무 일도 일어나지 않았다는 보도를 보면 항상 흥미롭더군요. 알다시피 알려진 앎이 있는데 말이죠. 우리는 알려진 모름이 있다는 사실도 압니다. 그 말은 우리가 모르는 것이 있음을 알고 있다는 뜻이죠. 그러나 모르는 모름도 있습니다. 우리가 모른다는 사실을 모르는 것이죠. 미국을 비롯한 자유 국가들의 역사를 살펴보면 마지막 부류에 대응하기가 가장 어렵습니다.

대화의 맥락과 모호함은 접어두더라도, 그 안에 담긴 모델은 의사결정에서 매우 유용하다. 의사결정을 할 때는 우선 당신이 아는 것과 모르는 것의 네 가지 카테고리를 286쪽과 같이 간단한 2×2 매트릭스(제4장 참고)에 정리해보자.

이 모델은 어떤 프로젝트의 성공에 대한 리스크처럼, 리스크를 체계적으로 고려해야 할 때 특히 효과적이다. 각각의 카테고리는 각기 다른 주

<table>
<tr><td></td><td>앎</td><td>모름</td></tr>
<tr><td>앎</td><td>안다는 사실을
아는 것</td><td>모른다는 사실을
아는 것</td></tr>
<tr><td>모름</td><td>안다는 사실을
모르는 것</td><td>모른다는 사실을
모르는 것</td></tr>
</table>

앎과 모름

의와 절차가 필요하다.

- 알려진 앎 : 누군가에게는 리스크가 될 수 있지만 당신에게는 그렇지 않다. 당신은 과거의 경험을 바탕으로 그것에 어떻게 대처해야 하는지 알고 있기 때문이다. 이를 테면 기술적인 해결책이 필요한 프로젝트에서 당신은 이미 그 해결책이 무엇인지, 그것을 어떻게 이행해야 하는지 알고 있어서, 알려진 계획을 실행하기만 하면 되는 경우를 말한다.

- 알려진 모름 : 역시 프로젝트의 리스크로 알려져 있지만 불확실한 측면이 있어서 어떻게 해결해야 하는지 분명하지 않다. 한 가지 예는 제3자에게 의존해야 할 때 생기는 리스크이다. 당신은 그들과 직접 엮이기 전에는 그들이 어떻게 반응할지 알 수 없다. 리스크 회피(제1장 참고)를 통해서 불확실성을 제거하면 일부를 알려진 앎으로 바꿀 수 있다.

- 모르는 앎 : 당신이 생각을 하지 못하고 있지는 않지만 분명한 완화 대책 (mitigation plan)이 존재하는 위험이다. 예를 들면 여름 동안 유럽에서 사업을 시작할 계획을 세웠는데, 유럽 사람들은 8월에 일을 별로 하지 않는

다는 사실을 당신이 아직 모르는 경우이다. 경험이 풍부한 조언자가 있다면 처음부터 당신에게 이런 리스크를 알려서 알려진 앎으로 바꿀 수 있다. 그렇게 하면 나중에 허를 찔릴 일 없이 프로젝트를 잠재적으로 연기할 수 있다.

- 모르는 모름 : 가장 드러나지 않는 리스크로, 찾아내려면 엄청난 노력을 기울여야 한다. 예를 들면 조직이나 업계 안의 다른 곳에서 생기는 사건(예산 삭감이나 기업 인수, 신제품 발표 등)이 당신의 프로젝트를 완전히 바꿀 수 있는 경우이다. 당신이 모르는 모름을 밝히더라도(그렇게 되면 알려진 모름으로 바뀐다) 프로젝트의 실현 가능성이나 결과는 여전히 확신할 수 없다. 그래서 리스크를 회피해서 그것을 알려진 앎으로 바꾸어야 한다.

이렇게 당신은 각 항목을 네 가지 카테고리별로 열거한 다음에 전부 알려진 앎으로 바꾸는 작업을 해야 한다. 이 모델의 목적은 당신이 어떤 상황에 대해서 완전히 이해하도록 하는 것이다. 시스템의 전체 그림을 그리려는 노력을 통해서 더 나은 결정을 할 수 있다는 점에서 앞의 절에서 소개한 시스템 사고와 유사하다.

개인적인 사례로, 임신을 하는 상황을 생각해보자. 온갖 육아 서적을 독파한 결과 처음 몇 주일은 엄청나게 고될 것이라는 사실을 알게 된 당신은 직장을 쉬면서 카시트와 아기 침대, 기저귀 등을 구입하기로 한다. 이것들은 알려진 앎이다. 아기가 잠자고 먹는(또는 먹지 않는) 방식이 문제를 일으킬 수 있음은 알지만 태어나기 전까지는 아기의 성향을 확실히 알 수 없다. 이것은 알려진 모름이다. 아기 돌보기가 예삿일이 아니라는 사실은 아직 모르지만 간호사나 다른 가족이 이 모르는 앎을 금방 아는

가능한 리스크

1422. 외계인의 침공

1423. 분노한 원숭이 신이
도시를 파괴함

1424. 거대한 돼지가
건물을 먹어치움

"음, 리스크 분석을 정말 철저히 했네요."

앞으로 바꿔줄 것이다. 그 이후에는 아이에게 학습 장애가 생기는 등 아직 아무도 모르거나 생각하지 못했던 문제들이 나타날 수 있다.

모르는 모름을 찾아내도록 도와주는 모델로, 가능한 미래에 대해서 깊이 생각하는 방법인 시나리오 분석(scenario analysis, 시나리오 플래닝이라고도 한다)이 있다. 앞으로 전개될 수 있는 다양한 시나리오를 분석하는 기법이어서 이런 이름이 붙었다. 이름만 들으면 단순할 것 같지만 사실은 대단히 복잡한 기법이다. 가능한 미래의 시나리오를 생각해내기란 여간 까다롭지 않고 그 가능성과 결과를 검토하는 것은 더 어렵기 때문이다.

정부와 대기업에는 시나리오 분석을 전문으로 하는 직원이 있다. 그들은 미래에 어떤 세상이 올지, 그런 시나리오에서 국민이나 주주들이 어떻게 대처할지에 대해서 끊임없이 고민하여 보고서를 써낸다. 정치학, 도시계획, 경제학, 기타 관련 분야의 많은 학자들도 미래 예측에 참여한다. 물론 과학소설은 시나리오 분석에 집중하는 문학 장르이다.

시나리오 분석을 잘하려면 그럴듯한 미래를 구체적으로 상상하고 그 가운데 개연성이 높은 몇 가지 시나리오를 고려해야 한다. 당신은 처음에 떠올린 생각에 집착하는 경향(제1장 **앵커링** 참고)이 있기 때문에 이 과정은 만만치가 않다. 처음에 떠올린 생각은 대개 당신 자신의 추정에 도전하지 않고 현재의 추세를 바탕으로 한 직접 추론이다.

자신의 추정에 도전하는 한 가지 기법은, 발생할 수 있는 주요 사건들(예: 주식시장 대폭락, 정부 규제, 주요 산업 합병 등)을 열거하고 그 사건들이 당신의 현재 상황에 어떤 영향을 미칠 수 있을지 따져보는 것이다. 영향을 거의 또는 전혀 주지 않는 사건도 있겠지만, 깊이 고민해야 할 시나리오의 기반이 될 사건도 있다.

가능한 미래의 시나리오에 대해서 폭넓게 생각할 수 있는 사고실험(thought experiment)이라는 기법도 있다. 말 그대로 물리적 세계가 아니라 **사고** 속에서만 진행하는 **실험**을 말한다. 가장 유명한 사고실험은 아마도 오스트리아의 물리학자 에르빈 슈뢰딩거의 이름을 딴 "슈뢰딩거의 고양이"일 것이다. 그는 1935년에 양자역학의 물리학에서 다양한 해석의 의미를 탐구하기 위해서 그 사고실험을 고안했다. 1935년 논문 「양자역학의 현재 상황」에서 그는 이렇게 설명했다.

고양이 한 마리가 다음의 장치(고양이가 직접 건드리지 못하게 보호되어 있어야 한다)와 함께 금속 상자에 갇혀 있다. 가이거 계수기(Geiger counter) 안에는 소량의 방사성 물질이 들어 있다. 어느 순간 원자 하나가 붕괴될 가능성이 있지만, 너무 적은 양이어서 전혀 붕괴되지 않을 가능성도 동일하게 존재한다. 붕괴된 원자가 계수관에서 유출되면 계전기가 망치를 떨어뜨려서 사이안화수소산이 든 작은 플라스크를 산산조각 낸다. 이 시스템 전체를 1

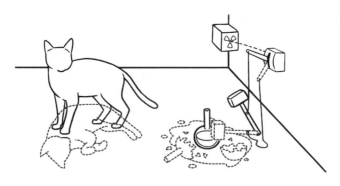

슈뢰딩거의 고양이 사고실험

시간 동안 방치했을 때 그 사이에 원자가 하나도 붕괴되지 않았다면 고양이는 여전히 살아 있을 것이다. 첫 원자가 붕괴되면 고양이는 죽을 테니까.

그러니까 상자에 고양이 한 마리가 들어 있고 방사성 원자가 한 시간 안에 붕괴되었다면 고양이는 죽었을 것이다. 이 사고실험은 대답할 수 없는 몇 가지 질문을 던진다. 상자를 열어서 고양이를 확인할 때까지 고양이는 살아 있는 것일까, 죽은 것일까, 아니면 양자역학에 대한 어떤 해석에서처럼 그 중간 어디쯤의 상태일까? 그리고 상자를 열면 정확히 무슨 일이 일어날까?

이 사고실험의 답은 이 책의 범위를 훌쩍 뛰어넘는 것일 뿐만 아니라 이 사고실험이 처음 소개된 이후 수십 년간 논의되었다. 사고실험의 힘은 바로 거기에 있다.

시나리오 분석에서는 사고실험이 특히 유용하다. 다음과 같이 "만약 ……라면 어떻게 될까"라는 질문을 던지는 것은 좋은 습관이다. 기대 수명이 40년 더 늘어난다면 무슨 일이 일어날까? 자본금이 충분한 경쟁사가 우리 제품을 베낀다면 어떻게 될까? 내가 직업을 바꾸면 어떤 일이 생길까?

'만약 ……라면'이라는 형식의 질문은 과거에도 적용할 수 있다. 이때는 과거를 생각할 때 실제로 일어난 사실과 반대되는, 다른 과거를 상상한다는 의미로 반(反)사실적 사고(counterfactual thinking)라고 부른다. 책과 영화에서 이런 모델을 접한 적이 있을 것이다. 제2차 세계대전에서 독일이 승리했다면 어떤 일이 일어났을지 가정하는 식(예: 필립 K. 딕의 『높은 성의 사나이[The Man in the High Castle]』)이다. 당신의 삶에서 직접 예를 가져와서 과거의 결정이 만들어낼 수 있었을 결과를 곰곰이 생각하는 것은 의사결정 수준을 높이는 데에 도움이 된다. 그때 그 직장에 들어갔다면 어떻게 되었을까? 내가 다른 학교에 진학했다면 어땠을까? 내가 자투리 시간에 개인 사업을 준비하지 않았다면 어떻게 되었을까?

그러나 과거의 결정을 곱씹을 때에는 당신이 다른 선택을 했을 때 일어날 수 있었을 긍정적인 결과만을 생각해서는 안 된다. 나비 효과(제4장 참고)에 따라서 하나의 작은 변화로도 큰 파급효과를 가져올 수 있기 때문에, 반사실적 시나리오를 고려할 때에는 당신에게 딱 한 가지의 변화만 있어도 다른 모든 상황은 지금과 같은 상태일 가능성이 낮다는 사실을 유념해야 한다.

그럼에도 만약 ……라면 질문을 제기하는 것은 창의적으로 사고하여 직관에서 벗어나는 시나리오를 떠올리는 데에 유용하다. 일반적으로 이 기법은 수평적 사고(lateral thinking)와 관계가 있다. 수평적 사고는 눈앞에 놓인 한 가지 아이디어를 판단하는 비판적 사고와는 반대로, 한 아이디어에서 다른 아이디어로 수평 이동을 하도록 도와주는 사고이다. 수평적 사고는 틀에 박힌 사고방식에서 벗어나는 것이다.

아이디어를 낼 때 무작위성을 가미하는 것도 유익한 수평적 사고 기법 중의 하나이다. 이를 테면 주변에서 물체 하나를 무작위로 선택하거나 사전에서 명사 하나를 골라서 현재의 아이디어 목록과 어떤 식으로든 연관시키는 것이다. 그 과정에서 새로운 아이디어가 수평적으로 갈라져 나올 수 있다.

그러나 당신이 어떤 기법을 사용하든, 시나리오 분석 하나만 실시하는 것은 지극히 어렵다. 다른 관점을 지닌 사람들이 참신한 아이디어를 가져올 수 있기 때문에 외부 투입이 있으면 더 나은 결과를 얻게 된다.

이렇게 보면 처음부터 다양한 사람들을 브레인스토밍 회의에 참여시켜야 할 것 같다. 그러나 연구에 따르면 이는 옳은 방법이 아니다. 집단에 속한 사람들이 비슷한 생각을 하는 경향에서 나타나는 편향인 집단 사고(groupthink) 때문이다. 집단 내에서 구성원들은 갈등이나 논쟁거리를 피하고, 다수가 이미 선호하는 듯한 해결책이 있으면 다른 대안을 외면한 채 그 해결책을 중심으로 합의하려고 애쓴다.

밴드왜건 효과(bandwagon effect)는 합의가 금방 이루어지는 현상을 설명한다. 아이디어가 인기를 얻으면 다른 구성원들이 "밴드왜건에 올라타기" 때문이다. 일반적으로 사람들이 사회적 신호를 감지해서 남들이 내린 결정을 따르는 경향을 이 효과로 설명할 수 있다. 개인은 많은 사람들이 이미 수용한 아이디어를 받아들일 가능성이 높다.

어떤 제품의 구매자들이 충실하게 작성한 리뷰를 바탕으로 제품을 선택하는 경우처럼, 밴드왜건에 올라타는 것이 합리적일 때도 있다. 그러나 유행과 트렌드에는 근거가 없을 때가 많다.

집단 사고는 시나리오 분석에 매우 해롭고 광범위한 영향을 주므로 적극적으로 손을 쓰지 않으면 대체로 형편없는 집단 의사결정으로 이어질 수 있다. 그러나 집단 사고를 통제할 방법들은 많다. 추정에 의문을 제기하는 문화를 확립하고, 모든 아이디어를 비판적으로 평가하고, 악마의 변

"앞 사람과 똑같은 답변으로 할게요."

호인 입장(제1장 참고)을 설정하고, 다양한 견해를 지닌 사람들을 적극적으로 채용하고, 집단의 건의에 대한 리더의 영향력을 줄이고, 집단을 독립적인 소집단으로 나누는 방법 등이 있다.

이 가운데 마지막 방법은 확산적 사고(divergent thinking)의 바탕이 되기 때문에 시나리오 분석에 특히 중요하다. 한 가지 해결책에 **사고를 모으기** 위해서 적극 노력하는 수렴적 사고(convergent thinking)와 반대로, 확산적 사고는 여러 개의 잠재적 해결책들을 찾기 위해서 적극적으로 확산하는 사고를 추구하는 태도를 말한다. 한 가지 전략은 브레인스토밍을 전혀 하지 않고 시나리오 분석이라는 목표로 넘어가는 것이다. 그다음에 모든 구성원들을 개인이나 소집단으로 나눈다. 당신은 그들을 대상으로 설문조사를 하거나, 처음부터 자기만의 사고실험이나 시나리오 아이디어를 구상할 기회를 줄 수 있다(확산적 사고). 마지막으로 모든 구성원들을 한데 모아서 제안받은 시나리오를 전부 살펴보게 하고, 깊이 검토할 몇 가지 시나리오를 추리게 한다(수렴적 사고).

조직의 내부 구성원들처럼 당신과 가까운 사람들은 유사한 문화적 특성을 공유할 가능성이 높기 때문에, 수평적 사고와 확산적 사고의 효과를 최대한 누리려면 평상시의 인맥에서 과감히 벗어나 조직 밖으로 나가야 한다. 다양한 배경을 지닌 사람들을 적극적으로 찾아내서 시나리오 분석에 참가시키는 것도 한 가지 방법이다. 인터넷에서는 **크라우드 소싱**(crowd-sourcing)으로 아이디어를 쉽게 모을 수 있다. 이는 참가하기를 원하는 모든 사람(크라우드)들로부터 말 그대로 아이디어를 구하는(소싱) 방법이다.

크라우드 소싱은 언론사의 정보 요청에서부터 위키피디아의 지식 수집, 기업과 정부의 현실적인 문제해결에 이르기까지 폭넓은 분야에서 큰 성과를 냈다. 넷플릭스는 2009년에 크라우드 소싱 연구자들을 대상으로, 넷플릭스의 자체 추천 알고리즘보다 더 효율적인 대안을 제안하는 대회를 열었다.

크라우드 소싱은 특정 주제에 대한 다양한 계층의 생각을 파악하는 데에도 도움이 된다. 크라우드 소싱을 통해서 당신은 장래의 의사결정에 필요한 정보를 얻고, 기존의 믿음을 업데이트할 수 있다(제5장 **베이지안 통계** 참고). 또 당신은 가지고 있지 않은 경험을 지닌 사람들로부터 피드백을 얻어 모르는 모름과 모르는 앎을 밝힐 수도 있다.

『대중의 지혜(*The Wisdom of Crowds*)』에서 제임스 서로위키는 대중을 투입하는 것이 특히 좋은 결과를 낼 수 있는 상황을 검토한다. 이 책은 통계학자 프랜시스 골턴이 참석한 1906년의 어느 가축 품평회에서 군중이 황소 한 마리의 무게를 정확히 맞혔다는 이야기로 시작한다. 800명에 가까운 사람들이 제각각 추측한 몸무게의 평균은 543킬로그램이었는데 이

"다른 아이들의 답안지를 베낀 게 아니에요.
답을 크라우드 소싱했을 뿐이라고요."

는 소의 실제 무게와 한 자릿수까지 정확히 일치했다! 모든 상황에서 유
사한 결과를 기대할 수는 없지만 서로위키는 크라우드 소싱을 통해서 좋
은 결과를 기대할 수 있는 핵심 조건을 이렇게 설명한다.

- 다양한 의견 : 크라우드 소싱은 다양한 사람들의 개인적인 지식과 경험에
  근거한 사적인 정보에 기댈 때 효과가 있다.
- 독립성 : 사람들은 타인의 영향을 받지 않고 집단 사고를 피해서 자신의 의
  견을 표현할 수 있어야 한다.
- 통합 : 크라우드 소싱의 주체는 다양한 의견을 통합하여 집합적인 의사결
  정을 내려야 한다.

이런 특성을 갖춘 시스템을 설계할 수 있다면 대중의 **집단 지성**에 의지할 수 있다. 그러면 다양한 참가자 집단 사이에 숨어 있는 유용한 정보를 주워 모을 수 있다. 황소의 예에서, 푸주한의 눈에는 농장주나 수의사와는 다른 것이 보일지도 모른다. 집단이 추측한 무게에는 그 모든 지식이 담긴 셈이다. 집단 지성을 이용하는 최근의 예로 TV 퀴즈쇼 "누가 백만장자가 되고 싶은가?"에서 실시하는 시청자 투표를 들 수 있다.

당신이 다른 식으로 입수할 수 있는 지식보다 집단 전체의 지식 풀이 훨씬 클 때 대체로 집단 지성에 의지할 가치가 있다. 이 경우에는 혼자서 애쓸 때보다 더 현명한 결정에 이를 수 있다. "대중"은 다양한 시나리오를 체계적으로 생각하거나 참신한 정보와 아이디어를 얻거나 단순히 기존 아이디어를 개선하는 데에 도움을 준다.

예측을 거래하는 주식시장과 비슷한 개념인 예측시장(prediction market)을 이용하면 크라우드 소싱을 시나리오 분석에 직접 적용할 수 있다. 단순한 형태의 예측시장에서는 특정 후보자의 당선과 같은 사건이 일어날 시장의 현재 가능성을 0달러에서 1달러 사이의 주식 가격으로 표시한다. 가격이 0.59달러라면 그 후보자가 당선될 가능성이 59퍼센트라는 뜻이다.

만약 당신이 그의 당선 가능성을 59퍼센트보다 훨씬 높게 본다면 그 가격으로 긍정 지분을 사면 된다. 가능성이 59퍼센트보다 훨씬 낮다고 생각한다면 그 가격으로 부정 지분을 살 수 있다. 그 후보자가 실제로 당선되면 시장은 긍정적인 예측을 한 주주들에게 주당 1달러를 지불하고, 낙선하면 그 긍정 지분은 가치를 잃는다. 반대로 후보자가 당선되지 못하면 시장은 부정적인 예측을 한 주주들에게 주당 1달러를 지불하고 긍정 지분은 가치를 잃는다.

부정적인 예측보다 긍정적인 예측을 하는 사람들이 많으면 주식의 가격은 오르고 반대의 경우에는 떨어진다. 예측시장의 현재가를 보면 사람들의 베팅 방식(지분 매수)을 근거로 시장이 어떤 결과를 예측하는지 알 수 있다. 많은 대기업들도 내부적으로 유사한 예측시장을 운영한다. 그 시장에서 직원들은 제품의 예상 판매량과 마케팅 캠페인 등의 결과를 예측할 수 있다.

프리딕트잇(PredictIt) 같은 대규모의 대중 예측시장도 앞에서 설명한 방식으로 정치적인 예측에 주력한다. 이 시장은 전 세계의 많은 선거 결과를 예측하는 데에 성공했지만 2016년에는 도널드 트럼프의 당선과 영국의 브렉시트 투표 결과를 제대로 예측하지 못했다. 후향적 분석에 따르면 의견의 다양성이 부족했고 예측시장의 참가자들이 트럼프나 브렉시트의 지지자들과 직접 충분한 접촉을 하지 못했던 것으로 보인다. 더구나 예측가들이 완전히 독립적으로 판단하지 못하고, 트럼프와 브렉시트에 매우 불리했던 처음 상황에 영향을 받았던 것 같다.

좋은 판단 프로젝트(Good Judgment Project)라는 또다른 프로젝트는 세상에서 일어날 사건들의 예측을 크라우드 소싱한다. 이 프로젝트의 공동 설립자 필립 E. 테틀록은 수천 명의 참가자들을 연구한 끝에 뛰어난 **예측 능력**을 되풀이하여 발휘하는 사람들을 뜻하는 슈퍼 예측가들(superforecasters)을 발견했다. 테틀록에 따르면 이 슈퍼 예측가들은 세상에서 일어나는 사건을 예측할 때 세계의 일류 정보기관들을 항상 능가했다. 그들은 이런 기관들처럼 기밀 정보를 활용할 수 없었는데도 말이다!

『슈퍼 예측(*Superforecasting*)』이라는 책에서 테틀록은 슈퍼 예측가들이 그들의 어떤 특성 때문에 그런 정확한 예측을 할 수 있는지를 밝힌다. 공교롭게도 누구나 개발해야 할 훌륭한 특성들이었다.

- 지성 : 지적 능력, 특히 새로운 영역에 진입할 때 상황을 신속히 파악하는 능력이 매우 중요하다.
- 분야 전문성 : 특정 분야에 대해서 적당히 알아도 좋지만 깊이 알수록 더 유리하다.
- 연습 : 훌륭한 예측 능력은 분명 갈고 닦을 수 있는 기술이며 시간이 흐를수록 점점 더 나아진다.
- 팀 이루기 : 집단 사고만 피할 수 있다면 집단이 개인보다 낫다.
- 열린 마음 : 자신의 믿음에 기꺼이 도전하는 사람들이 예측을 더 잘하는 경향이 있다.
- 과거의 확률 익히기 : 과거에 있었던 유사한 상황의 확률을 확인한 사람들은 기저율의 오류(제5장 참고)를 피해서 현재의 가능성을 더 잘 판단한다.
- 충분한 시간 가지기 : 예측에 시간을 많이 투자할수록 결과는 더 나아진다.
- 예측 수정하기 : 새 정보를 바탕으로 예측을 꾸준히 수정한 예측가들이 확증 편향을 잘 피할 수 있었다(제1장 참고).

예측시장과 슈퍼 예측가 기법을 활용하면 더 정확한 시나리오 분석을 거쳐서 실제로 일어날 가능성이 높은 사건에 집중할 수 있다. 제2장과 제4장에서 확인했듯이 예측할 수 없는 변화는 반드시 일어나게 되어 있다. 그러나 이런 정신 모델들과 함께하면 변화에 잘 대비할 수 있다. 앞으로 무슨 일이 일어날지 정확히 예측할 수는 없더라도 비슷한 시나리오를 그릴 수는 있다. 그런 시나리오에 대비하면 도움이 될 것이다.

이번 장에서는 전체적으로 처음에 소개한 간단한 장단점 리스트를 뛰어넘는 다양한 선택 모델을 확인했다. 이런 정신 모델 한두 개를 이용해서 어떤 결론에 도달했다면, 마지막 단계로 **비즈니스 사례**(business case)

자료를 만드는 것이 바람직하다. 이는 결정을 이끌어낸 배경을 설명하는 문서를 말한다.

이 과정은 **기본 원칙부터 따지기**(제1장)의 일종이라고 할 수 있다. 당신의 전제들(원칙)을 제시하고 어떻게 당신의 결론(결정)에 이르렀는지를 설명한다. 당신의 결론이 타당함을 입증하는 것이다. 이 명시적인 단계를 거치면 의사결정 과정에서의 허점을 발견할 수 있다. 또 비즈니스 사례를 분석하는 것은 의사결정에 대해서 동료들과 의견을 교환하는 시작점이 될 수도 있다.

비즈니스 사례는 매우 짧고 편안한 형식(몇 단락)이 될 수도 있고 프레젠테이션이 딸린 매우 상세하고 공식적인 형식(방대한 보고서)을 띨 수도 있다. 완성된 비즈니스 사례는 결정이 옳다는 사실을 다른 사람들(또는 자신!)에게 확신시키기 위해서 사용된다. 이번 장의 정신 모델을 활용해서 당신과 조직의 탁월한 결정에 기여할 설득력 있는 비즈니스 사례 자료를 작성해보자.

이는 비즈니스에서만 쓰이는 것이 아니다. 이 장의 첫 부분에서 우리는 이직을 하는 경우에 대해서 이야기했다. 이제 무엇을 아는지 알게 되었으니 당신은 같은 문제에 훨씬 더 쉽게 접근할 수 있다. 시나리오 분석을 통해서 몇 가지 직업의 미래가 어떻게 펼쳐질지 구체적으로 이해하고 그려볼 수 있다. 그다음에는 수치 분석인 비용편익 분석을 하거나, 일부 선택지의 가능성이 더 높을 수밖에 없을 때에는 의사결정 나무를 그려서 최선의 진로처럼 보이는 대상을 한층 체계적으로 분석한다. 그 모든 결과들을 명료한 비즈니스 사례로 정리해서 직업을 바꿀 때를 대비하기 위한 자료로 쓸 수 있다.

- 장단점 리스트를 이용하고 싶을 때에는 경우에 따라서 비용편익 분석이나 의사결정 나무로 업그레이드해서 이용하는 것은 어떨지 생각해보자.

- 정량적 평가를 할 때는 투입 전체에 대해서 민감도 분석을 실시하여 핵심 요인을 찾고, 당신의 추정에서 더욱 정확성을 기해야 할 부분을 인정해야 한다. 적용된 할인율에 주의를 기울이자.

- 검은 백조 사건과 모르는 모름에 주의하자. 시스템 사고와 시나리오 분석으로 그것들을 체계적으로 밝히고 그 영향을 분석하자.

- 아주 복잡한 시스템이나 결정 공간에서는 다양한 시나리오 안에서 어떤 상황이 펼쳐질지 판단하는 데에 도움이 될 시뮬레이션을 고려하자.

- 집단 사고에서 나타나는 맹점을 조심하자. 집단 내에서 일할 때에는 다양한 관점을 추구하는 확산적 사고와 수평적 사고를 적용하자.

- 어떤 시스템에서든 전체 최적을 찾아서 그쪽에 가까워질 수 있는 결정을 내리자.

제7장

갈등 해결하기

대립 상황에서 당신이 하는 선택의 대부분은 상대방에게 직간접적으로 영향을 주고 이 영향은 갈등의 전개 양상에서 큰 역할을 한다. 영국 시인 존 던의 말마따나 "그 누구도 고독한 섬이 아니기" 때문이다.

제6장에서 우리는 의사결정에 기여하는 정신 모델들을 살펴보았다. 이번 장에서는 대립 상황을 헤쳐나가는 데에 초점을 맞추어 의사결정에 도움이 될 모델들을 추가로 소개한다.

일례로 군비경쟁(arms race)을 생각해보자. 이 용어는 원래 둘 이상의 국가가 **무력 충돌의 가능성**에 대비해서 **경쟁적으로** 무기를 늘리는 행위를 뜻한다. 또 어떤 종류든 경쟁이 점점 치열해지는 상황을 설명하는 데에도 두루 사용된다. 제2차 세계대전 이후 미국과 러시아 사이의 냉전을 생각해보자. 두 나라는 갈수록 정교한 핵무기를 축적하는 데에 열을 올렸다. 그러나 냉전시대의 군비경쟁은 거기서 그치지 않았다. 두 나라는 올림픽(메달 경쟁)과 우주 탐험(우주 경쟁)을 두고도 격렬하게 경쟁했다.

우리 사회에도 군비경쟁이 만연하다. 미국에서는 채용 조건으로 대학

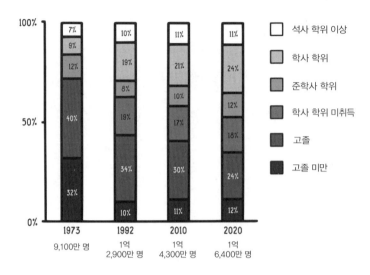

군비경쟁 : 고학력자에 대한 채용 시장의 수요 증가

졸업 또는 그 이상의 학위를 요구하는 고용주가 점차 늘고 있다. 학교에서 얻은 지식이 전혀 쓰이지 않는 직장이 수두룩한데도 말이다.

더구나 이런 학위 취득에 드는 비용도 점점 높아지고 있다. 캠퍼스를 휴양지풍으로 꾸미려는 대학들의 또다른 군비경쟁 탓이다. 소형 냉장고와 복도 끝의 공동욕실이 전부였던 전형적인 콘크리트 블록 기숙사는, 스테인레스 스틸 가전제품과 개인 욕실이 딸린 아파트 형태의 스위트룸으로 바뀌고 있다. 그리고 「뉴욕 타임스」에 따르면 놀이공원처럼 "유수풀"을 조성한 학교도 있다고 한다! 이런 군비경쟁 때문에 미국 고등교육에 드는 비용은 곧장 천정부지로 치솟았다.

군비경쟁은 모든 관계자들에게 이로울 것이 없다. 이 경쟁에는 대개 명확한 한계가 없으므로 다른 곳에 유용하게 쓰일 자원을 끊임없이 퍼붓게 된다. 캠퍼스를 호화롭게 단장할 돈을 수업 등 대학 교육의 질과 접근 가능성에 직접 기여할 다른 분야에 쓰면 얼마나 좋을지 생각해보자.

"오 좋다. 존스네가 새의 물통을 온수 욕조로 바꿨군."

불행히도 이런 상황은 개인의 삶에도 흔히 나타난다. 자신이 속한(또는 속하기를 갈망하는) 사회집단을 따라가려고 더 큰 집을 사고, 고급차를 사고, 명품 옷을 사고, 아이들을 비싼 사립학교에 보내다가 빚더미에 올라앉은 사람들이 많다. 이런 현상을 일컫는 **존스네 따라하기**는 이웃에 사는 존스 가족의 생활방식을 따라하는 데에 집착한, 연재만화 속 맥기니스 가족의 이야기에서 나왔다.

이제 우리 부부에 대해서 어느 정도 알게 되었을 테니 당신은 우리가 아이들을 여름 과학 캠프에 보냈다는 말을 들어도 별로 놀라지 않을 것이다. 작년에 캠프가 열렸던 곳 중에서 우리 집에서 가장 가까운 장소는 상당한 부촌인 필라델피아 메인라인에 위치한 사립학교였다. 아이를 데려오려고 차에서 기다리던 로런은 캠프에 참가한 아이들이 서로 자신의 가족이 테슬라의 지분을 더 많이 소유했다고 다투는 대화를 엿듣게 되었다. 사회적 지위를 과시하는 행동은 어디서나 심심치 않게 볼 수 있지만

어니언

다 꺼져, 우리는 면도날이 5개야

 질레트 사 CEO 겸 회장 제임스 M. 킬츠, 2004년 2월 18일 오후 3 : 00

초등학생들까지 그런 대화를 주고받는다니 씁쓸했다.

개인적인 차원에서 군비경쟁을 피한다는 것은 존스네 따라잡기에 빠져들지 않는 것을 의미한다. 자신의 수입을, 만족감도 주지 못하는 사회적 지위를 상징하는 것에 쓰기보다는 만족감을 주는 것(가족과의 휴가나 관심 있는 강의)에 쓰는 편이 낫다.

조직의 차원에서 군비경쟁을 피하는 것은, 기능이나 거래 조건이 경쟁사보다 좀더 나은 제품을 조직에서 앞다투어 출시하며 이익률을 깎아먹는 대신, 조직을 경쟁 업체와 차별화하는 것을 말한다. 조직만의 특별한 가치 제안에 주력한다면 경쟁자를 뒤쫓기보다 가치를 개선하고 전달하는 데에 더 많은 자원을 투입할 수 있다. 풍자 잡지 「어니언(The Onion)」은 위에서처럼 면도날 제조업체 간의 군비경쟁을 꼬집었다.

이번 장에서 우리는 군비경쟁 같은 갈등을 분석하고 해결하는 데에 도움이 될 정신 모델들을 살펴본다. 이 장을 다 읽고 나면 당신은 가장 좋은 결과를 가지고 갈등 상황에서 빠져나올 능력을 충분히 갖추게 될 것이다.

게임하기

대립 상황에서의 전략과 의사결정을 다루는 이론인 게임 이론(Game

theory)은 갈등에 대한 비판적 사고에 도움이 될 몇 가지 기본적인 정신 모델을 제시한다. 여기서 게임은 갈등을 단순화한 형태로, 참가자는 보드게임처럼 명확한 규칙과 계량화할 수 있는 결과를 갖춘 인위적인 시나리오에 참여한다.

체스, 포커, 야구, 모노폴리 같은 친숙한 게임에는 대개 승자와 패자가 있다. 그러나 게임 이론가들은, 실생활 속 갈등 상황에서는 승자와 패자가 항상 뚜렷하게 갈리지는 않는다고 본다. 게임에 참가한 모든 이들이 이길 수도 있고 질 수도 있다.

게임 이론에서 가장 유명한 "게임"은 죄수의 딜레마(prisoner's dilemma)이다. 이것은 게임 이론의 유용한 개념들을 설명하는데, 군비경쟁을 비롯한 다양한 실제 상황에 적용할 수 있다.

그 설정은 다음과 같다. 두 명의 용의자가 붙잡혀 감옥에 갇혀 있다. 각자 독방에 수감되어 있어서 서로 의사소통을 할 방법은 없다. 둘 다 중범죄로 기소하기에는 부족하지만 둘을 사소한 범행으로 기소하기에는 검사에게 충분한 증거가 있다. 그러나 만약 검사가 용의자 중 한 명을 구슬려서 공모자를 배신하게 할 수 있으면 검사는 그 공모자를 중죄로 처벌할 수 있다. 그래서 검사는 두 용의자에게 공모자를 먼저 배신하면 당장 풀려날 수 있고 침묵을 지키는 사람은 감옥에 가야 한다는 동일한 거래를 제안한다.

게임 이론에서는 대안을 연구할 때 도표의 도움을 받을 수 있다. 게임 참가자의 선택에 따른 대가를 매트릭스(제4장 2×2 매트릭스 참고)에 정리한 성과 매트릭스가 그 예이다. 죄수의 입장에서 성과 매트릭스는 306쪽의 표와 같다.

여기서부터 재미있어진다. 이 게임이 취할 수 있는 가장 단순한 형태는

성과 매트릭스 : 형량

	B가 침묵을 지킬 때	B가 A를 배신할 때
A가 침묵을 지킬 때	1년, 1년	10년, 0년
A가 B를 배신할 때	0년, 10년	5년, 5년

죄수의 딜레마

참가자끼리 실시간으로 협상을 할 수 있는지, 장래에 서로에게 보복할 가능성이 있는지는 고려하지 않은 상태에서, 참가자가 받을 형량으로만 게임의 결과를 정하는 경우이다. 게임 참가자인 당신이 독립적이고 합리적으로 행동한다고 가정하면 게임의 형식과 위의 성과 매트릭스를 감안할 때 파트너를 배신해야만 항상 최선의 결과를 얻을 수 있다. 파트너가 어떤 행동을 하든 당신이 배신을 하면 당신의 처지는 더 나아지는데, 그것은 감옥에서 자유롭게 풀려날 수 있는 유일한 방법이기도 하다. 만약 공모자가 침묵을 지키면 당신은 그를 배신해 형량을 1년에서 0년으로 줄일 수 있고 공모자도 당신을 배신하면 당신의 형량은 10년에서 5년으로 떨어진다.

문제는 당신의 공모자 역시 같은 전략을 따르면 양쪽 모두 침묵을 지킬 때보다 훨씬 오래 옥살이를 하게 된다는 점이다(5년 대 1년). 여기서 딜레마가 생긴다. 당신은 상대방에게 배신당할 위험을 감수할 것인가, 아니면 그의 의리를 믿고 낮은 형을 기대할 것인가?

둘 다 5년 형을 받는 이중으로 배신하는 상황을 이 게임의 내시 균형(Nash equilibrium)이라고 한다. 이는 게임 이론의 선구자이며 영화 「뷰티풀 마인드」의 주인공인 수학자 존 내시의 이름에서 따왔다. 내시 균형은 게임의 한쪽 참가자가 전략을 바꾸면 양쪽의 결과가 더 나빠지는 선택을

성과 매트릭스 : 경제적 결과

	B가 비무장	B가 무장
A가 비무장	승리, 승리	큰 패배, 큰 승리
A가 무장	큰 승리, 큰 패배	패배, 패배

군비경쟁

가리킨다. 앞의 사례에서 내시 균형은 이중 배신 전략이다. 두 명의 참가자 중에서 한 명이 침묵을 지키는 쪽을 택하면 그는 더 긴 형을 받기 때문이다. 둘 다 짧은 형을 받으려면 전략을 조정해서 서로 협조적으로 행동해야 한다. 양쪽 모두 자신에게 더 유리한 결과를 내기 위해서 상대방을 배신할 수 있으므로 그 조정된 전략은 불안정하다(즉 균형이 아니다).

어떤 게임을 하든 당신은 그 게임에 내시 균형이 존재하는지 알고 싶을 것이다. 게임의 변수를 바꾸기 위해서 무엇인가 조치를 취하지 않는 한 그것이 가장 그럴듯한 결과이기 때문이다. 예를 들면 군비경쟁의 내시 균형은 양측이 무장을 계속하는 고도 무장 전략을 선택하는 것이다. 이 시나리오의 성과 매트릭스는 위의 표와 같다.

보다시피 군비경쟁은 죄수의 딜레마와 매우 유사하다. A와 B가 무장을 하는 상황(패배-패배 상황)이 내시 균형이다. 둘 중 한쪽이 비무장으로 전향하면 상대편의 상황은 더 나빠져서 방어할 수 없는 침략("큰 패배"로 표시)을 당하는 등 훨씬 더 끔찍한 결과를 맞게 된다. 이번에도 최선의 결과는 양쪽이 무장해제에 동의(승리-승리 상황)하여 자원을 보다 생산적으로 소비할 기회를 여는 것이다. 그것은 죄수의 딜레마에서 둘 다 침묵을 지키는 상황에 상응하므로 불안정하다. 다시 무장을 하는 쪽이 유리하기 때문이다(상대편을 공격하면 "큰 승리"라는 결과를 얻을 수도 있다).

두 시나리오 모두에서 관계자들이 게임을 일회성으로 생각하지 않는다면 최선의 결과를 얻을 가능성이 높아지지만, 양쪽이 번갈아가면서 같은 게임을 자꾸만 되풀이하는 **반복** 게임 상황도 얼마든지 가능하다. 앞에서 언급한 장래의 보복 가능성이 바로 이 상황을 가리킨다. 만약 당신이 같은 사람과 게임을 자꾸만 반복해서 해야 한다면 어떨까?

죄수의 딜레마라는 반복 게임에서 참가자 모두 **눈에는 눈, 이에는 이** (tit-for-tat) 접근법으로 협력하면 대개 지속적인 배신에 비해서 장기적으로 더 나은 결과가 나타난다. 협력을 시작한 다음에는 상대방의 최근 행동과 똑같은 행동을 한다. 이런 상황에서 당신은 비슷한 보복을 하기 전에 상대방이 먼저 나쁜 행동 패턴을 만들기를 기다리고 싶을 것이다. 상대방이 택한 단 한번의 나쁜 선택을 근거로 이전의 유익한 관계를 망치고 싶지도 않을 것이다.

평판이 중요한 장기적인 인생 상황에서는 대부분 협력을 하면 그만한 보답을 얻는다. 당신이 배신자로 알려져 있다면 사람들은 당신을 친구나 동업자로 삼기를 꺼릴 것이다. 반면에 선행을 반복해서 사람들의 신뢰를 쌓으면 다들 당신의 동지가 되어 협력하기를 바랄 것이다.

어쨌든 게임 이론 관점에서의 갈등 분석은 당신의 상황이 어떻게 전개될지 이해하는 좋은 방법이다. 성과 매트릭스와 **의사결정 나무**(제6장)를 이용해 당신의 관점에서 다양한 선택의 시나리오와 그 잠재적 결과를 그려보자. 그러면 원하는 결과에 접근하는 방법을 이해할 수 있다.

밀고 당기기

게임에서 원하는 결과를 얻으려면 다른 참가자들이 처음에는 거부하더라도 결국 당신이 원하는 방식으로 움직이게 해야 한다. 다음 몇 절에서는 사람들의 행동을 바꾸는 정신 모델들을 소개하겠다. 갈등 상황은 물론이고 영향력이 필요한 상황에서는 어디서든 효과를 볼 수 있는 모델들이다. 우선 심리학자 로버트 치알디니가 『설득의 심리학(*Influence: The Psychology of Persuasion*)』에서 제시한 여섯 가지 강력하고 교묘한 영향력 모델을 생각해보자.

치알디니는 웨이터가 고객에게 작은 선물을 주면 팁을 더 받을 수 있다는 연구(이후 유사한 연구가 반복해서 실시되었다)를 언급한다. 연구에서 박하사탕 하나는 팁을 평균 3퍼센트 올렸고 박하사탕 2개는 14퍼센트까지 올렸다. 박하사탕 2개에 "멋진 손님들에게는 사탕을 하나 더 드립니다"라는 말을 덧붙이자 팁은 23퍼센트나 올랐다.

이 연구가 설명하는 정신 모델을 **상호성**(reciprocity)이라고 한다. 원하는 것이든 아니든 일단 호의를 받고 나면 돌려주어야 한다는(**화답해야 한다는**) 의무감을 느끼게 된다. 여러 문화권에서 사회적 관계를 맺은 사람들은 일반적으로, 카풀을 할 때 차를 번갈아서 가져오거나 디너파티에 포도주 한 병을 가져가는 것 등 호의를 서로 교환할 것이라는 기대를 받는다. 퀴드 프로 쿠오(quid pro quo : 라틴어로 "주고받기"라는 뜻)와 **상부상조**는 이 모델의 의미가 담긴 친숙한 표현이다.

상호성은 일부 비영리 기관이 당신에게 기부를 권유하는 편지와 함께 당신의 이름이 인쇄된 공짜 주소 라벨을 보내는 이유를 잘 설명해준다. 판매원이 잠재적인 우수 고객에게 콘서트나 스포츠 티켓을 나눠주는 이유도 마찬가지이다. 상대방이 요구하지 않은 물건이라도 일단 무엇인가를 주면 보답을 받을 가능성이 크게 높아진다.

이런 자연스러운 경향이 정치적 영향력을 얻는 데에 악용되면 문제가

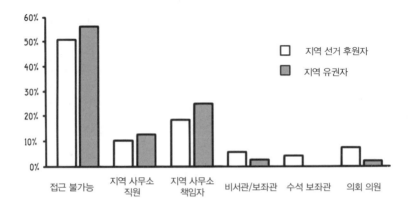

상호성 : 미국 의회 공직자에 대한 접근성

생긴다. 정치인들이 나중에 의결에 참가하는 대가로 로비스트 등에게서 돈이나 지나친 호의를 받는 경우를 예로 들 수 있다. 물론 로비스트는 자신이 속한 집단의 목표에 동조하는 후보자를 금전적으로 지원할 자유 가 있다. 암묵적인 합의가 관여되면 우려스러운 상황이 발생할 수 있다. 「미국 정치학 저널(*American Journal of Political Science*)」에 실린 2016년의 한 연구에 따르면 합의가 없을 때도 정치인들은 지역의 일반 유권자보다 후원자의 말을 들을 가능성이 컸다(그림 참고).

치알디니가 설명하는 두 번째 모델은 입장 정립(commitment)이다. 아 무리 사소하더라도 일단 무엇인가에 동의(또는 약속)하면 나중에도 계속 동의할 가능성이 높다. 일관성이 없으면 **인지 부조화**(제1장 참고)라는 심 리적 불안이 발생하기 때문이다.

웹사이트에서 "괜찮습니다" 대신 "나중에 등록할게요" 같은 이름의 버 튼을 사용하는 이유도 이렇게 설명할 수 있다. 나중에 등록하겠다는 말 은 약속을 암시하기 때문이다. 판매원들의 **문간에 발 들여놓기 기법**도 같 은 원리이다. 매트리스 판매원이 당신에게서 "소소한 동의"(예를 들면 "밤에 좀더 편히 주무시고 싶으세요?" 같은 질문을 통해서)를 얻어내면 그 이후부터는 "큰 동의"("이 매트리스를 사고 싶으세요?"라는 질문의 대답으로)를 얻어낼 가능성도 커진다.

판매원들은 또 치알디니가 호감(liking)이라고 부른 모델을 바탕으로 상대방과 공통점을 찾으려고 노력한다. 간단히 말하면 당신은 **호감을 주는** 사람들의 조언을 더 쉽게 받아들이고 당신과 같은 특성을 공유하는 사람들에게 호감을 느끼는 경향이 있기 때문이다. 그들이 당신에게 "야구 좋아하세요?" 또는 "고향이 어디세요?" 같은 질문을 던지고 당신의 대답을 들은 후에는 "저도 양키스 팬이에요!" 또는 "아, 사촌이 거기 사는데……" 따위의 반응을 하는 이유는 그 때문이다.

거울 반응 기법 역시 이 모델을 따른다. 대화를 나누는 상대방의 신체적, 언어적 단서를 거울로 비추듯이 따라하는 반응을 뜻한다. 사람들은 자연스럽게 그런 행동을 하는 경향이 있지만 이런 행동(상대방이 팔짱을 낄 때 의식적으로 팔짱을 끼는 등)을 더 많이 하면 사람들의 신뢰를 얻는 데에 도움이 된다. 당신이 상대방의 행동을 더 많이 따라할수록 상대방은 당신을 자신과 더 유사한 사람이라고 인식한다는 연구 결과가 있다.

사람들은 자신이 좋아하고 신뢰하는 사람들을 모방하려고 한다. 2015년에 6개국의 소비자를 대상으로 실시한 닐슨 설문조사 "세계인의 광고 신뢰도"에서 83퍼센트의 응답자가 친구와 가족(일반적으로 사람들이 좋아하는 대상)의 추천을 신뢰했는데, 그들의 추천이 연구 대상이 된 어떤 형태의 광고보다 설득력이 있다는 뜻이었다. 비즈니스에서 입소문이 중요한 이유도 그 때문이다. 비즈니스 모델 전체가 입소문에 의존하는 기업도 있다. 판매자들에게 지인들과 세일즈 파티를 벌이게 하는 업체들을 생각해보자. 이런 전략은 타파웨어(식품 용기), 암웨이(건강과 생활용품),

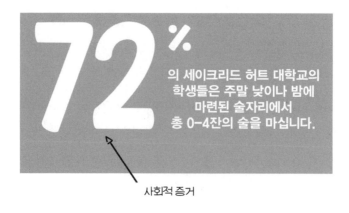

사회적 증거

에이본(피부 관리), 컷코(가브리엘이 10대였을 때 아르바이트로 판매했던 칼) 같은 현대 기업들이 널리 이용했다. 최근에 이 비즈니스 모델은 룰라로(의류), 팸퍼드쉐프(식료품) 등 소셜미디어가 키운 수백 곳의 신생 기업에서 더욱 활발하게 쓰이고 있다.

네 번째 영향력 모델은 사회적 증거(social proof)이다. 자신이 괜찮은 결정을 하고 있다는 증거를 사회적 단서에서 찾으려고 하는 경향을 말한다. 당신은 집단의 일원이 되고 싶은 본능 때문에 남들이 하는 행동을 보면 따라하려고 한다(제4장 내집단 편애 참고). 패션이나 먹거리의 유행, 또는 온라인 "유행어"와 짤방을 생각해보자.

사회적 증거는 훌륭한 선택을 하는 데에 효과적일 수 있다. 당신은 호텔에서 환경에 이롭다며 수건 재사용을 권장하는 안내문을 본 적이 있을 것이다. 치알디니 등은 2008년 10월 호 「소비자 연구 저널(*Journal of Consumer Research*)」에서, 만약 그 안내문에 다른 손님들도 대부분 수건을 재사용한다는 내용을 추가하면 재사용률이 증가할 것이라는 가설을 세웠고 결국 그 가설은 옳았다. 사회적 증거가 담긴 메시지는 일반적인 환경보호 메시지에 비해서 수건 재사용률을 25퍼센트나 증가시켰다. 마찬가지로 세이크리드 허트 대학교 같은 곳에서는 학생들에게 동료 학생들 대부분이 폭음처럼 위험한 습관에 빠지지 않는다고 알리는 등 사회적 증거를 이용해서 지나친 음주를 막는다.

안타깝게도 사회적 증거에는 나쁜 행동을 부추기는 효과도 있다. 애리조나 주의 석화림 국립공원의 감시원들은 공원의 주된 볼거리인 석화 목재의 절도 때문에 골머리를 앓고 있다. 연구자들은 다음 두 메시지의 효과를 비교했다. "석화림 공원의 자연 상태를 보존하기 위해서 공원에서 석화 목재를 가져가지 말아주세요"와 "공원에서 석화 목재를 가져가는 방문객들이 많아서 석화림의 자연 상태가 바뀌었습니다"였다. 부정적인 틀을 짠 후자의 메시지는 절도를 오히려 3배로 높이는 효과를 가져왔다! 애석하게도 같은 개념은 자살률에까지 확장되어, 언론에서 자살 사건을 보도한 후에는 자살 건수가 증가하곤 한다.

현재 우리 사회에 가장 널리 퍼져 있는 사회적 증거는 틀림없이 소셜미디어일 것이다. 러시아가 미국과 다른 나라들의 선거에 영향력을 행사하려는 시도를 하면서 소셜미디어는 국제 정치에서도 점점 중요한 역할을 하고 있다. 좀더 일상적인 예를 들면 소셜미디어의 팔로워 수는 사회적 증거의 지표로 사용되고, 기업은 고객의 리트윗을 상품 홍보 수단으로 이용하며, 자사 제품을 실제로 사용하는 사람들을 보여주는 광고 전략을 활용하기도 한다. 페이스북에서도 특정 회사나 제품 광고에 "좋아요"를 클릭한 친구들을 보여준다.

희소성(scarcity)은 얻기 힘든 기회일수록 그 기회를 놓칠 수 있다는 두려움을 자극하므로 사람들의 관심을 더 유발할 수 있다는 내용의 영향력 모델이다. 소위 "타임 세일"이나 "일생일대의 기회"가 이런 두려움을 먹고 산다. 이 모델은 "이 가격대의 방 3개 남음"이라고 표시한 여행 사이트나

"창고에 5개밖에 남지 않았어요"라고 알리는 가게 점원의 말에서 쉽게 발견할 수 있다. 희소성 신호 역시 사회적 증거를 암시할 때가 있다. 셔츠가 인기 폭발이라서 곧 매진된다는 안내 등이 그 예이다.

치알디니의 여섯 번째 영향력 모델은 자신을 권위자라고 인식하는 인물을 따르는 경향인 권위(authority)이다. 『권위에 대한 복종(*Obedience to Authority*)』에 소개된 일련의 충격적인 실험에서 심리학자 스탠리 밀그램은 정체를 알 수 없는 권위자가 내린 지시를 사람들이 얼마나 따르는지를 시험했다. 실험 참가자들은 "학습 실험"에서 실험자(권위자)를 보조하는 역할을 맡았다. 그리고 "학습자"가 실수를 할 때마다 점점 더 강한 전기 충격을 주라는 지시를 받았다. 충격은 가짜이지만 실험 참가자들은 그 사실을 모른다. 학습자는 사실 "충격"이 가해질 때 고통을 느끼는 시늉을 하는 연기자였다. 이 연구는 여러 차례 반복되었고 메타 분석(제5장

희소성

여행용 셔츠

매진 임박!

$65.00

✓ 선택 옵션

여행용 셔츠

$65.00

✓ 선택 옵션

희소성

참고)에 따르면 28에서 91퍼센트의 참가자들이 학습자에게 거리낌 없이 **치명적인 강도의 전기 충격을 가했다!**

이만큼 극적인 설정이 아니더라도 권위의 힘은 막강하다. 권위는 유명인이 상품을 보증하는 광고가 왜 효과를 보이는지 그 이유를 설명하는데, 다만 어떤 유명인의 보증이 가장 효과적인지는 시대에 따라서 다르다. 요즘 아이들은 할리우드 스타들은 잘 알지 못하고 유튜버나 인스타그래머의 영향을 더 많이 받는다. 마찬가지로 작가 마이클 엘스버그는 「포브스(*Forbes*)」에서, 자신의 책이 CNN 황금 시간대에 소개되거나 「뉴욕 타임스」 일요판의 기명 논평 페이지에 실렸을 때보다, 작가 팀 페리스의 블로그 게시물에 등장한 이후에 훨씬 더 많이 판매되었다는 이야기를 했다.

또한 권위를 상징하는 의상과 장신구만으로도 사람들의 행동을 뜻대로 유도할 가능성은 훨씬 높아진다. 밀그램의 실험에서는 실험실 가운이 권위를 나타내는 도구로 이용되었다.

때때로 사람들은 권위자로 추정되는 인물에 기대어 자신의 주장을 뒷받침하기도 한다. 그 권위자가 관련 분야에 직접적인 전문 지식이 없을 때에도 마찬가지이다. 예를 들면 비타민 C의 다량 복용을 옹호하는 사람들은 노벨상을 두 차례 수상한 라이너스 폴링도 그 의견을 지지한다고 주장한다. 그가 전혀 무관한 분야에서 수상을 했는데도 말이다.

권위자라면 자신의 전문 분야에 해당하는 지식과 쟁점에는 빠삭하겠지만 그렇다고 하더라도 기본 원칙으로 돌아가서 그 주장의 실체를 따져보아야 한다. 천체물리학자 칼 세이건은 『악령이 출몰하는 세상(*The Demon-Haunted World*)』에서 이렇게 표현했다. "과학에서 가장 중요한 계명은 '의심은 권위로 논증된다'는 것이다……. 그런 논증 가운데 틀렸다고 밝혀진 것은 지극히 많다. 권위자들도 다른 사람들처럼 그들의 주장을 반드시 증명해야 한다."(제1장 **패러다임 전환** 참고)

마찬가지로 어떤 자격이 없다는 점이 개인의 주장을 반박하는 유일한 근거가 되어서도 안 된다. 우리는 현명한 사람이라면 어떤 주제를 이해하기 위해서 충분한 시간을 들여 적절한 조사를 해야 한다고 믿는다.

치알디니의 영향력 모델은 당신이 어떤 선택을 위해서 타인을 설득해야 하는 갈등 상황을 비롯해서 다양한 상황에 적용할 수 있다. 만약 실생활에서 이런 정신 모델들의 적용을 익힐 수 있는 집중 훈련을 받고 싶다면 카지노에 가면 된다. 그곳에서는 당신의 돈을 빼앗기 위해서 온갖 정신 모델들이 한꺼번에 동원되기 때문이다. 카지노는 많은 것들을 공짜로 주고(상호성), 처음에는 현금으로 칩을 사게 하고(입장 정립), 당신의 관심에 꼭 맞는 경험을 제공하고(호감), 대박을 터트린 사람들의 예를 보여주고(사회적 증거), 돈을 잃는 두려움을 먹이 삼아서 당신에게 끊임없이 거래를 제안하고(희소성), 딜러는 당신에게 부적당한 조언을 한다(권위). 조심하자. **항상 도박장만 돈을 쓸어 담는 데에는 다 이유가 있다!**

가장 중요한 것은 관점이다

치알디니의 여섯 가지 원칙 외에도 갈등 상황에(그리고 다른 상황에도) 영향력을 행사하기 위해서 이용할 수 있는 정신 모델은 몇 가지 더 있는데, 전부 **틀 짜기**(제1장 참고)와 관련이 있다. 특정 개념이나 상황에 대한 틀 짜기로 인식을 바꿀 수 있다는 내용을 다시 떠올려보자. 같은 사건이라도 신문사에서 어떻게 틀을 짜느냐에 따라서 독자들은 판이하게 다른 결론을 얻는다. 이렇듯 관점의 변화는 특히 갈등의 순간에 선과 악을 효과적으로 나누는 영향력 모델로 이용될 수 있다.

미국이 대영제국으로부터 독립하는 데에 결정적인 역할을 한 토머스 페인의 에세이 『상식(*Common Sense*)』은 틀 짜기의 강력한 효과를 보여주는 역사 속의 예이다. 1776년에 미국 독립 혁명이 시작된 이후에도 대부분의 미국 식민지 주민들은 여전히 자신을 미국인이 아닌 영국인으로 생각했지만 페인의 개입 이후로 그런 인식의 틀은 바뀌기 시작했다.

양편의 적대감이 커져가는데도 식민지 주민들은 조국과 평화롭게 화해하겠다는 희망을 버리지 못했다. 그러나 페인 같은 사람들이 보기에 조지 3세는 식민지 주민들에게 그들이 마땅히 받아야 할 권리를 줄 의사가 전혀 없었으므로, 주민들이 그런 권리를 확보하려면 독립을 선언하고 쟁취하는 수밖에 없었다. 페인은 전쟁의 혹독한 결과를 감수하지 않고 식민지 주민들의 입장에서 갈등이 우호적으로 해결되리라고 믿는 것은 헛된 희망에 불과하다고 생각했다. 자신이 추구하던 권리를 확보할 수 있다면 스스로를 미국인이라고 생각하는 식민지 주민들이 차차 늘어날 것이라는 예측에서 페인의 천재성이 드러났다.

그런 상황에서 페인은 『상식』을 발표했다. 이해하기 쉽고 열정 가득한

이 산문에는 독립의 당위성에 대한 설득력 있는 주장이 담겨 있다. 사실 출판 첫 해에 50만 부 이상이 팔릴 만큼 매력적인 책이었다. 식민지의 인구가 겨우 250만 명이던 시대였으므로 진정한 베스트셀러라고 할 만하다!

페인은 영국이 식민지 주민들을 어떻게 대우했는지 언급하며, 영국은 그들을 진짜 영국인이라고 생각하지 않는다는 점을 분명히 했다. 그리고 그는 식민지 주민의 관점에서, 새로 태어난 미국인으로서 독립을 쟁취하려면 다른 식민지들과 힘을 모으는 것이 장기적으로 보았을 때 유일하게 합리적인 선택이라는 주장을 펼쳤다. 『상식』은 이렇게 끝을 맺는다.

영국의 지배를 받는 지금의 처지에서 우리는 외국으로부터 인정을 받을 수도, 외국에 목소리를 낼 수도 없다. 모든 왕실의 관습은 우리에게 불리하며 독립으로 다른 나라들과 어깨를 나란히 할 때까지 그런 상황은 바뀌지 않을 것이다.

처음에는 그 과정이 낯설고 힘들어 보일 수 있지만 우리가 이미 거쳐온 다른 과정들처럼 머지않아 익숙하고 당연하게 느껴질 것이다. 독립이 선언될 때까지 대륙은 날마다 불쾌한 용무를 계속 미루는 사람처럼 굴 것이다. 꼭 해야 하는 일이라는 사실은 알면서도 착수하기 싫어하고, 끝나기를 바라면서도 그 일이 필요하다는 생각에 끊임없이 시달릴 것이다.

과연 효과가 있었다. 페인은 사람들이 그의 아이디어를 받아들이고 스스로를 영국인이 아닌 미국인으로 생각하게 유도하는 주장의 틀을 짰다. 그의 주장은 같은 해 말, 미국의 독립 선언문 작성에 필요한 지지를 이끌어냈다. 사실 미국의 제2대 대통령 존 애덤스는 "『상식』을 쓴 작가의 펜이 없었더라면 워싱턴이 들었던 칼도 소용이 없었으리라"고 평했다.

갈등 상황에서도 당신은 자신의 관점으로 사람들을 끌어들여서 원하는 결과를 얻을 수 있다. 토머스 페인은 갈등을 피할 수 없을 때 능란하게 동맹을 만들었다. 당신도 이런 식으로 틀 짜기를 하면 직접적인 다툼을 아예 피할 수 있다.

틀 짜기에서 고려해야 할 세부적인 측면들은 이 절의 뒷부분에서 살펴볼 몇몇 정신 모델에 담겨 있다. 미국의 독립 혁명보다는 좀더 평범한 상황인 육아도우미 구하기를 생각해보자. 잘나가는 직장인들은 돈을 더 벌기 위해서 아기 돌보는 일을 할 가능성이 낮지만 사정이 딱한 친구의 아기는 공짜로 봐줄 수도 있다. 앞의 상황은 시장 관점에서의 틀 짜기이고("시간당 15달러에 우리 애를 봐주실래요?") 뒤의 상황은 사회적 관점에서의 틀 짜기이다("내 부탁 좀 들어줄래?"). 이 둘의 틀 짜기 방식은 사회적 기준 대 시장 기준(social norms versus market norms)이라는 차이가 있으며 앞의 절에서 소개한 상호성 개념에 의존한다.

무엇인가를 **시장**의 관점(돈을 받고 아기 돌보기)에서 생각할 때 당신은 자신의 경제적 상황과 그것이 주는 비인격적인 영향("고작 60달러를 벌기 위해서 그만큼의 시간을 들일 가치는 없지")을 따진다. 반면에 무엇인가를 **사회적** 관점에서 고려할 때(친구에게 호의를 베푸는 등)는 그것이 마땅히 해야 할 일인지("친구가 네 시간 동안 도움이 필요하다니 내가 도와줘야겠어")부터 따진다.

『상식 밖의 경제학(*Predictably Irrational*)』에서 경제학자 댄 애리얼리는 이스라엘의 탁아소에서 부모들이 아이를 늦게 데리러오는 문제를 어떻게 해결하려고 했는지를 소개했다. 아이를 늦게 데리러오는 문제가 만연해지자 탁아소는 늦게 오는 부모들에게 벌금을 물리기 시작했다. 그러나 벌금 정책이 생긴 이후 부모들은 오히려 더 늑장을 부렸다. 애리얼리는 이렇게 설명한다.

벌금이 도입되기 전에는 교사와 부모 사이에 늦는 것을 사회규범으로 보는 사회계약이 존재했다. 그래서 간혹 늦게 나타난 부모는 죄책감을 느꼈고 그런 죄책감 때문에 다음부터는 아이를 서둘러 데리러오게 되었다.……그러나 벌금이 부과되면서 탁아소의 사회규범은 시장규범으로 바뀌고 말았다. 이제 늦게 오면 돈을 내게 된 부모들은 그 상황을 시장규범으로 해석했다. 벌금을 내면 스스로 늦을지 말지 선택할 수 있게 되었다고 생각하여 종종 늦는 쪽을 택한 것이다. 말할 필요도 없이 이런 결과는 탁아소의 당초 의도와 거리가 멀었다.

그러나 진짜 이야기는 이제부터 시작이다. 가장 흥미로운 상황은 탁아소가 다시 벌금을 없앤 몇 주일 뒤에 벌어졌다. 이제 탁아소는 사회규범으로 돌아왔다. 그러면 부모들도 사회규범으로 돌아왔을까? 그들의 죄책감도 돌아왔을까? 그렇지 않았다. 벌금이 없어졌음에도 부모의 행동은 달라지지 않았다. 그들은 여전히 아이를 늦게 데리러왔다. 벌금이 폐지되자 오히려 늦게 오는 부모가 조금 더 늘어났다(결국 사회규범과 벌금이 다 없어진 셈이다).

사회규범을 시장규범으로 섣불리 바꿔서는 안 된다. 되돌리기 어려운 이점이 같이 없어지는 수가 있기 때문이다(제2장 **비가역적 결정** 참고). 일단 사회규범이 약화되면 그에 따른 피해가 생기고 그 규범은 더 이상 규범의 구실을 할 수 없다. 그래서 사회규범이 표준인 상황에서 금전적인 유인책을 도입하는 것은 시간을 두고 고민해야 한다.

공평함에 대한 인식이 중요한 상황에서도 비슷한 문제에 부딪칠 수 있다. 경제학자들은 공평함에 대한 인식이 행동에 어떻게 영향을 주는지 연

사회규범	**VS.**	시장규범

- 돈이 얽히지 않는다.
- 즉각적인 보상이 없다.
- 공동체 안에서 나타난다.

- 돈이 얽혀 있다.
- 거래의 성격을 띤다.
- 비즈니스 상황에서 나타난다.

구하기 위해서 **최후통첩 게임**(ultimatum game)을 이용한다. 그 원리는 다음과 같다. 두 사람이 참가하는 이 게임에서 한 사람에게만 약간의 돈(이를 테면 10달러)을 지급한다. 돈을 받은 사람은 두 번째 사람에게 돈을 나눠주어야 한다(5달러/5달러, 7달러/3달러, 8달러/2달러 등 자신이 원하는 액수로). 이 제안은 **최후통첩**이기 때문에 두 번째 사람에게는 제안을 받아들이거나 거절하는 두 가지 선택지밖에 없다. 제안을 받아들이면 두 사람 다 제안된 몫을 받고, 거절하면 둘 다 아무것도 받지 못한다.

최후통첩 게임에 임하는 지극히 합리적인 태도는 한 사람이 아주 적은 몫(예 : 9.99달러/0.01달러)을 제안해도 상대방이 그것을 받아들이는 것이다. 그렇게 하지 않으면 둘 다 아무것도 손에 넣지 못하게 되고, 다른 어떤 협상도 할 수 없게 되기 때문이다. 그러나 대부분의 문화권에서 두 번째 사람은 30퍼센트 이하의 몫을 제안받으면 제안이 불공평하다고 인식하고 거절하는 경향을 보였다. 이런 상황에서 그는 자신이 아무것도 얻지 못하더라도, 첫 번째 사람 역시 아무것도 받지 못하도록 제안을 거부하는 쪽을 택했다.

가정(집안일 분배, 유언 등)이나 조직(보상, 승진 등)에서 중요한 사람들에게 큰 영향을 주게 될 결정을 할 때에도, 공평함에 대한 그들의 강렬한 인식을 간과해서는 안 된다. 사회규범 대 시장규범처럼 틀 짜기는 다양한 상황에서 공평함에 대한 인식에 본질적인 영향을 줄 수 있다. 흔히 접할 수 있는 또다른 틀 짜기로 **분배 정의**(distributive justice) 대 **절차 정의**(procedural justice)가 있다.

분배 정의는 재화를 **분배하는** 방식에 대한 정의로, 평등한 분배일수록 공정하다고 인식한다. 반면에 절차 정의는 **절차**를 중시하는 공정함의 틀을 짜므로 투명하고 객관적인 과정을 공정하다고 본다.

만약 당신의 부자 할아버지가 모든 자녀들에게 재산을 똑같이 나눠주었다면 분배 정의의 관점에서는 공정하다고 할 수 있다. 그러나 자녀 가운데 한 명이 지난 20년 동안 당신의 할머니를 돌보는 일을 도맡았다면 절차 정의의 관점에서 이 분배는 더 이상 공정해 보이지 않는다. 소득 불평등과 소수집단 우대 정책 같은 주제를 둘러싼 오늘날의 정치적 논란은 이렇게 정의의 다른 형식에 바탕을 둔다.

때때로 이런 구별은 **공정한 몫**과 **공정한 경쟁**의 대립이라는 틀이 된다. 예를 들면 미국에서는 누구나 유치원부터 12학년까지의 공교육을 받을 수 있다. 이런 교육 접근성 때문에 어떤 사람들은 누구에게나 성공할 기회가 평등하게 주어진다고 믿는다. 반면에 공교육 기회의 품질이 거주 지역에 따라서 크게 다르며, 교육 자체만으로는 주로 가족과 사회적 관계의 덕을 보아야 하는, 발전할 수 있는 최고의 기회에 접근할 수 없다고 믿는 사람들도 있다. 후자의 관점에서 보면 **공정한 경쟁**은 사실상 존재하지 않으므로 **공정한 몫**을 이루기 위해서는 소수집단 우대 정책 등으로 약간의 조정이 필요하다. 마틴 루터 킹 주니어는 1967년 5월 8일 NBC 뉴스와의 인터뷰에서 이렇게 말했다. "어떤 사람에게 자신의 부츠를 직접 들라고 하는 것은 괜찮지만 부츠도 없는 사람에게 부츠를 직접 들라고 하는 것은 잔인한 농담입니다."

불공평하다는 인식은 어떤 경우든 강렬한 감정 반응을 일으킨다. 그것을 알고, 사람들은 공정성의 관점에서 상황의 틀을 짜는 방식으로 당신에게 영향력을 행사하려고 한다. 사실 당신의 두려움, 희망, 죄책감, 자부심, 분노, 슬픔, 혐오감 등의 감정을 자극해서 합리적인 의사결정을 방해하려는 주장은 많다. 부당함, 사회규범 위반 등을 인식시켜서 남의 감정을 자극하려는 경향을 **감정에의 호소**(appeal to emotion)라고 부른다.

두려움은 특히 강력한 영향을 주는 요소이며 그것과 관련된 모델도 있다. **두려움**(Fear), **불확실성**(Uncertainty), **의심**(Doubt)의 첫 글자를 딴 FUD가 그것이다. FUD는 마케팅("우리 경쟁사의 제품은 위험합니다"), 정치 연설("이 법안이 통과되면 우리는 비참한 결과로 인해서 고통받게 됩니다"), 종교(영원한 지옥살이) 등에서 흔히 사용된다.

비슷한 행태로 **허수아비**(straw man) 논법이 있다. 상대방이 당신의 주장에 직접 대응하는 대신, 당신의 주장을 다른 것(허수아비)과 엮어서 곡해하여(틀 짜기) 그 대상을 공격하는 수법이다. 아이에게 비디오 게임을 그만하고 숙제를 하라고 했더니, 아이가 당신에게 당신은 너무 엄격하고 아무것도 못하게 하는 부모라고 말대꾸하는 상황을 그려보자. 아이는 대화의 주제를 숙제에서 당신의 전반적인 양육에 관한 것으로 돌리려고 하는 것이다.

다양한 문제와 잠재적 해결책이 있는 복잡한 주제(예 : 기후변화, 공공정책 등)에 관해서는 두 사람이 서로의 논점을 지적하기보다는 각자 허수아비를 만들어놓고 **딴소리**를 하기 십상이다. 이런 상황에서는 마음을 모아서 정확히 **현재 진행 중인 주제**에 **집중**해야 한다. 그러나 한쪽(또는 양쪽)이 논쟁을 해소하기보다 제3자를 설득하는 데에 더 관심을 보일 때도 있다. 이런 상황에서는 의도적으로 허수아비를 세우기 마련이고 안타깝게도 이는 구경꾼의 영향력을 빌려 자신에게 유리하도록 틀 짜기를 하는 효과적인 전략이 될 수도 있다.

허수아비를 이용한 부정적인 정치적 선전과 발언이 그 상황과 관계없는 투표나 행동을 유발할 수 있다. 당신은 아프리카계 미국인에게 가한 경찰의 만행에 항의하는 뜻으로 국가(國歌)가 울려퍼지는 동안, 일부 선수들이 무릎을 꿇은 사건을 둘러싼 전미 미식축구연맹의 논쟁에 대해서 들어보았을 것이다. 일부 정치인들은 그것이 군을 모독하는 행동이라며 비판했다. 그들이 왜 항의했는지에 대한 근본적 문제에서 선수들이 어떻게 항의했는지에 대한 문제로 관심을 돌린 것이다.

인신공격(ad hominem)이라는 관련 정신 모델도 있다. 주장을 하는 사람의 핵심 논점을 반박하지 않고 사람 자체를 공격하는 것을 말한다. "당신이 뭔데 그런 말을 해요? 이 주제에 대해서 전문가도 아니잖아요. 당신은 아마추어일 뿐이에요." 이런 식의 발언은 본질적으로 비방이며 상대방에게 자극적인 꼬리표를 붙이려는 의도이다. 최근 미국에서 진행 중인 정치 논쟁은 안타깝게도 이 모델로 점철되었고 흔히 언급되는 비방의 내용들은 너무 천박해서 이 책에서 다루고 싶지 않다.

이 모델과 우리가 이전 절에서 살펴본 권위 모델은 동전의 양면이다. 권위에 기대어 영향력을 얻는 대신 상대방의 권위를 공격해서 그의 영향력을 없애려고 하는 것이다. 허수아비와 감정에의 호소처럼 이번에도 중요한 문제는 멀리하고 비판하기 쉬운 대상으로 다가가도록 상황의 틀을 짜는 모델이다.

갈등을 겪고 있을 때는 당신과 상대방의 틀 짜기가 상황에 대한 인식을 어떻게 바꾸는지 생각해야 한다. 죄수의 딜레마를 예로 들어보자. 검사는 두 용의자가 5년 형을 받는 내시 균형이라는 결과를 가장 선호하기 때문에 경쟁 상황을 만드는 식으로 틀을 짜려고 한다. 그러나 만약 두 용의자가 협조하여 다른 틀을 짠다면(무슨 수를 써서라도 서로 결속한다면) 그들의 입장에서 훨씬 더 나은 결과를 얻게 된다.

선은 어디까지인가?

제3장에서 우리는 문제를 신속히 처리할 수 있는 **설계 패턴**을 찾고, 직관적으로 끌리지만 최선의 해결책은 아닌 **안티 패턴**에 주의하라고 조언했다. 앞의 두 절에서 살펴본 영향력 모델들은 (카지노에서처럼) 다른 누군가가 자신의 이익을 위해서 당신을 조종하는 데에 이용한다면 암흑 패턴(dark pattern)이 될 수 있다.

이 용어는 위장 광고를 이용하거나, 숨겨진 비용을 감춘 채 정보를 제공하거나, 구독 취소 또는 고객 지원 요청 절차를 지극히 번거롭게 만드는 등 당신을 **암흑**에 빠뜨리는 방식으로 사이트를 구성하는 웹사이트를 일컫는다. 한마디로 그들은 당신을 조종하고 헷갈리게 할 심산으로 이런 **패턴**을 사용한다.

그러나 이 개념은 오프라인의 일상생활에도 적용할 수 있다. 그리고 몇 가지 구체적인 암흑 패턴을 알면 갈등 상황을 해결하는 데에도 도움이 된다. 당신은 그리스인들이 만든 거대한 목마가 트로이 전쟁을 승리로 이끌었다는 트로이 목마(Trojan horse) 이야기를 잘 알고 있을 것이다. 그리스군은 트로이에 진입할 방법을 찾지 못하자 배를 타고 철수하는 척을 하면서 해안에 이별 선물을 남겨두었다. 트로이인들은 그리스군이 말

구독 취소

속에 정예 요원도 함께 숨겨두었다는 사실을 꿈에도 알지 못했다. 트로이인들이 말을 도시 안으로 끌고 들어가자 그리스 병사들은 어둠을 틈타 말에서 나왔고 트로이를 쳐부수고 전쟁에서 승리했다.

트로이 목마는 선물처럼 무해하거나 매력적인 미끼로 당신의 방어를 누그러뜨리게 하는 수법에는 어디든 적용할 수 있다. 트로이 목마는 흔히 무해하고 흥미로운 다운로드 파일(미끼)로 위장하지만 당신을 감시하는 등 불법적인 행동(교환)을 하는 악성 컴퓨터 프로그램처럼 **유인 상술**(bait and switch)의 형태를 띤다.

흔한 예로 특정 상품(호텔 객실 등)에 대해서 실제로는 존재하지 않는 낮은 가격("리조트 사용료"니 뭐니 하는 요금이 붙고 또 붙는다)을 제시하는 홍보 방식을 들 수 있다. 건축업자들은 신축 주택을 분양할 때 소위 "기본형"이라는, 아무도 원하지 않을 싸구려 자재로 마감하는 경우의 가격을 분양가로 제시하며 구매자들을 유혹한다. 그런 다음 좀더 비싼 자재로 꾸민 모델 하우스(전부 업그레이드되어 있다)를 보여준다. 결국 전체 가격은 구매자의 예산을 훌쩍 뛰어넘게 되어 있다. 역시 싼 가격에는 다 이유가 있는 법이다.

암흑 패턴의 끝판왕은 산업계에서 찾을 수 있다. 지금은 파산한 에너지 회사인 엔론은 휴스턴 본사에 가짜 증권거래소를 세웠다. 월스트리트 분석가들을 속여서 엔론의 주식이 실제보다 훨씬 더 많이 거래되고 있다고 믿게 하려는 의도였다. 분석가들이 엔론의 연간 주주총회에 참석하기 위해서 휴스턴에 왔을 때에도 엔론의 중역들은 실제로 주식이 활발하게 거래되고 있다는 듯이 연극을 했지만, 사실은 전부 그들이 미리 꾸며놓은 계략에 불과했다. 그들의 "전략회의실"에는 근사한 TV와 컴퓨터도 다수 설치되어 있었다.

역시 파산한 의료 회사인 테라노스도 건강보조식품 판매 업체인 월그린스의 경영진을 비롯한 파트너들 앞에서 자사 "제품"을 선보일 때 비슷한 사기를 쳤다. 테라노스의 분석 도구들이 전시되기는 했지만, 미국 증권거래위원회에 따르면 수집된 혈액 샘플은 사실 테라노스가 유령 회사를 통해서 구입한 외부 실험 장비로 분석되었다.

엔론과 테라노스의 전략은 **포템킨 마을**(Potemkin village)이라는 다른 암흑 패턴의 좋은 예이다. 포템킨 마을은 사람들에게 상황이 실제보다 낫다는 확신을 주기 위해서 가짜로 연출한 장치를 가리킨다. 역사적 진위 여부에는 논란이 있지만 이 용어는 1787년에 크림 반도를 시찰하러온 예카테리나 2세의 환심을 사기 위해서 임시로 지었다는 마을의 이름에서 유래한다. 그러나 포템킨 마을의 진짜 예는 분명히 존재한다. 1950년대에 북한이 남한 군인들의 탈영을 유도하기 위해서 비무장지대 근처에 세운 마을과 제2차 세계대전 당시 나치가 적십자에게 보여주기 위해서 설계했지만 사실은 아우슈비츠로 가는 중간 기착지였던 수용소 등이 그것이다.

영화 「트루먼 쇼」는 대규모 포템킨 마을을 소재로 한 영화이다. 이 영화에서 리얼리티 TV 프로그램 속 인물인 트루먼 버뱅크(짐 캐리 분)는 배우들로 채워진 모든 것이 가짜인 마을에서 산다. 이 유형의 암흑 패턴은 온라인에서 웹사이트가 당신을 끌어들이기 위해서 실제보다 많은 이용자들과 콘텐츠를 보유한 것처럼 가장할 때도 나타난다. 예를 들면 악명 높은 데이트 사이트인 애슐리 매디슨(이미 배우자가 있는 사람들을 타깃으로 삼는다)은 남성을 끌어들이기 위해서 가짜 여성 계정으로 메시지를 보내는 것으로 밝혀졌다.

군대에서는 이 모델을 널리 활용해서 모조 총기에서부터 모조 탱크, 심지어 가짜 낙하산부대까지 만든다. 이런 속임수는 제2차 세계대전을 비롯한 무력 충돌에서 외국의 정보기관을 속이기 위해서 널리 이용되었고 훈련에 쓰이기도 했다. 기술이 진보하면서 가짜도 진보했다. 오늘날의 가짜들은 진짜 탱크의 열 신호를 흉내내어 적외선 탐지기마저 속일 수 있다.

또 사람들은 가짜 방범 카메라를 달고, 타이머로 빈 집의 전등을 켜고, 실제로 이용하지 않는 보안 서비스의 표지판을 붙이는 식으로 집이나 점포의 안전을 지키려고 한다. 베이퍼웨어라는 관련 비즈니스의 관행은 업계의 반응을 살피고 경쟁 업체가 자신들과 같은 시장에 참여하는 것을 중단시킬 요량으로 아직 제작되지 않은 제품을 발표하는 것을 말한다.

어떤 갈등 상황에서든 당신은 암흑 패턴을 경계해야 한다. 이 절에서 다룬 많은 영향력 모델들은 일반적으로 불순한 의도(예: 유인 상술)를 담고 있다고 간주되므로 쉽게 경계할 수 있지만 앞의 두 절에서 소개한 모델들은 좀더 교묘하다. 별로 유해하지 않다고 인식되는 모델들(예: 희소성) 역시 당신을 조종하는 데에 쓰일 수 있다. 이를 테면 비영리 기업이 흔히 사용하는 상호성 기법(공짜 주소 라벨) 또는 사회적 증거(유명인의 보증) 역시 암흑 패턴에 속할까? 그런 방법들은 어느 정도 당신이 원하는 액수보다 많은 돈을 기부하게 만드는 효과가 있다. 그러나 훌륭한 단체라면 유인 상술 같은 교묘한 방식으로 당신을 꼬드기지는 않을 것이다.

이 때문에 산업계나 정치계의 조직은 종종 다음의 흥미로운 윤리적 질문에 맞닥뜨리게 된다. 홍보 자료에서는 진실과 명확성에 초점을 맞춰야 할까? 아니면 영향력 모델을 적용하여 감정에 호소하는 설득력 있는 표현을 찾는 데에 주력해야 할까? 과연 목적은 수단을 정당화할까? 선을 어디까지로 정할지 결정할 수 있는 사람은 오직 당신뿐이다.

유일하게 이기는 수는 게임을 하지 않는 것이다

게임 이론을 통해서 갈등을 바라보면 당신이 무엇을 얻고 무엇을 잃어야 하는지를 밝히는 데에 도움이 된다. 앞에서 우리는 좋은 결과를 얻을 가능성을 높이기 위해서 다른 게임 참가자들에게 영향을 주는 방법을 설명하는 모델들을 살펴보았다. 이제는 같은 문제를 역으로 생각해서(제1장 **역발상** 참고) 나쁜 결과의 가능성을 낮출 모델들을 알아보겠다. 갈등을 피하는 방법을 찾는다는 의미이다.

1983년에 나온 고전 영화 「위험한 게임」의 클라이맥스에서는 제3차 세계대전이 당장이라도 발발할 듯한 위기에 처한다. 이 영화에서는 (조슈아라는) 인공지능이 미국의 핵무기 발사 통제 시스템을 책임지고 있다. 자신이 가장 좋아하는 게임 회사를 조슈아가 해킹했다고 생각한 10대 해커(매슈 브로더릭 분)는 얼떨결에 조슈아에게 자신과 세계 열핵전쟁이라는 "게임"을 하자고 제안하면서 일련의 사건을 일으키고 조슈아가 러시아를 상대로 진짜로 전면 핵 공격을 단행하도록 부추긴다.

팔켄 교수라는 인물은 이 10대 소년과의 대화에서 자신이 조슈아와 이 게임을 창조한 이유를 설명한다.

우리 자신을 파괴하지 않고 핵전쟁을 일으킬 방법을 찾는 것이 목적이었어. 우리가 직접 할 수는 없으니 컴퓨터가 대신 시행착오를 거쳐서 학습하게 하는 거야. 하지만 조슈아에게 "헛된 시도"라는 가장 중요한 교훈을 얻게 할 수는 없었어. 그냥 포기해야 할 때가 있다는 것도.

팔켄 교수는 틱택토(tic-tac-toe)의 비유를 들며 말을 잇는다.

이길 방법이 없지. 게임 자체가 무의미하니까! 하지만 작전실 사람들은 핵전쟁에서 이길 수 있다고 믿지. "허용 손실"이라는 것이 있을 수 있다고.

모든 희망이 사라진 듯한 순간, 10대 소년은 이 대화를 떠올리고는 조슈아가 혼자 틱택토를 하게 할 방법이 있는지 묻는다. 어떤 전략을 펴도 무승부로 끝난다는 사실을 컴퓨터가 배우기를 바랐던 것이다. 틱택토 게임의 무의미함을 배운 조슈아는 세계 열핵전쟁 게임에서 가능한 전략을 전부 시뮬레이션 해본 다음, 같은 결론에 도달한다. 그는 (컴퓨터의 목소리로) 이렇게 말한다.

이상한 게임이네요. 유일하게 이기는 수는 게임을 하지 않는 것이라니. 체스나 한 판 할래요?

세계 열핵전쟁에 승리자가 없는 이유는 양쪽 모두 상대편을 파멸시키기에 충분한 무기를 축적한 터라, 핵 충돌이 생기면 대번에 **상호확증 파괴**(mutually assured destruction)로 확대될 수 있기 때문이다. 그 결과 둘 중 어느 쪽도 무기를 공격적으로 사용하거나 완전히 비무장화할 동기가 없어져서 긴장은 가득하지만 안정된 평화가 찾아온다.

상호확증 파괴를 단순히 군사 모델로만 볼 수는 없다. 비즈니스에서 이와 유사한 상황은 기업들이 대규모 특허 포트폴리오를 축적하고도 관련 업계 전부를 위태롭게 할 수 있는 소송의 증가가 두려워서 서로에게 특허권을 행사하지 못하는 것이다. 애플과 퀄컴(칩 특허), 오라클과 구글(자바 특허), 우버와 구글(자율 주행 자동차 특허) 사이에서 이런 소송과 반대 소송이 일어나기도 하지만 이들 기업은 너무 많은 특허권들을 보유하고 있어서(한 회사가 수만 건을 보유하기도 한다) 상호확증 파괴는 아니더라도 수백 건의 소송이 발생할 가능성이 있다.

이렇게 상호확증 파괴라는 극단적인 결과가 아니더라도 갈등은 수없이 다양한 파괴적인 결과를 낳을 수 있다. 직접적인 충돌은 당연히 위험하지만 갈등은 예측하기 어려운 **부수적 피해**(제2장)를 일으키기도 한다. 예를 들면 이혼 소송을 질질 끌면 자녀들이 고스란히 피해를 입는다. 조정이나 **외교**(관련 정신 모델로는 제4장의 **윈윈** 참고) 같은 갈등 예방 조치를 고려해야 하는 이유는 그 때문이다.

외교만으로는 소용이 없을 때 이용할 만한 다른 모델도 있다. 일단 위협을 가해서 상대방의 행동을 저지(억제)하는 **억제**(deterrence)가 있다. 믿을 만한 상호확증 파괴는 훌륭한 억제책이 된다. 그러나 단 한번의 핵폭발도 치명적이기 때문에 핵무기는 단순히 소유하는 것만으로도 강력한 억제책이 된다. 북한은 인권침해의 증거가 명백한 권위주의 독재 정부이지만 국가로서의 존립을 확보하기 위해서 핵무기를 개발했다. 북한의 핵무기 보유 전략은 재래 무기로 한국을 위협하거나 중국과 동맹을 유지하는 등 이 나라가 추구하는 다른 전략들과 더불어 억제책으로 작용하고 있다.

다른 사람이나 조직이 당신이나 사회 전반에 해로운 행동을 하지 못하게 막고 싶을 때에는 억제 모델이 적합하다. 형사 사법제도에서는 미래의 범죄를 억제하기 위해서 형벌을 내린다(예: 같은 죄를 세 번 지으면 종신형에 처하는 삼진 아웃법). 정부 규제는 미래의 달갑지 않은 경제적, 사회적 결과(예: 대규모 예금 인출 사태를 막기 위한 예금보험)를 억제하기 위한 목적도 있다. 산업계에서도 새로운 업체의 진입을 억제하는 조치를 취한다. 기존 업체들이 상품의 가격을 매우 낮게 매겨서 신생 회사가 수익 경쟁을 하지 못하게 하거나(예: 월마트) 경쟁을 없애고 자신에게 유리한 규정을 만들도록 로비를 하는 식이다(예: 반[反]네트워크 중립법).

이 모델의 가장 큰 난점은 실제로 효과가 있는 억제책을 찾는 것이다. 제2장에서도 확인했듯이 상황이 늘 계획대로 흘러가는 것은 아니다. 억제책을 마련하고 싶다면 그것이 정말로 효과가 있을지, 의도하지 않은 결과를 가져오지는 않을지부터 판단해야 한다.

이를 테면 효과적인 범죄 억제책은 무엇일까? 연구에 따르면 사람들은 자신이 받게 될 구체적인 처벌보다, 붙잡혀서 유죄판결을 받을 것이라는 확실성에 더 움츠러든다. 붙잡힐 가능성이 거의 없으면 어떤 처벌을 받을지는 신경 쓰지 않는 사람도 있다. 게다가 대부분은 자신이 구체적으로 어떤 벌을 받을지 알지 못한다. 금융 사기범인 버니 메이도프는 자신이 절대 붙잡히지 않을 줄 알았고 150년 형을 받으리라고는 꿈에도 생각하지 못했다.

더구나 복역 기간은 범죄의 반복을 줄이지 못하며 오히려 재범 가능성을 높인다는 증거도 있다. 범죄 예방의 진정한 해결책 역시 구체적인 처벌보다는 사람들이 특정 유형의 범죄를 저지르는 근본 원인에서 찾아야 한다.

억제에 대한 전략적 접근법으로 당근과 채찍(carrot-and-stick) 모델이 있다. 보상(당근) 약속과 처벌(채찍) 위협을 동시에 제시하면서 행동을 억제하는 방법이다. 집에서 우리는 아이들의 다툼을 막으려고 간식을 당근으로, 아이패드의 이용 시간 제한을 채찍으로 이용한다. 이것은 일종의 회유와 협박이다.

당근과 채찍의 결합이 너무 약해서 당근은 무시하고 채찍만 쳐드는 것이 합리적인 결정이 되는 상황은 바람직하지 않다. 이 때문에 경제 제재와 기업에 부과하는 벌금의 효과는 뜨거운 논쟁거리가 되었다. 후자의 경우 억제책이라기보다는 **사업 운영비**의 일부로 인식될 지경이다.

당근과 채찍 접근법이 효과를 낸 사례로, 범죄 조직의 폭력 사건을 줄이기 위해서 보스턴에서 시작된 총기 폭력 퇴치 작전을 들 수 있다. 이 프로그램의 채찍은 폭력 범죄를 반복하여 저지르는 특정인들에게 미래에 반드시 처벌을 받을 것이라는 메시지를 보내는 것이다. 폭력 사건, 특히 총기 사건을 새로 일으키면 즉시 경찰의 강력한 대응이 있을 것이라는 엄포가 그 내용이다. 이 프로그램의 당근은 그들이 생산적인 삶을 살 수 있도록 돈, 직업 훈련, 공동체 지원, 일대일 멘토링 등을 제안하는 것이다. 미국에서 이런 전략을 실시한 보스턴, 시카고, 신시내티, 인디애나폴리스 등의 지역은 소수의 사람들이 지원을 받았음에도 총기 살인율이 25-60퍼센트가 줄어드는 쾌거를 이루었다.

억제와 유사한 정신 모델로 견제(containment)가 있다. 국제적인 갈등에

당근과 채찍의 개념을 제대로 이해하지 못한 경우

서 견제는 적이 지리적으로(예 : 이웃 나라 침략), 군사적으로(예 : 더 많은 핵무기 확보), 정치적으로(예 : 사상 전파) 세력을 넓히려고 하면 그것을 억누르고 확장하는 것을 막으려는 노력을 말한다. 진행 중인 갈등을 견제하면 에너지와 자원을 아낄 수 있다. 감염되기 전에 베인 상처를 치료하거나, 종양이 전이되기 전에 초기 단계에서 제거하는 것쯤으로 생각할 수 있겠다.

견제는 바람직하지 못한 사건이 이미 발생했지만 쉽게 원상태로 돌릴 수 없다는 점을 인정하고, 그것이 점점 확산되거나 미래에 재발하지 않도록 노력하는 것이다. 예를 들면 HIV를 아직은 쉽게 치료할 수 없지만, 초기에 발견하면 현대의 치료법을 통해서 그것이 AIDS로 발전하지 못하게 견제할 수 있다.

유해한 소문이나 위험한 비즈니스 관행 등 나쁜 것이 퍼지지 못하게 막아야 하는 상황에도 견제 전략을 적용할 수 있다. 페이스북과 트위터는 2016년 미국 대선 기간에 플랫폼에서 가짜 뉴스를 없애지는 못했지만 견제를 할 수는 있었다.

이런 상황은 까딱 잘못하면 걷잡을 수 없어지기 때문에 필요하다면 **임시방편**이라도 동원해서 **출혈 막기**(stop the bleeding)부터 해야 한다. 상황이 어느 정도 안정되면 한 걸음 물러나 **근본 원인**(제1장 참고)을 찾은 다음 믿을 만한 장기 해결책을 마련해야 한다. 응급 의료 상황에서는 실제 출혈을 막기 위해서 지혈대를 이용한다. 이 은유에 해당하는 조치는 상황에 따라서 다르지만 깔끔한 사과를 하는 등 대개 신속하고 명확한 행동과 관련이 있다.

패혈증을 예방하기 위해서 감염된 사지를 절단하듯이 문제가 존재하는 영역을 폐쇄하는 것도 최선의 단기적 대안이 될 수 있다. 개인의 입장에서는 해로운 관계를 당분간이라도 차단하는 것 등이 그 예이다. 조직에서는 프로젝트를 종료하거나 피고용인을 해고하는 것을 의미할 수 있다.

또다른 견제 전략으로 병의 전파를 막기 위해서 사람이나 물건의 이동을 제한하는 조치를 뜻하는 **격리**(quarantine)가 있다. 스팸 폴더는 수상쩍은 이메일의 영향을 제한하는 일종의 격리이다. 트위터는 사용자들이 원하지 않는 계정을 차단할 수 있는 서비스를 마련해서 공격적인 프로그램과 사람들이 보내는 메시지를 격리했다.

관련 전략으로 **끈끈이 이론**(flypaper theory)이 있다. 끈끈이가 파리를 끌어들이듯이 적들을 취약하게 만들 수 있는 위치로 유도하고 당신의 소중한 자산에서 멀어지게 하는 전략이다. 이라크에서 미국 지상군을 이끌었던 리카도 산체스 중장은 2003년 CNN과의 인터뷰에서 미국 영토 내에서 테러리즘을 방지하는 문제와 관련해 이 전략의 장점을 이렇게 설명했다.

"테러리스트를 끌어당기는 자석인 셈이죠. 미국이 여기 이라크에서 임시 표적을 만드는 겁니다……. 하지만 우리는 바로 여기서 그들과 싸우기를 원합니다……. 그러면 미국 국민들은 미국에서 그들의 공격을 당하지 않아도 되니까요."

컴퓨터에는 꿀이 곰을 꾀듯이 악의적인 이용자들을 유인하여 적발하는 허니팟(honeypot)이라는 기법이 있다. 허니팟은 귀중한 데이터가 저장된 핵심 서버처럼 보이지만 사실은 해커를 잡기 위한 격리된 서버이다. 경찰이 범죄자들을 특정 장소로 유인하여 체포하는 함정 수사는 오프라인의 허니팟이라고 할 수 있다.

억제가 없으면 나쁜 상황이 퍼져나가서 도미노 효과(domino effect)를 일으킬 수 있다. 쓰러지는 도미노처럼, 부정적인 결과가 피할 길 없이 연달아 발생하는 현상이다(제4장 연속 실패 참고). 게임 이론에서 참가자들이 당신에게 나쁜 결과를 안겨주는 선택을 연달아 하는 경우가 여기에 해당한다. 죄수의 딜레마 게임을 반복한다고 생각해보자. 큰 이득을 볼 수 있으므로 당신은 매번 다른 참가자를 배신하고 싶겠지만 배신을 반복하면 다른 참가자도 당신을 따라하기 마련이다. 결국 당신을 비롯한 참가자 전원이 최적의 결과가 아닌 내시 균형에 빠지게 된다.

냉전 시대에 서구의 가장 큰 걱정거리는 공산주의의 확산이었고 줄줄이 넘어갈지도 모를 국가들은 도미노에 해당했다. 그런 생각은 서구권 국가들이 한국과 베트남의 억제 전쟁에 관여하는 것을 정당화했다. 한국과 베트남이 무너지면 라오스와 캄보디아가 그다음 차례가 될 것이고 점점 더 많은 나라들이 쓰러져서 결국 모든 아시아 국가(심지어 인도까지)가 공산주의에 잠식되리라는 우려가 있었다.

그러나 도미노 현상은 알려진 것보다 훨씬 많이 일어난다는 사실에 주

도미노 효과

의해야 한다. 사람들이 대개 사건이 일어날 가능성과 사건 사이의 인과 관계를 잘 판단하지 못하기 때문이다. 다음 세 가지 모델에는 그런 판단 착오가 담겨 있는데, 늘 틀린 것은 아니지만 대체로 옳지 않기 때문에 경계가 필요하다.

세 가지 모델 중에서 첫 번째는 **미끄러운 비탈길 논증**(slippery slope argument)이다. 사소한 사건이 피할 수 없는 사건을 연쇄적으로 일으켜서 (논증의 주체가 보기에) 끔찍한 최종 결과를 가져온다는 논증이다. 미끄러운 비탈길 논증의 흔한 예는 "총기 규제를 허용하면 결국 정부가 총기를 전부 빼앗아간다"는 것이다. 이런 추론 방향은 대개 잘못되었다. 논리적 사슬 가운데 100퍼센트 피할 수 없는 조각은 없기 때문이다.

두 번째 모델은 **깨진 유리창 이론**(broken windows theory)이다. 눈에 보이는 사소한 범죄의 증거, 이를 테면 이웃집의 **깨진 유리창**은 살인처럼 더욱 심각한 범죄를 부추긴다는 내용이다. 깨진 유리창은 무법천지가 용인된다는 인상을 주므로 더 혼란스러운 상태로 전락하지 못하도록 현상을 **유지**할 필요가 있다는 것이다(제2장 **집단면역** 참고).

깨진 유리창 이론에 따르면 개입이라는 수단이 직관적으로 그럴듯해 보이지만 다른 대안과 비교했을 때 흔히 발생하는 범죄 행위를 줄이는 데에 실제로 얼마나 효과가 있는지는 불분명하다. 자신이 싫어하는 것들

나는 마트에서 본래 사려던 물건 딱 한 가지만 샀다

라고 하는 사람은 아무도 없다

(예 : 랩 음악, 동성애, 사회주의)을 종종 사회에 퍼지는 병에 비유하며 그 대로 방치하면 점점 더 심각해진다고 주장하는 사람들도 있다.

주의해야 할 세 번째 모델은 관문 마약 이론(gateway drug theory)으로 마리화나 같은 약한 마약이 더 위험한 약물 사용의 관문이 된다는 주장 이다. 그러나 이 주장의 증거도 분명하지 않다(제5장 상관관계가 인과관 계는 아니다 참고). 이런 모델들이 제시되면 당신은 그 주장에 의문을 품 고 옳고 그름을 직접 따져야 한다(제1장 기본 원칙부터 따지기 참고).

그럼에도 불구하고 이런 모델이 옳을 때가 있다. 미끼 상품 전략(loss lead-er strategy)으로 고객을 붙잡는 비즈니스를 생각해보자. 이는 이윤이 높 은 보완재의 수요를 높이기 위해서 한 가지 제품의 가격을 낮게 매기는 (관문 마약) 전략이다. 슈퍼마켓에서 우유 가격을 할인하여 고객을 끌어 들이고 다른 물건들을 더 많이 사게 하는 상술이 전형적인 예이다. 마찬 가지로 기업들은 통신 요금이나 비싼 잉크로 돈을 벌 수 있다는 사실을 알고 저렴한 가격에 휴대전화나 프린터를 판매한다. 우리는 아이들이 무료 앱을 다운로드하게 방치하지 않기로 했다. 앱 내에서의 결제 때문에 끊임없이 잔소리를 해야 하는 상황이 눈에 선하기 때문이다.

이런 도미노 효과를 분석할 때는 논리적 연결고리에 각 단계를 정리해보자(각 도미노 열거하기). 그리고 개별 사건이 일어날 현실적인 가능성(각 도미노가 쓰러질 가능성)을 예측해보자. 모든 사건의 발생 확률이 100퍼센트가 아니라고 하더라도 일부 도미노는 쓰러질 확률이 높다. 그렇다면 그런 확률을 받아들일 수 있는지 자문해보자. 당신은 적극적인 억제책을 써야 할까, 아니면 **가만히 지켜보는** 방법을 써야 할까? 일례로 총기 규제에서 돌격 소총을 금지한다고 해서 그것이 정부가 총기를 전부 압수하는 결과로 연결될 가능성은 극히 낮지만, 다른 공격용 무기나 부가 장치의 규제로 이어질 가능성은 높다. 2017년 폴리티코-모닝 컨설트의 여론조사에 따르면 미국인의 72퍼센트는 "공격용 무기 금지"와 "고성능 탄창 금지"를 지지했다.

피하고 싶은 갈등을 효과적으로 저지하거나 억제할 수 있는 상황이 아니라면 회유(appeasement)는 필요악이다. 회유란 상대방과의 더 심각한 직접 갈등을 피하기 위해서 한 발 양보하여 상대방을 **달래는** 것을 말한다. 가장 유명한 회유의 예는 1938년에 영국이 히틀러 군대와의 무장 충돌을 피하기 위해서 독일과 체코슬로바키아의 중요한 영토인 수데테란트를 합병하게 한 조치이다. 물론 영국이 피하고자 했던 갈등은 끝내 피할 수 없었다. 피할 수 없는 일을 단지 미루는 데에만 그친다는 것이 바로 회유의 문제점이다.

부모에게 회유는 하루하루를 무사히 넘기기 위해서 꼭 필요한 전략이다. 여행을 할 때 우리는 평소의 규칙을 고수하기가 어렵다. 다들 피곤한데다가 대부분의 시간을 비좁은 호텔 방이나 자동차 안에서 혼잡하게 보내다 보니 우리의 평소 전략인 억제와 견제가 통 먹히지 않는다. 그 결과 아이들은 평소보다 더 많은 과자를 먹고 더 많은 아이패드 사용 시간을 얻는다. 회유 전략은 자제력을 잃거나 다툼을 예방하는 데에 효과가 있다.

억제, 저지, 회유 등의 전략 모델은 모두 비싼 대가를 치러야 하는 직접 충돌을 피하게 해준다. 다른 갈등 회피 모델들은 통하지 않아서 "승리할 수" 없겠다 싶은 상황에서 이런 모델들을 동원할 수 있다. 관여를 하면 쓸데없는 피해가 너무 많이 생긴다거나 더 필요한 곳에 관여하기 위해서 자원을 아끼고 싶을 때(제3장 **기회비용** 참고)도 마찬가지이다.

마지막으로 「위험한 게임」 속 조슈아의 말마따나 때때로 "유일하게 이기는 수는 게임을 하지 않는 것이다". 갈수록 흔히 겪게 되는 인터넷 악플러와의 갈등이 좋은 예이다. 악플러들의 유일한 목적은 사람들을 자극해서 이길 수 없는 논쟁으로 끌어들이는 것이다. 따라서 그들과는 엮이지 않는 것(악플러에게 반응하지 마라, 그들과 같은 수준으로 떨어지지 마라, **진흙탕 싸움에 말려들지 마라**)이 최선의 수이다. 다만 사례에 따라서 대처 방법은 달라질 수 있고, 가능하다면 관련 기관에 신고하는 것도 고려할 수 있다. 부모들도 자식들에게 승산이 있는 싸움에만 덤비라는 조언을 곧잘 한다.

게임의 판도를 바꿔라

게임 이론의 관점에서 억제와 관련된 모델들은 게임의 판도를 바꾼다. 참가자들이 성과 매트릭스를 인식하는 방식을 조정하여 게임에서 그들이 내리는 결정에 영향을 주는 것이다. 확실한 위협을 가하는 억제책을 실행하면 레드라인(red line)이 정해지게 된다. 비유적인 경계인 레드라인은 그것을 넘으면 보복(제3장 **입장 정립** 참고)이 뒤따르는 선을 말한다. 보복의 위협 때문에 다른 참가자들은 자신의 선택을 재고해야 한다. 또 레드라인은 당신이 건널 의도가 없는 기준선(**모래 위에 그린 선**)을 비유하는 의미로 쓰이기도 한다.

이 전략을 쓸 때는 상대방이 당신의 위협에 따라서 전략을 수정할 수 있도록 충분한 시간적 여유를 두고 통보해야 한다. 또 상대방이 레드라인을 넘으면 당신이 어떤 조치를 취할지도 명확하게 제시해야 한다. 가장 심각한 위협을 **핵 옵션**(nuclear option)이라고 하는데 꼭 그래야 할 상황이 되면 일종의 극단적인 조치를 취하겠다는 신호를 주는 것이다. 예를 들면 북한은 침략을 당할 경우 남한에 **핵폭탄**을 쏘겠다고 지속적으로 위협하고 있다.

역시 극단적인 전략으로 사소한 위반만으로도 엄격한 처벌을 가하는 **무관용 정책**(zero-tolerance policy)이 있다. 무관용 마약 정책은 적발 시마다 정치적으로 처벌 수위를 높여서 마지막에 극단적인 조치를 취하는 방식과는 대조적으로, 위반자를 처음부터 직장이나 학교에서 내쫓는다.

이런 전략의 문제점은 상대방이 **맞대응**(call your bluff)을 하면 당신은 이미 내놓은 위협, 주장, 정책에 따라서 행동하기가 어려워지고 오히려 수세에 몰릴 위험이 있다는 것이다. 그 시점에서 당신이 약속한 후속 조치를 취하지 않으면 신뢰를 크게 잃게 되므로 상대방의 성과 매트릭스를 원하는 대로 바꿀 수 없다. 그 때문에 당신은 어떤 억제 위협을 했든 반드시 후속 조치를 취해야 한다.

주의해야 할 다른 흔한 상황은 **소모전**(war of attrition)이다. 전투가 길게 이어지면서 양편의 자원을 고갈시키다가 결국 자원이 먼저 바닥나는 쪽이 불리해지는 상황을 말한다. 소모전은 치르면 치를수록 모든 관계자들이 해를 입기 때문에 이런 상황에서는 애초에 상대편보다 훨씬 많은 자원을 확보하거나 훨씬 느린 속도로 자원을 소모해야 한다.

가장 유명한 소모전의 예는 인류 역사상 가장 치명적인 갈등으로 꼽히는, 제2차 세계대전 중에 발생한 독일의 러시아 침략이다. 그 과정에서 소련은 1,000만 명 이상의 병력을 잃었고 독일은 400만 명 이상을 잃었다. 그러나 러시아가 가진 자원이 훨씬 많았기 때문에 독일은 모스크바를 끝내 포위할 수 없었다. 이 소모전에서 제2차 세계대전 기간에 전사한 독일군의 80퍼센트에 이르는 군사가 사망하여 결국 독일군은 자원 고갈로 모든 전선에서 패배하기에 이르렀다.

큰 기업들은 온갖 수단을 동원해서 신생 기업을 상대로 이런 전략을 구사한다. 장기간의 법률 소송, 가격 전쟁, 마케팅 캠페인, 기타 정면 대결을 통해서 그들의 **피를 말려버린다**. 스포츠에서는 상대편보다 체격 조건이 우월한 팀이 이 전략을 구사하다가 경기가 끝날 즈음에 체력으로 밀어붙여서 승리하는 경우가 종종 있다. 소모전은 본질적으로 **지구전**이다.

소모전은 장기적인 전략이므로, 전쟁에서의 최종 승리를 목표로 하여 한차례 또는 수차례의 전투에서 일부러 패배하는 등 직관에 어긋나는 전술이 동원되기도 한다. 그런 전투에서 이긴 쪽은 **공허한 승리, 피로스의 승리**라고도 하는 무의미한 승리(hollow victory)를 얻는다. 피로스의 승리는 그리스 에피루스의 왕 피로스의 이름에서 따온 용어로, 그의 군대는 헤라클레아 전투에서 로마를 쳐부쉈지만 회복할 수 없는 희생을 겪은 탓에 결국 전쟁에서 패배했다. 스포츠와 도박에서는 이런 전략을 **희생 플레이**라고 한다. 야구에서의 번트와 희생 플라이, 체스에서의 유리한 위치를 차지하기 위해서 말을 일부러 포기하는 전략 등이 여기에 속한다.

반대로 당신이 소모전에서 패배할 것 같으면 빠져나갈 방법이나 게임의 판을 바꿀 방법을 찾아야 한다. 한 가지 방법은 기동력이 요구되어 대규모 병력으로는 대응하기 어려운 작전(게릴라)에 소규모 병력을 집중시키는(제3장 레버리지 참고) 게릴라 전(guerrilla warfare)이다. 『보이지 않는 군대(*Invisible Armies*)』의 저자 맥스 부트는 2013년 미국 공영 라디오 방송과 "미국 독립 혁명이 게릴라 전을 개혁하다"라는 제목으로 인터뷰를 진행하던 중에, 미국 독립 혁명에서 식민지 주민들은 무력 충돌의 초기부터 게릴라 전술을 이용했다고 설명했다.

우선 적의 월등한 화력에 전멸할 위험이 있어서, 탁 트인 공간으로 나오지 않는 전략을 구사했습니다. 영국군은 혁명 바로 첫날에 미국군으로부터 따끔한 맛을 보았죠. 렉싱턴과 콩코드 전투에서 영국 정규군은 요란한 총성을 울리며 매사추세츠 주의 시골 지역으로 진군했습니다.

미국군은 그들 앞에 모이지 않고 포복하는 쪽을 택했습니다. 영국군에게 양키 악당이라고 불린 이 군대는 나무와 돌담 뒤에서 사격을 했죠. 영국군이 바라는 대로 탁 트인 곳으로 나와서 정정당당하게 싸우는 대신 영국군의 연대에 치명적인 타격을 입혔습니다.

이 개념은 스타트업에서 비교적 적은 예산으로 제품과 서비스를 홍보하기 위해서 사용하는 독특한 마케팅 기법인 **게릴라 마케팅**과 직접적인 유사점이 있다. 대규모 군대를 겨냥한 게릴라 전사들처럼, 덩치 큰 경쟁사를 직접 겨냥한 떠들썩한 홍보와 바이럴 동영상이 이런 유형의 마케팅에 해당한다. 일례로 면도날 정기 배송 서비스인 달러 셰이브 클럽은 제품 출시와 더불어 바이럴 동영상을 공개했다. 대기업의 홍보 전략(예: 비싼 TV 광고와 지면 광고)을 따라할 수는 없었지만 "우리 면도날은 졸*

끝내줍니다"라는 제목의 톡톡 튀는 동영상은 대번에 이 회사를 세상에 널리 알렸고 머지않아서 회사 가치를 10억 달러로 끌어올렸다.

게릴라 전에 참여하고 있을 때 유념해야 할 금언인 **장군들은 항상 과거의 전쟁을 한다**(generals always fight the last war)라는 말은 군인들이 자꾸만 과거나 **지난번 전쟁** 때 잘 통했던 전술, 전략, 기술을 쓴다는 의미이다. 문제는 영국군이 미국 독립 혁명 때 경험했듯이 지난번 전쟁에서 주효했던 전략이 다음 전쟁에서는 최선의 전략이 아니라는 점이다.

가장 효과적인 전략, 전술, 특히 기술은 시대에 따라서 바뀐다. 상대편이 한물간 전략을 쓸 때 당신은 현대적이고 효과적인 전략을 쓴다면 훨씬 적은 병력으로 승리를 쟁취할 수 있다. 무엇보다 전략적 우위를 이용하여 상대편이 인식하지 못하는 사이, 게임의 판도를 본질적으로 바꿀 수 있다. 상대편은 여전히 자신들이 소모전에서 이기고 있는 줄 알 것이다.

1905년 5월 27-28일에 일본 해군은 쓰시마 해전에서 러시아 해군을 크게 격파했다. 러시아는 전함 7척을 비롯해 21척의 배가 침몰하고 1만 명 이상의 병력이 사상하거나 포로로 잡힌 반면, 일본의 손실은 침몰한 어뢰정 3척과 사상자 700명에 불과했다.

일본의 도고 헤이하치로 제독이 선진적인 전략을 이용한 덕분에 그의 함대는 과거의 전쟁을 하고 있는 러시아 군을 수월하게 이길 수 있었다. 러시아 측보다 2배는 빠른 전함과, 사정거리가 50퍼센트나 긴 총기, 고성능 폭탄을 동원해서 적군에게 심각한 타격을 입혔다. 또한 이 해전은 무선 전신이 처음 이용된 전쟁으로, 양쪽 편 모두 전신 장비를 갖추고 있었지만 일본 장비의 성능이 훨씬 뛰어나 함대의 대열 형성에 유용하게 이용되었다.

전쟁의 역사에서는 이처럼 월등한 기술을 발판삼아 승리한 전투의 예를 많이 찾을 수 있다. **총싸움에 칼을 가져오지 말라**는 개념은, 상황이 크게 바뀌어서 현 상태로는 새로운 위협에 대응할 수 없는 경우에 광범위하게 적용된다.

이름난 기업들 중에서도 시장의 급속한 진화를 인식하지 못한 채 고루한 비즈니스 방식에 집착하다가 경쟁에서 밀린 예가 적지 않다. IBM은 대형 컴퓨터 사업에 주력하다가 개인용 컴퓨터가 급부상하리라는 예측을 제대로 하지 못해, PC 운영체제를 사실상 마이크로소프트에 아웃소싱한 것으로 유명하다. 마이크로소프트의 입장에서는 이런 조치가 전환점이 되어 이후 30년 동안 업계 전체 이익의 상당 부분을 차지할 수 있었다. 한편 마이크로소프트는 윈도우 운영체제에 너무 주력한 나머지 스마트폰에 적용할 운영체제라는 다음 물결을 신속히 타지 못해 스마트폰 시장에서의 이익 대부분을 애플에 넘겨주어야 했다. 애플은 이제 역사상 가장 많은 수익을 내는 기업이 되었다.

찾으려고만 하면 과거의 전쟁을 치르고 있는 장군은 어디서든 찾을 수 있다. 새로운 선거 전략에 적응하지 못한 정치인들(2008년 미국 대통령 선거에서 존 매케인이 한 다소 고리타분한 온라인 홍보와 버락 오바마가 한 세련된 소셜미디어를 활용한 홍보를 비교해보자), 2007-2008년 경제 위기의 징후를 놓친 경제 전문가들(그들은 과거를 바탕으로 미래를 예측할 수 있다고 생각했다), 디지털 경제의 지속력을 잘못 읽은 (그리고 지금도 기술을 충분히 적용하지 못하고 있는) 미국의 교육 과정 등도 마찬가지이다.

게릴라 전은 체급 이상의 펀치(punching above your weight)의 예이다. 권투에서 선수는 **체중**에 따라서 급이 나뉜다. 다른 조건이 전부 비슷해도 체중의 차이가 크면 싸움이 불공평해지기 때문이다. 제4장에서 살펴본 물리학 모델(**관성** 참고)을 떠올려보자. 체중이 많이 나가는 권투 선수는 더 강력한 **펀치**를 날릴 수 있고 쉽사리 쓰러지지 않는다. 체급 이상의 펀치를 날리는 권투 선수는 일부러 더 높은 체급에서 덩치 큰 경쟁자를 상대로 싸우는 사람을 말한다.

정신 모델로서 체급 이상의 펀치는 경쟁 상황이 아니더라도 자신에게 기대되는 것보다 더 높은 수준의 성과를 내기 위해서 노력하는 경우를 가리킨다. 가령 뛰어난 사람들로 구성된 집단에 가입하거나 자신이 아직 전문가로 인정받지 못한 분야에 대한 칼럼을 쓰는 것이다. 거시적으로는, 규모가 작은 국가가 세계 무대에서 두드러지는 역할을 한다면 그 국가는 체급 이상의 펀치를 펀치를 날리는 셈이다. 주요 기업들의 조세 피난처 역할을 하는 아일랜드가 그 예이다.

체구가 작은 선수가 본질적으로 불리할 수밖에 없다는 점을 고려하면 게임을 당신에게 유리하게 돌릴 게릴라 전략을 펼칠 수 있을 때에만 이런 싸움에 뛰어들어야 한다. 그러나 체급 이상의 펀치에는 이점이 많기 때문에 오히려 이런 상황에서 갈등을 적극적으로 추구할 수도 있다. 체급 이상의 펀치를 날리면 목표에 빨리 도달할 가능성이 높아질 뿐만 아니라 다수의 대중을 접할 수 있고 세계적인 전문가들로부터 지식을 흡수하는 것도 가능하다. 그러나 이 은유를 따르다가 얼굴에 강한 펀치를 맞을 수도 있으므로 본질적으로 위험한 시도임이 틀림없다. 새 TV 프로그램이 반짝 인기를 끌다가 충분한 시청률을 유지하지 못해서 금방 폐지되는 경우와 같다. 이는 **황금시간대를 꿰찰 준비를 제대로 하지 못한 탓이다.**

그런 전략을 실행할 때는 게임의 진행에 따라서 당신의 가능성을 재평가함으로써 당신이 옳은 길로 가고 있는지 확인해야 한다. 승산이 높아지고 있는가? 자신에게 유리하게 게임의 판도를 바꾸고 있는가?

엔드게임

체스에서 대부분의 말이 체스 판에서 제거되고 나면 엔드게임(endgame)이라는 단계에 진입한다. 이 개념은 일의 마지막 단계를 가리키는 의미로 확대될 수 있다. 당신이 갈등을 일으켰든 갈등에 휘말렸든 간에 어느 시점이 되면 갈등은 대부분 봉합되므로 당신은 수익을 확정하거나 손실을 최소화할 효과적인 계획을 마련해야 한다.

어떤 상황에서 **빠져나가기** 위한 믿을 만한 **전략**을 출구 전략(exit strategy)이라고 한다. 최근에는 군대가 정교한 퇴각 계획을 마련하지 못한 상황을 부정적으로 평가할 때 이 출구 전략이라는 개념이 강조되고는 했다. 미국이 소말리아에서 UN 평화유지 임무에 참가했다가 병력을 잃었을 때, 그리고 이라크와 아프가니스탄에 개입했을 때를 예로 들 수 있다. 비즈니스 환경에서 출구 전략은 회사와 투자자가 인수, 매입, 기업공개 등을 통해서 보상을 받는 방식을 가리킨다. 공공 정책에서 출구 전략을 강구한다는 것은 유럽 국가가 유로존을 탈퇴하는 경우처럼 어떤 주체가 특정한 상황에서 벗어날 때의 실익과 결과를 따지는 것을 말한다.

개인 생활에서의 출구 전략은 지속하고 싶지 않은 오랜 관계를 청산하거나 더 이상 짊어지고 싶지 않은 의무에서 빠져나오는 상황에 적용된다. 몸담고 있던 곳에서 우아하게 벗어나기 위한 당신의 전략은 무엇인가? 당신이 어떤 조직의 이사회에 속해 있다면 당신의 출구 전략은 후임자를 물색하고 임무를 제대로 수행하도록 준비시키는 것이다. 그러나 출구 전략이 항상 완전한 탈출을 요구하는 것은 아니다. 당신은 마음에 드는 일을 계속하면서 성가신 책임들은 다른 팀원에게 떠넘길 방법을 궁리할 수도 있다.

어찌되었든 출구 전략을 잘 세워두면 나중에 후회할 일을 막을 수 있다. 출구 전략을 마련할 때에는 **결정 유보**(제2장 참고)의 이점을 감안하여 **다리 불사르기**는 피해야 한다. 즉 나중에 절대 되돌릴 수(다리를 다시 건널 수) 없을 정도로 개인이나 집단과의 관계를 망가뜨리는 것은 피해야 하는 것이다. 그런 행동으로 얻을 수 있는 단기간의 만족감은 갈등의 확대, 유대감의 상실, 의절의 위험과 맞바꿀 만한 가치가 거의 없다. 역시 피해야 할 행동으로 **초토화** 전략이 있다. 기록물을 파기하는 행위가 여기에 속하는데, 말 그대로 **땅을 불사르는** 것이므로 자신을 비롯한 누구에게도 좋을 것이 없다.

그러나 그대로 머무를 때의 장기적 결과가 더 나쁠 것이 뻔하다면 깔끔하고 우아하지 못한 탈출이 될지라도 그 순간에 동원할 수 있는 최선의 전략을 써서 그 상태에서 벗어나야 한다. 확실한 탈출 전략을 마련하지 못했다면 헤일 메리 패스(Hail Mary pass)를 고려할 수 있다. 이는 가능성은 희박하지만 성공적인 결과를 바라면서 필사적으로 시도하는 최후의 노력을 말한다. 원래 이 개념은 미식축구에서 최후의 터치다운에 도전하는 것을 의미한다. 쿼터백이 마지막으로 게임에서 승리할 점수를 따겠다는 희망을 품고 엔드존으로 아주 긴 패스를 하는 것이다. 이 용어는 1975년 댈러스 카우보이스와 미네소타 바이킹스가 펼친 미국 프로 미식축구 리그의 결승 경기에서 이 패스가 성공하면서 유명해졌다. 카우보이스의 쿼터백이었던 로저 스타우바흐는 공을 던지던 순간을 이렇게 회상했다. "눈을 감고 '성모 마리아'를 불렀어요."

스페인 탐험가 에르난 코르테스는 실제로 탐험을 포기할 경우의 출구 전략을 없애버리고 직관에 어긋나는 헤일 메리 패스를 했다. 코르테스는 1519년에 아즈텍족과의 전쟁을 시작해서 결국 그들의 왕국을 멸망시켰다. 그러나 그의 군사는 단 600명이었던 반면에 당시 아즈텍족은 오늘날 멕시코 영토의 대부분을 통치하고 있었다. 스페인에게 승산이 거의 없는 상황이었기 때문에 코르테스의 병사들은 당연히 그의 계획을 경계했다.

병사들의 사기를 끌어올리기 위해서 코르테스는 타고 온 배를 침몰시켰다. 이기거나 죽는 것 외의 선택지는 전부 없애기 위한 처사였다. 배를 타고 스페인으로 돌아갈 탈출구가 없는 상황에서 병사들이 할 수 있는 최선의 선택은 코르테스와 함께 싸우는 것이었다. 사실 번역상의 오류로 그가 배를 불태웠다고 믿는 사람들도 있지만 현재 알려진 바로는 가라앉을 정도로만 배를 파손했다고 한다. 그럼에도 배를 불태우다(burn the boats)라는 표현은 귀환 불능 지점을 넘어서는 상황을 가리키는 정신 모델이 되었다. (때로 루비콘 강을 건넌다는 표현도 쓴다. 율리우스 카이사르는 기원전 49년에 일부러 로마법을 어기고 자신의 군대와 함께 루비콘 강을 건너는 바람에 로마 귀족들과의 무력 충돌을 피할 수 없게 되었다. 결국 이 전투는 그를 로마의 통치자 자리에 올려놓았다.)

가능한 출구 전략을 마련하고, 장기적 결과를 예측하고, 다양한 전략이 그런 결과에 어떻게 영향을 줄지 판단할 때에도 게임 이론은 도움이 된다. 모든 상황이 게임 이론 모델(죄수의 딜레마나 최후통첩 게임 등)과 유사할 수는 없지만 그래도 대부분은 게임 이론의 관점에서 충분히 검토할 수 있다.

어떤 갈등 상황에서도, 엔드게임 단계든 아니든, 당신은 모든 "참가자들"이 선택할 수 있는 대안들과 그 결과, 보상을 목록으로 정리하는 것이 좋다. 이 방법은 게임을 시작하거나 계속할 가치가 있는지, 그 게임에 어떻게 접근해야 하는지, 당신에게 유리한 결과가 되도록 게임의 판도를 바꿀 방법이 있는지를 판단하는 데에 도움이 된다.

이런 식의 사고 습관은 당신의 외교 능력에도 보탬이 된다. 게임 이론의 관점을 적용한다는 것은 다른 참가자들이 어떻게 움직이는지, 그리고 당신의 행보에 어떻게 반응할지 생각해야 한다는 뜻이다. 그것은 그들의 목표나 동기에 공감하기 위한 강제 의식(제4장 참고)이다. 그리고 이런 과정을 통해서 당신의 목표와 동기는 좀더 명확해진다.

요점 정리

- 게임 이론의 관점으로 갈등 상황을 분석하자. 당신의 상황이 죄수의 딜레마, 최후통첩 게임, 소모전 같은 흔한 상황과 닮은 점이 있는지 따져보자.
- 상호성, 입장 정립, 호감, 사회적 증거, 희소성, 권위 같은 영향력 모델로 설득력을 높여서 타인을 당신의 편으로 끌어들일 방법을 생각해보자.

그리고 이런 모델들이 암흑 패턴을 통해서 당신을 이용하지 않도록 주의하자.

- 어떤 상황에 대해서 어떻게 틀을 짤 수 있을지, 사회적 기준 대 시장 기준, 분배 정의 대 절차 정의, 감정에의 호소 등 당신의 견해를 더 잘 전달할 수 있도록 틀을 짤 방법이 없는지 생각해보자.

- 직접적인 충돌은 어떤 결과를 불러올지 알 수 없으니 가급적 피하자. 좀 더 생산적인 결과를 가져올 대안도 얼마든지 있다. 외교가 실패하면 억제와 견제 전략을 고려하자.

- 갈등 상황이 당신에게 유리하지 않다면 게릴라 전과 체급 이상의 펀치 전략으로 게임의 판도를 바꾸자.

- 항상 과거의 전쟁을 하는 장군들을 경계하고 최고의 출구 전략을 찾아보자.

제8장

사람들의 잠재력 일깨우기

1992년 올림픽에는 사상 최초로 미국 프로 농구 협회(National Basketball Association : NBA)에서 왕성하게 활동 중인 프로 농구 선수들이 출전했다. 미국은 일명 "드림팀"을 내보낸 것이다. 네이스미스 농구 명예의 전당은 그들을 "지상 최고의 농구 선수들을 모아놓은 천하무적의 팀"이라고 불렀다. 이 팀에는 전설적인 선수인 마이클 조던, 래리 버드, 매직 존슨 등도 포함되어 있었다. 사실 12명의 팀원 가운데 11명이 현재 명예의 전당에 올라 있을 정도이다. 한 팀이 된 그들은 상대팀을 평균 44점 차로 꺾었고 크로아티아를 상대로 한 결승전에서는 32점 차로 승리를 거두었다. 그들은 설명이 필요 없는 멋진 활약을 보여주었다.

1996년 올림픽 때도 미국 대표팀은 원조 드림팀 구성원 5명에 샤킬 오닐, 레지 밀러 같은 스타들을 합류시켜서 비슷한 성과를 거두었다. 2000년에도 미국 팀은 비교적 수월하게 금메달을 땄다. 그러나 2004년에는 무엇인가 의아한 상황이 벌어졌다. 가장 뛰어난 선수들(르브론 제임스, 드웨인 웨이드, 앨런 아이버슨 등)을 영입했지만 미국 팀은 세 경기를 지고(미국으로서는 가장 많은 패배 기록이었다) 동메달에 만족해야 했다. 사실 미국 팀은 토너먼트의 첫 게임에서 푸에르토리코에 92 대 73으로 졌다. 미국 올림픽 농구 팀이 겪은 가장 뼈아픈 패배였다.

그후 아르헨티나가 올림픽 역사상 가장 놀라운 이변을 일으켜 준결승전에서 미국을 꺾고 금메달을 땄다. 아르헨티나 팀에도 마누 지노빌리를 비롯한 NBA 소속 선수들이 몇 명 있었지만 그들이 우승을 하리라고는 아무도 예상하지 못했다.

뛰어난 미국 팀이 금메달을 놓친 이유는 무엇이었을까? 차후 분석에서는 미국 "팀"을 가리켜 팀이라고 부르기도 무엇한, 여러 스타들을 모아놓은 느슨한 무리에 가까웠다고 지적했다. 그들은 토너먼트가 시작되기 전, 딱 몇 주일 동안 함께 연습한 것이 전부였다. 서로의 경기 방식에 익숙해지기에 충분한 시간이 아니었다. 이 팀에는 전방위 포지션에 노련한 선수도 별로 없었다. 반면에 다른 나라들은 서로를 보완할 만한 선수들을 선발해서 몇 년 동안이나 호흡을 맞추면서 전체적으로 경기 방식을 조율하고 팀의 결속을 다졌다.

이 이야기를 하는 이유는 우리 중 대부분은 특정 분야에서 세계 최고의 인재를 모은 드림팀을 구성할 수 있거나 그 일부가 될 수 없기 때문이다. 조이의 법칙(Joy's law)은 선마이크로시스템스의 공동 창업자 빌 조이의 이름을 딴 정신 모델이다. 그는 1990년 어느 행사에서 당신이 누구든 간에 가장 똑똑한 사람들은 대개 다른 사람을 위해서 일한다는 말을 했다. 전직 미국 국방장관 도널드 럼즈펠드도 럼즈펠드의 규칙으로 알려진 비슷한 말을 남겼다. 당신은 군대를 이끌고 전쟁에 참전하지만 전쟁 후에도 그 군대를 계속 유지할 생각은 없다.

조이와 럼즈펠드 모두 조직은 절대 완벽한 자원을 갖출 수 없고, 그렇다고 더 나은 조건이 갖춰지기를 기다렸다가 앞으로 나아갈 수도 없다는 점을 인정했다. 조이의 법칙은 뛰어난 사람들이 하나의 조직에만 충성할 리는 없다는 사실도 강조한다.

그렇다고 해서 낙담할 필요는 없다. 올바른 리더십으로 적절히 구성된 팀은 2004년 올림픽에서의 아르헨티나와 푸에르토리코처럼 놀라운 일을 해낼 수 있다. 기존의 대기업들을 무너뜨린 스타트업 기업들은 대개 대기업의 100분의 1에서 1,000분의 1에 불과한 보잘것없는 자원을 가지고 시작했다. 그러나 적합한 인물들이 회사를 올바른 방향으로 이끌었기 때문에 성공할 수 있었다. 2012년, 인스타그램이 페이스북에 10억 달러에 매각될 당시 인스타그램의 직원은 고작 13명이었다. 몇 년 뒤에 페이스북은 직원 55명의 와츠앱을 190억 달러라는 어마어마한 가격에 매입했다.

스타트업의 세계에서는 간혹 10배 뛰어난 엔지니어(10x engineer)에 관한 이야기를 들을 수 있다. 보통의 엔지니어보다 몇 배나 많은 성과를 내는 걸출한 엔지니어로 세계적인 수준의 스타에 비유할 수 있다. 여기서 10은 정확한 수치라기보다는 평범한 사람보다 월등히 뛰어난 사람, 진정한 아웃라이어(outlier)를 뜻하는 표현일 뿐이다. (어떤 분야에서든 특출한 인재는 있으므로 이 개념은 엔지니어에만 한정되지 않는다.)

조직은 늘 10배 뛰어난 인재를 찾는다. 그들이야말로 진정한 드림팀에 필요한 요소이기 때문이다. 그러나 조이의 법칙을 생각하면 오로지 10배 뛰어난 인재만을 찾는 것은 두 가지 이유에서 실책이 될 수도 있다. 첫째로 그런 인물들은 지극히 드물다. 모든 조직에 할당될 만큼 충분하지 못하므로 모든 조직에서 세계적인 수준의 인재를 쓸 수는 없다.

두 번째 이유는 좀더 미묘하다. 세계적인 수준까지는 아니더라도 특정 상황에서 10배의 성과를 낼 수 있는 비범한 인재는 많지만, 역할이나 프로젝트, 조직이 바뀌면 그들은 이전과 같은 성과를 반복해서 내지 못할 수 있다. 다시 말하면 어떤 지원자의 이력서나 증빙 서류에서 과거의 엄청난 성과를 확인했다고 하더라도, 그것은 대개 조직이나 팀에서 그 사람의 역할, 성격, 할당된 과업의 유형, 제공된 자원, 특수한 기술, 인간관계 등 많은 조건들이 그에게 유리하게 작용했기 때문에 만들어진 것이다. 이 변수들 중 하나 이상에 변화가 생기면 그 사람은 같은 수준의 성과를 낼 수 없다.

우리는 이런 해석이 확실히 옳다고 본다. 결국 세계 최고 수준의 인재를 기용하지 않더라도, 뛰어난 사람들의 독특한 특성을 감안해서 그들에게 특별한 능력을 발휘할 수 있는 프로젝트와 역할을 정해준다면 그런 대단한 성과를 조직 내에서 얼마든지 이룰 수 있다는 뜻이다. 관리자가 팀원들을 이런 식으로 뒷받침한다면 10배 뛰어난 팀(10x team)을 만들 수 있다.

팀의 다양한 구성원들이 동시에 10배의 기여를 할 수 있도록 모든 조건들을 조율하면 10배 뛰어난 팀이 된다. 이들은 미국의 올림픽 농구 드림팀을 물리칠 때처럼 체급 이상의 펀치를 날리고(제7장 참고), 훨씬 큰 조직과의 경쟁에서 승리하고, 뜻밖의 대단한 성과를 낸다. 구성원들이 다른 프로젝트, 다른 역할, 다른 조직에 편입된다면 펼치지 못할 잠재력을 그 팀 안에서 한껏 발휘할 수 있게 하는 것이야말로 경영자들이 항상 바라는 꿈이다.

이번 장에서는 그런 놀라운 팀인 10배 뛰어난 팀을 꾸리고 이끄는 데에 필요한 정신 모델들을 살펴본다. 1996년 2월 4일 자 「뉴욕 타임스」에서 전직 미국 상원의원인 빌 브래들리는 이렇게 말했다. "리더십은 사람들이 더 발전할 수 있도록 그들의 잠재력을 열어주는 것입니다." 사람들이 특별한 기술과 능력을 발휘해서 각자의 고유한 역할을 수행하고 전체적으로 큰 성과를 낼 수 있게 한다면 당신도 10배 뛰어난 팀을 가질 수 있다.

온 동네가 나서야 한다

10배 뛰어난 팀을 키우기 위해서 당신은 사람들은 서로 바꿀 수 없는 존재라는 사실을 인정해야 한다. 같은 팀, 같은 프로젝트에서도 어느 한 사람이 10배 역할을 하는 일을 다른 사람은 0.1배밖에 하지 못할 수 있다. 누구를 어디에 배치할지 결정할 때 당신은 사람들 사이의 미묘한 차이를 인정하고, 특히 개인의 독특한 역량, 목표, 성격을 고려하여 그 특성을 최대로 활용하고 그들에게 동기를 부여할 수 있는 역할을 마련해주어야 한다.

우선 성격 특성을 생각해보자. 내향적인(introvert) 사람들인 우리 둘은 큰 집단보다 작은 집단 안에서 소통하는 쪽을 훨씬 선호한다. 큰 집단에서 활동하면 지나치게 자극을 받거나 에너지를 빼앗긴다고 느낀다. 이와 동시에 오랜 시간 혼자 일해도 아무렇지도 않고 오히려 힘이 더 나기도 한다. 그래서 우리는 독서, 글쓰기, 계획 세우기, 프로그램이나 스프레드시트 만들기 따위의 역할을 즐긴다.

반면에 외향적인(extrovert) 사람들은 큰 집단에서 활동할 때 힘을 얻는다. 그들은 외로운 상황을 가급적 피하려고 하고 실시간 상호작용을 좋아한다. 따라서 팀 내부에서 타인과 자주 부딪쳐야 하고(영업 등) 사람들이 많은 곳에 있어야 하는(회의 등) 역할은 외향적인 사람에게 잘 맞는다. 반대로 프로그래밍처럼 고독한 업무는 내향적인 사람에게 어울린다.

성격 특성이 어디에서 오는지에 대해서는 견해가 갈리는데, 그것을 보

외향적인 사람   내향적인 사람

통 **본성 대 양육**(nature versus nurture) 논쟁이라고 한다. **본성**은 유전으로 설명되는 특성을 말하고 **양육**은 유전이 아니라 환경적인 요소로 설명되는 특성(부모의 역할, 물리적 환경, 문화 등)을 말한다. 연구에 따르면 많은 성격 차원(내향성–외향성 등)은 본성과 양육의 조합에서 나온다.

사람들이 지닌 개인차의 근본 원인이 무엇이든 사람들마다 참 많이 다르다는 사실은 반드시 기억해야 한다. 당신의 머릿속 생각과 다른 사람의 머릿속 생각은 같을 수 없다. 같은 상황이라고 하더라도 각자의 성격, 문화, 인생 경험을 통해서 그 상황에 다르게 접근하고 해석한다(제1장 **기준계** 참고).

또한 주로 양육으로 형성된 성격일지라도 대부분의 성격 특성은 일단 형성되고 나면 쉽사리 바뀌지 않는다. 새로운 상황에 놓였다고 해서 내향적인 사람이 외향적으로(또는 그 반대로) 바뀔 가능성은 낮다는 뜻이다. 그래서 자신이나 타인을 위한 역할을 선택할 때에는 개인의 그런 특성들을 고려해야 한다.

내향성과 외향성은 성격을 나눌 때 가장 흔하게 쓰이지만 성격의 분류

기준은 그밖에도 다양하다. 성격 분류와 관련해서 보편적으로 합의된 기준은 없지만 루이스 골드버그는 「표현형 성격 특성의 구조」라는 논문에서 다섯 가지 핵심 요인이라는 유력한 이론을 제시했다.

1. 외향성(외향적 대 내향적)
2. 경험에 대한 개방성(호기심 많음 대 조심스러움)
3. 성실성(체계적임 대 느슨함)
4. 우호성(동정적 대 반항적)
5. 신경증적 성향(불안정함 대 자신만만함)

성격 외에 일반 지능의 측정 수단인 IQ(지능지수)라는 개념도 익히 들어보았을 것이다. 그러나 EQ(감정지수)라는 정서적 지능에 대해서는 잘 모를 수도 있다. EQ가 높은 사람들은 대체로 공감 능력이 뛰어나서 다음 분야에서 월등한 능력을 보인다.

• 다른 사람들의 복잡한 감정 상태 감지하기
• 자신과 타인의 감정 다루기
• 감정(자신의 감정 포함)을 이용해서 대화 유도하기

따라서 집단역학, 협조, 공감과 관계있는 역할(예: 프로젝트 관리, 리더십, 판매, 마케팅 등)은 EQ가 높은 사람들에게 적합하다. (IQ와 EQ는 서로 무관한 특성이므로 같은 사람이라도 IQ가 높은데 EQ가 낮거나 그 반대일 수 있다.)

사람들에게 맡길 역할을 고려할 때에는 사람마다 매우 다를 수 있는

"아하, 그들이 틀렸다는 사실이 증명되었어!
내 유일한 친구인 컴퓨터가 내 EQ를 높게 평가했으니까!"

개인적인 목표와 역량도 따져야 한다. 이 경우 사람들을 구분하는 데에 유용하게 쓰일 몇 가지 정신 모델이 있다. 어떤 사람들은 다양한 대상을 적당히 알고자 하는 반면(제너럴리스트[generalist]), 어떤 사람들은 한 분야를 깊이 파는 것을 좋아한다(스페셜리스트[specialist]).

의사를 생각해보자. 제너럴리스트인 1차 진료 의사는 이 병, 저 병을 다 보기 때문에 특정 질병의 진단을 위한 시작점 역할을 한다. 그러나 질병이 구체적으로 밝혀지면 그들은 환자를 전염병이나 종양학 등 한 가지 분야에 풍부한 지식과 경험이 있는 전문의에게 보낸다. 소매점의 예도 들어보자. 이런저런 물건을 두루 구입해야 할 때 당신은 월마트나 타겟 같은 슈퍼마켓에 간다. 경우에 따라서는 홈데포(가정용 인테리어 자재), 베스트바이(전자제품), 오토존(자동차 용품)에 가는 것이 나을 때도 있다.

조직에서는 상황에 따라서 이쪽저쪽을 오가는 사람들이 필요하다. 규

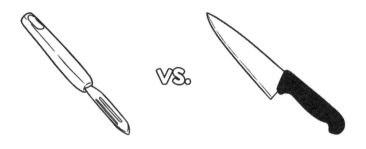

스페셜리스트 대 제너럴리스트

모가 아주 작은 조직에서 스페셜리스트는 사치에 가깝다. 해결해야 할 문제들은 다양한데 그것을 해결할 사람은 몇 명되지 않으므로 제너럴리스트가 더 필요하다. 정규직 스페셜리스트가 나서야 할 문제가 그리 많지 않으므로 그런 문제를 해결할 때는 대개 외부 자원을 이용한다. 반면에 큰 조직은 다수의 스페셜리스트를 채용한다. 전문가로서의 오랜 경험 덕분에 그들은 제너럴리스트들보다 대체로 나은 결과를 낸다.

작가 로버트 크링글리는 저서 『우연의 제국(*Accidental Empires*)』에서 조직의 생애 주기에서 서로 다른 시기에 필요한 특공대(commando), 보병대(infantry), 경찰(police)이라는 세 가지 유형의 인재에 관해서 설명한다.

나라를 침략하든 시장을 공략하든 전투를 처음 접하는 부대는 특공대이다. 스타트업의 가장 큰 장점은 속도이고, 속도야말로 특공대의 존재 이유이다. 그들은 적은 보상을 받고 열심히, 신속하게 일한다. 전문성 수준은 낮지만 그것은 문제가 되지 않는다. 전문가는 비싸기 때문이다. 특공대의 임무는 적이 그들의 존재를 깨닫기도 전에 기습과 팀워크로 적에 큰 타격을 주고 침략의 교두보를 마련하는 것이다.……

특공대가 임무를 수행하는 동안 연안에 소집되는 집단은 두 번째 부대인 보병대이다. 이들은 특공대로부터 넘겨받은 지점에서 시작하여 무리 지어 해안을 습격하고 악착같이 싸워서 조기의 승리를 쟁취한다.……보병대의 수는 훨씬 많고 임무는 너무 다양하기 때문에 일을 처리하기 위해서 규칙과 절차라는 기반이 필요하며 이는 특공대가 싫어하는 것이기도 하다.……

그다음에는 베를린이나 바그다드 쪽으로 진군하여 새로운 영토로 들어간 특공대와 보병대가, 매번 조금 다른 방식이기는 하지만 같은 임무를 되풀이하여 수행한다. 그러나 그들이 해방시킨 영토에는 여전히 주둔군이 필요하다. 이 세 번째 부대는 변화를 싫어한다. 그들은 부대라기보다는 경찰에 가깝다. 그들은 더 많은 침략을 계획하고 해안에 상륙하는 것보다는 구성원을 늘리고 대규모 경제와 제국을 건설하는 데에서 성장 동력을 얻는다.

이 모델은 프로젝트에도 똑같이 적용된다. 기업가 제프 애트우드는 2004년 6월 29일 자신의 블로그 '코딩 호러'에서 이렇게 설명했다.

한 프로젝트의 일생에는 실제로 세 가지 집단이 필요하다. 엉뚱한 시기(현상 유지)에 엉뚱한 집단(특공대)을 들이면 득보다 실이 크다. 특공대가 되면 정말 짜릿할 것 같지만 잘못 나섰다가는 프로젝트를 망칠 수 있다.

규칙과 조직을 좋아하는 사람들은 경찰 역할에 훨씬 더 적합하지만 반체제적인 유형들은 특공대의 역할에 관심과 적성을 보인다. 특공대형 인간에게 경찰 역할(예:프로젝트 관리자, 특별 감사 책임자 등)을 맡기면 반기를 들거나 모든 것을 엉망진창으로 만들 수 있다. 반면에 경찰형 인간에게 특공대 역할(예:신속하게 프로토타입[prototype]을 만들거나 창의적인 결과물을 만들어야 하는 자리)을 주면 그들은 긴장해서 어쩔 줄을 모른다.

사람들의 역량을 고려할 때는 **여우 대 고슴도치**(foxes versus hedgehogs) 라는 정신 모델도 유용하다. 그리스의 시인 아르킬로코스의 **여우는 많은 것을 알지만 고슴도치는 중요한 것 딱 하나만 안다**라는 시구에서 유래된 말이다. 철학자 이사야 벌린은 이 은유를 적용해 세상을 대하는 태도에 따라서 사람들을 분류했다. **고슴도치**는 원대한 비전이나 철학을 중심으로 세상에 대한 틀을 단순하게 짜는 사람들을 말하고 **여우**는 복잡 미묘한 일을 잘 해내는 사람들을 말한다. 고슴도치는 큰 그림, 여우는 세부 사항을 중시한다.

상반된 짝들이 다 그렇듯이 여우와 고슴도치는 서로 다른 상황에서 두각을 드러낸다. 『좋은 기업을 넘어 위대한 기업으로』에서 짐 콜린스는 "위대한" 기업의 주인은 대부분 하나의 단순한 목표를 끈질기게 추구하여 그 기업을 거대한 기업으로 키워낸 고슴도치라고 설명한다.

좋은 기업을 훌륭한 기업으로 발전시킨 사람들은 대체로 고슴도치형에 가까웠다. 그들은 자신의 고슴도치 성향을 이용해 기업에서 '고슴도치 개념'을 추진했다. 비교 대상인 다른 기업을 이끈 사람들은 여우같은 성향이 있었다. 그들은 고슴도치 개념의 명확한 장점을 이해하지 못한 채 산만하고, 혼란스럽고, 일관성 없는 태도를 보였다.

그러나 그 "위대한" 기업의 상당수는 더 이상 존재하지 않는다. 그들은 짧은 기간 동안만 위대했다. 시대가 변한 탓도 있겠지만 주로 고슴도치 개념만 계속 붙들고 늘어졌기 때문이다. 그에 반해서 퓰리처상을 수상한 기자 니컬러스 크리스토프는 「뉴욕 타임스」 2009년 3월 26일 자에서 여우가 더 훌륭한 예측을 하는 이유를 밝힌 연구를 소개했다.

고슴도치는 대체로 단일한 세계관, 이상적 성향, 강한 신념을 가진다. 여우
는 조심성이 많고, 중도주의에 가까우며, 견해를 비교적 쉽게 수정하고, 복
잡 미묘한 것을 잘 보는 경향이 있다. 여우는 멋진 구호를 좀처럼 내놓지 않
지만 일을 제대로 처리할 가능성은 훨씬 높다.

이번에도 사람들은 자신의 유형에 적합한 역할을 맡아야 한다. 고슴도
치는 마케팅 업무에 능하고, 비전을 뚜렷하고 간결하게 전달할 수 있다.
여우는 전략적인 역할에 능하고 다양한 수준의 불확실성과 복잡성을 헤
쳐나갈 수 있다. 당신의 팀에는 두 가지 유형이 모두 필요하다.

10배 뛰어난 팀은 수준 높은 성과를 내기 때문에 리더라면 그런 팀을
조직하고 유지할 방법을 적극적으로 고민해야 한다. 10배 뛰어난 팀의 구
성원들은 대체로 서로 다른 기술과 배경을 가지고 있다. 이런 특성 덕분
에 팀은 다양한 관점을 가질 수 있고(제6장 **확산적 사고** 참고) 팀원 각자
는 적절한 역할을 맡고 책임을 질 수 있다. 즉 조직은 다양성에서 혜택을
누릴 수 있다. 다양성이 주는 독특한 기술과 개인적 성향을 활용하여 사
람들을 적절한 자리에 배치하면 10배 뛰어난 팀을 여러 개 만들 수 있기
때문이다.

이런 팀에 속한 사람들을 관리할 때에도 개인의 특성을 고려해서 관리
방식을 수정해야 한다. 역할에 따라서 관리하거나 혹은 모든 이들을 똑
같이 관리하는 방식과 구분하여 우리는 이것을 개인별 관리(managing to
the person)라고 부른다. 다르게 말하면 훌륭한 인력 관리는 천편일률적일
수 없다는 것이다.

매슬로의 망치(제6장 참고)가 시사하듯이 어느 한 사람에게 특정 기법이 잘 맞으면 그것을 다른 팀원들에게 두루 적용해도 될 것만 같다. 그러나 그런 방식은 효과적이지 못하다. 서로 다른 두 사람을 관리할 때에는 각자의 독특한 특성과 상황에 맞게 수정한 두 가지의 다른 태도가 요구된다.

이 모델은 학생을 가르치거나 아이를 양육하는 상황에도 적용할 수 있다. 우리의 두 아이는 서로 판이하게 달라서 한 녀석에게 잘 맞는 양육법이 다른 녀석에게는 조금도 먹히지 않는다. 모든 관계에 각각 다른 방식으로 접근하면 개인의 특성을 깊이 이해할 수 있고, 그 이해는 결국 의미 있는 유대관계와 유능한 팀을 형성하는 기반이 된다.

누가 어디로 가는가

강력한 팀은 딱 맞는 사람들에게 딱 맞는 역할을 부여해서 그들의 개인적인 역량과 기술을 십분 이용한다. 반대로 구성원들이 그들에게 어울리지 않는 역할을 맡게 되면 팀은 제 기능을 하지 못한다. 적어도 당신은 사람들에게 아주 엉뚱한 역할을 맡기는 것은 원하지 않을 것이다. 이것은 얼핏 들으면 쉬운 일 같아도 사실은 그렇지 않다.

교육자 로런스 피터는 2009년에 동명의 책에서 피터의 법칙(Peter principle)이라는 개념을 소개했다. 이 법칙은 **관리자들은 자신의 능력의 한계까지 승진한다**는 표현으로 알려져 있다. 사람들은 앞서 맡은 임무에서 어떤 성과를 보였는지에 따라서 새로운 직위로 승진한다는 뜻이다. 그러나 새로 맡은 자리에서는 완전히 다른 능력이 요구되기 때문에 그들이 적임자가 아닐 수 있다. 결국 그들은 자신에게 맞지 않는 직위("무능의 수준")

피터의 법칙

에까지 승진하여 업무를 감당할 수 없게 된다.

뛰어난 능력을 발휘하는 사람들에게는 그들의 뛰어난 성과를 승진으로 보상하는 것이 자연스럽다. 그러나 승진을 시킬 때는 피터의 법칙을 감안해서 그 사람이 제대로 해내지 못할 것 같은 역할은 맡겨서는 안 된다. 조직에서 오랫동안 승승장구해온 구성원의 경우 더 문제가 된다. 높은 자리에서는 사람을 관리하는 일이 많아지고 개인으로서 조직에 기여할 일은 적어지는 등 요구되는 능력이 달라지므로, 그 구성원이 해당 자리에 어울리는 역량이나 경력 목표를 갖추지 못했을 가능성도 있다. 피터의 법칙에 대응하려면, 조직은 사람 관리가 필요하지 않은 기술 간부와 같은 다양한 승진 경로를 마련해야 한다.

또 높은 자리일수록 **전술**(strategy)보다는 **전략**(tactic)이 우선이다. 일반적으로 전략은 큰 그림을, 전술은 세부 사항을 말한다. 전략은 장기적이고, 궁극적인 성공의 형태를 정의한다. 전술은 단기적이고, 성공을 이룬 다음에 무엇을 할지를 정한다. 전략적이기보다는 전술적인 사람을 전략이 필요한 자리에 앉히면 문제가 될 수 있으므로 피터의 법칙을 감안해야 한다.

구성원들에게 알맞지 않은 역할을 원할 때에도 비슷한 문제가 생긴다. 이럴 때 당신은 그들이 시간이 흐르면서 새 역할에 맞게 성장할 수 있을

지를 판단해야 한다. 그럴 수 있다고 판단되면 그를 승진시키고 성장에 필요한 지원을 해야 한다. 반면에 그 사람이 (성격이나 바꾸기 어려운 다른 요인들 때문에) 새 역할을 절대 감당하지 못할 것이라고 생각되면 당신은 그가 현재의 역할에 만족할 수 있게 돕거나, 성취감을 느끼게 하는 동시에 조직에도 기여할 수 있는 다른 역할을 마련해주어야 한다.

그러나 어떤 역할을 처음에 제대로 감당하지 못한다고 해서 영원히 그 일에 부적격하다는 뜻은 아니다. 시간과 훈련이 뒷받침되면 뛰어난 역량을 발휘할지도 모른다. 항상 조직 밖에서 직원을 채용하기보다는 기존 구성원들을 훈련시켜서 그들이 새로운 역할을 맡을 수 있도록 성장시켜야 하는 중요한 이유도 몇 가지 있다.

우선 새 직원이 능력을 키워서 조직에 가치 있는 기여를 하기까지는 상당한 시간이 걸린다. 이 기간은 업무 내용과 조직의 특성에 따라 다르지만, 폭넓은 새 정보와 내부 절차를 익혀야 하는 복잡한 역할이라면 6-8개월은 예사로 걸린다. 이 정도 기간이라면 기존의 구성원을 성장시켜서 그 책임을 맡기는 편이 낫다.

둘째로, 조직이 기존 구성원들에게 승진 기회를 제공하지 않는다면, 더 나은 기회를 제시하는 다른 조직으로 떠나는 구성원들이 속출할 것이다. 그들은 떠날 때 조직 전체가 함께 축적한 지식인 조직 지식(institutional knowledge)도 가져간다.

최고의 인재들은 조직 내에서 어떻게 해야 일을 효율적으로 할 수 있는지를 알고 있다. 그들은 조직의 역사를 알고, 필요한 지식을 얻으려면 누구를 찾아가야 하는지 알고, 궁극적으로 업무를 처리하는 방법을 안다. 이런 사람들이 떠나면 그들의 조직 지식도 **함께 떠나므로** 조직 전체의 역량이 떨어지게 된다. 일례로 로런은 글락소스미스클라인을 그만두고 한

참 후에도, 심지어 그녀가 개발한 약품이 다른 기업에 매각된 후에도 과거에 수행한 프로젝트에 대한 문의를 끊임없이 받았다. 그녀는 순순히 대응을 해주었지만 당신의 옛 직원도 그만큼 협조적일 것이라는 보장은 없다.

외부에서 사람을 뽑는 대신 기존 직원들을 키워서 새로운 더 큰 역할을 맡겨야 하는 세 번째 이유는 조직의 채용 공고가 비현실적일 때가 많기 때문이다. 그런 자리는 유니콘 지원자(unicorn candidate)만이 채울 수 있다. 유니콘만큼 찾기 어려운(찾는 것이 본질적으로 불가능한) 인재라는 뜻이다. 배우자나 정치 후보자에 대해서 터무니없거나 너무 시시콜콜한 요구 조건을 가진 사람들도 유니콘을 찾고 있는 셈이다.

가령 당신이 어떤 자리를 채우려고 오랫동안 애를 썼는데도 적임자가 나타나지 않는다면 유니콘 지원자를 찾고 있을 가능성이 크다(역할과 맞지 않는 턱없이 부족한 보상을 제시했거나 회사의 평판이 형편없는 경우와 같은 다른 문제들은 없다고 가정하자). 비현실적인 채용을 기대하는 것은 제6장에서 다룬 남의 떡이 더 커 보이는 심리의 일종이다. "이 역할에 완벽하게 맞는 사람만 뽑으면 우리 회사는 다 잘될 텐데." 이런 경우 조직은 그 역할을 쪼개어 여러 사람을 채용하거나, 내부 인재를 키우는 데에 주력하거나, 이 두 가지 방법을 결합할 수 있다.

한편 조직을 위해서는 각 역할과 책임의 경계를 명확하게 정하려는 노력이 매우 중요하다. 애플은 직접 책임자(directly responsible individual)라는 정신 모델을 대중화한 것으로 유명하다. 매번 회의를 마친 후에는, 조치가 필요한 각 항목의 성공을 책임질 직접 책임자를 분명하게 정한다. 덕덕고 역시 사소한 업무에서부터 회사의 커다란 목표에 이르기까지 모든 활동에 직접 책임자를 지정했다.

직접 책임자 개념은 방관자 효과(bystander effect)라고도 알려진, 책임이

신경 쓰지 마세요.
우리는 소극적인 방관자일 뿐이니까요.

분산되는 현상을 피하게 해준다. 집단 내에서 사람들은 일이 생겨도 다른 사람이 **책임**을 질 것이라고 기대하고 자발적으로 떠맡으려고 하지 않는다. 실제로 사람들은 **방관자**처럼 행동하고, 책임은 한 사람에게 집중되는 대신 모든 구성원들에게 **분산된다**.

방관자 효과는 주위의 도움을 필요로 하는 비상시를 비롯해서 다양한 상황에 나타난다. 1968년에 실시된 유명한 연구 "응급 상황에서 방관자의 개입 : 책임의 분산"에서 존 달리와 비브 라타네는 자신의 삶을 주제로 하는 집단 토론에 참가한 피험자들을 각각 구분된 공간에서 전자 장치를 이용해 의사소통하게 했다. 피험자들은 나머지 "참가자들"의 목소리가 사전에 녹음된 것이라는 사실을 전혀 몰랐고, 집단의 크기는 두 명(하나는 사전에 녹음된 목소리)부터 여섯 명(다섯은 사전에 녹음된 목소리) 사이였다. 토론은 각 "참가자"가 차례로 발언하는 식으로 진행되었는데, 사전에 녹음된 목소리 가운데 하나가 첫 발언에서 자신은 종종 목숨이 위태로울 정도의 발작을 겪는다고 털어놓았다. 두 번째 발언 때 이 "참가자"는 가짜 발작을 일으켜서 사전에 녹음된 목소리로 이렇게 말했다. "내가……내가 발작이……나……나를……도와줘요……안 되겠어요……아 세상에……어……누가 와서 저 좀 도와주세요……지……지금……제, 제, 제대로……숨을 못 쉬겠어요……곧 주, 주, 죽을 것 같아요……."

달리와 라타네는 피험자가 최소 한 명 이상의 다른 사람이 그 소리를 듣고 있다고 생각할 경우, 발작을 일으킨 사람을 도우러 나설 가능성이 크게 떨어진다는 사실을 발견했다. 일대일의 상황에서는 85퍼센트의 피험자가 녹음이 끝나기 전에 누군가에게 도움을 요청했지만 다른 참가자가 네 명 이상 있다고 생각할 때는 31퍼센트만이 같은 행동을 했다.

이후로도 비슷한 연구들이 다른 환경과 상황에서 반복되었다. 이런 현상의 흔한 예는 앞에서 언급한 업무 회의의 후속 조치이다. 회의의 모든 참석자들은 다른 누군가가 그것들을 맡으리라고 지레짐작하고 제때 처리하지 않는다. 직접 책임자 개념은 누가 무엇을 책임질지 명확히 정리해서 이런 자연스러운 경향을 차단하는 간단하고도 강력한 수단이다.

사람들은 주어진 과제에 욕심이 생기거나 자신의 능력을 드러내고 싶을 때면 곧바로 나서기도 한다. 조직은 통제된 권력 진공(power vacuum)을 통해서 구성원들이 역할과 책임을 스스로 결정하게 유도할 수 있다. 이 정신 모델은 공기를 비롯한 어떤 물질도 없는 공간인 **진공**이라는 자연적 개념에 대한 비유이다. 빈 용기 속의 공기를 빼내어 진공 상태로 만든 다음 용기를 열면 대번에 그 속으로 공기가 들어가서 **진공을 채우고** 정상 기압을 만든다.

권력 진공에서 "진공"은 **권력**을 지녔던 사람이 갑자기 떠날 때 형성되므로 다른 사람들에게는 공백을 채울 기회가 생긴다. 역사를 통틀어서 권력 진공은 심심치 않게 나타났고 횡포한 지도자가 물러나면 다른 이들이 그 권력을 차지하려고 덤벼들었다(제2장 **히드라 효과** 참고).

통제된 상황에서 조직은 일부러 권력 진공을 만들어 사람들이 그것을 적극적으로 채우게 할 수 있다. 이를 테면 리더는 책무를 만들어서 구성원들에게 그 일을 맡을 기회를 줄 수 있다. 아니면 누가 자연스럽게 나서는지 그냥 지켜볼 수도 있다. 이렇게 통제된 권력 진공을 유도하면 누가 어떤 역할에 본질적으로 매력을 느끼는지를 판단하는 데에 도움이 된다. 권력 진공에 들어선 사람들이 어떻게 행동하는지 관찰하다가, 스스로 나서서 적절히 리더 노릇을 하는 구성원을 발견할 경우 그 사람에게 공식적으로 리더 역할을 맡기면 된다.

어떤 방법을 쓰든 팀원들에게 맞는 적절한 역할과 책임을 찾는 것은 해볼 만한 가치가 있는 일이다. 이상적인 집단 환경에서는 역할과 책임이 명확히 정해져 있고, 그 역할과 책임을 맡을 적임자가 있으며, 적임자는 그 일을 훌륭히 수행할 내적 동기를 갖추고 있어야 한다. 이것들이 바로 10배 뛰어난 팀의 구성 요건이다.

자꾸 연습하면 완벽해진다

자신에게든 동료에게든 적절한 역할을 만들어준다고 해서 반드시 개인의 잠재력이 온전히 발휘되는 것은 아니다. 특히 새로운 역할을 맡은 사람들이 최고의 경지에 오르려면 지도와 조언이 필요하다. 당신이 성공적인 코칭이나 멘토십 관계에서 한쪽 당사자가 되어본 적이 있다면 우리의 말뜻을 이해할 것이다. 여하튼 당신은 그런 지도와 조언을 주고받는 방법에 관한 몇 가지 정신 모델을 알아야 한다.

심리학자 K. 안데르스 에릭슨은 어떤 기술을 가장 빨리 익히는 방법을 연구하여 신중한 훈련(deliberate practice) 모델을 고안했다. 능력의 한계를 신중하게 발휘해야 할 상황에 사람들을 놓고, 점점 까다로운 기술을 꾸준히 연습하게 하면서 지속적으로 실시간 피드백을 하는 방식이다. 에릭슨이 "뛰어난 기능 습득에서 신중한 훈련의 역할"이라는 글에서 밝혔듯이 "전문가와 일반 성인의 차이는 구체적인 기능의 역량을 높이기 위해서 오랜 기간 동안 신중한 훈련을 했는지의 여부이다."

신중한 훈련은 당신이 생각하는 꾸준한 연습보다 더 철저해야 한다. 아이들이 축구 연습을 할 때 처음에는 공을 앞뒤로 넘기는 패스 연습을 한다. 그러나 그것은 신중한 훈련이 아니다. 아이들 능력의 한계치까지 훈련을 하는 것이 아닐 뿐만 아니라 개선점에 대해서 실시간으로 피드백을 받고 있지도 않기 때문이다.

신중한 패스 훈련은 다양한 형태를 취할 수 있다. 표적을 맞히기 위해서 반복하여 노력하고 몇 차례 시도한 후에 실수에 대해서 지도를 받는 것이 한 가지 방법이다. 목표는 처음에는 1번, 다음에는 3번, 그다음에는 5번 등등 표적을 연속으로 맞추는 횟수를 늘리는 것이다. 마지막 목표를 달성하면 표적을 좀더 멀리 옮기고 같은 과정을 반복한다. 이런 식의 집중적인 패스 연습은 패스 기술을 향상시키는 효과적인 방법이다.

당신은 이른바 "1만 시간의 법칙"이라는 말을 들어보았을 것이다. 맬컴 글래드웰이 『아웃라이어(Outliers)』를 통해서 널리 알린 용어이다. 글래드웰은 에릭슨의 연구를 참고하여 세계적인 수준의 전문가가 되려면 1만 시간의 신중한 훈련이 필요하다고 설명했다. 에릭슨을 비롯한 다른 사람들은 이것이 불변의 "원칙"은 아니라고 밝혔다는 점에 주의하자. 실제 시간은 연습하는 대상이 무엇인지, 연습이 얼마나 진지한지, 코치가 얼마나

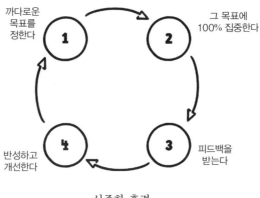

까다로운
목표를
정한다

그 목표에
100% 집중한다

피드백을
받는다

반성하고
개선한다

신중한 훈련

뛰어난지, 추구하는 숙련도가 어느 정도인지에 따라서 달라진다.

그럼에도 어떤 분야에서든 신중한 훈련이 초보자에서 전문가로 도약하는 가장 빠른 방법이라는 점은 분명하다. 그러나 더 잘하려면 어떻게 해야 하는지에 대해서 지속적이고 구체적인 피드백을 받아야 하기 때문에 혼자서 하기는 어렵다. 그런 피드백을 받을 수 있는 모의 환경(예 : 온라인 체스 프로그램 등)이 아니라면 한 명 이상의 다른 사람이 관여해야 한다.

그 다른 사람은 직접 피드백을 주고 최선의 목표와 연습 환경, 지도 방법을 제공할 수 있는 진짜 전문가가 이상적이다. 개인 트레이너, 운동 코치, 음악 교사 등을 생각해보자. 그들은 당신이 전문가로서 점점 더 큰 책임을 감당하도록 꾸준히 이끌어주는 관리자나 멘토가 될 수 있다.

신중한 훈련은 당신을 안전지대 밖으로 꺼내놓는다. 그것은 정신적으로도 육체적으로도 큰 부담이 되는 상황이다. 그래서 누군가에게 신중한 훈련을 시키는 것은 승산 없는 싸움과 같다. 따라서 이 모델에 발을 들이기 전에는 멘토와 멘티 모두에게서 동의를 얻어야 한다.

관련 모델인 간격 효과(spacing effect)는 압축된 시간 동안 같은 양을 학습하는 것보다 시간 간격을 두고 학습할 때 효과가 더 커지는 이유를 설명한다. 제3장에서 살펴보았듯이 "벼락치기"가 최선이 될 수 없는 이유도 그 때문이다. 무엇인가를 제대로 배우려면 그것을 반복하여 강화하는 과정이 필요하다.

간격 효과에서 강화 사이의 간격은 점점 넓어져도 된다. 새 단어를 배울 때를 생각해보자. 그것을 배운 첫날에는 진지하게 익혀야 한다. 확실히 익혔는지 확인하려면 다음 날이나 며칠 후에 복습을 해야 하지만 평생 반복할 필요는 없다. 그러나 그 단어를 두 번 다시 쓰지 않는다면 결국 잊게 되므로 이따금씩 되새길 필요가 있다. 언어 학습 사이트 듀오링고, 상식을 배우는 퀴즐렛 등 최근의 여러 온라인 학습 플랫폼에서도 같은 방법을 사용한다.

간격 효과는 신중한 훈련에도 영향을 미친다. 어떤 기술을 완전히 습득하고 다음으로 넘어갈 수는 없다. 차라리 몇 가지 기술을 돌아가며 연습하고, 시간을 두면서 배운 내용을 강화하는 편이 낫다. 헬스장에서도 몸의 모든 근육을 번갈아 쓰고, 차츰 더 높은 무게와 복잡한 동작으로 운동 강도를 높여야 한다.

간격 효과는 광범위하게 적용된다. 광고도 띄엄띄엄 내보내는 편이 연거푸 보여주는 쪽보다 효과적이다. 한 교과서 내에서 여러 가지 주제를 간격을 두고 제시하는 것도 각 주제를 하나의 장에서 따로따로 다루는 보편적인 방식보다 훨씬 더 효과적이다. 예를 들면 초등학교 수학 책에서 여러 장에 걸쳐 분수를 다루면 아이들은 분수가 다양한 상황에서 어떻게 적용되는지 익힐 수 있으므로 그 개념을 하나의 장에 몰아서 배울 때보다 강화하기가 쉽다.

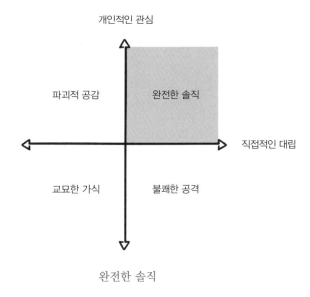

개인적인 관심

파괴적 공감 | 완전한 솔직

직접적인 대립

교묘한 가식 | 불쾌한 공격

완전한 솔직

조직에서 신중한 훈련의 효과를 보려면 지속적인 피드백과 사람들에게 필요한 강화 학습을 제공할 방법을 찾아야 한다. 한 가지 방법은 관리자, 멘토, 코치와 매 주일 일대일(weekly one-on-one) 상설 회의를 가지는 것이다. 이 회의는 피드백을 정기적으로 전달할 **강제 의식**(제4장에서 살펴보았다)이 된다. 이 자유로운 형식의 회의에서 당신은 현재 진행 중인 프로젝트에 대해서 의견을 나누고 능력 개발과 경력 발전에 관하여 상의할 수도 있다.

『실리콘밸리의 팀장들(*Radical Candor*)』에서 킴 스콧은 2×2 매트릭스(제4장 참고)를 사용해 주간 회의 등에서 일대일로 피드백을 주는 방식을 **완전한 솔직**이라는 모델로 제시한다.

이 매트릭스에서 두 개의 축은 "직접적인 대립"과 "개인적인 관심"이다. 누군가에게 피드백을 줄 때에는 두루뭉술하고 추상적인 표현("의사소통을 좀더 잘할 수도 있었을 텐데요")을 쓰거나, 직접 대립하면서 구체적이고 적극적인 표현("당신이 한 말은 아리송해요. 그 이유는 이러이러하고 나는 당신이 이러이러하게 말했어야 한다고 생각해요")을 쓸 수 있다. 두루뭉술하고 추상적인 피드백을 주기는 훨씬 쉽다. 구체적인 예를 지적하는 것은 쉽지 않고, 그 구체적인 예가 상대방에게 어떤 감정을 불러일으킬지 따지는 것도 심리적으로 부담스럽기 때문이다. 그래서 사람들은 주로 쉬운 길을 택한다. 그러나 피드백은 구체적이어야 쓸모가 있다.

개인적인 관심은 피드백을 하기 전에 일단 상대방과의 관계부터 돌보아야 한다는 뜻이다. 만약 상대방이 잘 되기를 진심으로 바라는 마음을 평소에 꾸준히 표현했다면 당신은 그가 건설적인 비판을 수용하게 할 기반을 닦은 셈이다. 반면에 유대감을 제대로 쌓지 않았거나 관계가 악화되었다면 당신의 피드백은 쉽게 받아들여지지 않을 것이다. 그 상태로는 상대방에게 묵살당하기 쉽다.

완전한 솔직은 개인적인 관심을 바탕으로 직접 대놓고 피드백을 제시하는 방식이다(매트릭스의 오른쪽 상단 사분면). 당신의 피드백은 아주 **노골적**이어서 문제의 원인을 **철저**하게 파헤친다. 이런 피드백이야말로 신중한 훈련 기간에 제시되어야 할 피드백의 유형이다. 상대방이 훈련 중인 특정 기술을 어떻게 하면 더 잘 익힐 수 있을지 구체적으로 설명하는 방식이기 때문이다.

다른 사분면에 속하는 피드백은 최적의 형태가 아니다.

- 파괴적 공감(왼쪽 상단 사분면) : 개인적인 관심은 있지만 직접 대립하지 않을 때. 당신의 피드백이 충분히 구체적이지 않을 때 나타난다.
- 불쾌한 공격(오른쪽 하단 사분면) : 직접 대립하지만 개인적인 관심이 없을 때. 개인적인 관심이 없으면 피드백이 가식적으로 보이기 때문에 이 유형

의 피드백은 대체로 먹히지 않는다.

- **교묘한 가식(왼쪽 하단 사분면)** : 직접 대립하지도 않고 개인적인 관심도 없을 때. 막연한 비판의 형태를 띠는 이 피드백은 실천하기 어렵기 때문에 쓸모가 없고, 끈끈한 관계를 기반으로 하지 않으므로 상대방을 불쾌하게 만들 수 있다.

조직 밖에서 신중한 훈련을 할 때 당신과 코치는 당신의 목표와 능력 수준에 특별히 맞춘 수업을 설계할 수 있다. 훈련용 고깔을 당신에게 적합한 방식으로 배치한 상태에서 하는 축구 연습을 떠올려보자. 이와는 반대로, 조직 내에서는 환경을 통제할 수 없으므로 이런 이상적인 수업을 설계하기가 훨씬 더 어렵다. 프레젠테이션 기술을 단련하고 싶어도 당신이 어떤 자리에 있느냐에 따라서 기회가 많지 않을 수 있다. 더구나 실제 상황에서는 제약과 결과가 뒤따른다. 그렇다고 하더라도 학습 기회를 최대한 찾을 방법은 있다.

특정 기술을 익히기 위해서 신중한 훈련을 하겠다는 의지를 표명하고 당신을 정기적으로 지도해줄 멘토를 구하는 것이다. 그다음에는 멘토와 함께 조직에 별다른 피해를 주지 않고도 능력을 개발할 수 있는 상황을 찾아야 한다. 가령 회사에 큰 영향을 미치지 않을 만한 프로젝트에서, 원하는 기술을 단련할 수 있는 역할을 맡는 식이다. 물론 조직 밖에서 연습 기회를 추가로 찾을 수도 있다.

어느 프로젝트가 당신의 기술을 훈련하기에 적합한지, 또는 당신이 멘토라면 어느 프로젝트가 멘티의 기술을 훈련시키기에 적합한지 판단해야 할 때 조직은 어떤 도움을 줄 수 있을까? 벤처 투자자 키스 라보이스는 이런 상황을 위해서 **결과-확신 매트릭스**(consequence-conviction matrix)라

	높은 확신	낮은 확신
높은 중요성	위임하지 않는다	때에 따라서 위임한다
낮은 중요성	때에 따라서 위임한다	완전히 위임한다

결과-확신 매트릭스

는 정신 모델을 개발했다. 그는 "운영의 요령"이라는 강연에서 이렇게 설명했다.

일단 어떤 결정에 대한 확신의 수준을 극히 높음 또는 극히 낮음으로 분류하세요. 무엇인가 실수가 생길 때도 있고 내심 그런 결정이 내키지 않을 때도 있지만 당신은 그것이 옳은 답인지 그른 답인지 알지 못합니다. 그리고 결과 차원도 있습니다. 당신이 내린 잘못된 결정이 회사에 큰 참사를 가져온다면 당신은 실패하게 됩니다. 반면에 영향력이 지극히 낮은 결정도 있습니다. 적어도 처음에는 잘못되어도 큰 문제가 생기지 않을 결정들이죠.

결과가 심각하지 않고 당신의 의견에 대한 확신이 매우 낮다면 당신은 반드시 결정을 위임해야 합니다. 그것도 완전히 위임하여 사람들이 실수를 통해서 교훈을 얻게 해야 합니다. 반면에 결과가 매우 중요하고 당신이 옳다고 강력하게 확신한다면 부하 직원이 실수하도록 내버려두어서는 안 됩니다.

결과-확신 매트릭스는 리더의 시간을 절약해주고 상황을 다양하게 분류하여 조직 구성원들에게 학습 기회를 제공하는 데에도 도움을 준다. 이 매트릭스는 가정에도 적용할 수 있다. 예컨대 우리는 아이들이 혼자 가게에서 물건을 사게 하거나 점심 식사를 직접 만들게 하는 등 망쳐도 별 탈 없는 일들을 시도하게 한다.

전체적으로 보면 높은 확신, 낮은 중요성 사분면의 활동이 누군가의 (또는 당신의) 신중한 훈련을 돕는 데에 가장 적합하다. 해야 할 일이 무엇인지 분명한 경우라서 효과적으로 코칭할 수 있고, 처음에는 관련 업무에 실패하더라도 조직에 큰 타격을 주지 않는다. 이런 상황에서는 훈련 대상자의 능력 범위를 조금 넘는 특정 업무를 위임할 수 있으므로 신중한 훈련을 위한 완벽한 조건이 마련된다. 따라서 이 활동은 새로운 역할 등을 맡은 사람들이 빠르게 성장하도록 도울 수 있는 훌륭한 방법이 된다.

잠재력 일깨우기

사람들의 잠재 능력 발휘를 도울 때 어김없이 등장하는 심리학 정신 모델이 몇 가지 있다. 우선 누군가가 신중한 훈련을 지속하고 철저하게 솔직한 피드백을 받는 데에 동의한다고 해도 올바른 마음가짐을 가지지 못했다면 그 과정은 결코 순조롭지 않다. 심리학자 캐럴 드웩은 고정 마인드셋 대 성장 마인드셋(fixed mindset versus growth mindset) 모델을 만들었다. 그녀의 책 『마인드셋 : 스탠퍼드 인간 성장 프로젝트(*Mindset : The New Psychology of Success*)』을 통해서 널리 알려진 이 모델은 마음의 올바른 틀과 그릇된 틀을 구분한다.

고정 마인드셋(fixed mindset)은 자신의 개인적인 속성과 능력이 성장이나 변화를 할 수 있는 여지가 없이 고정되어 있다고 믿는 것이다. 이를 테면 당신이 "수학을 못하고", 이런 능력 부족은 "자신의 일부"라고 믿는 경우를 말한다. 자신의 능력이 고정되어 있다고 여기는 사람은 그것을 개선하라는 피드백에 저항할 수밖에 없다.

고정 마인드셋의 반대는 자신이 점점 성장하고 변화할 수 있다고 믿는 성장 마인드셋(growth mindset)이다. 성장 마인드셋을 가지고 있으면 비판적인 피드백에 마음을 열게 된다. 자신의 능력을 더 키울 수 있다고 믿고, 그렇게 하려면 반드시 건설적인 비판에 따라서 노력하는 과정이 필요하다고 여기기 때문이다.

이미 상당히 숙련된 분야에 대한 마인드셋에 당신은 특히 주의를 해야 한다. 무엇인가(예: 수학)를 잘하면 그 능력을 정체성의 일부("나는 수학을 잘하는 사람이야")로 생각할 수 있기 때문이다. 그러나 신중한 훈련을 거쳐서 능력을 한층 더 키우기 위해서는 끊임없이 안전지대를 벗어나고 이따금씩 실패를 맛보아야 한다. 고정 마인드셋을 가지고 있으면 그 과정을 정체성에 대한 공격("수학을 잘하는 내가 어떻게 이런 문제를 자꾸 틀릴 수가 있지?")으로 받아들이게 된다.

주위 사람들이 고정 마인드셋을 지녔는지 성장 마인드셋을 지녔는지 관찰해보면, 어떤 사람들은 모든 분야에 대해서 고정 또는 성장 마인드셋을 가지고 있지만, 분야(예: 사람들 앞에서 발표하기, 체육 등)에 따라서 둘 중 하나를 선택적으로 적용하는 사람들도 있다는 것을 알 수 있다. 당신은 어떤 분야에 대해서 고정 또는 성장 마인드셋을 가지고 있는가?

처음에 드웩은 학교에서 학생들을 어떻게 가르치느냐에 따라서 특정 마인드셋을 부추길 수 있다는 가설을 세웠다. 예를 들면, 학생들에게 똑똑하다고 칭찬하면 그들은 "똑똑함"을 지키기 위해서, 학습에서 위험을 덜 감수하려는 고정 마인드셋이 조장되었다. 반면에 열심히 공부한다는 이유로 학생들을 칭찬하면, 새로운 도전을 받아들이고 더 많은 노력을 하는 성장 마인드셋이 촉진되었다.

1970년대에 실시된 드웩의 최초의 연구 이후로 비슷한 연구들이 이어졌다. 「심리 과학(*Psychological Science*)」 2018년 3월 호에 실린 최근의 메타 분석에서는 이런 식으로 성장 마인드셋을 자극하면 크지는 않더라도 긍정적인 효과가 생긴다고 밝혔다. 그러나 이런 미묘한 개입 방식을 바꿀 기회는 있다. 훨씬 더 직접적인 방식으로 지능 대신 노력을 칭찬하고, 코칭의 대상에게 이 모델을 직접 명확하게 설명하는 것이다. 상대방에게 특정 기술에 대한 성장 마인드셋을 심어준다면 당신도 큰 보람을 느낄 수 있다.

당신이 팀원들의 성장 잠재력을 믿는 것도 중요하다. 당신의 기대가 그들의 성과에 영향을 줄 수 있기 때문이다. 피그말리온 효과(Pygmalion effect)는 자신에 대한 기대가 높으면 사람들은 정해진 기대 수준을 맞추려고 노력하기 때문에 더 좋은 성과를 낸다는 모델이다. (피그말리온이라는 조각가가 자신이 꿈꾸는 이상적인 배우자의 모습을 조각했더니 아프로디테가 조각상에 생명을 주어 그것이 갈라테이아라는 진짜 여성으로 탄생했다는 그리스 신화에서 유래되었다.) 반대로 골렘 효과(golem effect)는 낮은 기대치가 낮은 성과를 낳는 현상이다. (골렘은 유대 신화 속의 진흙으로 만든 생명체의 이름이다. 그 괴물은 생명을 얻은 후에 점점 타락하고 난폭하게 변하여 결국 파괴되어야 했다.) 둘 다 일종의 **자기 충족적 예언**이다.

고정 마인드셋과 성장 마인드셋처럼, 다양한 상황에서 이런 효과들이 어떤 힘을 발휘하는지에 대해서는 논의가 진행 중이다. 학교를 대상으로 실시한 최초의 연구들은 비판을 받았지만 조직 리더십 등 다른 환경에서는 강력한 효과가 나타났다. 「계간 리더십(*Leadership Quarterly*)」 2009년 10월 호에 실린 메타 분석에서는 피그말리온 리더십 훈련 방식이 그 동안 연구된 여러 가지 방법들 중에서 가장 효과적이라는 사실을 발견했다.

리더십 형태에 대한 200건의 연구를 대상으로 실시한 이 메타 분석은 미국 국방부의 후원을 받아서 피그말리온 리더십 훈련 방식을 고전적인 방법(1970년대 이전에 일반적으로 사용된 방법)과, 카리스마적 리더십, 영성 리더십, 변혁적 리더십, 비전 리더십 등 다양한 최근 기법들과 비교했다. 역시 기대치를 높게 설정하는 것이 가장 효과적인 방법이었다.

아이들이나 동료에게 큰 기대를 건다고 해도, 그것만으로는 그들이 자신들의 잠재력을 한껏 발휘하도록 자극하기에 충분하지 않다. 그렇다고 기대치를 낮게 잡거나 기대를 아예 하지 않는 것은, 커다란 장벽을 만들어 충분한 잠재력의 발현을 가로막는 것과 같다. 이번에도 명확한 목표를 정하는 것이 최선이다. 자신이 어떤 목표를 노려야 하는지 잘 아는 사람들은 위기가 닥쳐도 이겨낼 수 있다.

그러나 높은 기대치를 정해놓고 사람들을 끊임없이 힘든 상황으로 몰아붙이면 피로와 불안감만 유발하게 된다. 당신도 그런 기분을 느껴본 적이 있을 것이다. 유능한 리더라면 그런 현실에 민감하게 반응하여 사람들이 심리적 장벽을 극복할 수 있도록 도와주는 지원 시스템을 마련해야 한다.

이런 상황에서 주의해야 할 몇 가지 심리 모델이 있다. 첫째, 가면 증후군(impostor syndrome)은 실제로는 그렇지 않음에도 불구하고 자신이 남들을 속여왔고 결국 **사기꾼**으로 밝혀질 것이라는 두려움에 시달리는 심리를 말한다. 조사에 따르면 무려 70퍼센트의 사람들이 어느 정도 높은 자리에 오르면 가면 증후군에 시달린다고 한다. 당신도 비슷한 경험이 있는가?

가면 증후군에 빠지면 자신의 성공을 운이나 남들을 기만한 대가라고 폄하하고 자신의 실패 혹은 실패에 대한 두려움에 초점을 맞추게 된다.

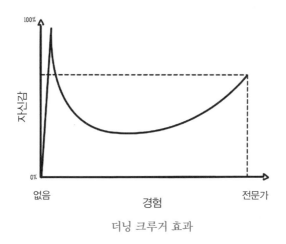

더닝 크루거 효과

이렇게 자꾸 실패에만 신경을 쓰다 보면 스트레스와 불안감이 높아지고 과로, 완벽주의, 공격 성향, 패배주의 같은 부정적 행동이 나타난다.

다음 단계를 따르면 사람들이 가면 증후군을 극복하도록 그들을 도울 수 있다.

- 흔히 나타나는 현상이라는 점을 강조한다("누구나 다 겪는 일이래요. 나도 한때 그런 감정에 빠진 적이 있고요").
- 안전지대를 벗어나서 행동하면 누구나 사소한 실수를 저지르기 마련이라고 설명한다. 이렇게 설명하면 사람들은 실수를 학습의 기회로 받아들일 수 있다.
- 가면 증후군을 겪은 적이 있는 다른 동료나 멘토와 연결해준다.

주의해야 할 두 번째 모델은 사회심리학자 데이비드 더닝과 저스틴 크루거의 이름을 딴 더닝 크루거 효과(Dunning-Kruger effect)이다. 이 모델은 사람들이 초보자에서 전문가로 성장하는 과정에서 점점 커지는 자신감을 설명한다.

어떤 기술을 처음 배우기 시작할 때에는 대체로 진도가 무척 빠르다. 새로 배울 것이 너무 많기 때문이다. 예를 들면 테니스 공 3개로 저글링을 하는 방법은 금방 배울 수 있다. 급상승하는 학습 곡선을 타고 실력이 금방 향상되면 자신의 능력에 대해서 높은 자신감을 가지게 된다. 그러다가 당신은 이 정도 기술은 이제 식은 죽 먹기라고 믿게 된다. 실제로는 기술에 대해서 완전히 이해하지 못했고 더 잘하는 방법도 모르면서 말이다.

자신감은 계속 치솟지만, 더 많이 배우다 보면 어느 순간 당신은 자신이 무엇을 잘 모르는지, 진정한 전문가가 되려면 얼마나 더 많은 노력을 기울여야 하는지 깨닫게 된다. 저글링의 경우 3개가 넘는 공으로 하거나 공 대신 다른 물건으로 바꾸면 이 논점을 금방 이해할 수 있다. 그러다다시 노력을 투입해서 의미 있는 성과를 얻으면 당신의 자신감도 서서히 회복된다.

당신이 코치라면 더닝 크루거 효과를 감안하여 조직 구성원들이 곡선의 어느 위치에 있는지를 파악해야 한다. 전문 기술이 부족한 사람들이라면 자신의 능력 수준을 제대로 깨닫고 자만하지 않게 돕는 동시에, 그들의 학습 성과를 칭찬하여 낙담하지 않도록 다독여야 한다. 그래야 균형을 잡을 수 있다. 곡선의 중간 부분에 가까워지고 자신감이 치솟으면 그들에게는 더 많은 격려가 필요하다. 당신이 직접 기술을 익히고 있을 때에도 이 모델을 꼭 머릿속에 담아두어야 한다.

더닝 크루거 효과는 학습 곡선 전체에서 심리적으로 어떤 현상이 일어나는지를 설명하지만 단순히 처음으로 실력이 급등할 때, 즉 사람들이 특정 분야에서 자신의 기술 수준을 제대로 모르고 능력도 없으면서 자만하는 현상을 가리키기도 한다. 자신이 실제보다 훨씬 못하다고 생각하는

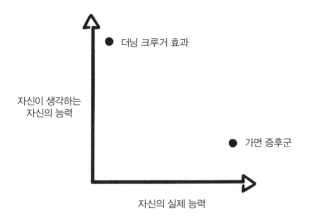

더닝 크루거 효과

자신이 생각하는
자신의 능력

가면 증후군

자신의 실제 능력

것이 아니라 실제보다 훨씬 낮다고 생각하므로 그야말로 가면 증후군과 정반대의 현상이다.

심리적 장벽에 대한 세 번째 정신 모델은 심리학자 에이브러햄 매슬로(매슬로의 망치로도 알려져 있다)가 1943년에 발표한 논문 「매슬로의 동기이론」에서 제안한 이론으로 지금은 매슬로의 욕구 단계설(Maslow's hierarchy of needs)로 알려져 있다. 잠재 능력의 최고 수준(그가 "자아실현"이라고 부르는 상태)에 오르기 위해서는 생리적 욕구(음식, 물 등), 안전의 욕구(주거지, 두려움이 없는 상태 등), 애정의 욕구(관계, 지지 등), 존중의 욕구 등 기본적인 심리적, 물질적 욕구부터 충족해야 한다. 그는 이 욕구들 사이에 우위가 있고, 그중에서 자아실현이 가장 정점에 있다고 보았다.

매슬로는 기본적인 욕구(아래층)부터 모두 충족되어야 자아실현(꼭대기층)에 주력할 수 있다고 주장했다. 이 모델의 관점에서 가면 증후군은 자신이 성공할 자격이 없다고 느끼는 것이므로 존중의 욕구 단계가 충족되지 못한 상태이다. 그 때문에 꼭대기층에서 이룬 궁극적인 성공을 방해

매슬로의 욕구 단계

받는 것이다.

다른 예를 들어보자. 만약 당신이 인간관계에서 난항(이별 등)을 겪고 있다면 가운데 단계(애정과 소속)의 욕구를 충족하지 못한다. 또 음식을 안정적으로 얻지 못하거나 폭력적인 환경에서 사는 어린이들은 안전의 욕구를 충족하지 못해서 학습에 문제가 생길 수 있다.

매슬로의 단계가 문화나 환경에 따라서 달라지는 것은 아닌지, 실제로 단계라는 것이 있기나 한지에 의문을 제기하는 비평가들도 있다. 그럼에도 이 모델은 당신이나 타인이 잠재력을 완전히 발휘하지 못하는 이유를 밝히는 데에 참고가 된다.

마지막으로 당신이 누군가를 코칭하면서 그가 이 모든 심리적 장벽들을 헤쳐나가도록 도왔다고 가정해보자. 당신은 그들의 신중한 훈련을 돕고 그들에게 정기적으로 실용적인 피드백을 적극 제공한다. 그런 피드백을 위해서 당신이 그들의 과거 상황을 분석하는 것을 도울 때 고려해야 할 심리 현상이 있다. 과거에 대한 당신의 기억, 심지어 아주 최근의 기억까지도 편향되거나 왜곡될 수 있다는 점이다.

우리는 제1장의 **가용성 편향** 등에서 이런 편향을 일부 다루었다. 어떤 사건이 일어난 후에, 그 일을 예측할 수 있었을 것이라는 객관적인 근거가 없는데도 그 일을 예측 가능했다고 보는 **경향인 사후 과잉 확신 편향** (hindsight bias) 역시 고려해야 할 정신 모델이다. **뒷북치기와 지나고 나서 보는 눈은 항상 정확하다** 등의 표현에도 같은 개념이 담겨 있다.

큰 사건이 일어난 후에 TV를 켜고 사후 과잉 확신 편향이 어떻게 진행되는지 확인해보자. 아마도 전문가들이 방송에 출연하여 사건이 발생한 이유를 분석하고 있을 것이다. 그러나 그 사건이 일어나기 전에 당신은 사건을 예측하는 보도를 시청한 적이 없을 것이다. 2007-2008년 금융 위기나 2016년 미국의 대선 기간을 생각해보자.

사후 과잉 확신 편향은 다른 상황에서도 발생한다. 판사들은 법정 소송에서 증거를 가늠하고, 역사학자들은 과거의 사건을 분석하고, 의사들은 이전의 임상적 결정을 평가한다. 예를 들면 과실 소송에서 유죄판결이 내려지려면, 과실을 저지른 사람이 자신의 행위로 인해서 타인이 위험에 처하게 되리라는 사실을 미리 알고 있었다는 점이 증명되어야 한다. 실험에서 피험자들에게 다양한 과실 상황을 제시하면, 그들은 같은 과실 행위라도 결과가 더 나쁠수록 대체로 사전에 예측이 가능했다는 평가를 내렸다. 다시 말하면 결과가 나쁠수록 사후 과잉 확신 편향도 심각해졌다는 뜻이다.

리더십과 새로운 역할을 익혀야 할 때 사후 과잉 확신 편향은 과거의 사건에서 교훈을 얻는 것에 방해가 된다. 예측할 수 없었던 사건을 예측할 수 있었다고 믿는다면, 실제로는 당신이 당시에 손에 넣을 수 있었던 정보를 바탕으로 적절한 선택을 해놓고도 자신의 잘못된 선택으로 그 사건이 발생했다고 생각할 수 있다.

예를 들면 당신이 새 기술이나 주식, 스타트업 기업에 투자를 했고 그 결과가 좋지 않았다고 해도, 당시에 그것이 훌륭한 투자가 아니었음을 의미하는 것은 아니다. 승산이 있는 투자였지만 운이 따라주지 않았을 뿐이다. 당시의 위험 평가가 얼마나 정확했는지, 이용 가능한 시간과 자원을 감안했을 때 더 정확할 수는 없었는지 따져보는 것만으로도 충분하다. 이런 질문의 답을 찾다 보면 (그 사건을 완전히 예측할 수 있었거나 전혀 그럴 수 없었다고 보는) 흑백 사고에서 벗어나서 (그것이 실제로 얼마나 예측 가능했는지를 생각할 수 있는) 좀더 섬세한 사고를 할 수 있다.

반사실적 사고(제6장 참고)는 사건이 다른 식으로 펼쳐질 수 있었다는 점을 생각하게 하므로 사후 과잉 확신 편향을 줄일 수 있다. 당신이 X, Y, Z를 했으면 상황이 어떻게 달라졌을지 자문해보자. 관련 모델인 **생존자 편향**(제5장 참고)을 여기에 적용해보면, 과거에 저지른 잘못의 공통점이 무엇인지 살필 경우 당신은 과거의 성공에도 그런 공통점이 있었다는 점을 고려해야 한다. 예를 들면 과거의 투자 결정을 분석할 때에는 잘된 결정과 잘못된 결정에 적용한 의사결정 기준이 대체로 어땠는지를 살펴야 하는데 이때 그 둘 중 하나의 집단만 살펴서는 안 된다. 그렇지 않으면 잘못된 교훈을 얻게 된다.

사후 과잉 확신 편향에 대응하는 다른 방법은 사건이 일어날 때 실시간으로 메모를 하는 것이다. 그렇게 하면 발생한 사건에 대해서 좀더 객관적인 기록을 남기게 되므로, 손상될 가능성이 있는 기억에만 기대지 않아도 된다. 물론 가장 객관적인 기록은 녹화로, 점점 널리 이용되고 있다. 일부 조직에서는 회의를 녹화하거나 체계적으로 기록하고, 기자들은 취재원과의 인터뷰를 녹화하며, 경찰은 현장 증거를 남기기 위해서 점점 바디캠을 활용하는 추세이다.

그러나 사후 과잉 확신 편향은 결과를 예견할 수 없는 사례에서만 당신에게 영향을 줄 수 있다는 점을 깨달아야 한다. 예측 가능한 실수를 검토할 때 사후 과잉 확신 편향은 고려 대상이 아니다. 핵심은 두 상황을 구분하는 것이다. **자기 고양적 편향**(제1장)을 감안하면 당신은 자신이나 자신이 속한 집단의 실수를 더 예측하기 어려웠다고("그걸 누가 알 수 있었겠어?") 말하려는 경향이 있고 타인에게는 사후 과잉 확신 편향을 더 비판적으로 적용할 가능성이 크다.

이번 절에서는 자신의 심리적 특성에 대한 잘못된 정의(예: 가면 증후군), 인위적인 장애물(예: 고정 마인드셋), 그릇된 정보(예: 사후 과잉 확신 편향)를 바로잡는 데에 유용하게 쓰일 정신 모델들을 소개했다. 모두 당신과 주위 사람들이 현재의 역량과 개선 방안을 객관적으로 생각하는 데에 도움을 줄 것이다.

더불어 잘 살기

이번 장에서 지금까지 우리는 사람들이 잠재력을 최대한 발휘하고 10배 뛰어난 팀의 구성원으로 성공하도록 이끌어주는 정신 모델을 살펴보았다. 그러나 이렇게 특별한 팀을 만들 가능성을 획기적으로 높이는(또는 낮추는) 정신 모델은 또 있다. 조직 문화(culture)의 구성과 관계있는 모델들이다.

모든 집단에는 문화가 있다. 흔히 인종, 국가, 종교의 차원에서 설명하는 문화의 개념은 조직, 직계가족 단위, 확대가족, 친구 집단, 공통의 관심사를 중심으로 형성된 오프라인과 온라인 공동체 등 소규모 집단에도

스위스　스칸디나비아 오스트레일리아　남아메리카　　남유럽　　일본

독일　　　미국　　　기타 북유럽　아프리카　　아랍

저맥락　　　　　　　　　고맥락

고맥락-저맥락 연속체

적용될 수 있다. 문화란 집단 구성원들의 공통된 믿음, 행동 양식, 사회적 규범을 의미한다. 이를 테면 가족마다 다툼을 해결하기 위한 규범이 다르다. 어떤 가족은 감정을 터놓고 이야기하는 반면 어떤 가족은 좀처럼 그렇게 하지 않는다. 어떤 가족은 열띤 논쟁을 벌이지만 어떤 가족은 그렇게 하는 경우가 드물다. 당신의 가족은 어떤 규범을 가지고 있는가?

　마찬가지로 매우 탁월한 두 조직도 정보 통제(공개 또는 제한), 의사 전달(구두 또는 문서), 새 아이디어를 제안하는 방식(간이 또는 정식), 시간 개념(항상 엄수 또는 탄력적), 그밖의 여러 차원에서의 기준과 절차가 크게 다를 수 있다.

　어떤 집단에서든 문화를 이해하는 것이 중요하다. 그 집단이 **고맥락**(high-context)과 **저맥락**(low-context) 의사소통 중 어느 쪽을 선호하는지도 마찬가지이다. 저맥락 문화에서는 정보가 분명하고 직접적이며, **진실하게 있는 그대로 말하는 방식**을 선호한다. 저맥락 의사소통에서는 당신이 알아야 할 거의 모든 정보가 명확하게 표현되기 때문에 내용을 이해하는 데에 맥락이 크게 필요하지 않다.

반대쪽 극단인 고맥락 문화에서는 정보가 훨씬 더 간접적으로 에둘러 표현된다. 이를 테면 어떤 프로젝트나 역할이 어떻게 진행되고 있는지 두루뭉술하게 전달된다. 그런 고맥락 의사소통을 온전히 이해하려면 많은 양의 추가 맥락이 필요하다. 비언어적 단서, 목소리의 억양, 평소에 절차를 지키는지(또는 지키지 않는지) 등의 미묘한 차이를 고려하여 상황을 판단해야 한다. 하지 않은 말이, 했던 말 이상으로 중요하다는 뜻이다. 이런 고맥락-저맥락 연속체는 소규모 집단에서부터 나라 전체에 이르기까지 모든 문화에 적용된다.

성격 특성이 그렇듯 사회학자들은 다양한 차원을 동원해서 문화를 설명한다. 저맥락과 고맥락 외에 흔히 인용되는 차원들은 다음과 같다.

- 엄격함(규범이 많고 그 규칙의 일탈에 대해서 관용이 거의 없다) 대 느슨함 : 느슨한 조직 문화에서는 사람들이 같은 일(계획 수립 등)도 다양한 방식으로 하는 반면, 엄격한 문화에서는 엄격한 규칙과 절차가 마련된다.
- 위계(권력의 체계가 명확하다) 대 평등(권력이 분산되어 있다) : 평등한 문화를 지닌 조직에서는 합의와 집단 의사결정이 더 빈번하다.
- 집단주의(집단의 성공이 개인의 성공보다 중요하다) 대 개인주의 : 고용인들의 성과에 따라서 등급을 부여하는 성과 등급 시스템(관리자가 직속 부하직원들을 반드시 평가해야 한다)은 개인주의 조직 문화에 나타난다.
- 객관성(경험적 증거를 선호한다) 대 주관성 : 데이터에 근거하는 조직 문화는 여기서 객관성 쪽에 속한다.

어떤 경우든 조직에 새 구성원을 들이면 그가 조직 문화에 적응하기까지 상당한 시간이 걸릴 수 있다. 예를 들면 극히 저맥락 환경에 익숙한 사람은 당신이 매우 단도직입적이기를 기대하는 반면, 극히 고맥락의 환경에 익숙한 사람은 당신의 노골적인 태도에 불쾌감을 느끼거나 저맥락 의사소통 방식 때문에 의욕을 잃을 수 있다.

새로운 직원들은 차츰 새 문화에 적응하겠지만 처음에는 저항할지도 모른다. 따라서 당신은 조직 문화에 대해서 솔직할수록 좋다. 사실 조직의 문화 규범을 솔직히 드러내는 것은 조직의 리더가 할 수 있는 **최고 레버리지 활동**(제3장 참고)이다. 그렇게 하면 장래의 팀원들은 자신이 당신의 조직과 잘 맞는지 파악할 수 있다. 문화 규범을 강화하면 기존 구성원들이 효율적으로 협력하는 데에도 도움이 된다.

"문화란 관리자가 사무실에 없을 때 드러난다"라는 말이 있다. 이는 사람들을 **자유롭게 내버려두었을 때** 그들이 어떤 행동을 하는지를 말한다. 문화를 발전시키고 강화하는 것이 고 레버리지 활동인 이유는 바로 그 때문이다. 당신은 항상 직원들을 지켜보고 있을 수 없다. 그러면 다른 곳에 써야 할 시간과 에너지를 빼앗기게 된다. 당신이 철저히 감시할 때에만 팀이 원하는 쪽으로 움직인다면 그들은 당신이 바라는 방향으로 멀리 나아가지 못한다.

더구나 조직 문화는 애써 정립하지 않으면 제멋대로 형성되어 당신이 원하지 않는 방식으로 발전한다. 우버 같은 조직들은 한때 **유해한 문화**로 악명이 높았다. 유해한 문화의 특성으로는 지위에 대한 집착, 텃세, 공격성, 잘못된 의사소통, 의견을 밝히기를 두려워하는 태도, 비윤리적인 행동, 괴롭힘, 전반적인 불만족 등이 있다.

다행히 긍정적인 문화를 형성하는 간단한 방법도 많다.

- 강력한 비전을 세운다 : "우리의 북극성이자 미래를 향한 비전은 X이다"(제3장 참고).
- 명확한 가치를 정립한다 : 그래야 당신의 조직은 이를 테면 "우리 조직은 비록 실패하게 되더라도 예측된 위험을 감수하는 태도를 높이 평가한다"와 같은 다양한 문화적 관점과 함께할 수 있다.
- 의사소통을 원활히 하여 비전과 가치를 강화한다 : 전체 회의나 전 직원을 대상으로 하는 방송 등을 활용한다.
- 새 구성원을 채용하는 방식 등에 반영한다 : 비전과 가치를 뒷받침하는 절차를 만든다.
- 솔선수범한다 : 모든 구성원들이 따르기를 바라는 규범과 가치는 간부들부터 철저히 고수해야 한다.
- 전통을 확립한다 : 연말 파티, 자원봉사, 주기적인 시상식 등 공표된 가치를 축하하는 모임을 개최한다.
- 책임감을 기른다 : 이를 테면 검시(제1장 참고)에서 얻은 교훈에 대한 경험을 나누거나 업무 평가에 관하여 정직한 피드백을 한다.
- 모범적인 행동에 따른 보상을 한다 : 승진이나 포상 등으로 구성원들의 행동을 보상한다.

종합하면 이런 기법들은 조직 내의 모든 사람들에게 문화 규범을 명확히 밝히고 그 규범을 진지하게 받아들이게 한다. 그리고 조직의 비전, 가치, 조직과 관련된 문화적 규범과 절차를 따르는 사람이 조직 내에서 성공할 가능성이 높다는 사실을 전달한다.

이와 관련된 모델로 사람들의 마음 얻기(winning hearts and minds)가 있다. 1895년에 프랑스의 위베르 리요테 장군이 인도차이나-중국 국경을 따라서 흑기군(黑旗軍)에 대적할 때, 전략의 일부로 처음 도입된 개념이다. 이 개념에는 의사소통을 통해서 사람들의 마음에 직접 호소하면 그들을 효과적으로 설득할 수 있다는 인식이 담겨 있다.

비교적 최근의 역사에서 예를 찾아보면 미국은 베트남과 이라크 등 외국 국민들에게 자국의 입장을 직접적으로 설명하는 **마음 얻기 캠페인**을 실시했다. 비즈니스에서는 에어비앤비를 이 모델의 좋은 예로 들 수 있는데, 그들은 시민들을 직접 찾아가 회사의 대표들을 만나달라고 호소하고, 소비자(와 비즈니스)의 이익에 부정적인 영향을 줄 정부 규제에 반대하는 로비 활동을 벌였다.

공동의 비전, 가치, 문화 규범을 확립하는 것은, 조직이 구성원들의 마음을 얻고 그들에게 잠재 능력을 최대한 발휘하게 할 내적 동기를 부여하는 데에 도움이 된다. 그런 노력이 없을 때, 동기는 보상과 직함 같은 외적인 유인책을 따라서 움직이는 경향이 있다.

벤처 자본가 프레드 윌슨은 **충신 대 용병**(loyalists versus mercenaries)의 개념으로 구성원들이 조직을 보는 태도를 설명했다. 2015년 6월 23일 자 블로그의 게시물에 따르면, 그는 **충신**들은 역경 앞에서도 조직에 헌신한다고 믿는다. 반면에 **용병**들은 무엇보다 돈을 우선시하므로 다른 곳에서 더 큰 보상을 주면 조직을 떠날 가능성이 크다. 윌슨은 충신을 더 끌어올 수 있는 몇 가지 요인을 설명한다.

1. 리더십. 결국 사람들은 자신이 신뢰하는 리더에게 충성하기 마련이다……

2. 임무. 사람들은 임무에 충성한다. 나는 대단히 유능한 사람들이 현재보다 2-3배나 많은 보수를 마다하는 모습을 본 적이 있다. 그들은 지금 하는 일이 자신과 타인의 삶에 변화를 가져오리라고 믿기 때문이다.

3. 가치와 문화. 사람들은 자신과 맞는다고 느끼는 직장에서 일하기를 원한다. 직장에서는 마음이 편해야 하기 때문이다. 편안한 가구를 구비한 안락한 집에서 지내는 것이 행복하듯이 훌륭한 가치와 문화를 지닌 기업에서 일하는 것도 즐겁다.

4. 위치. 베이에리어와 뉴욕에서는 직원들이 돈, 형평성, 혜택, 책임에 따라서 끊임없이 직장을 옮겨 다니므로 결국 용병이 된다……회사를 류블랴나, 워털루, 디모인, 피츠버그, 디트로이트, 인디애나폴리스 등에 세우면 베이에리어나 뉴욕에 있는 회사보다 충신으로 가득한 회사가 될 가능성이 높다.

윌슨이 지적했듯이 문화는 충신을 끌어모으고 지키는 주된 수단이다. 장기적으로 10배 뛰어난 팀을 추구한다면 당신은 충신을 찾는 것을 목표로 삼아야 한다. 긍정적인 조직 문화를 만들고자 할 때 고려해야 할 몇 가지 전략 모델을 소개하겠다.

우선 까다로운 업무를 추진하는 직원들이 직위에 따라서 다른 형태의 지원을 필요로 한다는 사실을 당신이 이해한다면 그들의 노력을 더 가치 있게 만들 수 있다. 스타트업 투자자 폴 그레이엄이 2009년 7월 블로그에 게시한 **관리자의 시간표와 생산자의 시간표**(manager's schedule versus maker's schedule)를 생각해보자.

관리자의 시간표는 상급자들에게 적용된다. 관리자의 시간표는 일반 다이어리에서처럼 하루 일과를 한 시간 단위로 쪼개어 할 일을 정하는 것을 말한다. 필요에 따라서 한 가지 업무가 몇 시간을 차지할 때도 있지만 기본적으로 매 시간 다른 일을 한다.……

　　그러나 프로그래머나 작가 등 무엇인가를 생산하는 사람들의 일반적인
시간 활용 방식은 다르다. 그들은 대개 최소 반나절 단위로 시간을 활용한
다. 한 시간 단위로는 제대로 글을 쓰거나 프로그램을 짤 수 없다. 무엇인가
를 시작하기에도 부족한 시간이다.

　　생산자의 시간표에 따라서 움직이는 사람에게 회의는 재앙이다. 한 차례
의 회의로도 오후 전체를 날릴 수 있다. 오후 시간을 두 동강내면 집중해서
일하기에는 너무 짧은 시간이 된다. 더구나 회의 참석 일정까지 기억하고 있
어야 한다. 관리자의 시간표에 따르는 사람에게 회의는 대수롭지 않은 일
이다. 다음 시간에는 늘 다른 일이 있고 그 일이 무엇인지가 문제일 뿐이다.
그러나 생산자의 시간표를 따르는 사람은 회의가 있으면 회의에 대해서 생
각해야만 한다.

　　생산자의 시간표를 따르는 것이 더 유리한 사람들과 함께 일할 때에는
그들이 일할 시간을 방해받지 않도록 하는 문화를 만들어야 한다. 그러
려면 관리자의 시간표를 따르는 사람들이 생산자의 시간표에 따라서 움
직이는 사람들을 자꾸 방해하지 못하게 막아야 한다. 가브리엘의 회사
(덕덕고)는 수요일과 목요일에 정기 회의를 하지 않는다는 정책을 만들
었다. 그렇게 하면 **딥워크** 시간(제3장 참고)을 포함해 일정을 잡는 것이

가능해진다. 또 중앙 부서에서 떨어진 장소에, 동료들의 방해를 덜 받고 딥워크에 집중할 수 있는 환경을 조성하는 것도 하나의 방법이다.

다음으로 조직이 성장하면서 문화가 약화되는 현상을 경계해야 한다. 던바의 법칙(Dunbar's number : 인류학자 로빈 던바의 이름에서 따왔다)에서는 안정되고 끈끈한 사회집단이 유지될 수 있는 최대 구성원 수를 150명으로 본다. 던바의 법칙에 따르면 150명 이하의 조직에서는 모든 구성원들과 조직 안에서의 역할을 비교적 쉽게 파악할 수 있다. 그러나 집단이 이보다 크면 개개인과 그들이 하는 일을 기억하기 어렵다.

던바의 수 이하에서 잘 통하던 조직 절차도 이 수를 넘으면 갑자기 제 기능을 수행하지 못하는 것처럼 보이므로 원활한 조직 운영을 위해서는 새 절차를 마련해야 한다. 인원이 150명 이상인 집단은 보다 명확한 구조가 필요하다.

집단역학의 안정성이 집단의 크기에 의해서 좌우된다는 이 개념은 소규모 집단까지 확장된다. 작은 조직이나 팀이 10-15명으로 확대되거나 30-50명 규모로 늘어나는 지점 역시 잘 알려진 두 가지 구분점이다.

직계가족이나 작은 회사처럼 구성원이 소수에 불과하다면, 그들 모두가 중요한 결정에 참여하고 집단과 관련된 사항을 낱낱이 이해하는 것이 가능하다. 그렇지만 사람이 10-15명으로 늘면 이 간단한 시스템이 깨지므로 더 많은 조직 구조(소집단, 별개의 프로젝트 등)가 요구되며 그것을 갖추지 못하면 혼란이 일어난다. 30-50명으로 늘어도 같은 현상이 나타난다. 조직의 붕괴를 피하려면 더 많은 구조(여러 개의 팀, 공식적인 관리 등)를 마련해야 한다. 그리고 던바의 수인 150명에 이르면서부터는 일반적인 기업 구조(엄격한 정책과 절차, 타 부서들과의 소통 절차 등)가 요구된다.

당신이 성장 중인 조직이나 팀의 리더라면 이런 역치를 넘어설 때마다 조정 기간을 계획해야 한다. 또 조직이 너무 빨리 커지는 것도 경계해야 한다. 조직의 문화에 통합되지 않은 새로운 사람들이 한꺼번에 밀려들어 오면 당신이 공들여서 정립한 문화가 갑자기 희석되고 효과가 떨어질 수 있다. 조직의 규모가 1년에 50퍼센트 이상 급성장하는 환경에서는 심각한 문제가 발생할 위험이 있다.

조직의 문화와 구성원들의 사기를 금방 좀먹을 수 있으므로 주의해야 하는 또다른 모델은 **맨-먼스 미신**(the mythical man-month)이다. 이는 컴퓨터 과학자 프레더릭 브룩스가 쓴 동명의 책에서 최초로 소개된 개념이다. 맨-먼스 또는 퍼슨-먼스는 프로젝트가 얼마나 걸릴지를 측정하는 단위(예:이 프로젝트는 10맨-먼스가 소요된다)이다. 브룩스는 프로젝트에 사람(퍼슨-먼스)을 더 투입하면 더 빨리 끝낼 수 있다는 미신을 근거로 한 이런 측정 방법 자체에 오류가 있다고 단언한다.

엉뚱하지만 기억에 남을 만한 예로 임신을 들 수 있다. 아무리 더 많은 사람들을 투입해도 이 일에는 약 아홉 달이 걸린다! 일상적인 프로젝트에도 같은 원리가 적용되는데 프로젝트 주기에서 후반부에 진입했을 때에는 특히나 그렇다.

어떤 프로젝트에 누군가를 뒤늦게 투입하면 일단 **진행 상황부터 파악시켜야** 하므로 대개 프로젝트의 일정이 지연된다. 그래서 기존 멤버들끼리 프로젝트를 끝내게 하는 편이 더 빠를 때가 많다. 그러나 이렇게 하면 팀원들이 과부하에 시달릴 수 있다. 특히 마감 기한을 엄수해야 하는 경우에 말이다. 하지만 마감 기한을 늦추고 사람들을 합류시켜도 역시 팀의 사기가 떨어질 위험을 무릅써야 한다. **지원군을 더 투입해야** 했기 때문이다. 계획을 좀더 정교하게 세워야 이런 난감한 상황을 방지할 수 있다.

긍정적인 문화를 형성할 때 고려해야 할 마지막 전략 모델은 역시 군사 용어인 **지상군**(boots on the ground)이다. 무력 충돌 시에 주로 **지상**에서 전투를 수행하는 병력을 뜻하는 말이다. 주로 성공적인 군사작전을 위해서 지상에 군대를 파병해야 한다는 주장이 제기되는 상황에 언급되는 용어이다. 공군력만을 이용해 멀리서 전쟁을 수행하여 궁극적인 목표를 이룰 수 없는 경우를 예로 들 수 있다.

군대의 경우, 사람들의 마음을 진정으로 얻기 위해서는 지상군을 파견해 주민들과 접촉하면서 인도적으로 접근해야 한다. 즉 멀리서는 메시지를 널리 알리고 시행할 수 없다는 뜻이다. 미국 내에서 이 개념은 경찰이 공동체 안에서 유대감을 형성하고 지역 주민과 신뢰를 쌓는 활동을 의미하는 지역사회 경찰 활동으로 실현되었다.

사람들이 조직의 비전과 문화를 수용하기를 원한다면 조직도 똑같이 해야 한다. 멀찍이 떨어진 곳에서 문화를 정의해놓고 그것이 저절로 뿌리 내리기를 바라서는 안 된다. 리더라면 솔선수범하여 지상군이 되어야 한다. 그렇게 해야 늘 **현실과 동떨어져** 있는 리더보다 훨씬 더 유능한 리더가 될 수 있다. **소매를 걷어붙여라, 전면에 나서라, 당신도 우리의 일원이라는 점을 증명하라** 등은 흔히 바람직한 리더의 태도를 가리킬 때 사용되는 표현들이다.

리더로서 사람들의 마음을 얻고 조직을 성공에 대비시키는 임무에는 끝이 없다. 당신은 지속적으로 비전과 가치를 강화하고, 최적의 문화를 발전시키기 위해서 노력하고, 사람들을 성장시킬 조건을 만들어야 한다. 그 일을 잘 해낸다면 당신이 정립한 문화는 조직이 10배 뛰어난 팀을 지원하고 발굴하는 데에 기여할 것이다.

- 사람들은 서로를 대체할 수 없다. 저마다 출신 배경이 다르고 성격, 강점, 목표도 다양하기 때문이다. 훌륭한 관리자는 각 개인의 독특한 특성과 현재의 과제를 파악하여 개인별 관리를 한다.
- 개인의 강점과 의욕을 증폭할 독특한 역할을 마련하자. 잘 해낼 수 있는 자리로 사람들을 승진시켜서 피터의 법칙을 피하자.
- 직접 책임자 모델을 이용해 역할과 책임을 명확히 정하자.
- 사람들이 특히 새로 맡은 역할에서 잠재력을 한껏 발휘하게 하려면 코칭이 필요하다. 신중한 훈련은 사람들의 실력이 새 학습 곡선을 따라서 향상되게 하는 가장 효과적인 방법이다. 결과-확신 매트릭스를 이용하여 학습 기회를 찾고, 일대일의 상황에서는 완전한 솔직함으로 건설적인 피드백을 전달하자.
- 새로운 시도를 할 때는 가면 증후군과 더닝 크루거 효과 같은 흔한 심리적 실패를 조심하라.
- 당신이 바라는 문화와 관련 비전에 다가가고 싶다면, 집단 문화를 적극적으로 정의하고 사람들의 마음을 얻기 위해서 꾸준히 노력하라.
- 적절한 역할과 명확하게 정립된 문화 속에서 사람들을 성공으로 나아가게 할 수 있다면 당신은 10배 뛰어난 팀이 등장할 기반을 마련한 셈이다.

●

제9장

시장 지배력을 발휘하라

2016년 크리스마스 시즌에 해치멀은 그야말로 인기 폭발이었다. 퍼비처럼 직접 돌보아야 하는 작고 귀여운 새 모양의 전자 완구인 해치멀은, 공급이 달려서 그것을 구하려면 사람들이 온갖 수고를 무릅써야 했다. 2016년 12월 6일에 온라인 쿠폰 사이트 리테일미낫은 이렇게 보고했다.

지난 일요일 토이저러스가 해치멀을 입고하자, 사람들은 이 장난감을 손에 넣기 위해서 밤새 줄을 섰다. 토이저러스는 줄을 선 고객들에게 대기표를 나눠주었고 어떤 사람들은 그 표를 대기 중인 다른 고객들에게 100달러 넘는 돈을 받고 팔았다. 한마디로 이 장난감을 구하려면 한데에서 잠을 자야 하는 모양이다. 특히 타깃 쇼핑몰도 대기표를 발급하기로 한다면 말이다. 당신은 (말 그대로) 밖에서 추위에 떨고 싶지는 않을 것이다.

당시 해치멀의 소매가는 약 60달러였지만 이베이에서는 자그마치 1,200 달러에 팔렸다. 사람들은 어떤 제품의 공급이 수요에 미치지 못하면 그

기저귀가 똑 떨어진 상황에서
7시간의 체류 시간을 버텨야 하는 마샤는
기저귀 장수에게 바가지를 쓰게 되었다.

것을 구매하기 위해서 이렇게 뻥튀기된 가격을 기꺼이 지불한다.

약삭빠른 사람들은 그런 수익 창출의 기회를 놓치지 않고 소매점에서 1년 내내 크리스마스 장난감을 사재기한 다음 비싼 가격으로 중고 시장에 되판다(암표상들이 인기 있는 콘서트 티켓을 팔 듯이 말이다). 이렇게 같은 제품의 가격이 두 시장에서 서로 다를 때, 그 가격 차이를 이용해서 이익을 얻는 행위를 재정 거래(arbitrage)라고 한다.

1990년대에 출범한 이베이는, 새로 장사에 뛰어든 판매상을 전 세계의 소비자들에게 연결해주며 수많은 재정 거래의 기회를 만들었다. 대학 시절 로런은 이베이가 용돈 벌이를 하기에 더없이 좋은 장터라는 사실을 깨닫고, 만화 가게가 없는 작은 도시에 사는 만화 애호가들에게, MIT 근처의 만화 가게에서 산 제품들을 재판매했다.

그녀는 이베이 내부에서 재정 거래의 기회를 찾기도 했다. 상품을 더욱 적합한 카테고리에 올리거나 더 많은 사람들이 검색 결과를 찾을 수 있게끔 키워드를 다는 것만으로도 이문을 남길 수 있었다. 한 번은 분장용 의상 카테고리에서 50달러에 팔리고 있는 유명 브랜드의 웨딩드레스를 발견하고는, 그것을 구입해서 중고 웨딩드레스 카테고리로 옮기면 수백 달러에 되팔 수 있겠다는 생각을 했다. 그녀가 옳았다. 그 드레스는 200달러가 넘는 가격에 팔렸다!

이런 가격 차가 아주 오래 지속될 수는 없다. 다른 사람들도 눈치를 채고 똑같이 가격 차를 이용해 이윤을 남기기 시작하면 결국 차이는 없어지게 된다. 이런 단기간의 기회를 이용하면 분명 남는 장사를 할 수 있지만 꾸준히 이익을 내려면 새로운 품목을 계속 발굴해야 한다.

이번 장에서 우리는 재정 거래와는 대조적인 지속 가능한 경쟁 우위(sustainable competitive advantage)에 대해서 살펴볼 것이다. 이 정신 모델은 오랜 기간 **지속할 수 있는 경쟁**에서 우위를 차지하게 하는 요인들에 관해서 설명한다. 움직이는 **플라이휠**(제4장 참고)은 그런 우위를 촉진할 수 있다. 창고와 배달에 쏟은 투자와 그것의 규모 덕분에 아마존이 배송 경쟁에서 어떤 우위를 차지했는지를 생각해보라.

지속 가능한 경쟁 우위의 특징은 경제학자들이 말하는 시장 **지배력**(market power)이다. 이는 **시장**에서 가격을 유리하게 올리는 **힘**을 말한다. 예를 들면 아마존은 프라임 제품의 가격을 올리고도 고객을 별로 잃지 않았다. **독점**은 시장 지배력을 극단적으로 발휘하는 형태이다. 독점은 경쟁자가 거의 없기 때문에 엄청난 시장 지배력을 가진다.

심한 알레르기가 있는 사람들에게는 치명적일 수 있는 알레르기 반응을 치료하는 데에 필요한 의료도구인 에피펜을 생각해보자. 이 유명 상표를 소유한 기업인 밀란은 2016년에 이런 유형의 도구로 시장의 90퍼센트 이상을 통제했다. 밀란이 머크로부터 이 상표를 인수한 2007년부터 2016년까지 에피펜의 가격을 500퍼센트 이상 인상했는데도 시장 점유율은 떨어지지 않았다. 경쟁 업체 제품의 리콜 사건과 그 기간 내에 미국 식품의약국이 다른 제품의 허가를 거부한 것에 힘입어 이렇게까지 가격을 올린 것은 시장 지배력을 심하게 남용한 처사였다.

독점으로 가격이 오르면 높은 가격을 지불하거나 그 제품을 포기하는 수밖에 없지만, 대개의 경우(생명을 구하는 도구처럼) 그것은 매력적인 선택이 되지 못한다. 이와 정반대 개념은 여러 경쟁사들이 시장에 똑같은 물건인 완벽한 대체품(일상재라고도 한다)을 내놓는 **완전 경쟁**이다. 이소프로필알코올 1리터들이 한 병은 어디서 사든 이소프로필알코올 1리터이다. 만약 일상재 공급자가 가격을 올리면 다른 공급자에게서 낮은 가격에 사면 그만이다. 따라서 일상재 공급자에게는 시장 지배력이 없다.

노동시장에서는 시장 지배력이 당신에게 직접 적용된다. 만약 당신이 특정 업계에 처음 발을 내디뎠는데, 오로지 기본적이고 차별성 없는 기술만 가지고 있다면 **당신은 일상재가 된다.** 그 말은 같은 일을 하려는 다른 잠재적인 직원들과 비교할 때 당신에게 강점이 없다는 뜻이다. 고용주의 입장에서 당신은 그 자리를 노리는 다른 지원자들로 대체가 가능한 존재이다. 이런 상황에서는 보수에 대해서 협상할 여지가 없으므로 자신의 업무에 대한 시장 시세를 순순히 받아들여야 한다.

그렇다고 당신이 이런 상황에서 꼭 최소한의 월급을 받아야 한다는 뜻은 아니다. 해치멀의 예에서처럼 시장 가격(여기서는 급여)은 **수요와 공급**에 따라서 결정된다. 학교를 갓 졸업한 사람들이 돈을 꽤 많이 받을 수 있는 이유는 그들의 업무에 대한 수요가 많기 때문이다. 매년 수많은 간

제게 아주 특별한 기술이 있는데요.

호사들이 새로 배출되지만 간호사의 수요는 (적어도 미국에서는) 여전히 많아서 신규 졸업자들은 처음부터 괜찮은 급여를 받을 수 있다. 반면 역사학 박사학위를 받은 졸업생의 수는 비교적 적지만 그들이 원하는 정년이 보장되는 교수 자리는 더 적어서 그런 자리를 차지하기는 하늘의 별따기이다.

당신에게 차별성이 없다면(지속 가능한 경쟁 우위가 없어서 시장 지배력도 없다면), 수요와 공급 법칙과 시장이 당신에게 매긴 가격에 전적으로 지배당할 수밖에 없다. 그러므로 간호사처럼 장기적으로 수요가 높은 업종을 선택하는 것이 유리하다. 그리고 시장에서 가치 있게 평가하는 독특한 기술을 개발해서 자신을 동료들과 차별화할 필요가 있다. 그렇게 하면 고용주나 고객에게 독특한 가치를 안겨줄 수 있다는 것을 증명하게 됨으로써 높은 보상을 요구할 기회를 얻게 된다. 간호사의 경우 경험을 쌓고, 중환자 치료, 마취학, 통증관리 등 간호의 전문성을 키우는 교육을 꾸준히 받아서 차별성을 확보할 수 있다.

물론 당신의 특별한 기술에 대한 수요가 없다면 시장 지배력을 발휘할 기회도 없다. 예를 들면 올림픽 선수들 중에는 따로 본업을 가진 사람들이 많다. 그들의 운동 능력에 대한 시장의 수요가 충분하지 않기 때문이다. 특별한 기술만 가지고는 먹고살기가 어려운 것이다.

개인이든 조직이든 시장 지배력을 획득하면 유리한 입장에 설 수 있다. 그 우위를 이용해서 오랫동안 이익을 유지할 수 있기 때문에 **지속 가능한 경쟁 우위**라고 한다.

그러나 그 무엇도 영원히 지속되지는 않는다. 새 기술이 등장하면 옛 기술은 붕괴된다. 독점은 무너지게 되어 있다. 특허는 결국 만료된다. 규정은 끊임없이 변한다. 새로운 직무 기술이 등장하면 그것이 기존 방식을 대체한다. 제4장에서 우리는 그런 변화를 어떻게 경계하고 기대하고 불러일으켜야 하는지 살펴보았다. 이번 장에서는 시장 지배력을 찾고 유지할 수 있는 슈퍼 모델을 살펴본다.

비법 소스

인생, 경력, 조직의 중요한 선택은 미래에 대한 베팅으로 생각할 수 있다. 당신의 베팅은 옳을 수도, 옳지 않을 수도 있다. 옳지 않다면 원하는 성공을 이룰 수 없고, 옳다면 성공할 것이다. 그러나 정말 큰 성공을 거두기 위해서는 필요한 또다른 것이 있다. 바로 베팅에 대한 역발상이다. 인더스트리 인사이트에 게재된 "벤처 자본의 경제학 이해하기 제1부"에서 벤처 자본가 앤디 라클레프는 투자자 하워드 막스가 처음 제안한 이 개념을 합의-반대 매트릭스(consensus-contrarian matrix)로 정리했다.

투자 사업은 2×2 매트릭스로 설명할 수 있다. 당신이 옳은지, 옳지 않은지

	옳지 않음	옳음
합의	수익 없음	평범한 수익
반대	수익 없음	엄청난 수익

합의-반대 매트릭스

가 하나의 차원이고, 당신의 의견과 일치하는지 반대되는지가 다른 차원이다. 당신이 옳지 않다면 당연히 돈을 벌 수 없다……두드러진 수익을 창출하는 조합은 당신이 옳으면서 당신의 의견과 반대되는 경우뿐이다.

라클레프는 이렇게 설명한다.

확신할 수 없는 가능성에 현명하게 도전하는 것은, 꾸준히 높은 수익을 창출하는 벤처 기업과 다른 기업의 중요한 차이점이다. 불행히도 인간의 본성은 위험을 무릅쓰는 것을 싫어한다. 그래서 대부분의 벤처 자본회사들은 위험 없이 높은 수익을 얻기를 원하지만 있을 수 없는 일이다. 그들이 손 놓고 물러서 있는 사이, 다른 사람들은 남들이 처음에 미쳤다고 생각하는 분야에서 큰돈을 번다. 벤처 자본 업계에 종사하는 내 동료들 대부분은 우리가 벤치마크 사에서 이베이를 지원하는 것을 보고 미쳤다고 생각했다. "곰인형을 판다니……정말요? 그게 어떻게 비즈니스가 될 수 있죠?"

경마에 한번 비유해보자. 모든 사람들이 우승하는 말에 돈을 걸면 아무도 큰돈을 벌지 못한다. 다른 사람들과 똑같은 선택을 해서 합의된 베팅을 하면 당신 혼자 두드러질 수 없으므로 기껏해야 대단하지 않은 성공을 거둘 뿐이다. 벤처 투자자 빌 걸리는 이렇게 표현했다. "당신의 선택

"정말 혁신적인 방법이지만 검토할 수 없겠네.
지금껏 한 번도 시도한 적이 없으니까."

이 '옳다'고 해서 탁월한 수익을 거둘 수 있는 것은 아니다. 모두가 그것이 옳다고 의견을 모았을 때는."

그러나 당신이 승률 50퍼센트인 말을 선호하고 그 말이 승리한다면 당신은 상당한 성공을 거두게 된다. 그것은 기막힌 아이디어를 떠올리는 것과 마을에 다섯 번째 셀프 서비스 요구르트 아이스크림의 프랜차이즈를 내는 것의 차이이다. 찰리 멍거의 『가난한 찰리의 연감(*Poor Charlie's Almanack*)』에는 "집단을 따라하면 평균으로 회귀하게 된다"(제5장 참고)라는 말이 나온다. 그의 투자 파트너 워런 버핏은 『워런 버핏 어록(*Warren Buffet Speaks*)』에서 이렇게 표현했다. "대부분의 사람들은 누구나 주식에 관심을 가질 때 비로소 주식에 흥미를 느낀다. 하지만 아무도 주식을 거들떠보지 않을 때 주식에 관심을 가져야 한다. 인기가 있으면서 잘될 만한 주식은 없기 때문이다."

경마 베팅에서 크라우드 소싱된 배당률(제6장 참고)은 얼마나 많은 사람들이 당신의 베팅에 동의하는지를 반영한다. 그 결과 당신은 아무도 베팅하지 않는 말에 돈을 걸 때 가장 큰 돈을 손에 넣게 된다. 그러나 그 말에 아무도 베팅하지 않은 합당한 이유가 있을 수도 있다. 아마존 설립자 제프 베이조스는 2016년 10월 20일에 열린 잡지사 「배니티 페어(*Vanity Fair*)」의 뉴 이스태블리시먼트 서밋 행사에서 이렇게 말했다. "역투자는 대개 틀렸다는 사실을 기억해야 합니다."

따라서 역투자는 다른 사람들이 대부분 모르는 사실을 당신 혼자만 알고 있을 때 성공 가능성이 높다. 다시 말하면 옳을 확률이 대중이 생각하는 것보다 훨씬 높다는 사실을 당신만 알고 있을 때, 이를 테면 당신은 어떤 투자의 성공 확률이 10퍼센트라는 것을 알지만 대중은 그것을 1퍼센트라고 생각할 때이다.

제프 베이조스는 1997년에 주주들에게 보낸 편지에 이렇게 썼다.

100배로 성공할 확률이 10퍼센트라면 매번 승부를 걸어야 합니다. 그래도 역시 열 번 중에 아홉 번은 틀리겠죠. 힘껏 공을 치면 스트라이크 아웃을 자주 당하겠지만 어쩌다 홈런을 칠 수도 있다는 사실을 우리 모두는 알고 있습니다.

투자자 피터 틸은 중요하지만 잘 알려지지 않았거나 널리 믿어지지 않는 사실을 **비밀**(secret)이라고 부른다. 이 단어의 의미는 일상적으로 쓰이는 의미 그대로이지만 혁신에 적용된다는 차이가 있을 뿐이다. 틸은 2014년에 발표한 『제로 투 원(*Zero to One*)』에서 이렇게 썼다.

위대한 기업들은 세상이 돌아가는 방식에 대해서 누구나 알지만 아무도 생각하지 못했던 비밀을 기반 삼아 설립될 수 있다. 우리 주변에 널렸지만 누구도 이용할 생각을 하지 않던 자원을 활용한 실리콘밸리의 스타트업들을 생각해보자. 에어비앤비가 탄생하기 전에 여행자들은 비싼 돈을 내고 호텔 방에 묵는 선택을 할 수밖에 없었고, 집주인들은 사용하지 않는 공간을 간단하고 믿을 만한 방식으로 임대할 수 없었다. 에어비앤비는 다른 사람들은 보지 못한 곳에서 미개척의 공급과 미발굴의 수요를 알아보았다. 리프트와 우버라는 개인 차량 서비스도 마찬가지이다. 어딘가로 가고 싶은 사람들과 그들을 그곳에 데려다주려는 사람들을 연결시키는 것만으로도 10억 달러짜리 사업체가 성립되리라고 생각했던 사람은 거의 없었다. 우리에게는 이미 주 정부의 면허를 받은 택시와 사설 리무진 회사가 있었으니까. 비밀의 존재를 믿고 그것을 찾기만 해도 당신은 관습을 넘어서 빤히 보이는 곳에 숨겨진 기회를 잡을 수 있다.

비밀은 아무도 생각하지 못한 아이디어일 수도 있지만, 다른 사람들이 지금은 너무 위험하다고 생각하는 일을 이루는 방법에 대한 아이디어일 수도 있다. 아이디어는 보기보다 위험하지 않을 수도 있고 **기본 원칙** 접근법을 취하면 정확한 위험 평가도 가능하다(제1장 참고).

사실 에어비앤비의 거래 방식은 모두에게 위험 부담이 커서 시장을 차지하지 못하리라는 생각에 많은 투자자들이 투자를 거부했다. 에어비앤비는 결국 한편으로는 생판 모르는 사람을 자신의 집에 재워야 하고 또 한편으로는 낯선 사람의 집에서 묵어야 하는 거래이기 때문이다. 물론 투자를 거부하는 선택은 옳지 않았다. 일단 에어비앤비가 시장을 마련하자 많은 사람들이 그런 위험쯤은 기꺼이 감수했다.

반대로 사람들이 위험을 지나치게 과소평가할 수도 있다. 세계 금융 위기를 몰고 온 2007–2008년 미국 주택 위기가 그 예이다. 그런 위험을 제대로 판단하고 자신의 비밀 지식에 베팅한 사람들은, 마이클 루이스가 2010년에 발표한 동명의 책을 원작으로 한 2015년 영화 「빅쇼트」에서처럼 떼돈을 벌었다.

다른 사람의 괜찮은 아이디어를 훌륭한 아이디어로 바꾸는 것 역시 비밀에 해당한다. 토머스 에디슨은 전구를 발명하지는 않았지만 전구의 수명을 늘려서 상업화를 하고자 부단한 노력을 기울였다. 당신도 남들이 놓치고 있는 아이디어를 살릴 방법을 찾는다면 크게 성공할 수 있다.

여러 학문 분야에서 지금은 중심이 된 개념들도 비밀에서 시작되었다. 제1장의 대륙이동설과 세균 이론이라는 **패러다임 전환**, 지금은 당연하게 받아들여지는 제5장의 통계, **상호성**을 비롯해 제7장에 소개된 모든 영향력 모델 등이 그 예이다.

정신 모델 자체도 어느 정도 비밀에 속한다. 이 책의 핵심 주제는 다양한 학문 분야의 모델이 다른 영역의 문제를 해결하는 데에 적용될 수 있다는 것이다. 한 분야의 평범한 지식이 다른 분야에서는 비밀이 될 수 있다. 『머니볼(*Moneyball*)』에서 마이클 루이스는, 오클랜드 어슬레틱스 야구팀이 처음으로 통계를 활용해 저평가된 선수들을 발굴하게 된 경위를 설명한다. 출루율과 장타율처럼 과거에는 인정받지 못한 통계에 초점을 맞춘 결과, 그들은 경쟁력에 비해서 훨씬 적은 돈으로 세계적인 수준의 팀을 꾸릴 수 있었다. 이제는 대부분의 프로 스포츠 구단이 통계학자를 여러 명 고용하여 그런 변칙을 찾고 있다.

틸의 설명대로 많은 비밀들은 빤히 보이는 곳에 숨겨져 있다. 당신은 어디를 보아야 할지만 알면 된다. 과학소설가 윌리엄 깁슨은 이렇게 표현했다. "미래는 이미 여기에 와 있다. 균등하게 퍼지지 않았을 뿐." 미래를 바라보는 사람들과 다양한 분야의 지식을 연구하면 당신은 비밀에 다가 갈 수 있다. 사람들이 날마다 쓰는 기술은 일상 속에 파고들기 훨씬 전부터 소수의 혁신적인 인물들 사이에서 성장하기 시작했다.

컴퓨터가 널리 보급되기 한참 전부터 컴퓨터 애호가들은 실리콘밸리의 홈브루 컴퓨터 클럽 같은 곳에 모여들었다. 그중에는 스티브 워즈니악 (애플의 공동창업자), 제리 로슨(카트리지를 기반으로 한 비디오 게임의 발명자)도 있었다. 모든 분야에서 학문의 진보와 획기적인 아이디어는, 혁신가와 조기 수용자 사이에서 시작해 주류로 이동하는(제4장 기술 수용 주기 참고) 유사한 패턴을 따른다. 관심 있는 어떤 분야에서든지 홈브루 컴퓨터 클럽에 상응하는 모임을 찾으면 당신은 비밀을 둘러싼 활발한 논의를 직접 확인할 수 있다.

이런 집단을 찾아내면 당신은 많은 정보를 얻게 된다. 일찌감치 혁신의 밴드왜건에 올라탐으로써 새로운 분야나 산업에서 개척자가 될 수 있다. 그러나 비밀은 꼭 세상을 바꾸는 일이 아니더라도 소소하게 이용될 수 있다. 새 기술을 아는 것은 가상 비서, 새로운 배달 서비스, 원격 의료 같은 현재의 혁신을 통해서 일상생활의 질을 높이는 데에 유리하다. 의학의 최근 발전 동향을 알면 의학적인 결정을 내리는 데에 도움이 되고 최신 자동차 기술을 알면 안전한 자동차를 선택하는 데에 도움이 된다.

비밀을 발견하는 것만으로는 충분하지 않다. 타이밍 또한 적절해야 한다. 아이디어를 너무 일찍부터 밀어붙이면 많은 시간과 돈을 낭비해 결국 기회 자체를 놓치게 된다. 불행히도 새로운 아이디어와 행동 방식은 많은 난관에 부딪치기 마련이므로 타이밍을 제대로 잡기가 쉽지 않다. 역투자 아이디어는 거의 예외 없이 합의된 아이디어라는 **관성**(제4장 참고)과 맞서 싸워야 한다. 이 관성은 새 아이디어의 전파와 그것을 지원할 재원 마련에 장벽이 될 수 있다. 새 아이디어는 대중에게 수용되기 전에 종종 기술 장벽을 만나기도 한다.

우버가 널리 받아들여진 것은 모든 사람들이 스마트폰을 가지고 있기 때문에 가능한 일이었다. 누구나 광대역 네트워크를 이용할 수 있게 되면서 유튜브는 주류로 부상했다. 둘 다 과거에 비슷한 시도가 있었지만 타이밍이 맞지 않아서 실패한 적이 있다. 나머지 세계가 아직 필요한 기술을 제대로 갖추지 못한 탓이었다.

애플은 1993년에 애플 뉴턴 태블릿 단말기를 세상에 내놓았지만 저조한 판매량으로 1998년에 생산을 중단한 전력이 있다. 10년 이상의 세월이 흐르고 애플은 새 태블릿 단말기인 아이패드를 출시했다. 그것은 아이폰과 DVD 플레이어보다 앞서는, 그때까지 나온 어떤 주류 전자기기보다도 빠른 초기 수용 속도를 자랑했다. 무엇이 변화했을까? 일단은 인터넷이다. 과거 20년 동안에 인터넷이 발전한 것을 감안하면 뉴턴보다 아이패드로 할 수 있는 일이 훨씬 더 많다.

마찬가지로 1995년 「뉴스위크(Newsweek)」에는 클리프 스트롤의 "인터넷이라고? 쳇!"이라는, 지금은 웃음거리가 된 칼럼이 실렸다. 인터넷의 잠재적 영향이 터무니없이 과장되었다는 취지의 글이었다. 클리프 스트롤은 신기술 반대론자도, 기술 업계의 초보자도 아니었다. 자신의 글에도 밝혔듯이 그는 이미 20년 동안 인터넷을 사용했고 해커를 잡은 것으로도 유명한 조기 수용자였다. 그는 1995년이 인터넷을 주류로 수용하기에 적합한 시점이었음을 깨닫지 못했을 뿐이다. 뉴턴 같은 태블릿이 주류로 진입하기에는 일렀지만 꽤 많은 사람들이 인터넷을 이용했기 때문에 아마존(1994년 설립)과 이베이(1995년 설립) 같은 사이트들이 성공할 수 있었다.

과대평가에 의문을 품는 것은 분명 공정하고 합리적인 반응이다. 특히 가치가 지나치게 부풀려져서 출범하기 전에 흐지부지되는 아이디어가 속출할 때는 더욱 그렇다. 시작할 준비를 착실하게 거친 아이디어들은 대체로 과대 선전과 거리가 멀다. 심리학자 로버트 스턴버그는 「사이콜로지 투데이(*Psychology Today*)」에서 이렇게 설명했다. "창조적인 아이디어는 적어도 처음에는 별로 환대를 받지 못하지만……역투자자들은 사물의 상태를 자신이 바람직하다고 생각하는 대로 바꾸려고 노력하여 그 아이디어에 생명을 불어넣는다."

존스홉킨스 대학교의 전임 총장 윌리엄 브로디는 2004년 교직원 소식지에서, 1970년대 후반에 젊은 교수로서 어떤 국제회의의 입석 회의실에 모인 청중을 상대로 디지털 방사선 사진을 소개한 일화를 공개했다. 이 신기술은 "필름을 전혀 쓰지 않는" 방사선과(radiology department)를 약속했고, 브로디는 그 자리에서 몇 가지 흥미로운 결과를 공유했다.

옆 회의실에서는 새로운 영상 기술이 소수의 사람들에게만 소개되고 있었다. 그들 대부분은 발표자의 동료나 가족이었다. 수십 년 뒤에도 의료계가 여전히 필름 없는 방사선과를 기다리고 있는 사이, 옆 회의실의 발표자 피터 맨스필드는 2003년에 자기공명영상(MRI) 기술을 발명한 공로로 노벨상을 수상했다.

이 타이밍의 문제에 좀더 체계적으로 접근하기 위해서는 자신에게 왜 지금인가(why now?)라는 질문을 던져야 한다. 이 단순하지만 강력한 정신 모델은 애플, 오라클, 페이팔, 유튜브, 인스타그램, 야후!, 와츠앱 등 누구나 아는 기업들의 모태가 된 아이디어에 투자한 벤처 자본회사인 세쿼이아 캐피털에서 나왔다. 모든 급성장한 스타트업들은 이 질문에 대한 훌륭한 해답을 가지고 있다. 이 해답은 회사 설립의 기반이 된 기술이 최근에 발전하고 수용되면서 급속히 밝혀지고 있는 비밀에 바탕을 둔다.

이 개념은 새로운 조직 프로세서의 구성을 시도하거나 새 직장을 구하는 등 당신이 원하는 거의 모든 변화에 적용할 수 있다. 왜 지금인가? 좀 더 기다리면 달라지는가? 당신은 구체적으로 무엇을 기다리고 있는가? 당신이 할 수 있는 많은 일들 가운데 지금 당장 변화를 시도해야 할 다른 일은 없는가?

이 문제는 역발상(제1장 참고)으로 생각해볼 수도 있다. 왜 지금이어야 하는가? 대신 지금 무엇을 해야 하는가?를 생각해보는 것이다. 주변 세상에서 무엇인가가 바뀌고 있다면 그 결과로 어떤 새로운 기술이 펼쳐질지 자문해보자. 정치적인 영역에서부터 개인적, 조직적인 영역에 이르기까지, 전면적인 변화는 현실이 되었거나 곧 닥칠 위기 앞에서 일어난다.

정치인 람 이매뉴얼은 이런 관점을 제시한다. "심각한 위기는 절대 낭비되도록 내버려두어서는 안 된다. 위기는, 과거에는 할 수 없다고 생각한 일을 할 기회이다."

왜 지금인가 모델은 흔히 유사한 학문적 발견이 세계 곳곳에서 동시에 일어나고, 유사한 스타트업들이 동시에 등장하는 이유 또한 설명한다. 위키피디아에는 이런 예가 엄청나게 많고 이 개념은 동시 발명(simultaneous invention) 또는 복수 발견(multiple discovery)이라는 이름으로 불리기도 한다.

현대 미적분학은 17세기의 비슷한 시기에 아이작 뉴턴과 고트프리트 라이프니츠에 의해서 독립적으로 정립되었다. 그리고 제4장에서 언급했듯이 찰스 다윈과 앨프리드 월리스는 자연선택 이론을 각자 발견한 후에 함께 발표했다. 이런 아이디어가 나올 만큼 기본적인 조건들을 실행할 준비가 되었고, 기회를 찾기에 적절한 때가 왔다고 판단되면 대개 두 사람 이상이 같은 비밀을 이용한다.

실행 없는 상상은 환상일 뿐이다

불행히도 적절한 타이밍에 비밀을 알아낸다고 해서 성공이 보장되는 것은 아니다. 시의적절한 통찰력을 지닌 사람들도 실행력이 부족하면 큰 성취를 이루는 데에 실패하곤 한다. 이번 절에서 우리는 실행의 성공 가능성을 높일 정신 모델을 살펴볼 것이다. 이 절의 제목은 일본의 옛 속담 "행동 없는 상상은 몽상이요, 상상 없는 행동은 악몽이다"의 현대적 표현이다.

세상을 바꾸는 성공적인 아이디어는 거의 항상 많은 사람들의 행동과 그들이 살고, 일하고, 즐기고, 생각하는 방식을 바꾼다. 앞에서 언급했듯이 에어비앤비는 사람들이 여행하는 방식을 바꿨다. 당신의 아이디어가 설령 비즈니스에 관한 것이 아닐지라도, 당신은 그 아이디어를 통해서 사람들의 행동을 "고객"처럼 변화시킬 수 있다.

이런 의미에서 당신의 비밀은, 고객의 행동을 어떻게 바꾸어야 하는지에 대한 당신의 통찰이다. 이를 테면 사람들은 서로의 방을 직접 빌릴 수 있어야 한다. 따라서 당신의 "제품"은 비밀을 이용해서 고객의 행동에 변화를 일으키는 구체적인 방법을 의미한다. 인터넷에서 임대할 수 있는 방을 거래하는 시장을 창조하는 것이 그 예이다.

그런 아이디어를 시장에 최초로 내놓는다고 해도 당신의 제품이 필요한 행동 변화를 일으키지 못하면 당신은 경쟁력을 잃는다. 비밀을 처음으로 활용하려는 사람이나 조직은, 실제로 어떤 제품을 가지고 시장에 처음으로 뛰어드는 데에서 생기는 경쟁 우위를 뜻하는 선발자 우위(first-mover advantage)를 가질 수 있다. 그러나 그들이 실수를 많이 저지르면 선발자 불이익(first-mover disadvantage)도 경험할 수 있다. 발빠른 추격자들이 선발자를 모방하고 그들의 실수에서 교훈을 얻으면서 금방 그들을 앞서가면, 선발자는 먼저 시작했는데도 결국 **불리해진다.**

선발자에게 성공과 실패는 **제품-시장 적합성**(product/market fit)을 처음부터 확보할 수 있는지에 달려 있다. 제품-시장 적합성이란 어떤 **제품**이 시장에 매우 잘 **맞아서** 고객들이 적극적으로 더 많은 것을 요구할 때 생긴다. 이 역시 앤디 라클레프가 개발한 모델로, 그는 "벤처 자본의 경제학 이해하기 제3부"에서 이렇게 설명했다. "시장에 처음 등장했다는 사실은 중요하지 않다. 오히려 제품-시장 적합성을 처음 획득한 기업이 거의 항상 장기적인 승자이다.……일단 어떤 기업이 제품-시장 적합성을 이루었으면, 더 우수하고 저렴한 제품이 등장해도 그 자리에서 쉽사리 밀려나지 않는다."

제품-시장 적합성이 없는 기업은 고객을 확보하기가 매우 어렵다. 반면에 제품-시장 적합성을 지닌 기업은 고객을 비교적 쉽게 확보할 수 있다. 이 개념은 개인-조직 적합성, 구성원-집단 적합성, 문화-전략 적합성, 메시지-청중 적합성 등 다양한 상황의 "적합성"으로 확장될 수 있다.

제8장에서 설명했듯이 어울리는 역할을 맡은 사람은 놀라운 성과를 내고, 조직 문화에 완벽하게 맞춘 전략을 지닌 사람은 빠르게 굉장한 성공을 거둔다. 마찬가지로 딱 맞는 어조로 특정 청중을 공략하는 메시지는 깊은 공감을 일으킨다. 정치에서도 이런 현상이 반복해서 나타난다. 버니 샌더스와 도널드 트럼프가 2016년 대통령 선거 기간에 그랬듯이 특정 후보들은 일부 인구 집단의 정서에 특히 강하게 호소한다.

이런 현상을 포착하는 모델을 **공진주파수**(resonant frequency)라고 한다. 물리학에서 온 이 모델은 딱 맞는 음을 연주했을 때 유리가 깨질 수 있는 이유를 설명한다. 각 물체마다 자연적으로 진동하는 **주파수**는 다

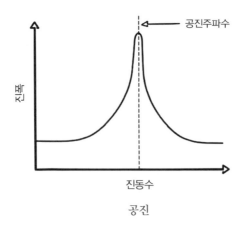

공진

르다. 만약 당신이 포도주 잔과 똑같은 진동수를 가진 소리를 내면 파동 에너지 때문에 유리가 점점 강하게 진동하다가 결국 깨진다.

제품−시장 적합성을 확보해도 유사한 효과가 나타난다. 그때는 좀더 나은 결과가 아니라 극적으로 나은 결과가 나타난다. 상품이 날개 돋친 듯이 팔려나간다. 제품−시장 적합성이나 여타의 적합성에서 당신이 추구 하는 것은 바로 진정한 **공진**의 징후이다. 제8장에서 우리는 10배 뛰어난 팀 이야기를 했다. 진정한 공진은 이렇게 1−2배에 그치지 않고 몇 배나 더 나은 결과를 낸다.

제품−시장 적합성의 가능성을 높이는 한 가지 방법은 고객 개발(custo-mer development)이다. 이는 기업가 스티브 블랭크가 확립한 제품 **개발** 모 델로, **고객** 중심의 관점을 취하는 데에 중점을 둔다. 고객 개발의 목표는 고객을 상대로 신속한 실험을 거치는 등 **과학적 방법**(제4장 참고)을 적용 하여 지속 가능한 비즈니스 모델을 찾는 것이다. 고객과 더불어 신속한 피드백 고리를 만들면 그들의 요구가 무엇인지 최대한 이해할 수 있고, 고객을 확보하고 유지하는 반복 가능한 절차를 마련할 수 있다.

제1장에서 우리는 최대한 저렴한 비용으로 추정을 검증해 어떤 아이디

어의 **위험을** 제거하는 방법을 설명했다. 고객 개발은 고객이나 잠재 고객과 직접 소통하여 위험을 제거하는 한 가지 방법이다. 블랭크는 "건물 안에는 쓸 만한 정보가 없으니 당장 밖으로 나가세요!"라고 했다. 적절한 질문을 던질 수 있다면, 당신은 사람들이 진정으로 원하는 것이 당신에게 있는지 없는지 깨닫고 제품-시장 적합성에 신호를 줄 수 있다.

물론 당신은 사람들이 정말로 원하는 것을 한번에 만들지 못할 수도 있다. **최소 기능 제품**(역시 제1장 참고)을 만들고, 고객을 상대로 실험을 실시해서 그것이 (이용된다면) 실제로 어떻게 이용되는지 확인하고, 이 신속한 실험 과정에서 실제로 얻은 피드백을 반영하여 제품을 지속적으로 보완해야 하는 이유는 그 때문이다.

고객 개발은 다양한 상황에 적용할 수 있다. 다른 곳으로 이사하기 전에 주민들과 이야기를 나누어보자. 취업을 하기 전에 그곳 직원들과 면담을 해보자. 새 정책을 시행하기 전에 지역사회를 대상으로 여론조사를 해보자. 당신이 어떤 아이디어를 가지고 있든 "고객"이 누구인지 생각하고 당신의 "제품"에 대해서 그들에게 직접 의견을 들어보자. 표적 집단, 설문조사, 인터뷰 등을 고려하자.

제품이나 서비스를 전달하여 비밀을 실행했다면, 당신은 제품-시장 적합성을 차지하기 위한 경주에 뛰어든 셈이다. 이 경주에서 이길 가능성을 최대로 높이기 위해서는 가장 신속히 고객 개발에 참여해야 한다. 군대에서 가져온 우다 루프(OODA loop)라는 모델이 도움이 될 것이다. 이는 관찰(Observe), 방향 설정(Orient), 결정(Decide), 실행(Act)의 네 단계로 이루어진 결정 루프이다.

미국 공군의 존 보이드 대령은 공중전에 참가하는 전투기 조종사를 돕기 위해서 우다 루프를 개발했다. 공중전에서는 어떤 조치 후에 다음 조

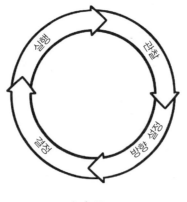

우다 루프

치를 고민할 여유가 없다. 각 조종사는 상대방의 움직임과 주위 환경에 반응하면서 재빨리 적군의 허를 찌를 기회를 노려야 한다. 보이드는 더 빨리 적응하는 조종사(우다 루프를 통해서 신속히 움직이는 사람)가 대체로 승리한다는 사실을 반복하여 증명했다. 그들은 변화하는 조건을 유심히 관찰하고, 상황을 평가해서 신속히 **새로운 방향을** 정하고, 다음에 취할 최선의 행동을 **결정하고,** 주저 없이 **실행한다.** 그리고 이 루프를 반복한다.

우다 루프를 빨리 정립할수록 당신은 외부 정보를 신속히 받아들일 수 있게 되어 원하는 목적을 빠르게 달성하게 된다. 당신의 목적은 제품-시장 적합성일 수도, 그밖의 다른 것일 수도 있다. 우다 루프는 신속한 학습이 유리하게 작용할 상황에 가장 적합하다. 많은 상황이 그렇다고 하더라도 모든 상황이 그렇게 불확실하거나 계속 변하지는 않는다.

기술은 항상 변화하고 진보하는 분야이므로 우다 루프가 특히 유용하게 적용된다. 기존 "기술" 기업들뿐만 아니라 모든 주요 기업들이 경쟁에서 우위를 점하기 위하여 기술을 최대한 활용한다. 그 결과 갈수록 신속하게 우다 루프를 만드는 것이 중요해지고 있다. 가장 빠른 우다 루프를 보유한 조직이 경쟁사에 비해서 더 빨리 배우고 꾸준히 훌륭한 결정을 내리며 기술의 발전에 더 빨리 적응한다.

우다 루프는 **자연선택**(제4장 참고)을 연상시킨다. 수명 주기가 짧은 종은 더 빨리 진화하기 때문에 더 빠른 우다 루프를 지녔다고 볼 수 있다. 이를 테면 한 박테리아는 15분 만에 새로운 세대를 생산할 수 있다. 박테리아가 퇴치용 약물에 빠르게 내성을 키우는 이유도 주로 그 때문이다. 마찬가지로 빠른 우다 루프를 갖추면 변화하는 환경에 신속히 적응할 수 있으므로 경쟁자보다 빨리 제품-시장 적합성에 이를 수 있다.

만약 폭넓게 고객 개발을 한 후에도 제품-시장 적합성이라는 약속의 땅을 찾을 수 없다면, 다른 쪽으로 **방향 전환**(pivot)을 해야 한다. 방향 전환은 전략의 방향에 변화를 주는 것으로, 이에 관한 유명한 사례들을 많이 찾을 수 있다. 의외이겠지만 트위터는 팟캐스트 네트워크에서 시작되었고 1889년으로 거슬러올라가면 닌텐도는 게임용 카드 회사로 설립되었다.

닌텐도는 그동안 다양한 사업 분야(택시 사업, 모텔 체인, TV 방송국, 즉석밥 판매 등)에 손을 댔지만 크게 성공하지 못했다. 1964년에 게임용 카드 판매율이 크게 떨어지면서 주가가 바닥을 친 이후, 정비 기술자 요코이 군페이가 울트라 핸드 장난감을 발명하여 완구 산업으로 방향을 전환시킨 덕분에 이 회사는 가까스로 살아날 수 있었다. 그후 요코이는 닌텐도가 비디오 게임의 강자로 탈바꿈하는 데에 주도적인 역할을 했다.

비교적 온건한 방향 전환도 있다. 페이팔은 온라인 결제에서 제품-시장 적합성을 찾기 전에, 휴대용 단말기 사이에서 상거래를 물리적으로 중계하는 수단으로 사업을 시작했다. 스타벅스는 로스팅한 원두와 용품 판매업으로 출발했다. 사실 스타벅스가 처음으로 라테를 팔기 시작한 것은 회사 설립 후 13년이 지나서부터였다. 스타벅스의 직원이자 장래의 CEO 하워드 슐츠는 이탈리아로 출장을 갔다가 밀라노에서 에스프레소 카페의 인기를 몸소 확인하고 창업주들을 설득해서 커피 전문점 콘셉트를 시험했다. 결국 슐츠는 그들에게서 회사를 인수하여 오늘날의 스타벅스로 키웠다.

방향 전환은 쉬운 일이 아니다. 조직의 관성을 끊고, 실패를 공개적으로 인정하고, 더 나은 방향을 찾는 일을 한꺼번에 해야 하기 때문이다. 그러나 그것은 꼭 필요하기도 하다. 현재의 전략이 당신이 추구하는 결과를 가져다주지 못할 때가 바로 방향 전환을 하기에 적합한 시기이다. 당신의 상황을 좀더 객관적으로 볼 수 있는 컨설팅 전문가는 방향 전환이 바람직한 조치인지 판단하는 데에 도움을 줄 수 있다. 넓게 보면 방향 전환의 개념은 당신의 진로, 힘겨운 인간관계, 자녀에게 필요한 교육 방법 등 인생 전반에 적용된다.

방향 전환을 고려할 때 어떤 조치가 필요한지 판단하는 데에 참고할 만한 정신 모델도 몇 가지 있다. 하버드 경영대학원 교수인 클레이턴 크리스텐슨은 이 모델을 제안하면서 해결 과제(jobs to be done)라는 이름을 붙였다. 당신의 제품이 진짜로 **해결하는** 과제가 무엇인지 이해하라는 뜻이다. 그 과제는 처음의 예상과 다를 수 있다. 크리스텐슨이 자주 인용하는 예는 전동 드릴이다. "고객들은 제품을 '써서' 과제를 해결하기를 원한다. 즉 하버드 경영대학원의 전설적인 마케팅 교수 시오도어 레빗의 말마따나 '사람들은 드릴을 사고 싶어하는 것이 아니다. 구멍을 뚫고 싶어할 뿐!'"

당신의 제품이 정말로 하는 역할이 무엇인지 안다면 그 과제를 중심으로 제품 개발과 마케팅을 결합할 수 있다. 애플은 그 일을 기가 막히게 잘한다. MP3 플레이어 경쟁사가 난립하던 2001년에 아이팟을 출시했지만,

애플은 기가바이트나 코덱처럼 기술 용어에 역점을 둔 홍보 문구는 따라하지 않는 쪽을 택했다. 대신에 스티브 잡스는 "1,000곡의 노래가 주머니 속에"라는 유명한 문구로 아이팟의 틀을 짰다. 이 제품이 해결하는 진짜 과제는 당신의 음악 컬렉션을 전부 휴대하는 것임을 인식했기 때문이다.

2016년 12월 8일에 「하버드 비즈니스 리뷰(Harvard Business Review)」의 팟캐스트에서 크리스텐슨은 특정 패스트푸드 레스토랑에서 판매하는 밀크셰이크의 예를 제시했다. 밀크셰이크의 역할은 대개 식사를 마무리하는 특별한 후식으로 인식된다. 주로 가족과의 외식 후에 부모들이 주문하는 것이 사실이지만, 이 레스토랑은 고객의 대부분이 다른 목적으로 셰이크를 소비한다는 사실을 깨달았다. 바로 지루한 아침 출근 시간에 즐거움을 더하는 것이다. 사람들은 차를 운전하면서 밀크셰이크를 홀짝이면 출근길이 좀더 유쾌해진다고 느꼈다.

두 가지 과제를 동시에 해결하는 것이 대단해 보일 수 있지만, 그 말은 최소 한 가지는 특별히 잘하지 못한다는 뜻이다. 이 경우 부모들은 아이들이 밀크셰이크를 오래 물고 있는 것을 좋아하지 않았다. 그러나 출근하는 직장인들에게는 밀크셰이크를 오래 즐기는 것이 중요한 요소들 중 하나였다.

그 레스토랑 체인은 두 역할을 제대로 하기 위해서 두 가지 제품이 필요하다고 보았다. 그래서 더 진하고 푸짐한 밀크셰이크를 만들고, 직장인들이 원하는 대로 신속한 테이크아웃 서비스를 제공하기 위하여 셰이크 기계를 가게 앞으로 옮기기로 했다. 그리고 아이와 부모들에게는 완전히 다른 디저트를 홍보했다.

사람들이 당신의 제품을 이용해서 무엇을 하려는지 진정으로 이해하면 그 요구를 충족시키는 데에 노력을 집중할 수 있다. 고객들에게 정말로 해결하고 싶은 과제가 무엇인지 직접 물어보면, 엉뚱한 추측을 피하고 그들이 가지고 있는 문제의 원인을 찾아서 결국 성공 가능성이 높은 해결책을 찾을 수 있다. 밀크셰이크의 예에서처럼 당신은 분석을 통해서 제품이 실제로 어떤 역할을 하고 있고 어느 부분에서 헛다리를 짚고 있는지 이해할 수 있다(제1장 전략 기술을 위한 **왜라고 다섯 번 묻기** 참고).

고객들은 당신에게 자신들이 해결하고자 하는 문제 대신, 구체적인 해결책에 대해서 주로 이야기한다는 점에 주의하자. 통계학자인 로런은 특정 계산 기법을 이용해서 통계 분석을 해달라는 요구를 자주 받는다. 그러나 사람들은 적절하지 못한 분석 기법을 제안하는 경우가 많다. 통계학자가 아닌 사람들은 최선의 통계 기법을 스스로 선택하기 어렵기 때문에 그것이 적절한지 따지지 않고 그냥 자신이 아는 기법을 제안하는 것이다(제6장 **매슬로의 망치** 참고).

고객이나 동료에게 그들이 완전히 틀린 방법으로 문제를 해결하려 한다고 대놓고 지적하기 어려울 때도 있다. 그러나 로런은 고객이 정말로 원하는 것은 특정 기법의 사용이 아니라는 것을 깨달았다. 사실 그들은 정확한 분석을 원할 뿐이고 어떤 방법을 사용하든 로런의 분석을 기꺼이 받아들인다. 이런 상황에 다가가기 위해서 로런은 고객들에게 **한 걸음 뒤로 물러나서** 쉬운 말로 그들의 궁극적인 목적을 설명하게 한다.

비즈니스 밖에서, 당신은 인간관계("이 사람이 이 관계에서 진짜 원하는 것은 무엇일까?") 혹은 당신이 기여하고 있는 어떤 분야("그들은 정말로 무슨 일을 시키려고 나를 채용했을까?")에 대해서 이 같은 질문을 스스로 던질 수 있다. 이런 식으로 생각해보면 현재의 전략으로 정말 목적을 달성할 수 있을지 판단이 가능하다. 과제를 더 잘 해결할 수 있는 다른 방법이 있을까? 이런 질문의 답을 이해하면 방향 전환이 필요한지 판

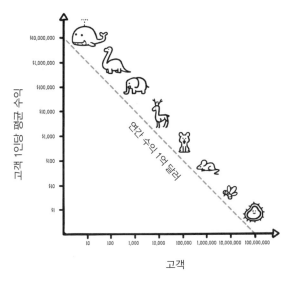

당신은 어떤 유형의 고객을 찾고 있는가?

단하는 데에 도움이 된다.

다른 명확한 모델은 **어떤 유형의 고객을 사냥하고 있는가**(what type of customer are you hunting?)이다. 이 모델은 벤처 투자자 크리스토프 잰츠가 만들어 2016년 11월 4일, 에인절 VC라는 자신의 블로그에 게시했다. 정말 작은 고객(파리)에서부터 정말 큰 고객(코끼리)까지 다양한 크기의 고객들을 사냥해서 큰 사업을 일굴 수 있다는 것을 설명하는 모델이다.

잰츠는 1억 달러의 수익을 올리기 위해서 기업은 1년에 10달러를 쓰는 "파리" 1,000만 마리나 1년에 10만 달러를 쓰는 "코끼리" 1,000마리가 필요하다고 설명했다. 믿기 힘들겠지만 "아메바(1년에 1달러)"를 찾든 "고래(1년에 1,000만 달러)"를 찾든 전체적으로 1억 달러의 수익을 올릴 수 있는 비즈니스는 존재한다.

일반적으로 프로젝트, 특히 사업에서는 무엇을 성공으로 볼 것인지,

그 성공이 합리적인 추정과 기간 내에서 이룰 수 있는 것인지를 정의해야 한다.

잰츠의 틀 짜기는 구체적인 정량적 평가를 유도한다. 성공을 위해서는 얼마나 많은 "고객들"이 필요할까? 그들이 정확히 무엇을 "지불하게" (또는 무엇을 하게) 해야 할까? 이 질문의 답을 찾고 나면 세상에 그런 유형의 고객들이 충분히 존재하는지를 따져보아야 한다. 충분히 없다고 판단되면 더 크거나 작은 유형의 고객으로 방향 전환을 하는 것을 고려한다.

이 모델이 중요한 이유는 고객과의 교류 방식은 당신이 추구하는 고객의 유형에 따라서 달라지기 때문이다. 1,000만 명에게 접근해야 한다면 한 사람 한 사람과 대화를 나눌 수 없다. 더구나 1,000만 명이 제품에 높은 "가격"을 지불하게 하는 것은 쉽지 않다. 반면에 고객이 1,000명이라면 개별적으로 접근해서 개개인이 돈을 더 많이 "지불하게" 할 수 있다.

비즈니스에서 다양한 고객을 찾는다는 것은 (음악 스트리밍 서비스인 스포티파이 혹은 스냅처럼) 수백만 명의 사람들에게 서비스를 무료 또는 최소한의 가격으로 제공하거나 (오라클이 혹은 세일즈포스처럼) 대기업에 값비싼 제품을 판매하는 것을 의미한다. 또 업종 내에서는 자동차 부문에서 롤스로이스와 람보르기니 대 기아와 현대처럼, 고객층을 매우 다른 액수의 돈을 지불하려는 그룹으로 나누는 것이다.

정치의 경우 지방선거 후보는 유권자 한 명 한 명에게 다가가려고 노력할 수 있지만 큰 선거에서는 그것이 불가능하다. 선거 규모가 커질수록 점점 중요해지는 것은 자금 모금이다. 폭넓은 유권자에게 다가가려면 TV와 인터넷의 힘을 빌려야 하는데 그 비용이 비교적 비싸기 때문이다. 이런 정치 현실은 주(州)나 전국 단위 정치인들이 홍보 비용을 충당하기 위해서 주머니가 두둑한 개인들(고래, 공룡, 코끼리)에게 구애(사냥)하는 데에 상당한 노력을 쏟는 결과를 낳았다.

이와 같은 정량적 평가는 **아무 데나 대충 끄적여서 계산할 수 있는 수치상의 평가**를 뜻하는 대략적인 계산(back-of-the-envelope calculation)의 예이다. 오늘날에는 간단한 스프레드시트가 여기에 해당한다. 이런 계산은 당신의 추정을 수치로 바꾸어서, 분명한 통찰을 신속하게 가져다준다.

일단 답을 찾아야 할 문제는 어떤 이해관계자들이 어떤 목적으로 당신은 "고용하는가"이다. 당신은 **어떤 유형의 고객을 사냥하고 있는가?**라는 질문에는 당신이 얼마나 많은 "고객들"에게 고용되어야 하는지, 당신이 하는 일의 대가로 그들에게서 무엇을 받기를 원하는지에 관한 질문이 담겨 있다. 고객 개발처럼 이 두 모델은 당신이 고객의 관점에서 생각할 것을 요구한다. 이런 식으로 생각하면 당신이 이상적인 고객을 **의인화**한 가상의 인물인 **페르소나**(persona)를 개발하는 데에도 도움이 된다. 페르소나는 당신의 아이디어를 현실적으로 평가해 더 나은 판단을 내리게 한다.

당신의 고객은 정확히 어떤 사람들인가? 그들의 인구통계학적 특성, 좋아하는 것과 싫어하는 것, 취미는 무엇인가? 고객 개발을 제대로 했다면 당신의 페르소나는 당신이 만나본 실제 인물들의 특성을 본떠야 한다. 일단 페르소나를 구상하면(밥과 샐리가 당신의 페르소나라고 해보자) 이렇게 자문해볼 수 있다. 밥과 샐리는 X를 할 것인가?

가상의 인물이든 아니든 실제 사람들을 떠올리면 정말로 고객의 관점에서 이런 평가 모델들을 효과적으로 적용할 수 있다. 그러나 **가용성 편향**(제1장 참고)이 이런 페르소나를 개발하기 위하여 당신이 고려하는 요소들을 제한하지 않도록 주의해야 한다. 가장 쉽게 수집되거나 손에 넣을 수 있는 데이터가 가장 유용한 페르소나로 이어지지는 않는다.

이런 모델들을 전체적으로 살펴보면 이제 당신은 성공이 어떤 모습을 하고 있으며(얼마나 많은 고객들이 필요하고 그들이 무엇을 하기를 원하는지), 당신이 그 목표를 향하여 현실적인 길로 가고 있는지 알 수 있다. 그렇다면 이제 방향을 전환해야 할까?

아직 답이 명확하지 않다면 한 가지 검증 방법은 다음과 같다. 당신은 부정적인 징후들이 난무하는 가운데서 **밝은 면**(bright spot), 즉 긍정적인 징후를 찾을 수 있는가? 비즈니스에서는, 당신이 하는 일을 정말 좋아하고 당신의 제품에 관심이 매우 많은 소수의 고객 집단이 여기에 해당한다. 비즈니스 밖에서, 당신은 경력의 방향 전환을 고려하다가 지금 하는 일에서 밝은 면을 찾을 수 있다. 현재의 직업에서 정말로 마음에 드는 점은 무엇인가? 그 장점은 지금의 일에 머무르게 하기에 충분한가? 방향 전환을 선택하더라도 현재 직업에서 그대로 유지하고 싶은 점은 무엇인가?

시간이 흘러도 밝은 면을 찾을 수 없다면 정말로 방향 전환을 할 필요가 있다. "집에 꼭 가야 하는 것은 아니지만 여기에 머무를 수는 없다"라는 옛날 표현도 있다. 실제로 밝은 면이 있다면 그 측면이 왜 마음에 드는지 알아내고 그것을 바탕으로 성장하기 위해서 노력을 집중할 수 있다. 사실 어떤 아이디어를 실행할 때에는 **교두보**(beachhead)라는 군사 개념을 빌리는 것이 좋다. 공격진이 연안을 차지하여 방어를 하고 있으면 교두보를 통해서 더 많은 병력이 넓은 육지로 진군할 수 있다.

다시 말하면 교두보는 발판을 마련하고 그것을 출발점으로 삼는 것을 말한다. 아마존의 교두보는 도서였다. 테슬라는 컨버터블 스포츠카였다. 그들은 이 상품들을 이용해 시장에서 입지를 굳힌 다음 그곳을 인접 시장으로 뻗어나가기 위한 거점으로 삼았다. 당신의 경력에서 교두보는 현재의 기술과 직위일 수 있다. 당신은 그것을 이용해 더 나은 직위나 더 만족스러운 경력으로 나아갈 수 있다.

교두보 전략은 비밀을 찾아서 제품−시장 적합성을 지닌 제품으로 바꿔가는 방법 중의 하나일 뿐이다. 넓게 보면 이 과정은 투자자 발라지 스리니바산이 **아이디어 미로**(idea maze)라고 이름 붙인 미로를 헤쳐가는 것과 비교할 수 있다. 가을 축제의 옥수수 미로나 잘 가꾸어진 정원의 울타리 미로처럼 물리적인 미로를 상상해보자. 입구는 당신이 아이디어를 낸 지점이고 출구는 그 아이디어의 궁극적인 성공이다. 막다른 길이 많은 미로를 헤치고 반대쪽 끝에 무사히 다다르는 것이 당신의 임무이다. 스리니바산은 강의에서 이렇게 말했다.

훌륭한 창업자는 어떤 굽이가 보물로 이어지고 어떤 굽이가 확실한 죽음으로 이어질지 예측할 수 있습니다. 나쁜 창업자는 업계의 역사, 미로 속에서 길을 찾는 선수들, 과거의 사상자, 미로의 벽을 옮겨서 가능성을 바꿀 기술에 대한 이해는 전혀 없이 (이를 테면) "영화, 음악, 파일 공유, P2P"의 미로나 "사진 공유"의 입구로 뛰어 들어갑니다.

다른 투자자 조시 코펠먼은, 제품−시장 적합성 찾기의 위험을 성공적으로 극복할 수 있는 창업자들을 열 추적 미사일(heat-seeking missile)과 비교했다. 그는 2010년 8월 2일 그의 레드아이 VC 블로그에 이렇게 썼다.

미사일이 발사 준비 단계에서 어디를 겨냥했는지는 중요하지 않다. 유능한 기업가들은 끊임없이 데이터를 수집하고, 끊임없이 더 크고 훌륭한 표적을 찾고, 필요한 경우 경로를 조정한다. 표적을 찾으면 그들은 공간이 아무리 혼잡해도 그것을 추적할 수 있다.

이런 비유는 인생의 어떤 길을 헤쳐나갈 때에라도 적용할 수 있다. 아이디어의 미로를 무사히 헤쳐간다는 것은 당신의 삶에서 당신이 사람에게 무엇을 원하고 필요로 하는지, 그들이 당신에게서 무엇을 원하고 필요로 하는지 이해하여 사람들과 어떻게 교류하는 것이 최선인지 깨닫는 일을 뜻한다. 당신이 이 미로 속에서 언제 잘못된 길에 들어섰는지 알고, 언제 어떻게 방향을 전환할지 결정하고, 길 앞에 놓인 장애물을 헤쳐나갈 방법을 찾을 수 있을 만큼 유연성을 가지는 것을 뜻한다.

힘의 장을 활성화하라

제품-시장 적합성을 비롯해서 당신이 원하는 적합성을 얻고 나면 그때부터는 당신의 입장을 지켜야 한다. 워런 버핏은 경쟁에서 자신을 지키기 위해서 성 주위에 깊은 못을 파고, 지속 가능한 경쟁 우위를 만드는 것을 비유하는 해자(moat)라는 말을 대중화했다.

해자는 상황에 따라서 달라진다. 해자가 사용되는 예(상호 배타적이지 않다)는 다음과 같다.

- 보호받는 지적 재산권(저작권, 특허권, 영업 비밀 등)
- 개발에 오랜 시간이 걸리는 특별한 기술 또는 비즈니스 프로세스(예를 들면 디자인, 하드웨어, 소프트웨어를 결합한 애플의 수직 통합 제품과 공급망)
- 관계, 데이터, 저렴한 재료에 대한 배타적 접근
- 고객이 반사적으로 찾는, 다년간에 걸쳐서 형성된 강력하고 신뢰받는 브랜드

- 유통 경로의 실질적 통제
- 특정 문제를 해결하기 위한 적임자들을 보유
- 네트워크 효과를 비롯한 플라이휠(제4장에서 설명)
- 빠른 혁신 속도(이를 테면 더 빠른 우다 루프)

일론 머스크는 해자의 개념을 놓고 워런 버핏과 티격태격한 것으로 유명하다. 2018년 5월 2일에 있었던 테슬라의 수익 결산에서 머스크는 "해자는 별로 쓸모가 없다", "만약 쳐들어오는 적군에 대항할 유일한 방어 수단이 해자라면 당신은 오래 버티지 못한다"라고 했다. 그는 가장 지속 가능한 경쟁 우위는 빠른 혁신 속도를 뒷받침하는 문화를 만드는 것이라는 견해를 표현했다. 빠른 속도의 혁신은 전통적인 해자를 뛰어넘을 수 있기 때문이다.

그러나 우리가 보기에 빠른 속도의 혁신은 사실 또다른 유형의 해자일 뿐이며, 해자의 은유를 너무 문자 그대로 받아들여서는 안 된다. 고정된 해자 대신에 과학소설에 나오는 힘의 장(force field) 또는 차폐막(deflector shield)을 생각해보자. 그것은 당신을 보호하는 동시에 초고속으로 이동시킨다. 그렇게 당신은 (초고속으로) 혁신을 지속하면서도 (방어력이 증강된) 다른 유형의 해자를 마련할 수 있다.

이스트먼 코닥은 해자를 어떻게 마련할 것인지를 보여주는 훌륭한 예이다. 1888년에 설립된 코닥은 100년 동안 카메라 시장을 지배했다. 앞에서 언급한 모든 분야에서 해자의 든든한 보호를 받았고 경쟁자들을 성공적으로 물리쳐 한 세기 동안 막대한 수익을 거두었다.

- 보호받는 지적 재산권 : 다수의 사진 기술과 관련된 특허와 영업 비밀을 보

유했다.

- 개발에 오랜 시간이 걸리는 특별한 기술 또는 비즈니스 프로세스 : 카메라에서부터 필름, 인화에 이르기까지 시장의 모든 면을 아우르는 수직 통합 공급망을 보유했다.
- 관계, 데이터, 저렴한 재료에 대한 배타적 접근 : 다수의 배타적인 거래가 있었고 업계 최대의 기업으로서 경쟁자들에 비해서 재료를 저렴하게 확보할 수 있었다.
- 다년간에 걸쳐서 형성된 강력하고 신뢰 받는 브랜드 : 코닥이라는 이름과 그 사업 분야에 대해서 모르는 사람이 없다.
- 유통 경로의 실질적 통제 : 소매점의 가장 좋은 위치에 제품 진열대를 설치했다.
- 특정 문제를 해결하기 위한 적임자들을 보유 : 코닥 연구소는 그 기술 분야에서 가장 폭넓은 전문가들을 보유했고 그 분야에서 많은 진보를 이루었다.
- 네트워크 효과를 비롯한 플라이휠/빠른 혁신 속도 : 코닥에는 진정한 네트워크 효과는 없지만 그 연구와 개발 부서에는 중요한 플라이휠이 존재했다. 엄청난 수익 덕분에 다른 어떤 경쟁사보다도 연구와 개발에 많은 투자를 할 수 있었고 그 결과 빠른 속도의 혁신으로 더욱 막대한 이익을 창출했다.

지속 가능한 경쟁 우위를 평가할 때는 명확하게 해야 한다. 위의 예처럼 리스트를 작성해보면 큰 도움이 된다. 당신이 하는 일들 중에서 경쟁자들이 따라할 수 없는 것은 무엇인가? 무엇이 경쟁을 차단하고 장기적으로 당신에게 시장 지배력을 발휘하게 할 것인가?

어떤 경쟁 우위든 해자의 기반이 될 수 있지만 코닥의 예에서처럼 몇 가

지 우위가 함께 작용하면 서로를 증폭해서 훨씬 큰 해자를 만들 수 있다 (힘의 장). 그러나 잠시 후에 살펴보겠지만 가장 큰 해자도 영원히 유지될 수는 없다.

이런 해자의 유형들은 조직이나 특정 분야에서 당신이 가지는 입지에 도 적용할 수 있다. 이를 테면 당신은 가장 넓은 인맥을 형성할 수 있다 (관계에 대한 배타적 접근). 당신은 추종자를 가질 수 있고(강력하고 신뢰받는 브랜드), 수요가 많은 분야에서 전문가가 될 수 있으며(적임자), 유명 블로그를 만들 수도 있다(유통 경로의 실질적 통제). 이 모두가 경쟁이 치열한 환경에서 당신의 입지를 지키는 해자가 될 수 있다.

작동 중인 해자를 통제하는 조직과 개인은 매우 높은 **전환비용**(switching cost) 때문에 고객이 그들의 서비스에 매이게 될 때 **고착**(lock-in)을 형성할 수 있다. 취소 수수료, 신뢰 관계, 새 설비비용, 학습 곡선, **네트워크 효과** (제4장), 브랜드 친밀감 등 전환비용을 만드는 방법은 매우 다양하다.

많은 사람들이 페이스북에 고착되었다고 느낀다. 많은 친구들과 가족이 그들의 사진과 새 소식을 페이스북을 통해서 공유하기 때문이다. 고용주들은 핵심 직원들에게 고착되었다고 느낄 수 있다. 그러면 이런 직원들은 급여를 인상하거나 다른 혜택을 요구하는 레버리지를 손에 넣는다. 어떤 직원들은 사업 운영에 매우 중요해서, 이 주요 인력이 일을 하지 못할 때 보상을 받는 주요 인력 보험이라는 보험 상품도 있다.

이런 개념은 비즈니스 상황 밖에서도 적용된다. 많은 사람들이 인간관계에 고착된다. 관계가 변할 때 감지되는 비용(감정적, 심리적 비용 포함)이 너무 높기 때문이다. 또는 이사 비용 자체와, 새 집을 고르는 데에 소비하는 시간, 짐 싸기, 새 친구 사귀기 등의 **기회비용**(제3장)을 감안하여 주거 상황에 고착될 수도 있다. 브렉시트의 경우처럼 국가도 높은 전환 비용 때문에 외교 협정에 고착될 수 있다.

해자에서 나온 관련 개념으로 **진입 장벽과 철수 장벽**(barriers to entry and barriers to exit)이 있다. 사람이나 기업이 어떤 상황이나 시장에 들어오거나 나가는 것을 가로막는 장치를 말한다. 애플의 iOS나 구글의 안드로이드와 경쟁을 원하는 새로운 모바일 운영 시스템은, 유용한 앱을 수천 가지 구비한 앱스토어를 다시 만들어야 한다는 커다란 진입 장벽을 맞닥뜨리게 된다. 일부 직업은 수년 동안 비싼 교육을 받아야 하는 등 진입 장벽이 높다. 마찬가지로 경쟁 업체에서 일하는 것을 금지하는 조항, 제휴 협약, 결혼 등 일부 사적인 계약도 높은 철수 장벽을 만든다.

전환비용이 그렇듯이 진입 장벽과 철수 장벽은 다양한 형태로 나타날 수 있다. 코카콜라의 제조법 같은 영업 비밀, 거대 공장의 막대한 자본 투자 비용, 기존 사업자를 보호하는 정부 규제가 그 예이다. 규제 때문에 생기는 진입 장벽을 콕 집어 가리키는 **규제 포획**(regulatory capture)이라는 모델도 있다. **규제 기관이나 입법자가, 규제 대상인 특별 이익 집단에 포획되어 결국 이런 주체들의 경쟁을 막는 것이다.**

2012년에 기자 제프 돈은 연합통신이 1년에 걸쳐서 미국 원자력 규제 위원회(Nuclear Regulatory Commission : NRC)를 조사한 결과에 대해서 방대한 4부짜리 기사를 내놓았다.

연방 규제 기관들은 국가의 노후화된 원자로를 안전 기준 내에서 가동시키기 위해서 원자력 산업과 긴밀하게 협력했다. 그런 기준을 여러 차례 완화하거나 단순히 단속하지 않는 식이었다.……

사례는 차고 넘친다. 밸브가 새면 더 많은 유출량을 허락해서 원래 한도의 20배까지 높였다. 걷잡을 수 없는 균열로 증기 발생기 배관에서 방사능이 누출되면, 더 수월한 배관 검사가 고안되었기 때문에 시설은 기준을 만족시킬 수 있었다.

못 쓰는 케이블, 부서진 밀봉 장치, 망가진 노즐, 막힌 스크린, 갈라진 콘크리트, 찌그러진 컨테이너, 부식된 금속과 녹슨 지하 매설관을 비롯해 노후화와 관련한 수천 가지의 다른 문제들이 연합통신이 실시한 1년간의 조사에서 드러났다. 사고가 났을 때 전부 위험을 크게 높일 수 있는 것들이었다.

그러나 노후화와 관련된 많은 문제들에도 불구하고, 정부나 업계의 어떤 관계자도 NRC가 추가적으로 허가한 원자로 수십 기에서 최근 몇 년 사이에 그런 고장이 전반적으로 얼마나 자주 발생하는지, 안전에 어떤 영향을 미칠 수 있는지 조사하지 않았다.

산업계와 정부 공무원들은 자신들의 조치를 옹호하면서 신중하게 관리하고 있다고 주장한다. 그러나 연합통신의 조사에 따르면, 수십억 달러와 미국 내 전기 공급량의 19퍼센트가 위태로운 상태이며 업계와 그 단속 기관인

NRC 사이의 유착 관계는 만연해 있다.

이 예에서 실망스러운 부분은 제대로 사용하면 원자력은 저탄소 에너지를 무한정 공급하는 안전한 에너지원이 될 수 있다는 점이다. 그러나 효과적으로 규제하지 않으면 원자력 에너지에 대한 두려움이 조장되어 산업 전체가 위축될 수 있다.

노벨상을 수상한 경제학자 조지프 스티글리츠는 규제 포획 모델의 선구자이다. 규제 포획이 흔히 발생하는 이유는 특별 이익 단체의 경우 종종 로비스트를 통해서 집단적으로 규제 기관에 로비를 하는 반면, 피해를 보는 개인들은 조직력이 없어서 강력한 로비 활동을 할 수 없기 때문이다. 다른 이유는 규제 기관 자체가 **회전문** 방식으로 운영되기 때문이다. 즉 규제 기관에서 임기를 마친 사람들은 얼마 전까지 자신이 규제하던 업체에서 일을 하며 큰 보상을 받는다.

규제 포획은 정부 밖에서도 일어날 수 있다. 주로 특정 직종에서 자격의 인허가 위원회를 운영하고 자격 취득 절차를 통제하여 직종에 추가로 유입되려는 사람들을 막는 식이다. 브루킹스 보고서에 따르면 현재 미국 내 직업의 4분의 1은 자격증이 필요하다. 겨우 5퍼센트였던 1950년대와 비교하면 크게 늘어난 수치이다. 여기에는 의료처럼 으레 자격증이 있어야 한다고 생각되는 업종뿐만 아니라 미용사처럼 자격증이 크게 필요하지 않을 것 같은 직종도 포함된다. 어떤 자격증은 그러려니 하겠지만 자격증 취득에 과도한 비용과 시간이 요구되는 추세여서, 결국 경쟁을 줄여 이미 자격증을 보유한 사람들만 보호하는 결과를 가져왔다는 비판이 많다. 미용사 자격증을 취득하려면 뉴욕 주에서는 232일, 아이오와 주에서는 490일이 걸리는 등 지역마다 차이가 있다.

"우리 필모어 홀딩스는 법을 위반하지 않아요.
법을 바꾸기 위해서 정치인들에게 기부를 하죠."

    다른 흔한 예는 개인의 이익, 친구나 가족의 유도에 휘둘리는 비영리 또는 사회 위원회이다. 가장 나쁜 형태의 규제 포획은 명백한 부패이지만, 규제 포획은 유권자들로부터 충분한 의견을 받지 않거나 포괄적인 영향 평가를 실시하지 않는 규제 기관을 통해서도(제1장 **가용성 편향과 확증 편향** 참고) 좋은 의도로 자연스럽게 나타날 수 있다.

    규제 포획을 줄이는 방법은 다양하다. 미국 대법관 루이스 브랜다이스의 『남의 돈(*Other People's Money*)』에 나오는 "햇볕은 최고의 살균제라고들 한다"라는 구절은 유명하다. 사람들이 규제와 그 효과를 직접 보고 이해할 수 있도록 하면, 즉 투명성을 높이면 특별 이익에 의한 규제 포획은 줄일 수 있다는 뜻이다. 사람들에게 책임을 지우고 자신의 행동을 설명하게 하면 변화는 더 쉽게 일어날 수 있다.

    규제 포획 위에, 특히 네트워크 효과 위에 세워진 강력한 해자는 **승자독식 시장**(winner-take-most market)을 가져올 수 있다. 어떤 기업이 그 네트워크나 지속 가능한 경쟁 우위를 바탕으로 지배적인 지위를 유지해 임계질량(제4장 참고)에 도달하면, 대부분의 고객들을 흡수하여 시장을 효과적으로 차지할 수 있다는 뜻이다. 예를 들면 페이스북은 20억 명 이상의 이용자를 보유하고 있으므로, 경쟁사의 입장에서는 그런 네트워크를 다시 만들고 페이스북의 핵심 서비스와 경쟁하기가 쉽지 않을 것이다.

그러나 당신이 시장을 차지했다는 것이 그런 입지를 영원히 지킬 수 있다는 뜻은 아니다. 인텔의 전임 CEO 앤디 그로브가 1999년에 발표한 『승자의 법칙(Only the Paranoid Survive)』라는 책 제목은 널리 알려져 있다. 초기에 인텔은 메모리칩 시장을 지배했으나, 1980년대 중반 무렵에는 일본 제조업체들이 시장에서 인텔의 경쟁 우위를 상당 부분 잠식했다. 그러나 시장 지배율이 정점에 달했을 때 인텔은 이미 생존이 걸린 경쟁 국면을 예견했다.

그 결과 인텔은 기업의 주력 상품을 마이크로프로세서로 바꾸어, 오래 지속될 해자("인텔 인사이드")를 다시 만들었다. 그로브의 책에서는 당신이 만든 해자가 제 역할을 하고 있더라도 그 힘을 꾸준히 평가해야 하고, 당신이 강력한 제품-시장 적합성을 차지하고 있을 때에도 해자는 무너질 수 있으므로 결국 당신은 방향 전환을 할 필요가 있다고 말한다. 그리고 인텔의 새 해자는 결국 스마트폰 등 소형 기기를 작동시키는 칩의 등장으로 무너지고 말았다.

다시 코닥을 떠올려보자. 그 해자 역시 파괴되었다. 코닥은 인텔이 메모리칩에서 전향한 것처럼 제때 방향 전환을 시도하지도 않았다. 1990년대에 코닥은 디지털 사진으로 급속히 무너져서 결국 2012년에 한 세기에 걸친 시장 지배를 뒤로 하고 파산을 선언했다. 당신은 코닥이 무방비 상태로 당했다고 생각할지도 모르지만 다른 유사한 사례들에서와 마찬가지로 사실은 그렇지 않다.

앞에서 언급했듯이 연구 개발에 대한 코닥의 투자는 그 해자의 일부였다. 사실 코닥은 무려 1975년에 최초의 디지털 카메라를 개발했다! 그러나 그때는 디지털 사진이 성공하기에 적절한 시대가 아니었다. 환경이 받쳐주지 못했기 때문이다. 그래픽 카드도 완전히 개발되지 않았고 하드 드라이브는 너무 거대했다. 그 사이 코닥은 필름을 팔아서 대부분의 수익을 올리고 있었다. 그러나 필름이 필요 없는 디지털 사진이 발전하기 시작하자 수익성이 높았던 코닥의 아날로그 모델은 붕괴되고 말았다.

이렇게 혁신 기술이 처음 등장했을 때에는 대부분의 구매자가 선호하는 현재의 기술에 비해서 그것이 여러모로 열등했다. 수십 년 동안 디지털 사진은 필름 사진에 비해서 가격이 비싸고 품질이 떨어졌다. 그러나 그 편리성(사진을 인화할 필요가 없다는 점)이 일부 구매자의 마음을 끌면서 시장이 발전하게 되었다. 디지털과 필름 사이의 가격과 성능 차이가 더디지만 확실히 좁혀졌다. 대부분의 소비자가 매력적으로 느끼는 **티핑 포인트**(제4장 참고)를 넘어서자 디지털 카메라 시장은 폭발적으로 성장했다.

코닥 역시 이런 발전을 모르지 않았다. 처음에 코닥은 디지털 카메라 시장에서도 선두주자로 나서서 1999년에는 27퍼센트의 시장 점유율을 차지했다. 그러나 코닥은 인텔이 마이크로프로세서로 전향할 때처럼 경쟁자들에 비해서 기술에 확실히 투자하지 않았다. 코닥은 충분한 편집증이 없었던 것이다.

전반적인 사진 시장은 이윤이 높은 필름 사업에서 상용화된 디지털 카메라 사업으로 급격하고 완전한 변화를 겪었지만, 코닥은 재빨리 적응하지 못했다. 플라이휠을 이용해 필름 사업에서 디지털을 지배하는 길로 나아가지 못하자, 폭발하는 디지털 사진 시장에서의 점유율은 떨어질 수밖에 없었다. 2007년에 코닥은 디지털 사진 시장에서 4위로 밀려났고 2010

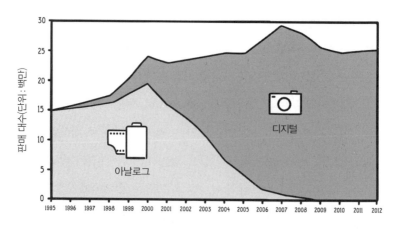

카메라 판매량 : 아날로그 대 디지털(1995-2012)

년에는 캐논, 소니, 니콘 등의 뒤를 이어서 7퍼센트의 시장점유율을 기록하며 7위까지 떨어졌다.

마찬가지로 디지털 카메라의 제조업체들 역시 애플, 삼성 등 스마트폰 카메라를 생산하는 업체들에 의해서 붕괴되었다. 이유는 비슷했다. 처음에 이 새로운 "카메라들"은 더 편리하기는 해도 비교적 비싸고 품질이 떨어지는 사진을 생산했다. 그러나 시간이 흐르면서 품질은 점점 개선되고 스마트폰을 가져야 할 이유는 점점 많아지면서 따로 디지털 카메라를 사야 할 이유가 없어졌다.

반사실적 사고(제6장 참고)를 통해서 흥미로운 질문을 던져보자. 코닥이 좀더 일찍 디지털 사진 시장을 개척하려고 노력했다면 어떤 일이 벌어졌을까? 시장을 지배할 수 있었을까? 우리 모두가 훨씬 더 일찍부터 디지털 카메라를 가질 수 있었을까? 결국 코닥이 스마트폰에서 카메라 기능을 강화하는 역할로 방향 전환을 했을까, 아니면 훨씬 더 극적으로 방향을 틀어서 인스타그램 같은 제품을 만들었을까? 그 답은 아무도 모른다.

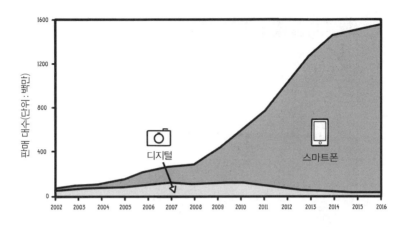

카메라 판매량 : 디지털 대 스마트폰(2002-2016)

클레이턴 크리스텐슨은 명저 『성공기업의 딜레마(*The Innovator's Dilemma*)』에서 이런 파괴적 혁신(disruptive innovation)이 어떻게 업계를 휩쓸고, 새로 진입한 기업에 힘을 주며, 부진한 기존 기업을 더욱 뒤처지게 하는지에 대해서 정리했다.

기존 기업의 딜레마는 현재의 사업을 희생해야 하는 엄청난 대가를 치르면서 파괴적인 기술을 받아들여야 하는지의 여부이다. 인텔은 했지만 코닥은 하지 않은 것이 바로 그것이다. 코닥이 디지털 카메라 기술을 보다 적극적으로 받아들였다면 아날로그 필름 기술에서 얻고 있었던 막대한 수익을 희생해야 했을 것이다. 마찬가지로 많은 기업들은 현재 인공지능, 태양열 발전, 스트리밍 비디오, 자율 주행 자동차, 전기 자동차 같은 새로운 파괴적 혁신을 받아들일 것인지에 대한 어려운 결정에 직면해 있다.

노동자 개개인도 비슷한 문제를 앞에 두고 있다. 지난 수세기 동안 세계화는 폭넓은 산업 분야에서 업무에 관한 책임과 가능성을 크게 변화시켰다. 한때 회사에 꼭 필요한 존재였던 직원들은 그들의 해자가 파괴되

는 것을 지켜보아야 했다. 마찬가지로 자동화와 인공지능은 향후 수십 년에 걸쳐서 더 많은 직업들을 파괴할 것이다.

당신의 분야에서도 파괴의 조짐이 보인다면 일찌감치 대응을 준비해야 한다. 어쩌면 그것은 새로운 기술에 투자하는 것을 뜻할지도 모른다. 당신의 임무를 바꾸거나 아예 다른 분야로 전향하는 것을 뜻할 수도 있다. 불행히도 파괴적 혁신을 진지하게 받아들이면 기업이나 개인은 대체로 큰 혼란을 겪게 된다. 단기적으로 수익에 큰 손실이 생길 수 있고, 밑바닥에서부터 다시 훈련을 받아야 하는 등 큰 방향 전환이 필요하다.

시장 지배나 예상 수익이 절정일 때 방향 전환을 했어야 하는 사례는 얼마든지 찾을 수 있다. 불행히도 시장 지배는 무사안일을 낳는다. 편집광만이 살아남는 이유는 그 때문이다. 당신이 잘나가는 시기에 먼 미래의 사소한 위협을 감지하려면 편집증이 있어야 한다. 이 모델을 받아들인다면, 비록 대부분 나중에 무해한 것으로 드러나게 된다고 하더라도 당신은 사소한 위협에 촉각을 곤두세워야 한다. 당신은 **잡음과 신호를 어떻**

게 구분해야 할까?

한 가지 방법은, 새로운 위협이 제4장에서 설명한 기술 수용 주기의 곡선을 따라서 조기 수용자에 의해서만 사용되다가 주류에 편입되는 과정의 진행을 면밀히 감시하는 것이다. 혁신가나 조기 수용자의 관심을 끄는 기술이나 아이디어는 많아도 그것이 주류에 해당하는 조기 다수자에게까지 도약하는 경우는 매우 드물다.

비즈니스 전략가 제프리 무어는 『제프리 무어의 캐즘 마케팅(*Crossing the Chasm*)』에서 이 도약을 **캐즘 뛰어넘기**(crossing the chasm)라고 불렀다. 여기서 **캐즘**은 많은 아이디어, 기업, 기술이 한쪽에서 다른 한쪽으로 옮겨가는 데에 실패한다는 사실을 가리킨다. 조기 수용자와 조기 다수자의 기대 사이에는 봉합하기 어려운 거대한 격차가 있기 때문이다. 조기 수용자는 물건을 만지작거리는 것을 좋아하거나 어떤 제품을 정말로 필요로 하는 소수집단에 속하는 사람들이지만, 캐즘을 뛰어넘어 조기 다수자 쪽으로 이동하려면 제품은 훨씬 더 많은 사람들의 지속적인 필요를 해결해야 한다. 그리고 대부분의 제품들은 이 간격을 넘어서 주류에 편입될 만큼 매력적이지 않다.

그러나 경쟁 위협이 캐즘을 뛰어넘을 가능성이 상당히 높다고 생각한다면 당신은 세심한 주의를 기울여야 한다. 진짜로 캐즘을 뛰어넘으면 의미 있고 훨씬 신속한 수용의 티핑 포인트에 도달하게 될 것이기 때문이다. 그런 일이 일어나면 코닥처럼 경계를 늦춰서는 안 되고 늘 대비를 하고 있어야 한다.

당신의 시장 지배력을 유지하기 위한 이 과정은 절대 끝나지 않는다. 당신은 새로운 위협을 줄기차게 가늠하고 해자를 튼튼하게 강화하고 필요할 때에는 방향 전환을 해야 한다. 경계를 늦췄다가는 어김없이 분열

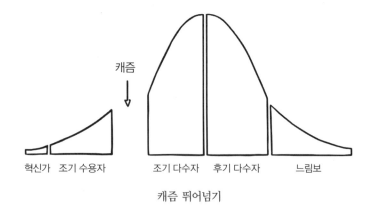

캐즘

↓

혁신가 조기 수용자　조기 다수자　후기 다수자　느림보

캐즘 뛰어넘기

된다. 반면에 중요한 방향 전환이 필요할지도 모르는 시장 지배력을 유지하는 것에 주력하면 당신은 그 혜택을 무한정 거두어들일 수 있다.

요점 정리

- **제품-시장 적합성**(또는 상황에 따른 다른 "적합성")을 위한 고객 개발을 통해서 비밀을 찾고 그 위에 경력이나 조직을 쌓아올리자.
- 제품-시장 적합성을 찾을 때에는 **열 추적 미사일**처럼 아이디어 미로를 교묘히 헤쳐나가야 한다. 검증을 위해서 **공진주파수**를 만날 징후를 찾아보자.
- 얼마간의 시간이 흘러도 당신이 하는 일에서 **밝은 면을 전혀 찾을 수 없**다면 당신의 입장을 비판적으로 평가하고 **방향 전환**을 고려해보자.
- 당신과 조직의 주위에 해자를 만들어서 **지속 가능한 경쟁 우위**를 확보하자.
- 안주하지 말자. 편집광만이 살아남는다는 말을 기억하고 파괴적 혁신, 특히 캐즘을 뛰어넘을 가능성이 높은 혁신을 꾸준히 추구하자.

결론

"서론"에서 밝혔듯이 이 책은 우리가 사회생활을 시작하기 전에 선물받았다면 좋았을 법한 책이다. 정신 모델은 높은 수준의 사고 능력을 열어주기 때문이다. 우리는 당신이 이 책을 재미있게 읽기를 희망하며, 당신이 슈퍼 사고를 하는 데에 이 책이 도움이 되기를 바란다.

당신에게 생소한 개념들이 많았을 테니 최대한 활용하려면 연습을 해야 한다. 리처드 파인먼이 2005년에 발표한 책 『남이야 뭐라 하건!(*What Do You Care What Other People Think?*)』에는 이런 유명한 말이 나온다. "나는 사물의 이름을 아는 것과 사물을 아는 것의 차이를 일찌감치 깨달았다."

관련 정신 모델인 화물 숭배(cargo cult)에 대해서 파인먼은 1974년 캘리포니아 공과대학교 졸업 연설에서 이렇게 설명했다.

남태평양에는 화물 숭배에 빠진 사람들이 있습니다. 그들은 전쟁 중에 엄청난 물자를 실은 비행기들을 목격하고서 지금도 같은 일이 일어나기를 바라고 있죠. 그래서 그들은 활주로 비슷한 것을 만들고 그 양쪽에 불을 피워둡니다. 나무로 오두막을 짓고 그 안에 헤드폰을 닮은 2개의 나무 조각을 머리에 얹고 대나무 막대기를 안테나처럼 세운 사람, 즉 관제사를 앉혀두죠.

그리고 그들은 비행기가 내려오기를 기다립니다. 그 모든 장치들은 그럴듯합니다. 형식은 완벽한 셈이죠. 과거에 본 모습을 똑같이 재현했겠죠. 그러나 효과가 없습니다. 비행기가 내려오지 않아요. 그래서 나는 그것을 화물 숭배 과학이라고 부릅니다. 그들은 과학 조사의 명백한 수칙과 형식을 전부 따르지만 비행기가 내려오지 않으니 무엇인가 중요한 것을 놓치고 있는 것이 틀림없습니다.

파인먼은 멜라네시아에 실제로 사는 사람들과 그들이 선진 기술을 접한 후에 어떻게 반응했는지를 묘사하고 있다. 그들은 기술이 앞선 사람들로부터 본 것을 **주술적인 방식**으로 모방하면 엄청난 부, 즉 **화물**이 찾아올 것이라고 믿었다. 그러나 그들은 원하는 결과를 얻기 위해서 어떻게 행동해야 하는지를 진짜로 이해하지 못했다. 활주로를 제대로 만들어 놓으면 비행기가 공짜 물건들을 싣고 나타나기 시작할 것이라고 생각했다. 물론 그런 일은 일어나지 않았다. 안전한 착륙을 위해서 실제로 필요한 기술이 무엇인지는 말할 것도 없고 애초에 무엇이 비행기를 끌어들이는지를 이해하지 못했기 때문이다.

자신이 하는 일의 의미를 진정으로 이해하지 못할 때 사람들은 추구하는 결과를 얻지 못할 가능성이 큰 화물 숭배자가 된다. 화물 숭배 기업가들은 쉴 새 없이 스타트업 교류 행사에 참가하지만 실제로 성공할 수 있는 회사를 세우지 못한다. 화물 숭배 과학은 과학적인 노력처럼 보이지만 **과학적 방법**(제4장 참고)을 엄격히 지키지 않는다. 화물 숭배 투자자들은 다른 사람들이 투자하는 것을 보고 따라하지만 투자의 이유를 이해하지 못하기 때문에 장기적으로 수익을 내지 못한다.

당신은 진정으로 이해하지 못한 정신 모델을 사용하여 그 혜택을 누리지 못하는 화물 숭배 슈퍼 사고자가 되기를 원하지 않을 것이다. 이를 테면 주어진 상황에 엉뚱한 모델을 적용해서 터무니없는 메시지를 얻는 일은 없어야 한다. 이런 함정을 피하기 위해서 당신은 특정 정신 모델을 어떤 상황에 어떻게 적용할지에 대해서 깊이 생각할 필요가 있다. 당신이 진정한 슈퍼 사고자가 되기 위해서 취해야 할 몇 가지 단계를 소개하겠다.

우선 슈퍼 사고를 함께할 짝꿍을 구한다. 혼자서만 복잡한 주제에 대해서 생각하면 최선의 결과를 얻지 못한다. 다른 사람과 아이디어를 공유하고 피드백을 얻는 편이 훨씬 낫다. 모든 주제들을 같은 사람과 나눌 필요는 없다. 정치적인 주제와 경제적인 주제에 대해서 각각 다른 사람과 이야기를 나눌 수 있다. 그러나 특정 주제의 핵심 진실에 관심이 있는 사람들과 대화하는 것은 반드시 필요하다.

둘째로, 글을 써보자. 글을 공개하지 않는다고 하더라도 글을 쓰는 행위 자체가 생각을 명확히 정리해주고 주장의 허점을 인식하게 해준다. 당신의 흥미를 끄는 복잡한 주제들에 관해서 토론하고 분석하는 온라인 포럼이나 블로그에 참가하면 글쓰기와 짝꿍 찾기를 동시에 할 수 있다.

시간이 흐르면 당신의 노력은 워런 버핏이 말한 **능력의 범위**(circle of competence)를 넓힐 것이다. 그 **범위** 안에는 당신이 가진 풍부한 지식이나 경험, 즉 당신이 잘 아는 영역이 포함된다. 그런 영역 안에서 당신은 훌륭한 사고를 할 수 있지만 그 밖에서는 할 수 없다. 가장 위험한 영역은 능력의 범위 바로 밖이다. 당신이 잘 안다고 생각하지만 실제로는 그렇지 않은 영역이다. 버핏은 1999년에 주주들에게 보낸 편지에서 이렇게 썼다.

우리에게 강점이 있다면 능력의 범위 안에서 우리가 언제 제 기능을 하는지, 우리가 언제 가장자리에 가까워지는지 안다는 것입니다.……

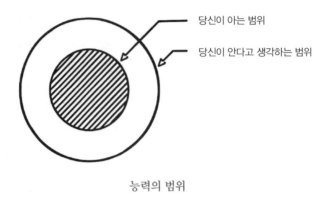

능력의 범위

어쩌다 능력의 범위 밖으로 나가게 되면 당신의 성공률은 떨어지기 마련이다. 자신이 무엇을 모르는지 모르기 때문에 실수를 저지르는 **더닝 크루거 효과**(제8장 참고)로 고통을 겪을 수도 있다. **설계 패턴**(제3장 참고)을 알아보지 못하거나 잘못 적용할 수도 있다. 또 당신이 잘 아는 몇 가지 기술만으로 모든 문제들을 해결하려고 들다가 최선의 해결책을 찾지 못할 수도 있다(제6장 **매슬로의 망치** 참고).

다행히도 이 책의 정신 모델들은 당신의 능력 범위를 넓혀줄 것이다. 그 모델들을 적절히 적용하는 방법을 이미 아는 사람들과 교류하면 당신은 실수를 바로잡고 범위를 더 빨리 확대할 수 있다. 그런 의미에서 우리는 찰리 멍거의 말을 몇 가지 인용하며 이 책을 마무리하고자 한다. 우리의 슈퍼 사고 여정은 그의 연설을 들은 다음에 시작되었고, 우리는 그가 당신에게도 같은 영감을 주기를 희망한다. 처음 인용구는 『가난한 찰리의 연감』에서, 두 번째는 2007년 5월 서던캘리포니아 대학교 굴드 로스쿨의 졸업 연설에서 가져왔다.

내 평생을 통틀어서 책을 읽지 않는 사람 치고 (다방면에서) 지혜로운 사람은 단 한 명도 본 적이 없다. 워런 버핏이, 그리고 내가 책을 얼마만큼 읽는지 알면 당신은 놀랄 것이다. 우리 아이들은 나를 놀린다. 내가 다리 2개 달린 책이라면서.

정말 대단한 아이디어는 전체 무게의 95퍼센트를 운반할 수 있기 때문에, 모든 학문 분야에서 중요한 개념들을 전부 골라 정신 과정의 일부로 삼는 것이 내게는 전혀 어렵지 않았습니다. 물론 개념을 이해해도 연습을 하지 않으면 소용이 없습니다. 연습하지 않으면 금방 잃게 되죠. 그래서 나는 지금껏 이 다학문적 접근법을 끊임없이 연습했습니다.

음, 그것이 내게 어떤 영향을 주었는지 다 설명하기는 힘들겠네요. 인생이 더 재밌어졌고 내가 좀더 건설적이고 남들에게 도움이 되는 사람이 되었달까요? 나를 엄청난 부자로 만들어주기도 했고요. 그밖에도 많습니다. 그런 태도는 정말 큰 도움이 되죠.

감사의 말

우리가 이 책을 쓰는 동안 잘 참아준 우리 아이들, 엘리와 라이언에게 고마움을 전한다. 마이클 자하르와 스티븐 한셀먼을 비롯해서 포트폴리오와 펭귄 출판사의 편집을 도와준 모든 사람들, 특히 비비언 로버슨, 리아 트라우보스트, 카우시크 비스와나스에게 감사의 인사를 전한다. 삽화를 그려준 마데 디마스 위라완에게도 고맙다는 말을 하고 싶다.

역자 후기

어머, 이 책 꼭 읽어야 해!

갈수록 변화의 속도가 걷잡을 수 없이 빨라지는 복잡한 세상에서 시대에 뒤처지지 않고 **자연선택**의 적자가 되기 위해서는 새로운 지식과 기술을 끊임없이 받아들이고 익혀야 한다. 그러나 **번아웃**의 위기를 겪고 있는 대부분의 현대인은 날마다 물밀듯이 쏟아지는 **정보의 과부하** 상태 자체에 당혹감과 부담감을 느낄 수밖에 없다. 이런 상황에서는 한정된 시간과 에너지를 투자해 **기회비용**을 가장 높일 방법을 찾는 것이 무엇보다 중요할 것이다. 그런 의미에서 이 책을 읽는 것이야말로 바쁜 현대인의 **결정 피로**를 덜어줄 최고 레버리지 활동이 아닐까 싶다.

이 책에는 경제학, 경영학, 심리학, 철학, 물리학, 화학, 생물학, 통계학 등 다양한 학문에서 채택한 핵심 개념들과, 시대를 초월한 고전, 널리 읽히고 자주 언급되는 최근 10~20년간의 베스트셀러에서 뽑은 정수들이 그야말로 총망라되어 있다. 하나같이 직장에서 업무를 처리하고, 개인적으로 중요한 결정을 내리고, 사람들과 토론을 할 때처럼 살면서 만날 수 있는 어떤 상황에서든 현실을 올바로 파악하고 합리적인 판단을 내리고 현명하게 행동하는 길잡이가 되어줄 개념들이다. "개인정보를 수집하지 않는 검색 엔진" 덕덕고의 설립자인 저자 가브리엘 와인버그의 이력이 녹아 있어, 이 책에 소개된 정신 모델들과 그것들을 뒷받침하는 설명들이 스타트업의 운영과 가장 큰 관계가 있다는 인상을 주는 것은 사실이다. 그러나 이 책에서 강조하듯이 하나하나의 정신 모델들은 본래 속한 학문 범위를 뛰어넘는 무궁무진한 응용 가능성을 지니고 있다. 이를 테면 원하는 질서를 유지하려면 시스템에 끊임없는 에너지를 쏟아부어 엔트로피에 맞서야 한다거나, 일단 비가역적 결정을 내리면 결과를 원래 상태로 되돌리기가 거의 불가능하다는 진리가 인간관계에도 적용될 수 있다는 설명은 역자에게 무척 신선한 깨달음으로 다가왔다. "세상에, 이런 신박한 책이 나오다니!" 이 책에 대한 개인적인 첫인상은 그랬다. 페이지마다 유익한 내용이 한가득 담겨 있는 종합 선물 세트 같았다고나 할까? 독서의 목적을 특히 실용성에서 찾는 사람들에게 이 책은 인생에서 가장 '쓸모 있는' 책 가운데 한 권이 될 수 있지 않을까? 그렇다고 이 책이 독서의 즐거움을 소홀히 했다는 뜻은 아니다. 9개의 큰 주제로 분류된 정신 모델들은 서로 이질적인 개념들임에도 물 흐르듯 자연스럽게 연결되어 있어 이야기책을 읽듯이 책장을 술술 넘길 수 있다. 주제에 딱 들어맞게 배치된 재치 넘치는 삽화들을 보는 재미도 적지 않다.

그러나 저자들이 잘 차려놓은 밥상을 맛있게 떠먹는 것은 역시 독자의 몫이다. 이 책에서 다룬 정신 모델들 중에는 아직 널리 사용되지 않는 생소한 개념도 더러 있지만 대부분은 우리가 학교나 언론 매체, 사회에서 접해본 적이 있는 용어들이다. 그러나 웬만큼 안다고 생각했던 지식도 적절한 상황과 타이밍에 명확한 말이나 글로 끄집어내려고 하면 뜻대로 되지 않는 경험을 누구나 한 적이 있을 것이다. 그냥 대충 아는 것과 머릿속에서 개념을 확실히 정리하여 자유자재로 응용할 수 있는 것은 분명히 다르기 때문이다("나는 사물의 이름을 아는 것과 사물을 아는 것의 차이를 일찌감치 깨달았다"). 따라서 독자들은 저자들이 제안한 대로 개개의 정신 모델을 단순히 이해하는 데 그치지 않고 능숙하게 활용할 수 있도록 신중한 훈련을 해야 하고, 한 걸음 더 나아가 머릿속에 모든 모델을 체계적이고 유기적으로 엮은 체계를 만들어 시스템 사고의 기반으로 삼아야 한다. 더군다나 이 책의 콘셉트는 아무래도 제너럴리스트를 위한 최소 기능 제품일 뿐이다. 책을 읽다가 특별히 관심이 가는 부분을 발견한다면 책에서 밝힌 정신 모델의 출처를 찾아보거나 인용된 베스트셀러 등을 따로 읽어 해당 주제에 대한 심도 있는 통찰(스페셜리스트)을 얻을 수도 있을 것이다.

그리하면 당신은 지속 가능한 경쟁 우위를 확보하고 항상 체급 이상의 펀치를 날릴 수 있는 10배 뛰어난 사고자가 될 수 있다!

김효정

찾아보기

크라우드 소싱 • 예측시장 • 슈퍼 예측가 • 타당성 분석 • 군비경쟁 •
장 정립 • 사회적 증거 • 사회적 기준 대 시장 기준 • 최후통첩 게임
수아비 논법 • 인신공격 • 암흑 패턴 • 트로이 목마 • 유인 상술 • 상
도미노 효과 • 미끄러운 비탈길 논증 • 깨진 유리창 이론 • 관문 디
릴라 전 • 엔드게임 • 출구 전략 • 헤일 메리 패스 • 조이의 법칙 • 피
과 • 결과-확신 매트릭스 • 고정 마인드셋 • 성장 마인드셋 • 피그
구 단계설 • 사후 과잉 확신 편향 • 마음 얻기 • 던바의 법칙 • 맨-
매트릭스 • 동시 발명 • 제품-시장 적합성 • 공진주파수 • 고객 개발
입 장벽 • 철수 장벽 • 규제 포획 • 승자 독식 시장 • 파괴적 혁신 •
래질 • 기본 원칙부터 따지기 • 리스크 회피 • 성급한 최적화 • 최소
넛징 • 앵커링 • 가용성 편향 • 필터 버블 • 메아리 방 • 제3자의 이
적 편향 • 무지의 베일 • 출생 복권 • 공정한 세상 가설 • 피해자 ㅂ
화 효과 • 불확증 편향 • 인지 부조화 • 회색 사고 • 악마의 변호인
적 가능성 편향 • 공유지의 비극 • 사소한 결정의 횡포 • 무임승차자
덕적 해이 • 주인-대리인 문제 • 정보의 비대칭성 • 역선택 • 시장
스트라이샌드 효과 • 히드라 효과 • 관찰자 효과 • 냉각 효과 •
로 의존성 • 선택 유보 • 사전 예방 원칙 • 정보 과부하 • 분석 마
설 • 결정 피로 • 머피의 법칙 • 북극성 • 이면 전쟁 • 머릿속 최고으
딩 • 기회비용 • 자본의 기회비용 • 협상 결렬 시에 선택할 수 있는
확 체감의 법칙 • 효용 체감의 법칙 • 부의 수확 • 번아웃 • 현재 편향
초깃값 효과 • 파킨슨의 법칙 • 호프스태터의 법칙 • 손실 회피 • 매물
처리 • 분할 정복 • 문제를 재구성 • 사회공학 • 자연선택 • 과학적